高等职业教育教学改革特色教材
会计类

Shenji Jichu Yu Shiwu

审计基础与实务

第四版

蒲萍 甘琼 国燕萍 主编

夯实审计基础，聚焦行业实践

东北财经大学出版社
Dongbei University of Finance & Economics Press
大连

图书在版编目（CIP）数据

审计基础与实务 / 蒲萍，甘琼，国燕萍主编. —4版. —大连：东北财经大学出版社，2021.9（2022.11重印）
（高等职业教育教学改革特色教材·会计类）
ISBN 978-7-5654-4313-8

Ⅰ. 审… Ⅱ. ①蒲… ②甘… ③国… Ⅲ. 审计学-高等职业教育-教材 Ⅳ. F239.0

中国版本图书馆CIP数据核字（2021）第170957号

东北财经大学出版社出版
（大连市黑石礁尖山街217号 邮政编码 116025）
网 址：http://www.dufep.cn
读者信箱：dufep@dufe.edu.cn
大连天骄彩色印刷有限公司印刷 东北财经大学出版社发行

幅面尺寸：185mm×260mm 字数：497千字 印张：22.5 插页：1
2021年9月第4版 2022年11月第2次印刷

责任编辑：张旭凤 曲以欢 责任校对：王 娟
封面设计：冀贵收 版式设计：原 皓

定价：49.80元

教学支持 售后服务 联系电话：（0411）84710309

如有印装质量问题，请联系营销部：（0411）84710711

第四版前言

本书是在《审计基础与实务》（第三版）的基础上，从高职高专的办学层次和培养目标出发，结合用人单位的业务需求及教师的教学经验组织编写的。近年来，各种法律法规相继修改、完善，各种改革措施相继出台，深刻影响着审计的改革进程和执业环境。在第四版教材中修改了审计准则的相关内容，新增了大数据审计的知识与审计实践，以适应现实的需要。第四版教材在每个项目之前都增加了“人物谱”，以期拓展职业视野和提升学习兴趣，为种好审计课程的思政责任田添砖加瓦。

本书由武汉职业技术学院蒲萍、湖北生物科技职业技术学院甘琼、武汉外语外事职业学院国燕萍担任主编，武汉职业技术学院张钰、湖北生态工程职业技术学院郑伦卉老师、武汉职业技术学院吴昆老师担任副主编，由蒲萍负责总体组织、策划和总纂定稿。本书的编写分工如下：项目一由郑伦卉编写；项目二、项目三、项目四由张钰编写；项目五由国燕萍编写；项目六由吴昆编写；项目七、项目八、项目九、项目十、项目十一、项目十二由蒲萍编写；项目十三由甘琼编写。

由于审计理论与实践的复杂性，以及相关法规、制度的广泛性，在编写过程中，我们借鉴了大量的文献资料，参阅了许多专家、学者的著作并博采众长，对于他们的贡献，我们再次表示感谢！无论怎样努力，怎样精雕细琢，最后出版的教材依然会存在疏漏和不足，依然存在需要完善和修正之处。选择编写教材，就得选择接受遗憾。我们会尽力去减少遗憾，但是教材中难免存在不完善之处，欢迎广大师生提出宝贵意见。

编　者

2021年5月

第一版前言

审计是一种理念，更是一种实践，“审”是手段，“计”才是根本。本教材立足于2010年颁布的最新审计准则和应用指南，由具有多年审计教学经验的骨干教师和来自于会计师事务所的具有多年审计经验的专业人士进行充分讨论并确定大纲，按“工作内容”设计“教材内容”，即依据审计工作过程，确定典型工作任务，并以此为依据设计教材内容，体现了高职高专教学改革和人才培养的新理念。

具体来说，本书具有以下特色：

1.突出基础知识和基本技能

本书从审计基础知识和基本技能入手，强化典型案例分析和应用，着力加强专业技能训练和综合能力培养，将一线审计人员探索出的行之有效的技术和方法介绍给广大读者。

2.任务驱动，体例新颖

每个项目从整体介绍开始，说明其所包含各个任务的基本情况，通过“案例导引”引出项目的核心概念和核心知识点，以激发学生的学习兴趣，然后提出审计任务，每个任务分解为“任务描述”“相关知识”“任务实施”“任务评价”四个部分，有效地将“教、学、做”融为一体。

3.语言精练，通俗易懂，可读性强

根据高等职业教育的特点，理论知识应以“必需、够用”为原则，因此本教材力求做到概念准确、语言精练、表述规范、通俗易懂，使学生能够在看似抽象和复杂的问题中真正理解和掌握所学知识，并能学以致用，对职业岗位工作特点有初步的了解和认识。

本书由蒲萍、刘晓霞、国燕萍任主编，郑伦卉、范颖、肖永莉任副主编，由蒲萍负责统稿。具体分工如下：项目一、项目二由郑伦卉编写；项目三、项目七、项目八由刘晓霞编写；项目四由国燕萍编写；项目五由肖永莉编写；项目六、项目十三由范颖编写；项目九由覃康瑞编写；项目

十、项目十一由蒲萍编写；项目十二由李杰编写。

希望读者能从本书中学会从事审计工作需要具备的基础知识和基本技能，理解审计的精神实质，这是我们编写本书的初衷。由于时间仓促和作者水平有限，疏漏和不当之处在所难免，敬请广大读者批评指正。

编　者

2012年8月

目录

01 第一部分　认识审计

第二部分　准备审计

第三部分　实施审计

13

第四部分 终结审计

第一部分

认识审计

项目一　审计基本认知

人物谱

李金华，中央财政金融学院金融专业毕业，高级审计师。2004年，李金华获得CCTV中国经济年度人物大奖；2006年3月21日，李金华荣获“ACCA会长会计行业成就全球奖”。在2007年召开的联合国第62届大会上，李金华顺利当选联合国审计委员会委员。担任了10年审计长的李金华，以公开审计报告掀起了“审计风暴”，赢得了“铁面审计长”的称号。他的经典语录为：“审计就是国家财产的‘看门狗’。”在结束23年的个人审计生涯之际，他给自己和其审计工作打了70分。但人们已毫不吝啬地将他们的褒奖毫无保留地给了这位铁面审计长，称他为“人民的审计长”。

本项目主要介绍审计的产生和发展过程、审计的概念及审计关系中的三个基本要素、审计的特征、审计的对象与分类、审计的职能与目标、大数据审计的内涵等审计基础知识。本项目是认知性项目，是深入学习和掌握后续各项目的前导项目，是今后从事审计实务工作的理论基础。

【知识目标】

1.了解审计的产生和发展过程。

2.掌握审计的基本概念和特征。

3.熟悉审计的对象与分类。

4.熟悉审计的职能与目标。

5.了解大数据审计产生的背景及内涵。

【能力目标】

1.能确定审计关系中的审计主体、审计客体和审计授权或委托人。

2.能确定审计类型。

3.能确定审计目标，并能具体运用项目审计目标。

4.能搜索审计相关信息。

案例导引

英国南海股份公司审计案例

——世界上第一例上市公司审计案例

南海股份公司是英国一家成立于1710年的特许贸易公司，它拥有南美贸易的垄断权，被认为经营前景光明。但是，南海公司成立后经营惨淡、业绩平平。1719年，英国政府允许中奖债券总额的70%可与南海公司股票进行转换，南海公司的董事们也对外散布上述所谓的利好消息。这些利好消息的散布，加上公众对股价上涨的预期，促进了债券转换，进而带动了股价上升。1719年年初，南海公司股价为114英镑，到了1720年3月，股价劲升至300英镑以上，到了1720年7月，股票价格已高达1 050英镑。随着南海公司股价的扶摇直上，一场投机浪潮席卷全国，170多家新成立的股份公司的股票以及原有公司的股票都成了投机对象，股价平均暴涨51倍。

1720年6月，为了制止各类"泡沫公司"的膨胀，英国国会通过了《泡沫公司取缔法》。自此，许多公司被解散，公众开始清醒过来，对公司的怀疑逐渐扩展到南海公司身上。从7月份开始，外国投资者首先抛售南海公司股票，回收资金，南海公司股价迅速下跌。在1720年8月25日到9月28日的1个多月内，南海公司的股票价格从900英镑下跌到190英镑，最后被迫宣告破产，许多陶醉在黄金美梦中的债权人和投资者损失惨重。

在强大的舆论面前，英国议会组织了一个由13人参加的特别委员会，对"南海泡沫"事件进行秘密调查。在调查过程中，特别委员会发现该公司的会计记录严重失实，明显存在蓄意篡改数据的舞弊行为，于是特邀了一位名叫查尔斯·斯奈尔（Charles Snell）的资深会计师，对南海公司的分公司——索布里奇商社的会计账目进行检查。查尔斯·斯奈尔通过对南海公司账目的查询、审核，于1721年提交了一份对索布里奇商社的会计账簿进行检查的意见报告。在该份报告中，查尔斯指出该公司存在舞弊、会计记录严重不实等问题，但没有对该公司为何编制这种虚假的会计记录表明自己的看法。

资料来源　根据中南财经政法大学审计教学网的相关内容整理得到。

请分析：在"南海泡沫"事件的调查中，特别委员会委任了查尔斯·斯奈尔对南海公司查账，对独立审计的产生有什么重要意义？如果建立了审计机制，像南海公司一样的经营者，是否还可以为所欲为，损害投资者利益？

分析提示："南海泡沫"事件无论是在世界经济史、资本市场发展史，还是在审计史上，都是一个极为重要的标志性事件，特别是对民间审计具有里程碑式的影响，被视为民间审计的起源。

任务一　审计的产生与发展

任务描述

国务院法制办公室于2012年3月31日全文公布了《中华人民共和国注册会计师法（修正案）（征求意见稿）》（以下简称《注册会计师法（修正案）（征求意见稿）》），公开征求社会各界的修改意见。《注册会计师法（修正案）（征求意见稿）》的说明中指出：1993年制定的《中华人民共和国注册会计师法》（以下简称《注册会计师法》）自1994年1月1日施行以来，对于加强注册会计师管理，推动注册会计师行业发展，维护社会公共利益和投资者合法权益，发挥了积极作用；同时，也需要根据新形势、新情况修改完善。财政部会同有关部门在认真调查研究，总结实践经验的基础上，起草了《注册会计师法（修正案）（征求意见稿）》。之后，修订后的《中华人民共和国注册会计师法》也于2014年8月31日发布。

资料来源　根据中华人民共和国中央人民政府网站相关内容整理得到。

请你阅读上述资料，完成以下任务：

（1）请上网查询修订后现行的《注册会计师法》及《注册会计师法（修正案）（征求意见稿）》全文。

（2）你了解注册会计师这一职业吗？

（3）结合案例导引中的资料，谈谈你对审计产生基础的认识。

（4）我国注册会计师审计是何时产生的？我国注册会计师审计产生较晚的主要原因是什么？

（5）《注册会计师法》的颁布有何重要意义？对《注册会计师法》的修订说明了什么？

相关知识

一、审计产生的基础

审计，是伴随着人类社会经济的发展而出现的，其产生的客观基础是受托经济责任关系。在生产力极其低下的原始社会，人们生产出来的产品刚够维持生存，有时甚至食不果腹，没有任何剩余产品，因而没有管理和经营剩余产品的必要，当然也无须审计。在经济不发达的时期，对于小规模的经济实体，生产资料的所有者一般亲自管理经营活动，也就是说，生产资料的所有者就是生产资料的经营者，不需要第三者的监督，因此也没有必要审计。随着社会生产力水平的提高和社会经济的发展，剩余产品出现，社会财富越来越多，且逐渐集中到少数人手中。当生产资料的所有者不能直接管理和经营其所拥有的财富时，就要授权和委托他人代为管理和经营，这就导致生产资料所有权和经营管理权的分离，从而也就产生了委托与受托管理的经济责任关系，这就是审计产生的客观基础。作为委托方，即生产资料的所有者，为了保证其财产安全、完整并能增值，就需要定期或不定期地了解其委托或授权的经营管理者是否忠于职守、尽职尽责，有无徇私舞弊及提供虚假财务报告等行为，其中最直接的方法就是查账。但查账是一项专业性较强、风险较大的工作，生产资料的所有者一般很难胜任，这就促使其必须授权或委托熟悉会计业务的专业人员（独立的第三者）代替自己去查账，于是审计应运而生。

二、我国审计的产生和发展

（一）我国国家审计的产生和发展

国家审计也称为政府审计，在历史上称为官厅审计，在我国有着非常悠久的历史，经历了一个漫长的发展过程。

早在西周时期，我国就有了国家审计的萌芽。当时，朝廷在天官之下设“小宰”一职，“小宰”之下设“宰夫”一职，他们独立于财计部门，负责审查“财用之出入”。“宰夫”一职的出现，标志着我国国家审计的萌芽。

秦汉时期是我国国家审计的初步确立时期，其标志是“上计”制度的建立和完善。所谓“上计”制度，就是皇帝亲自听取和审核各级地方官吏的财政会计报告，以确定赏罚的制度。秦还设御史大夫，由其掌管国家政治经济监察大权；设三十六郡监察御史，形成全国性监察系统。汉承秦制，仍由御史大夫掌管审计监督大权。

隋唐宋时期是我国国家审计的兴盛时期。隋朝开创一代新制，设置比部，隶属于刑部，掌管国家财计监督。唐朝改设三省六部，比部仍隶属刑部，它独立于财计部门，专司盈亏审计监督工作。比部的出现，标志着我国独立审计机构的产生，也使审计具有了很强的独立性和较高的权威性。北宋元丰年间，宋朝在“太府寺”内设“审计司”，后改为“审计院”。这是我国首次出现以“审计”正式命名的审计机构。从此，“审计”一词成为财政监督的专用名词，对后世中外会计报表审计建制产生了深远的影响。

元明清时期是我国国家审计的停滞时期。在这个时期，由于封建社会走向衰败，审计监督制度发展缓慢，基本上未设专门的审计机构。

封建帝制被推翻后，国家审计进入了近代演进时期。辛亥革命后，北洋政府于1912年在国务院下设审计处，于1914年改为审计院，并颁布了《审计法》，这是我国历史上第一部审计法典。南京国民政府成立后，仍设有审计院，后改为审计部，隶属监察部，并引进了西方的审计制度，形成了比较完整的国家审计体系。但在半封建半殖民地的旧中国，因政局动荡、经济发展缓慢，国家审计工作最终没有得到长足发展。

中华人民共和国成立后，我国审计步入了现代发展阶段。中华人民共和国成立后，全国学习苏联的经验，以会计检查取代审计，国家没有独立的审计机构，对企业财税监督和货币管理是通过不定期的会计检查进行的，或由财政、银行和税务部门通过其业务在一定范围内进行。改革开放以后，国家的工作重点转移到经济建设上来，实施了一系列加强审计工作的改革措施，我国国家审计工作得到快速发展。1982年修订的《中华人民共和国宪法》（以下简称《宪法》）中规定，国务院设立审计机关。1983年，国务院设立了我国国家审计的最高机关——审计署。随后，县以上各级人民政府也设置了各级地方审计机关。为保障审计机关依法履行审计监督职责，国务院于1985年颁布了《国务院关于审计工作的暂行规定》，1988年颁布了《中华人民共和国审计条例》，1994

年颁布了《中华人民共和国审计法》（以下简称《审计法》），并于2006年做了较大修改。审计署于1996年发布了《中华人民共和国国家审计基本准则》，并于2010年公布了新修订的《中华人民共和国国家审计准则》，为国家审计机构和人员履行审计职责制定了行为规范。

（二）我国内部审计的产生和发展

我国的内部审计也始于西周。西周设置了“司会”一职，主要负责周王朝财政经济收支的全面核算，进行财政收支的审核及监督工作，这是我国内部审计的萌芽。到了元明清时期，虽然国家审计在总体上停滞不前，但内部审计却得到了发展，除了在财计部门之外设置监督机构外，还在执掌财计主管部门的户部设置了内部审计机构，实行“财审合一”制度。现代内部审计诞生于民国时期，尤其是在铁路和银行系统，产生了比较健全的内部稽核制度。中华人民共和国成立初期，我国一些大型的专业公司和厂矿企业也曾设有内部审计部门，一些中型企业也设专职的审计人员。

1983年审计署成立后，明确要求在部门、单位内部设立内部审计机构及配备内部审计人员，实行内部审计。1984年，中国内部审计学会成立，并于1987年加入国际内部审计协会。1985年，审计署发布了《关于内部审计工作的若干规定》，并于2003年进行了修订。1988年，国务院颁布了《中华人民共和国审计条例》，规定了内部审计的机构设置、隶属关系和审计范围。2002年，经民政部批准，中国内部审计学会更名为“中国内部审计协会”，成为对企事业单位、行政机关和其他事业组织的内审机构进行行业自律管理的全国性社会团体组织。2003年，中国内部审计协会正式发布了《中国内部审计基本准则》，进一步规范了我国内部审计工作。2010年，财政部、证监会、审计署、银监会、保监会等五部委联合发布了《企业内部控制配套指引》，标志着适应我国企业实际、融合国际先进经验的中国企业内部控制规范体系基本建成。

（三）我国注册会计师审计的产生和发展

注册会计师审计也称民间审计、独立审计、社会审计，是依法独立从事委托审计业务和咨询业务的社会中介组织。受我国市场经济发展滞后等因素的影响，我国独立审计的产生晚于西方国家，它是随着民族工业的发展而产生的。辛亥革命后，我国资本主义工商业有所发展，注册会计师审计随之产生。1918年年初，时任中国银行总司长的著名会计学家谢霖先生向北洋政府农商部、财政部呈递了执行会计师业务的呈文——《会计师暂行章程》。同年9月，北洋政府核准了该章程，颁布了我国第一部注册会计师法规——《会计师暂行章程》，并批准谢霖先生为我国第一位注册会计师。1918年，谢霖先生创办了我国第一家会计师事务所——正则会计师事务所。随后，会计师事务所在一些大城市相继成立，如潘序伦会计师事务所和立信会计师事务所。1925年，上海成立了会计师公会。经过30多年的不懈努力，到了1947年，我国已拥有注册会计师2 619人，建立了一批会计师事务所，我国的独立审计事业已初具规模，但由于政局不稳、经济发展滞后等原因，独立审计对社会影响并不大。

中华人民共和国成立初期，由于不法资本家囤积居奇、投机倒把、偷税漏税，造成极为恶劣的财政状况，当时中央政府负责财经工作的陈云同志大胆聘用注册会计师依法查账，对国家财政经济状况的好转作出了突出的贡献。1956年社会主义改造完成以后，全国实行公私合营，照搬苏联的计划经济模式，我国的独立审计悄然退出了历史舞台。

改革开放后，我国独立审计随着社会主义市场经济的发展得到了恢复。1980年，财政部颁布了《关于成立会计顾问处的暂行规定》，同年12月，成立了新中国第一家会计师事务所——上海会计师事务所，这标志着注册会计师制度开始重建。1986年，国务院颁布了《中华人民共和国注册会计师条例》，这成为我国注册会计师制度步入法制化道路的重要标志。1988年，中国注册会计师协会成立，注册会计师行业步入了政府监督指导、行业协会自我约束管理的轨道。1993年，我国颁布了《注册会计师法》，其标志着我国注册会计师审计在法制化建设道路上又迈入了一个新的阶段。1995年，财政部发布了第一批《中国注册会计师独立审计准则》。2006年，财政部发布了《中国注册会计师执业准则》，并于2010年、2016年进行了修订，标志着我国已建立了一套适应社会主义市场经济发展、顺应国际趋势的中国审计准则体系。截至2019年1月1日，中国注册会计师协会有团体会员（会计师事务所）9 005家，个人会员超25万人，达到250 601人，其中注册会计师106 798人，非执业会员143 812人。随着我国市场经济体制的日臻完善，注册会计师业界必将面临更多的机遇与挑战，我国的独立审计在社会生活的许多方面将发挥更大的作用。

2018年年初，我国实现了与国际审计准则的趋同，建立起了一套既适应社会主义市场经济建设要求又与国际准则相接轨的审计准则体系。2018年11月，又对38项审计准则进行了修订，保持与国际准则持续全面的国际趋同。

[小知识1-1]

20世纪中国十大会计名家：

（1）中国第一位会计师谢霖；（2）“中国会计之父”潘序伦；（3）为上海交易所设计会计制度的徐永祚；（4）现代政府会计制度的设计者雍家源；（5）敢于挑战洋会计师的奚玉书；（6）最早介绍西方现代会计理论的赵锡禹；（7）移植苏联国营会计方法的余肇池；（8）主管全国会计事务的首位官员安绍芸；（9）自学成才的会计专家顾准；（10）对中国会计准则贡献卓著的杨纪琬。

国家审计、内部审计、注册会计师审计构成了我国三位一体的审计监督体系。三者各司其职，在各自的领域实施审计。审计监督体系的构建和完善对我国的经济体制改革乃至整个国民经济的发展都起到了良好的促进作用。

从审计的产生与发展历程中可以看到：审计的产生与发展和经济环境密切相关，经济越发展，审计越重要。现代科学技术为现代审计的发展提供了方法和手段，这不但表现为审计领域的不断扩展，而且表现为审计方法的不断发展。特别是计算机在管理和会计系统的广泛应用，传统的手工数据处理系统转变为电算化处理系统后，审计的对象发生了重大变化，对电子数据处理系统的审计方法的研究，形成了一门与会计、审计和计算机交叉的边缘学科——电子数据处理系统审计。随着网络技术在社会经济生活中的广泛应用，网络审计和即时审计也应运而生。

▶ 任务实施

（1）通过上网查询现行的《注册会计师法》及《注册会计师法（修正案）（征求意

见稿）》全文，了解现行《注册会计师法》及其修正案的主要内容，并提出自己的意见，培养自主搜集信息、独立思考问题的习惯。

（2）注册会计师是依法取得注册会计师证书并在会计师事务所执业的人员。注册会计师执行业务，应当加入会计师事务所。注册会计师和会计师事务所执行业务，必须遵守相关法律、行政法规。

（3）审计产生的基础是受托经济责任关系。

（4）我国注册会计师审计产生于1918年，其产生较晚的原因主要是我国市场经济发展滞后。

（5）《注册会计师法》的颁布表明我国注册会计师审计在法制化建设道路上又迈入了一个新的阶段。对《注册会计师法》的修订，一方面说明审计法规要随着新形势、新情况的变化而适时修订、完善；另一方面说明审计会随着时代的发展变化而不断发展变化。

◆ 注意事项

本任务要求掌握审计产生的基础，了解国家审计、内部审计和注册会计师审计产生和发展的过程，了解审计的产生、发展和经济发展之间的关系，以增强对审计工作的使命感，激发学习审计知识和技能的兴趣。

任务二 审计的概念与特征

任务描述

2006年11月21日，湖北省随州市纪委收到一封来自原随州市第二棉纺织厂（以下简称二棉厂）内部职工的匿名举报信，揭发二棉厂厂长兼随州金环织业有限公司（以下简称金环公司）经理武晓丽侵占国有财产、变相贪污和受贿等10多项违纪违法事实。随州市纪委要求审计机关先行审计。2007年1月，随州市审计局组成的审计组进驻二棉厂采取就地审计，但实际情况非常复杂，仅账目凭证就堆满了大半间房子，审计人员经过两个多月的奋战，仍未能发现有价值的线索或破绽。但审计人员没有退缩，终于从一张银行利息通知单上找到了突破口，最终查明了武晓丽的贪污事实：1999年5月，二棉厂、金环公司以虚增金环公司佛山办事处应收账款的手段，将二棉厂卖纱款转出300多万元到金环公司的存折户。2000年7月5日，从该存折户转出100多万元存入金环公司的经营账户，账务处理为增加金环公司经营存款、减少佛山办事处应收账款。2000年10月，经武晓丽同意，会计人员在财务报表上将金环公司银行存款677 025.19元调整为应收账款，在当月二棉厂破产评估时将该款项作呆账进行处理。随后，随州市审计局迅速将审计报告按程序移交随州市纪委和随州市人民检察院。随州市中级人民法院审理认为：被告人武晓丽身为国有企业工作人员和受政府委托管理经营国有资产的工作人员，利用职务之便，将二棉厂国有资产变通转移、非法占有，其行为已构成贪污罪。武晓丽因贪污罪，被随州市中级人民法院最终判处有期徒刑5年，并处没收个人财产10万元。

资料来源 根据中华人民共和国审计署网站有关资料整理得到。

请你阅读上述资料，完成以下任务：

（1）谈一谈你对“审计”的理解。

（2）分析上述资料中涉及的审计关系中的具体三方关系人。

（3）为什么随州市纪委要求审计机关先行审计？随州市人民检察院和随州市中级人民法院为什么可以根据随州市审计局的审计报告对武晓丽进行查处？

相关知识

一、审计的概念

在我国，“审计”一词最早出现在宋代的《宋史》中。从词义上解释，“审”为审查，“计”为会计科目，因此，审计最早的含义就是审查会计科目，即查账。

随着社会经济的发展，审计业务范围不断扩展，审计目的不断演进，审计早已超越了查账的范畴，查账仅仅是取得审计证据的一种方法。相应地，审计概念也在不断发生变化，而且国内外有不同的释义。

审计经过不断的完善和发展，至今已经形成一套比较完备的科学体系。人们对审计的概念进行了深入研究，最具代表性的是美国会计学会（AAA）审计基本概念委员会于1973年发表的《基本审计概念说明》（A Statement of Basic Auditing Concepts）中提出的定义：“审计是一个系统化过程，即通过客观地获取和评价有关经济活动与经济事项认定的证据，以证实这些认定与既定标准的符合程度，并将结果传达给有关使用者。”

我国审计学会对审计的定义如下：审计是由专职机构和人员依法对被审计单位的财政财务收支及其有关经济活动的真实性、合法性、效益性进行审查并评价经济责任，借以维护财经法纪、改善经营管理、提高经济效益、促进宏观调控独立性的经济监督行为。

从审计的概念中不难看出，审计关系中有三个必不可少的基本要素：审计主体、审计客体、审计授权或委托人。它们是审计活动中的审计关系人。

审计主体也称审计人，是指审计行为的执行者，即定义中的“专职机构和人员”。专职机构包括国家审计机关、部门和单位内部审计机构、会计师事务所等；专职人员包括国家审计机关工作人员、内部审计人员、注册会计师及审计助理人员等。其为审计第三关系人。

审计客体也称被审计人，是指审计行为的接受者，即定义中的“被审计单位”，是分离于所有权的资产的代管者或经营者，如国家法规所确定的机关、团体、事业单位、企业等受审单位。其为审计第二关系人。审计客体实质上还应包括上述单位中的有关人员，因为单位的经营行为是由有关人员实施或授权、授意实施的。

审计授权或委托人也可统称为审计委托人，是指审计行为的授予者，即定义中“依法”授权或委托审计主体行使审计职责的单位和人员。如我国的国家审计机关根据《宪法》授权行使审计职责，其审计授权人就是国家；会计师事务所接受企业委托进行审计鉴证，其审计委托人就是企业。其为审计第一关系人。一般情况下，第一关系人是生产资料的所有者，其是广义的“人”，国家是重要的第一关系人。

一般情况下，审计委托人是资产的所有者，而被审计人是资产的代管或经营者，二者之间是一种经济责任关系。审计人则处于中间人地位，即接受审计委托人的授权或委托对被审计人进行审查，但其又独立于二者之间，与第一关系人和第二关系人都不存在任何经济利益上的关系，处于超脱地位。审计关系如图 1-1 所示。

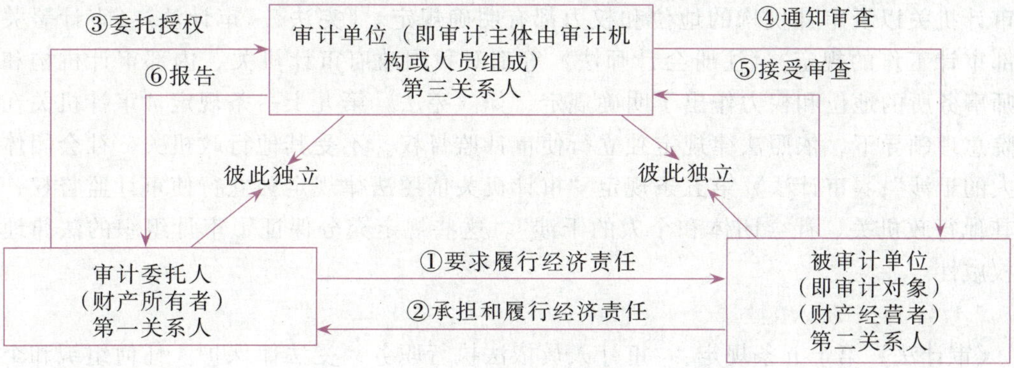

图 1-1　审计关系图

二、审计的特征

（一）独立性

审计是具有独立性的经济监督活动。审计的独立性是审计的本质特征，也是保证审计工作顺利进行的必要条件。

所谓审计的独立性，是指审计机构和人员依法独立行使审计监督权，不受其他行政机关、社会团体和个人的干涉。审计的独立性表现在以下几个方面：

1.组织独立

审计机构必须是单独设置的独立专职机构，与被审计单位没有行政隶属关系，也不能附属于其他部门。

2.人员独立

审计人员的指派和任命不受被审计单位和审计委托人的限制，审计人员完全由独立的审计组织进行管理。审计人员与被审计单位也不存在任何经济利益关系，不参与被审计单位的经营管理活动。

3.工作独立

审计人员依法执行审计业务，客观公正地得出审计结论，不受任何单位和个人的干涉、制约。审计人员不得参加影响审计独立性的活动，不得参与被审计单位的管理活动。如果审计人员与被审计单位或者审计事项有利害关系，应当回避。

4.经济独立

经济独立是指审计机构必须要有法定的、专门的经费来源，审计人员必须要有较稳定的、适当的经济收入，以保证审计机构和审计人员能独立开展工作，不受被审计单位制约。否则，审计的独立性难以保证。

（二）权威性

审计的权威性是指审计报告与结论具有权威性，它是与审计的独立性紧密相关的一种特性。审计的权威性具体可体现在以下两方面：

1. 审计组织的权威性

为了有效保证审计组织独立地行使审计监督权，世界各国法律对实行审计制度、建立审计机关以及审计机构的地位和权力都有明确规定。《宪法》《审计法》《审计署关于内部审计工作的规定》《注册会计师法》等都对我国政府审计机关、内部审计机构和会计师事务所的地位和权力作出了明确规定，如《宪法》第九十一条规定“审计机关在国务院总理领导下，依照法律规定独立行使审计监督权，不受其他行政机关、社会团体和个人的干涉”；《审计法》第五条规定“审计机关依照法律规定独立行使审计监督权，不受其他行政机关、社会团体和个人的干涉”。这些规定充分保证了审计组织的法律地位和权威性。

2. 审计人员的权威性

《审计法》第十五条规定：“审计人员依法执行职务，受法律保护。任何组织和个人不得拒绝、阻碍审计人员依法执行职务，不得打击报复审计人员。”法律还规定了审计人员必须具备与其所从事的审计工作相适应的专业知识和业务能力，审计人员办理审计事项时应当执行回避制度和负有保密责任，应当客观公正、实事求是、廉洁奉公，审计人员滥用职权徇私舞弊、玩忽职守，构成犯罪的，依法追究刑事责任；不构成犯罪的，给予行政处分。这样不仅有利于保证审计执业的独立性、准确性和科学性，而且有利于提高审计报告与结论的权威性。

（三）公正性

与权威性密切相关的是审计的公正性。从某种意义上说，没有公正性，也就不存在权威性。审计的公正性反映了审计工作的基本要求。审计人员应站在第三者的立场上，进行实事求是的检查，作出不带任何偏见的、符合客观实际的判断，并作出公正的评价和进行公正的处理，以正确地确定或解除被审计人的经济责任。审计人员只有同时保持独立性、公正性，才能取信于审计授权者或委托者以及社会公众，才能真正树立审计权威的形象。

任务实施

（1）通过任务资料及相关知识的介绍，可以这样理解审计：审计是由专职机构和人员，依法对被审计单位的会计账目进行审查并发表审计意见，以维护财经法纪，监督财政财务收支真实、合法及其效益的行为。

（2）任务资料中涉及的审计关系中的具体三方关系人分别是：审计主体——随州市审计局；审计客体——原二棉厂厂长兼金环公司经理武晓丽；审计授权或委托人——国家（因为武晓丽贪污的是国有资产）。

（3）这是由审计的特征决定的。审计具有独立性、权威性和公正性，这些特征使得审计意见和结论具有极高的公信力，以此作为检察院提起公诉以及法院审判的依据是令人信服的。

◆ 注意事项

本任务要求了解审计的定义与特征，熟悉审计关系，为以后各项目的学习打下理论基础。

任务三　审计的对象与分类

任务描述

2014年6月，审计署在《国务院关于2013年度中央预算执行和其他财政收支的审计工作报告》中公布了中央财政预算收支执行及决算草案审计情况。报告中提到，此次审计工作审计了中央财政预算执行和决算草案总体情况，并与库款收缴、资金拨付情况进行了核对。财政部编制的《中央决算草案》显示，2013年，中央公共财政预算收入总量为61 198.48亿元，支出总量为69 698.48亿元，收支相抵，赤字为8 500亿元，与预算持平。预决算收支情况详见表1-1。

审计结果表明，中央财政预算执行总体情况较好，但各类预算收支划分还不够清晰，预决算的完整性和准确性有待进一步提高。

报告中指出，今后审计署、各级审计机关还将继续坚持并加强经济责任审计。

表1-1　2013年中央财政收支预决算情况表　金额单位：亿元

	公共财政预算			政府性基金预算			国有资本经营预算		
	年初预算	决算草案	完成率	年初预算	决算草案	完成率	年初预算	决算草案	完成率
收入	60 060	60 198.48	100.23%	3 619.13	4 251.86	117.48%	1 011	1 058.43	104.69%
上年结转收入	0	0	—	781.02	834.73	106.88%	72.11	71.95	99.78%
预算稳定调节基金调入	1 000	1 000	100.00%	—	—	—	—	—	—
收入总量	61 060	61 198.48	100.23%	4 400.15	5 086.59	115.60%	1 083.11	1 130.38	104.36%
支出	69 560	68 491.68	98.46%	4 400.15	4 179.46	94.98%	1 083.11	978.19	90.31%
补充预算稳定调节基金	—	1 206.8	—	—	—	—	—	—	—
支出总量	69 560	69 698.48	100.20%	4 400.15	4 179.46	94.98%	1 083.11	978.19	90.31%
结余或赤字	-8 500	-8 500	100.00%	—	907.13	—	—	152.19	—

资料来源　根据中华人民共和国审计署网站相关内容整理得出。

请你阅读上述资料，完成以下任务：

（1）审计客体和审计对象有什么关系？

（2）按审计主体分类，审计可分为哪几种？上述资料中所提到的审计署和各级审计机关属于哪一类？

（3）资料中提到“经济责任审计”，请问经济责任审计按什么标准进行分类？按这种标准可将审计分为哪几种？

（4）任务二中随州市审计局对二棉厂的审计按审计实施时间、审计范围、审计执行地点、审计技术模式划分，各属于什么审计？

相关知识

一、审计的对象

广义而言，审计的对象就是审计客体。审计对象包含两层含义：其一是外延上的审计客体，即被审计单位，也即前述的审计第二关系人；其二是内涵上的审计客体，即审计的范围和内容。为了有效区别和阐述方便，本书将外延上的审计客体称为“审计客体”，而将内涵上的审计客体称为“审计对象”。审计对象具体包括以下两个方面的内容：

（一）被审计单位的财政财务收支及其有关的经济活动

财政收支是指各级人民政府、各部门、各单位按照《中华人民共和国预算法》和国家其他有关规定，纳入预算管理的收支以及预算外收支。财务收支是指国家机关、社会团体、国有金融机构和企事业单位以及其他组织，按照国家的财务会计制度规定，办理会计事项，纳入会计核算的各种收支。

不论是传统审计还是现代审计，也不论是国家审计还是内部审计或社会审计，都要以被审计单位客观存在的财政财务收支及其有关的经济活动为审计对象，对其真实性、合法性及效益进行审查和评价，以便对其所负受托经济责任是否认真履行进行确定、证明和监督。

（二）被审计单位的会计资料及有关经济资料

审计对象的内容都是通过一定的载体反映出来的，这个载体就是会计报表、会计账簿、凭证等会计资料，以及计划、预算、统计、合同、章程等相关经济资料。除此之外，载体还包括经营目标、预测、决策方案、经济活动分析资料以及计算机磁盘等会计信息载体。现代审计虽然在审计范围上已大大扩展，但仍然离不开审查经济信息，特别是会计资料，因为会计系统连续地反映了一个单位经济活动的全过程及其结果。要想实现审计目标，就必须对会计资料及其存在的错弊进行审查。

综上所述，审计的对象就是被审计单位的财政财务收支及其有关的经济活动，以及作为提供这些经济活动信息载体包含的会计资料及相关资料。会计资料及相关资料是审计对象的表象，其所反映的被审计单位的财政财务收支及其有关的经济活动才是审计的本质。

二、审计的分类

审计分类是指按照不同的标准，可将审计分为不同的类型。由于审计活动的主体、范围、时间、地点不同，对审计工作的要求不同，从而形成了不同类型的审计。对审计进行科学合理的分类，有助于加深审计人员对审计的认识，从而帮助其有效地开展各类审计活动，顺利完成审计任务。

（一）按审计主体分类

按审计主体分类，审计可分为政府审计、内部审计和民间审计。

1.政府审计

政府审计是由政府审计机关依法进行的审计，在我国一般称为国家审计。我国国家审计机关包括国务院设置的审计署及其派出机构和地方各级人民政府设置的审计厅（局）两个层次。国家审计机关依法独立行使审计监督权，对国务院各部门和地方人民政府、国家财政金融机构、国有企事业单位以及其他有国有资产的单位的财政财务收支及其效益进行审计监督。各国政府审计都具有法律所赋予的履行审计监督职责的强制性。

2.内部审计

内部审计是指由部门、单位内部专门的审计机构和人员所实施的审计，包括部门内部审计和单位内部审计。内部审计主要审计本部门、本单位的财政财务收支及其经济效益。内部审计机构或人员独立于财会部门和其他部门，直接受该部门、该单位最高负责人领导，并向其报告工作。内部审计具有显著的建设性和内向服务性，其目的在于帮助本单位健全内部控制，改善经营管理，提高经济效益。

3.民间审计

民间审计是指由政府有关部门批准成立的民间审计机构所实施的审计，也称独立审计、社会审计、注册会计师审计。在我国，民间审计机构主要有会计师事务所和审计（师）事务所。我国注册会计师协会（CICPA）在其发布的《独立审计基本准则》中指出："独立审计是指注册会计师依法接受委托，对被审计单位的会计报表及其相关资料进行独立审查并发表审计意见。"独立审计风险高、责任重，因此审计理论的产生、发展及审计方法的变革基本上是围绕独立审计展开的。

政府审计和民间审计都是由被审计单位以外的审计组织所进行的审计，统称为外部审计。

【练一练1-1】

下列关于审计独立性由强至弱的排序，正确的是（ ）。

A.社会审计、政府审计、内部审计

B.政府审计、民间审计、内部审计

C.政府审计、独立审计、内部审计

D.内部审计、政府审计、注册会计师审计

（二）按审计内容和目的分类

按审计内容和目的分类，审计可分为财政财务审计、经济效益审计和经济责任审计。

1.财政财务审计

财政财务审计是指通过对被审计单位会计资料及其相关资料的审查，查明被审计单位的财政财务收支是否真实、合法、合规的一种审计。财政财务审计又可分为财政审计和财务审计。财政审计又包括财政预算执行审计（即由审计机关对本级和下级政府组织财政收入、分配财政资金的活动进行审计监督）、财政决算审计（即由审计机关对下级政府财政收支决算的真实性、合规性进行审计监督）和其他财政收支审计（即由审计机关对预算外资金的收取和使用进行审计监督）。财务审计则是指对企事业单位的资产、负债和损益的真实性和合法、合规性进行审查。由于企业的财务状况、经营成果和现金流量是以会计报表为载体集中反映的，因而财务审计时常又表现为会计报表审计。

财政财务审计在审计产生以后的很长一段时期内都居于主导地位，因此可以说是一种传统的审计。因为这种审计主要是依照国家法律和各种财经方针政策、管理规程进行的，故又称为依法审计。

我国审计机关在开展财政财务审计的过程中，如果发现被审计单位和人员存在严重违反国家财经法规、侵占国家财产、损害国家利益的行为，往往会立专案进行深入审查，以查清违法违纪事实，作出相应处罚。这种专案审计一般称为财经法纪审计，它实质上只是财政财务审计的深化。

2.经济效益审计

经济效益审计是指对被审计单位经济活动的有效性所进行的审计。审计重点是审查和评价被审计单位经营管理活动的经济性、效率性和效果性。其中，经济性是对投入的要求；效率性是对速度的要求；效果性是对产出的要求。对这三个方面进行审计，实质是审查经济活动是否有效地进行。其具体审计内容包括：一是对经营方针决策、各项计划目标和投资方案的经济性、合理性和可行性的审计；二是对管理素质和管理水平的审计；三是对经营活动中人力、物力、财力等资源利用的节约或浪费情况的专项审计；四是对生产经营成果和财务成果等效益实现程度及其影响因素的审计。经济效益审计的目的是加强经济管理、提高经济效益。

在西方国家，经济效益审计也称“3E”审计，“3E”即经济性（Economy）、效率性（Efficiency）和效果性（Effectivity）。

3.经济责任审计

经济责任审计是指以审查经营者应负经济责任为主要目的的审计。

经济责任审计有广义、狭义之分。广义的经济责任审计包括一切审计，审计产生的客观条件之一就是财产所有权与经营管理权的分离，其主要目的就是保护财产的安全和完整，保证会计资料的真实和可靠，明确财产经营管理者的经营管理责任。因此，从根本上看，任何一种审计都是经济责任审计。狭义的经济责任审计则特指我国在近些年来出现的旨在明确国家机关和国有企事业单位领导人经营管理责任而进行的一种审计活动，也就是通常所说的任期经济责任审计或者离任审计。狭义的经济责任审计所称的经济责任，是指领导干部在任职期间因其所任职务，依法对本地区、本部门（系统）、本单位的财政财务收支以及有关经济活动应当履行的职责、义务。

（三）其他分类

1.按审计实施时间分类

按审计实施时间相对于被审计单位经济业务发生时间分类，审计可分为事前审计、事中审计和事后审计。

（1）事前审计。它是指在被审计单位经济业务实际发生之前进行的审计。事前审计的主要内容是审查被审计单位经济计划、预算、决算、方案是否切实可行，各项工程项目的预算是否经济有效，以及签订的经济合同是否合理合法等，其目的是事先纠正计划、预算、决策等方面的失误，预防舞弊行为的发生，防患于未然，保证经济行为的合理性、合法性和合规性，促使被审计单位正确处理各方面的经济关系，不断提高经营管理水平。事前审计一般由内部审计组织进行。

（2）事中审计。它是指在被审计单位经济业务发生期间所进行的审计。事中审计的主要内容是审查被审计单位经济计划、预算、决算、方案、合同等执行情况，审查经济责任的履行情况，审查基建工程的施工进度、施工质量、施工效益等，其目的是确保内部控制的贯彻落实，及时发现舞弊行为和纠正偏差，保证经济计划、预算、决算、方案、合同按预期目标合法合理且有效地进行。

（3）事后审计。它是指在被审计单位经济业务结束后所进行的审计。大多数审计活动都属于事后审计，其内容较多，目的是评价经济活动的真实性、合法合规性和效益性，确认经济责任，总结经验和教训，为今后编制计划、预算、决算、方案等提供参考依据。

2.按审计范围分类

审计按其范围不同，可分为全部审计、局部审计和专项审计。

（1）全部审计。它是指对被审计单位在审计期内的全部经营活动及其经济资料所进行的审计。全部审计的结果比较准确可靠，但审计业务量很大，一般适用于内部控制不健全、会计基础工作比较薄弱的单位，或经济业务简单、凭证账册等经济资料较少的小型企业。

（2）局部审计。它是指对被审计单位在审计期内的部分经营活动及其经济资料所进行的审计，如现金审计、销售业务审计等。局部审计所需时间短、费用少，便于帮助被审计单位及时发现问题、解决问题。但在实际过程中，可能会遗漏问题严重的事件和存在违法或非法行为的经济业务。

（3）专项审计。它是指对被审计单位某一特定项目所进行的审计，如对国债资金、抗震救灾资金的审计。

3.按审计执行地点分类

按审计执行地点分类，审计可分为就地审计和报送审计。

（1）就地审计。它是指由审计机构派出审计人员到被审计单位所在地进行的现场审计。就地审计可以深入地进行实际调查研究，易于全面了解和掌握被审计单位的实际情况，一般用于经济活动频繁、审计内容较多且有些项目需要通过实地审查方能确定问题性质的审计对象，如经济效益审计和专题（案）审计等。

（2）报送审计。报送审计又称送达审计，是指被审计单位将各项预算、计划、会计决算报表和其他有关资料等，按照规定的日期（月、季、年）送达审计机构所进行的审计。报送审计适用于行政事业单位的经费收支审计，至于情节严重的财经法纪审计，则不太适用。

4.按审计技术模式分类

按审计技术模式分类，审计可以分为账项基础审计、系统基础审计和风险基础审计三种。

这三种审计代表了审计技术的不同发展阶段，但即使在审计技术十分先进的国家也往往同时采用这三种审计技术模式。而且，无论采用何种审计技术模式，在会计报表审计中，最终都要用到许多相同的方法来检查报表项目金额的真实性、公允性。

（1）账项基础审计。它是审计技术发展的第一阶段，是指顺着或逆着会计报表的生成过程，通过对会计账簿和凭证进行详细审阅，以及对会计账表之间的钩稽关系进行逐一核实，来检查是否存在会计舞弊行为或技术性错误。在进行财务报表审计，特别是专门的舞弊审计时，采用这种技术有利于得出可靠的审计结论。

（2）系统基础审计。它是审计技术发展的第二阶段，建立在健全的内部控制系统可以提高会计信息质量的基础上。也就是说，审计人员应先进行内部控制系统的测试和评价，当评价结果表明被审计单位的内部控制系统健全且运行有效、值得信赖时，可以在随后对报表项目的实质性测试工作中仅抽取小部分样本进行审查；相反，则需要扩大实质性测试的范围。这样能够提高审计的效率，有利于保证抽样审计的质量。

（3）风险基础审计。它是审计技术的最新发展阶段。采用这种审计技术时，审计人员一般从对被审计单位委托审计的动机、经营环境、财务状况等方面进行全面的风险评估出发，利用审计风险模型，规划审计工作，积极运用分析性复核，力争将审计风险控制在可以接受的水平内。

【练一练1-2】

按照审计（　　）分类，可将审计分为账项基础审计、系统基础审计、风险基础审计。

A.实施时间　　B.执行地点

C.技术模式　　D.审计主体

任务实施

（1）审计的对象就是审计客体。为了方便区别和阐述，可将外延上的审计客体，即被审计单位称为“审计客体”，而将内涵上的审计客体，即审计的范围和内容称为“审计对象”。

（2）按审计主体分类，审计可分为政府审计、独立审计和内部审计三种。上述资料中提到的审计署审计、各级审计机关审计都属于政府审计。

（3）经济责任审计属于按审计内容和目的分类。按这种标准分类可将审计分为财政财务审计、经济效益审计和经济责任审计。

（4）随州市审计局对二棉厂的审计，按审计实施时间分类属于事后审计；按审计范围分类属于全部审计；按审计执行地点分类属于就地审计；按审计技术模式分类属于账项基础审计。

【小知识1-2】

2004年6月23日，时任国家审计署署长李金华代表国务院向全国人大常委会提交了一份很有份量的审计报告。报告中的18项内容，如数亿元高考考试资金去向不明，财政部将国家补助的职工住房补助52亿元挪作他用等，每一项都足够震撼。人们用“审计风暴”来形容报告所带来的冲击。审计的不断强化促使政府的行政行为更加公开、透明，推动了“阳光政府”的建设。

任务四　审计的职能与目标

任务描述

2015年第一季度国家审计署共发布了3个审计公告：

2015年第1号公告：关于2013年度中央预算执行和其他财政收支审计查出问题整改情况；

2015年第2号公告：中央部门单位2013年度预算执行情况和其他财政收支情况审计发现问题的整改结果；

2015年第3号公告：关于2 448宗矿业权的审计结果。

资料来源　根据中华人民共和国审计署网站有关内容整理得到。

阅读上述资料后完成以下任务：

（1）请上网查询了解上述3个审计公告的具体内容。

（2）审计具有哪些职能？你认为上述3个审计结果公告及任务二中的资料主要体现了审计的哪几项职能？

（3）审计的总目标具体是什么？上述3个审计结果公告及任务二中的资料能体现审计的总目标吗？请从中试举一例加以说明。

（4）审计的一般审计目标是什么？请上网查询相关审计案例，了解审计的一般审计目标是如何体现的？

相关知识

一、审计的职能

审计职能是指审计能够完成任务、发挥作用的内在功能。审计职能是审计自身固有的，但并不是一成不变的，它随着社会经济的发展、经济关系的变化、审计对象的扩大、人们认识能力的提高而不断加深和扩展。

我国审计界对审计职能的观点主要有两种：一种是“单一职能论”，另外一种是“多职能论”。“单一职能论”者认为，无论是政府审计、社会审计，还是内部审计，它们只有一项职能，就是经济监督。“多职能论”者认为，审计除审计监督这一基本职能外，还具有经济鉴证、经济评价等其他职能。

1.经济监督职能

经济监督是审计的基本职能，它主要是指通过审计，监察和督促被审计单位的经济活动在规定的范围内、在正常的轨道上进行，监察和督促有关经济责任者忠实地履行经济责任，同时借以揭露违法违纪行为，稽查损失浪费，查明错误弊端，判断管理缺陷和追究经济责任等。审计工作的核心是通过审核检查，查明被审计事项的真相，然后对照一定的标准，得出被审计单位经济活动是否真实、合法、有效的结论。从依法检查到依法评价，再到依法作出处理决定以及督促决定的执行，无不体现出审计的监督职能。

2.经济鉴证职能

审计的经济鉴证职能，是指审计机构和审计人员对被审计单位会计报表及其他经济资料进行检查和验证，确定其财务状况和经营成果是否真实、公允、合法、合规，并出具书面证明，以便为审计的授权人或委托人提供确切的信息，并取信于社会公众的一种职能。

审计的经济鉴证职能，包括鉴定和证明两个方面。例如，会计师事务所接受中外合资经营企业的委托，对其投入资本进行验资，对其年度财务报表进行审查，或对其合并、解散事项进行审核，然后出具验资报告、查账报告和清算报告等，这些均属于审计执行经济鉴证职能。再如，国家审计机关对厂长（经理）的离任审计，对承包、租赁经营的经济责任审计，对国际组织的援助项目和世界银行贷款项目的审计等，也都属于经济鉴证的范围。

3.经济评价职能

审计的经济评价职能，是指审计机构和审计人员对被审计单位的经济资料及经济活动进行审查，并依据一定的标准对所查明的事实进行分析和判断，肯定成绩，指出问题，总结经验，寻求改善管理、提高效率和效益的途径。审计的经济评价职能包括评定和建议两个方面。例如，审计人员通过审核检查，评定被审计单位的经营决策、计划、方案是否切实可行，是否科学先进，是否贯彻执行；评定被审计单位内部控制制度是否健全和有效；评定被审计单位各项会计资料及其他经济资料是否真实、可靠；评定被审计单位各项资源的使用是否合理和有效等。同时，根据评定的结果，提出改善经营管理的建议。评价的过程，也是肯定成绩、发现问题的过程，其建议往往是根据存在的问题提出的，以利于被审计单位克服缺点、纠正错误、改进工作。经济效益审计是最能体现审计评价职能的一种审计。

在审计职能的研究过程中，也有人提出审计还具有服务、管理、咨询等方面的职能。在经济生活日趋复杂、社会日益进步、科技迅猛发展的今天，审计职能也必然要发展，不可能停滞不前。

【练一练1-3】

以下属于审计经济职能的有（　　）。

A.监督　B.预算　C.鉴证　D.评价　E.决策

二、审计的目标

审计的目标是在一定历史环境下，审计主体通过审计实践活动所期望达到的境地或最终结果。它是审计理论的最高层次，也是整个审计监督系统的定向机制，决定了审计的内容、形式、质量及审计责任。

（一）审计总目标

审计目标具有层次性，包括审计总目标和具体目标两个层次。

审计总目标一般是根据审计授权人和委托人的要求，对被审计单位或个人所应承担的经济责任的监督、鉴证与评价，是一种带有战略性的综合性目标，它一定要体现国家实行审计监督制度的需要。具体而言，一是要适应建立社会主义市场经济体制和加强宏观调控的需要；二是要适应加强社会主义法律制度建设，维护国家财政经济秩序的要求；三是要适应促进廉政建设、反对腐败、保障国民经济和社会健康发展的需要。

1.国家审计的总目标

根据《审计法》第二条和《国家审计准则》第六条的规定，我国国家审计的总目标是对财政财务收支的真实、合法和效益进行审查和评价。

“真实”是指财政财务收支及其有关的经济活动是否发生，是否真实存在；在会计资料及其他有关资料中的反映是否符合客观实际，有无任意增加、减少、隐瞒等虚假行为。

“合法”是指财政财务收支及其有关的经济活动是否遵循法律、法规和有关规章制度的规定。如各级预算内财政资金的支出是否符合本级人民代表大会批准的预算，企业成本、费用的计算、归集和分配是否符合国家有关财务会计制度的规定。

“效益”是指财政财务收支及其有关的经济活动的效率和效果。这里所讲的效益，不仅仅是指用于经营资金所产生的经济效益，还包括资金投入的经济性（即是否节约）、资金运用的效率（即资金合理利用的程度）、资金使用的效果（即是否达到预期的目标）。有些资金使用虽不能产生经济效益，但可以产生社会效益。

2.内部审计的总目标

根据《审计署关于内部审计工作的规定》，我国部门、单位内部审计的总目标是通过检查会计账目及其相关资产，监督和评价本单位及所属单位财政收支、财务收支、经济活动的真实、合法和效益，以加强经济管理和实现经济目标。由此可见，它和国家审计的总目标是基本一致的。

3.注册会计师审计的总目标

根据《中国注册会计师审计准则第1101号——注册会计师的总体目标和审计工作的基本要求》的规定，注册会计师审计的总体目标是：第一，对财务报表整体是否不存在由于舞弊或错误导致的重大错报获取合理保证，使得注册会计师能够对财务报表是否在所有重大方面按照适用的财务报告编制基础编制发表审计意见；第二，按照审计准则的规定，根据审计结果对财务报表出具审计报告，并与管理层和治理层沟通。尽管表述形式不一样，但注册会计师审计的总目标与国家审计的总目标是不冲突的，是一致的，它实质上也要求对被审计单位财务报表的相关方面发表意见。

（二）审计具体目标

审计具体目标是审计总目标的具体化。一般来说，审计具体目标是根据被审计单位管理层的认定和审计总目标来确定的。

1.被审计单位管理层的认定

所谓管理层，是指对被审计单位的经营活动的执行负有管理责任的人员。管理层的主要责任是在治理层（是指对被审计单位战略方向和管理层履行经营管理职责负有监督责任的组织和人员）的监督下，按照适用的会计准则和相关会计制度的规定编制报表，其具体工作由管理层领导下的财务部门承担。

所谓认定，是指被审计单位管理层对财务报表各组成要素的确认、计量、列报作出的明确或隐含的表达，审计人员将其（即明确或隐含的表达）用于考虑可能发生的不同类型的潜在错报。

例如，某公司2020年12月31日资产负债表中部分内容如下：

流动资产：

货币资金　　　300 000

那么，管理层明确的认定包括：资产负债表上记录的货币资金是确定存在的，所记录的货币资金的准确金额是300 000元，而且是资产负债表日这一天存在的。

管理层隐含的认定包括：所有应列报的货币资金都包括在财务报表中，记录的货币资金全部由本公司所拥有，货币资金的使用不受任何限制。

下面从注册会计师在审计过程中常用的认定来介绍管理层对财务报表认定的类别。

（1）与各类交易、事项及相关披露相关的认定。

①发生。所记录或披露的交易和事项已发生且与被审计单位有关，它与交易和事项是否高估、虚构相关。例如，将某张销售发票入账，则管理层认定这一项交易事项是真实有效的，没有虚构。如果没有发生销售交易，却在销售账中记录了一笔销售业务，则已记录的销售交易是不真实的，属于发生认定错报。

[小知识1-3]

审计中的错报，是指某一财务报表项目的金额、分类、列报或披露与按照适用的财务报表编制基础应当列示的金额、分类、列报或披露之间存在的差异。错报可能是由于错误或舞弊导致的。

②完整性。所有应当记录的交易和事项均已记录，所有应当包括在财务报表中的相关披露均已包括，它与交易和事项是否隐匿相关。例如，本月将销售发票入账，则管理层认定所有销售交易都已记录，没有遗漏。如果发生了某笔销售交易，却没有在销售账中记录，则已记录的销售交易是不真实的，属于完整性认定错报。

③准确性。与交易和事项有关的金额及其他数据已恰当记录，相关披露已得到恰当计量和描述，它与交易和事项的数额相关。例如，将销售发票作为会计核算的依据，则管理层认定销售发票被正确传递，总数加计正确并且已准确地记录到会计系统中。如果销售交易中发出商品的数量和发票账单上的数量不符，或是开具发票账单时使用了错误的销售价格，或是发票账单中的乘积或加总有误，或是在发票账单中记录了不恰当的金额，则已记录的销售交易金额不准确，这些均属于准确性认定错报。

[小知识1-4]

发生认定、完整性认定和准确性认定之间的关系。发生认定是表明没有虚构，没有多列交易和事项；完整性认定是表明没有遗漏，没有少列交易和事项；准确性认定是在发生认定和完整性认定基础上对数量的认定，表明没有多计或少计数量。发生认定和完整性认定是对交易和事项“质”的认定，准确性是对交易事项“量”的认定。

④截止。交易和事项已记录于正确的会计期间，它与交易和事项的发生期间相关。例如，将电费在当期计入期间费用，则管理层认定该费用是当期发生的，不是上期或下期的费用。将本期交易推迟到下期记录，或将下期交易提前到本期记录，均属于截止认定错报。

⑤分类。交易和事项已记录于恰当的账户，特别是将易混淆的交易、事项区分开来，它与交易和事项的归属相关。将现销记录为赊销，将应予资本化的利息记入“财务费用”账户，将应收账款记入“其他应收款”账户，均属于分类认定错报。

⑥列报。交易和事项已被恰当地汇总或分解且表述清楚，相关披露在适用的财务报告编制基础下是相关的、可理解的。

（2）关于期末账户余额及相关披露的认定。

①存在。记录的资产、负债和所有者权益是存在的。例如，被审计单位提供应收账款账户给审计人员检查，则管理层认定应收账款是存在的。如果不存在某客户的应收账款，在应收账款明细表中却列入了该客户的应收账款，则属于存在认定错报。

②权利和义务。记录的资产由被审计单位拥有或控制，记录的负债是被审计单位应当履行的偿还义务。例如，被审计单位提供库存商品和短期借款账户给审计人员检查，则管理层认定企业对库存商品账户中所列示的存货均拥有法定的权利，短期借款账户列示的负债确属企业的现时义务且需要未来偿还。将他人寄售商品纳入本单位存货中，属于权利认定错报；将不属于本单位的债务纳入负债中，属于义务认定错报。

③完整性。所有应当记录的资产、负债和所有者权益均已记录，所有应当包括在财务报表中的相关披露均已包括。例如，被审计单位提供应收账款账户给审计人员检查，则管理层认定应列示于应收账款账户中的所有资产都包含于此账户中，不存在账外资产。如果存在某客户的应收账款，但在应收账款明细表中却没有列入对该客户的应收账款，则属于完整性认定错报。

④准确性、计价和分摊。资产、负债和所有者权益以恰当的金额包括在财务报表中，与之相关的计价或分摊调整已恰当记录，相关披露已得到恰当计量和描述。例如，被审计单位提供应收账款账户给审计人员检查，则管理层认定其应收账款已以账面价值减去计提的坏账准备，能反映应收账款的可收回金额。如果期末没有对应收账款计提坏账准备，致使高估应收账款，则属于计价和分摊认定错报。

【练一练1-4】

注册会计师A通过盘点得知存货实有500万元，但是财务报表上记录600万元，注册会计师应认为管理层对存货项目的（　　）认定存在问题。

A.发生　　B.完整性　　C.准确性、计价和分摊　　D.存在

⑤分类。资产、负债和所有者权益已记录于恰当的账户。

⑥列报。资产、负债和所有者权益已被恰当地汇总或分解且表述清楚，相关披露在适用的财务报告编制基础下是相关的、可理解的。

从表1-2中可以清晰地看出管理层认定的各项内容。

表1-2　　管理层对财务报表的认定

项　目	发生	完整性	准确性	截止	分类	存在	权利和义务	计价和分摊	列报
与各类交易、事项及相关披露相关的认定	√	√	√	√	√				√
关于期末账户余额及相关披露的认定		√	√		√	√	√	√	√

2.审计具体目标

在此，只介绍注册会计师审计的具体目标。一般来说，将审计总目标与管理层各项认定相对应，便形成了审计具体目标，即对管理层各项认定的再认定。

(1) 与所审计期间各类交易、事项及相关披露相关的审计目标。

①发生。与发生认定相对应的审计具体目标是确认已记录的交易是否真实，它所要解决的问题是管理层是否把那些不曾发生的项目记入财务报表中。

②完整性。与完整性认定相对应的审计具体目标是确认已发生的交易是否确实已经记录，所有应包括在财务报表中的相关披露均已包括，它所要解决的问题是管理层是否把那些已经真实发生的项目全部记入财务报表中。

③准确性。与准确性认定相对应的审计具体目标是确认已记录的交易是否按正确金额反映，相关披露已得到恰当计量和描述。

[小知识1-5]

发生目标、完整性目标之间的关系。发生目标和完整性目标的关注点相反，发生目标关注潜在的虚记（高估），完整性目标关注潜在的漏记（低估）。

④截止。与截止认定相对应的审计具体目标是确认接近资产负债表日的交易是否记录于恰当的会计期间，有无跨期事项。通常，可能出现错报的是资产负债表日前后的交易。

⑤分类。与分类认定相对应的审计具体目标是确认已记录的交易是否经过合理分类，是否记入恰当账户，有无人为调整类别的情况。

(2) 与期末账户余额相关的审计目标。

①存在。与存在认定相对应的审计具体目标是确认记录的金额是否确实存在。

②权利和义务。与权利和义务认定相对应的审计具体目标是确认资产是否归属于被审计单位（拥有或控制），负债是否属于被审计单位的现时义务。

③完整性。与完整性认定相对应的审计具体目标是确认已存在的各项资产、负债和

所有者权益是否均已记录。

④计价和分摊。与计价和分摊认定相对应的审计具体目标是确认各项资产、负债和所有者权益是否以恰当的金额包括在财务报表中，与之相关的计价或分摊调整是否已恰当记录。

⑤分类。确认资产、负债和所有者权益已记录于恰当的账户。

⑥列报。确认资产、负债和所有者权益已被恰当地汇总或分解且表述清楚，相关披露在适用的财务报告编制基础下是相关的、可理解的。

（3）与列报和披露相关的审计目标。

各类交易和事项、期末余额的认定正确，只是为列报正确打下了必要的基础，但财务报表还可能因为被审计单位误解有关列报的规定或舞弊等而产生错报。另外，还可能因为被审计单位没有遵守一些专门的披露要求而导致错报。因此，即使注册会计师审计了各类交易和账户余额的认定，实现了各类交易和账户余额的审计具体目标，也不意味着获取了足以对财务报表发表审计意见的、充分的、适当的审计证据。注册会计师还应当对各类交易和事项、期末账户余额等列报的正确与否进行审计。

①发生及权利和义务。与发生及权利和义务认定相对应的审计具体目标是确认财务报表披露的交易、事项和其他情况是否已发生，且与被审计单位有关。

②完整性。与完整性认定相对应的审计具体目标是确认所有应当在财务报表中披露的交易、事项和其他情况是否均已包括。

③分类和可理解性。与分类和可理解性认定相对应的审计具体目标是确认财务信息是否已被恰当地列报和描述，且披露内容表述清楚、易于理解。

④准确性和计价。与准确性和计价认定相对应的审计具体目标是确认财务信息和其他信息是否已公允披露，且金额恰当。

任务实施

（1）上网查询了解上述3个审计结果公告的具体内容，并养成自主搜集信息、独立思考问题的习惯。

（2）审计具有经济监督职能、经济鉴证职能、经济评价职能。上述3个审计结果公告及任务二中的资料主要体现了经济监督职能、经济评价职能。

（3）审计的总目标具体为：一是要适应建立社会主义市场经济体制和加强宏观调控的需要；二是要适应加强社会主义法律制度建设，维护国家财政经济秩序的要求；三是要适应促进廉政建设、反对腐败、保障国民经济和社会健康发展的需要。上述3个审计结果公告及任务二中的资料都能体现审计的总目标。2015年3个审计结果公告就明显体现了审计总目标，特别是体现了其中第三条：适应促进廉政建设、反对腐败、保障国民经济和社会健康发展的需要。

（4）一般审计目标是确定总体的合理性、金额的真实性、金额的完整性、资产的所有权、计量的正确性、内部控制的有效性、恰当反映与充分揭示。

任务五 大数据审计

任务描述

近年来，信息技术已经高度普及，企业高度重视财务系统建设并在IT架构开发中对其投入大量资源，引进了许多先进的技术，如财务自动化机器人与财务共享中心，使得财务系统和财务处理自动化程度越来越高。然而日常业务产生的数据数量巨大，种类繁多，并且在持续高速增长，如何充分利用财务数据实现数据驱动，如何推动企业通过数据分析来实现更加高效的成本控制、风险分析与业务增长，这些问题对企业在数据处理与数据挖掘技术上提出了诸多挑战。

与此同时，企业对会计师事务所的审计也同样提出了新的要求：如何与时俱进适应企业应用信息技术以后产生大量财务数据的新形势并进行有效的审计与分析工作？请上网查询相关的大数据审计实践。

相关知识

一、大数据审计产生的背景

（一）大数据概念的来源

2011年6月，世界著名咨询机构麦肯锡公司发布了报告《大数据：下一个创新、竞争和生产力的前沿》，给出了大数据的定义：大数据指大小超出常规数据库工具获取、存储、管理和分析能力的数据集。高德纳咨询公司认为：大数据是具有大容量、快速和（或）多样性等特点的信息资产，为了能提高决策、洞察发现和优化流程，这种信息资产需要新形式的处理方法。

大数据时代的到来为各行业带来了机遇和挑战。大数据技术将会给科学研究、商业、公共管理、经济活动等领域带来重大变革。目前，大数据的研究和应用已经成为国内外的热点。世界各国均高度重视大数据相关问题的研究与探索，并从国家战略层面推出研究规划以应对大数据带来的机遇和挑战。2012年3月，美国政府就公布了“大数据研究与发展计划”，目前正是一个大数据引领的智慧科技时代。

（二）审计信息化

1.信息化环境给传统审计带来挑战

在我国20世纪80年代，以查账为主要手段的审计遭遇了来自信息技术的挑战。金融、财政、海关、税务、民航、铁道等重要行业开始广泛运用计算机、数据库、网络等现代信息技术进行管理，国家机关、企事业单位信息化趋向普及。信息技术对一个组织的运营起着至关重要的作用。

信息化环境下审计工作发生了巨大的变化。审计对象的信息化客观上要求审计单位的作业方式必须及时作出相应的调整，要运用信息技术，全面检查被审计单位的经济活动，发挥审计监督的应有作用。因此，利用信息技术开展审计工作成为必然。

一方面，信息化环境下信息技术成为审计的对象，即审计人员需要对被审计单位应用的信息技术进行审计，一般情况下称为信息系统审计；另一方面，审计信息化环境下，信息技术成为审计技术，审计人员应用信息技术开展审计工作，即计算机辅助审计。常用的计算机辅助审计技术可以分成两类：一类是用于验证程序、系统的计算机辅助审计技术，即面向系统的计算机辅助审计技术；另一类是用于分析电子数据的计算机辅助审计技术，即面向数据的计算机辅助审计技术，也称为电子数据审计技术。电子数据审计是目前我国开展审计信息化的重点。

2.审计信息化的内容

传统环境下，审计人员可以采用检查法、观察法、重新计算法、外部调查法、分析法、鉴定法等收集审计证据。信息化环境下，审计证据的获取更多是采用计算机技术对被审计电子数据进行分析来完成的，也就是说，通过对被审计数据的分析，发现可疑数据，通过对可疑数据进行确认，最终获取审计证据。因此，信息化环境下，电子审计证据成为一种重要的证据形式。此外，信息化环境下，除了通过审计电子数据获得审计证据之外，审计被审计单位的信息系统，即信息系统审计，也是目前开展审计工作的一项重要工作。

目前，审计信息化可以归纳为以下两部分内容：

（1）审计管理信息化。

审计管理一般包括审计公文与文书处理、被审计单位资料信息管理、审计人员信息管理、项目资料管理、项目计划管理、经费安排、法律法规管理、人员培训等，除审计作业外，都可以归入审计管理系统。信息化环境下，审计管理信息化势在必行。办公自动化是目前管理信息化的重要实现方式，办公自动化主要是为了改变传统复杂、低效的手工办公方式，推行无纸化办公模式，它面向单位的日常运作和管理，采用互联网与移动互联网技术，使单位内部工作人员可以方便快捷地共享信息，高效协同工作，从而实现迅速、全方位的信息采集、处理，为单位管理和决策提供科学依据。办公自动化对审计单位的管理工作同样非常重要，审计单位开展审计管理信息化可以借助OA办公，提升审计行政管理水平，实现公文办理等全过程的数字化。

（2）审计作业信息化。

其内容与计算机审计相似，主要包括信息系统审计和电子数据审计。

A.信息系统审计

信息系统审计是目前常用的概念，一般理解为对计算机系统的审计，信息系统审计的国际权威组织——国际信息系统审计与控制协会将信息系统审计定义为：信息系统审计是收集和评估证据，以确定信息系统与相关资源能否适当地保护资产、维护数据完整、提供相关和可靠的信息、有效完成组织目标、高效率地利用资源并且存在有效的内部控制，以确保满足业务、运作和控制目标，在发生非期望事件的情况下，能够及时地阻止、检测或更正的过程。

B.电子数据审计

电子数据审计是目前审计工作的一个重要方面。在实际的审计工作中，为了避免影响被审计单位信息系统的正常运行，并保持审计的独立性，规避审计风险，审计人员在开展电子数据审计时，一般不直接使用被审计单位的信息系统进行查询分析和检查，而是将所需的被审计单位的电子数据采集到审计人员的计算机中，利用相关软件进行分析。目前电子数据审计工作中，数据对审计人员来说非常重要，审计的过程也是一个“用数据说话、用数据决策”的过程。

对于电子数据审计，目前还没有明确的定义。根据目前对该术语的使用情况，电子数据审计一般可以理解为“对被审计单位的电子数据进行采集、预处理以及分析，从而发现审计线索，获得审计证据的过程”。

电子数据审计主要包括现场电子数据审计和远程联网电子数据审计（联网审计）。

审计人员根据审计任务的需要，到被审计单位现场采集电子数据，然后对这些电子数据进行预处理并完成数据分析，获得审计证据，这种开展电子数据审计的方式可称为现场电子数据审计，这是目前电子数据审计的主要方式。信息技术的发展使得审计信息化向持续、动态、实时的方向发展，持续审计成为审计信息化的一个重要发展方向。目前常用的联网审计也是持续审计的一种方式。

相对于现场电子数据审计，联网审计的实现原理可以看成采用远程联网方式从被审计单位采集电子数据，并对其进行分析，获取审计证据的过程。联网审计技术的应用为审计单位积累了大量的电子数据，这为开展大数据审计提供了条件。

二、大数据审计的内涵

目前，被审计单位信息化程度越来越高，信息系统越来越复杂，需要采集的数据量越来越大，数据类型较多，不仅仅是数据库中的结构化电子数据，还包括一些与被审计单位相关的会议记录、会议决议、办公会通知、办公文件、业务介绍、部门年度工作总结、风险分析报告、相关审计报告、政策文件、内部控制手册、信息系统使用手册等非结构化数据。因此，审计工作与大数据已经密不可分。大数据环境对审计工作来说，既是机遇，又是挑战，大数据环境下需要考虑如何利用大数据技术审计电子数据、如何审计大数据环境下的电子数据、如何利用大数据技术审计信息系统、如何审计大数据环境下的信息系统等，大数据审计与审计信息化的关系如图1-2所示。

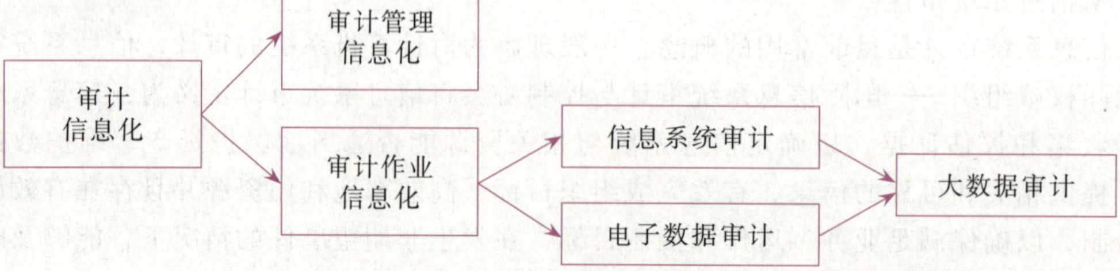

图1-2 大数据审计与审计信息化的关系

综上所述，大数据审计是随着大数据时代的到来以及大数据技术的发展而产生的一种新的计算机审计（审计作业信息化）方式，其内容包括大数据环境下的电子数据审计（如何利用大数据技术审计电子数据、如何审计大数据环境下的电子数据）和大数据环境下的信息系统审计（如何利用大数据技术审计信息系统、如何审计大数据环境下的信息系统）两方面。大数据审计的主要内容如图1-3所示。

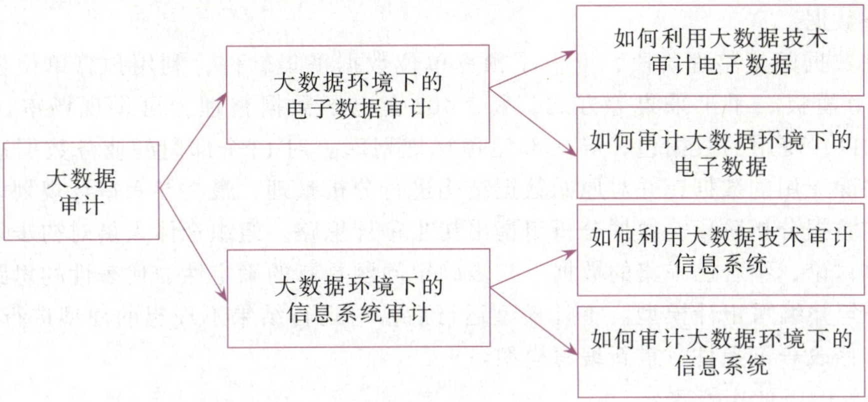

图1-3　大数据审计的主要内容

任务实施

河北省预算执行审计

2016年，河北省审计厅在预算执行审计项目中运用大数据分析，首次实现了审计全覆盖，实现对883家预算单位财务数据的批量分析。通过对883家部门预算财务数据进行分析，发现110家预算单位通过往来科目转移财政存量资金问题。

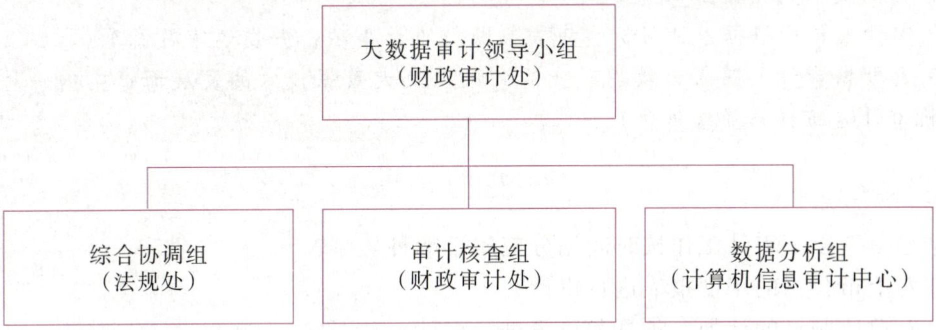

图1-4　河北省预算执行大数据审计组织架构图

此次河北省预算执行大数据审计组织架构如图1-4所示。综合协调组由法规处牵头，负责计划、统计、审计人员统一调配及审计业务事项考核等；数据分析组由计算机信息审计中心牵头，将业务处采集的财政、财务、业务数据统一清理、转换、入库，在审计分析平台上对数据进行总体分析，为后期审计核查组确定现场审计的方向和重点；审计核查组由财政审计处牵头，依据审计分析平台的分析结果，对重点部门和事项进行分工后，由相应审计业务部门深入审计核查。

1.联网审计实施过程

河北省审计厅的大数据审计主要包括数据采集、数据归集整理、数据分析三个阶段。

在数据采集阶段，共采集了883家预算单位财务数据。根据以往审计的经验，梳理可能出现的问题以及查找这些问题需要的业务数据，最终共采集财政等13个部门的相关业务数据。

在数据归集整理阶段，开发了预算单位数据采集软件，利用预算单位数据采集软件、AO模板、手工采集等方式，将2 402套电子数据整理为可供现场审计实施系统（AO2011）使用的数据包，导入部门预算规划库。对13个部门的业务数据进行数据筛选，去除无用的数据，并对原始数据结构进行分析整理，最终导入审计规划库。

在数据分析阶段，数据分析组提出初步审计思路。组织全体人员对初步审计思路进行集体讨论，结合已采集的数据，初步确定问题具有的确定性、代表性的思路，转化为SQL语句并编写审计模型。审计模型运行后，对运行结果不理想的模型进行二次分析，添加、修改查询条件，重新编写模型。

2.联网审计实施效果

（1）实现了重点问题批量审计，覆盖面大。

（2）实现了跨行业、跨部门数据分析。

（3）实现了报表-账簿-发票多维数据分析核对。

资料来源 根据中华人民共和国审计署网站有关内容整理得到。

◆ 注意事项

1.审计的职能是随着社会经济的发展、经济关系的变化、审计对象的扩大、人类认识能力的提高而不断加深和扩大的。

2.审计人员应根据审计目标去审查判断被审计事项，并发表审计意见。

3.大数据审计是随着大数据时代的到来以及大数据技术的发展而产生的一种新的计算机审计（审计作业信息化）方式。

能力拓展

请思考：以下审计工作按时间划分应属于哪种类型？

①对上市公司的年度报表进行审计；

②对单位制订的计划、预算和决策进行审计；

③对领导干部进行离任审计；

④对单位进行财经法纪审计；

⑤对施工进度、投资完成情况进行审计。

拓展阅读

（一）注册会计师考试制度

我国于1991年开始组织全国注册会计师统一考试。现就我国注册会计师考试与注册制度的具体内容予以介绍。

1.报考条件

根据《注册会计师法》和财政部注册会计师考试委员会发布的简章，注册会计师考试报名条件为：

（1）同时符合下列条件的中国公民，可以申请参加注册会计师全国统一考试专业阶段的考试：

①具有完全民事行为能力；

②具有高等专科以上学校毕业学历，或者具有会计或者相关专业中级以上技术职称。

（2）同时符合下列条件的中国公民，可以申请参加注册会计师全国统一考试综合阶段的考试：

①具有完全民事行为能力；

②已取得注册会计师全国统一考试专业阶段考试合格证。

（3）有下列情形之一的人员，不得报名参加注册会计师全国统一考试：

①因被吊销注册会计师证书，自处罚决定之日起至申请报名之日止不满5年者；

②以前年度参加注册会计师全国统一考试因违规而受到停考处理期限未到者。

其中，比较特别的事项有以下两个：

①应届毕业生可以参加注册会计师考试，但需要在规定的时间内按要求提供学历等信息；

②持外国学历的人员报名，还应当同时提供教育部留学服务中心出具的学历认证书。另外，具有会计或者相关专业高级技术职称的人员（包括学校及科研单位或者相关专业副教授、副研究员以上职称的），可以申请免于专业阶教考试1个专长科目的考试。

2.考试科目和成绩认定

考试范围在考试大纲中确定。考试大纲经财政部考委会审定发布。考试分为专业阶段考试和综合阶段考试。考生在通过专业阶段考试的全部科目后，才能参加综合阶段考试。

专业阶段考试科目：会计、审计、财务成本管理、公司战略与风险管理、经济法、税法6个科目；6科考试均采取闭卷、计算机化考试（简称机考）方式进行。考试实行百分制，60分为成绩合格分数线。全科成绩合格者，领取财政部考委会颁发的全科合格证书，单科成绩合格者，其合格成绩在取得单科成绩合格凭证（单科成绩合格证书或成绩通知单）后的连续四次考试中有效。

综合阶段考试科目：职业能力综合测试（试卷一、试卷二）。

（二）2021年第2号公告：2020年第四季度国家重大政策措施落实情况跟踪审计结果

详见http：//www.audit.gov.cn/n5/n25/c144075/content.html。

技能训练

一、单项选择题

项目一

技能训练客观题

1.审计产生的客观基础是（　　）。

A.社会经济的发展　　B.会计的发展

C.受托经济责任关系　　D.管理的现代化

2.宋代审计司的建立，是我国审计的正式命名，从此，“审计”一词便成为（　　）的专用名词。

A.财会审计　　B.经济监督　　C.经济执法　　D.财政监督

3.我国注册会计师审计出现于（　　）。

A.1908年　　B.1918年　　C.1911年　　D.1949年

4.（　　）创办了我国第一家会计师事务所。

A.谢霖　　B.潘序伦　　C.奚玉书　　D.徐永祚

5.我国第一家会计师事务所是（　　）。

A.高威会计师事务所　　B.立信会计师事务所

C.正则会计师事务所　　D.上海会计师事务所

6.构成审计活动的三方关系人称为（　　）。

A.审计委托人　　B.被审计人　　C.审计人　　D.审计关系人

7.（　　）是审计行为的执行者。

A.审计主体　　B.审计客体　　C.审计委托人　　D.被审计单位

8.按审计主体分类，审计可分为（　　）。

A.政府审计、注册会计师审计和内部审计

B.财政财务审计、经济效益审计和经济责任审计

C.事前审计、事中审计和事后审计

D.账项基础审计、系统基础审计和风险基础审计

9.审计的基本职能是（　　）。

A.经济鉴证职能　　B.经济监督职能　　C.经济评价职能　　D.经济管理职能

10.审计目标具有层次性，它包括审计总目标和（　　）目标两个层次。

A.一般　　B.局部　　C.具体　　D.项目

11.（　　）的责任是按照适用的财务报表编制基础编制财务报表。

A.注册会计师　　B.管理层　　C.治理层　　D.单位负责人

12.下列各项中，确认（　　）是为了实现注册会计师审计具体目标中的“准确性”目标。

A.明细账的合计数与总账是否相符

B.固定资产明细账中使用年限是否恰当

C.应付账款是否有所隐瞒

D.已贴现的票据是否在附注中单独列示

13.如果被审计单位的存货发生漏记，则财务报表的（　　）认定存在错报。

A.完整性 B.存在 C.分类 D.截止

14.某公司将2020年的主营业务收入列入2019年的财务报表，则其2019年度财务报表存在错报的认定是（ ）。

A.权利和义务 B.准确性 C.截止 D.完整性

二、多项选择题

1.我国政府审计经历了萌芽、（ ）几个发展阶段。

A.初步确立 B.兴盛 C.停滞不前 D.近代演进

2.我国审计监督体系包括（ ）。

A.专项审计 B.国家审计 C.内部审计 D.注册会计师审计

3.审计关系中的三方关系人包括（ ）。

A.审计委托人 B.审计人 C.被审计人 D.当事人

4.审计的特征包括（ ）。

A.独立性 B.权威性 C.公正性 D.合法性

5.审计的独立性表现在（ ）。

A.组织独立 B.人员独立 C.工作独立 D.经济独立

6.以下属于按审计内容和目的分类的审计是（ ）。

A.财政财务审计 B.专项审计 C.经济效益审计 D.经济责任审计

7.我国国家审计的总目标可概括为（ ）审计。

A.真实性 B.合法性 C.公益性 D.效益性

8.一般而言，审计具体目标要根据（ ）来确定。

A.被审计单位治理层意见 B.被审计单位主管部门意见

C.被审计单位管理层的认定 D.审计总目标

9.下列属于与各类交易和事项相关的认定有（ ）。

A.发生 B.完整性 C.准确性 D.权利和义务

10.注册会计师对上市公司进行审计时，将“完整性”作为重点认定的有（ ）。

A.预付账款 B.短期借款 C.应付账款 D.应收账款

三、判断题

1.审计产生的基础是商品经济的产生。 （ ）

2.审计不是一成不变的，它是随着社会经济的发展而发展变化的。 （ ）

3.我国早在西周时期，就有了注册会计师审计的萌芽。 （ ）

4.审计的公正性是审计的本质特征，也是保证审计工作顺利进行的必要条件。

（ ）

5.广义而言，审计对象就是审计客体。 （ ）

6.大多数审计活动都属于事前审计。 （ ）

7.审计部门一般是对有问题的单位履行监督职能。 （ ）

8.政府审计、注册会计师审计和内部审计的总目标是不相同、不一致的。 （ ）

9.准确性认定和完整性认定是相反关系的认定，前者表明没有多列交易和事项，后者表明没有少列交易和事项。 （ ）

10.审计信息化主要分为审计管理信息化和审计作业信息化两部分内容。（　　）

四、综合题

1.请完成表1-3各类认定的含义及其具体审计目标。

表1-3　各类认定的含义及其具体审计目标

认定	各类认定的含义	各类认定对应的具体审计目标
发生		确认已记录的交易是否真实
准确性	与交易和事项有关的金额及其他数据均已恰当记录	
截止	交易和事项已记录于正确的会计期间	
存在	记录的资产、负债和所有者权益是存在的	
权利和义务		确认资产是否属于被审计单位（拥有或控制），负债是否属于被审计单位的现时义务

2.案例分析题。

中华人民共和国审计署披露：2002年11月，审计署驻沈阳特派办对福州海关实施交叉审计。审计组在对马尾海关财务科进行现金突击盘点时发现，经费、税费及食堂3个账户的库存现金账与库内现金均相符，但现金库中遗留的两本收据却引起了审计人员的注意。从收据内容看，主要记录了1995—1998年期间马尾海关收取的劳务费、仓租费、百货大楼法人股分红红利、停车费收入等，合计64万元。这些收入从哪里来？又转到哪里去了？为什么没有在财务账内反映呢？通过深入审计，财务科交出了3年的工会账。通过核对账簿发现，两本收据总额64万元，而在1995—1998年期间工会经费账中反映的收入仅有省口岸办劳务费、文明单位奖等22.3万元，其余仓租费、红利等收入合计41.7万元未在工会账内反映。这些收入哪去了？带着这些疑问，审计人员对这些收入进行了梳理和检查，不放过任何疑点，从41.7万元寻找突破口，终于又查出在此之外的人教科还有两本账簿。这两本账簿记录了1995—1998年期间马尾海关收取的仓租费、动植物检疫劳务费139.4万元。这些收入已全部用于本机关生活补助、杂项支出等，其中有36.4万元转存存折，至审计之日已无余额。至此，隐藏3年之久的“小金库”终于水落石出。

要求：

（1）指出上述资料中涉及的审计关系中的具体三方关系人。

（2）分析在我国国家审计总目标中将“真实性”列为首要目标的重要性。

（3）分析私设“小金库”是否违法？马尾海关的行为是属于错误还是舞弊？其治理层是谁？

项目二 审计准则和审计标准

人物谱

“明法审数”审计原则的创始者管仲是伟大的经济改革家、理财家。他提出理财为治国之本，应节约开支，量入为出，对国家财政收支活动进行全面考核和审查的主张，从而衍生出“明法审数”的审计思想。“明法审数”作为一条重要的审计原则，成为当时政府审计监督的重要标准与规范，被后来历朝统治者所借鉴。这条原则包括两方面的意义：其一，审计人员须了解、懂得法律，要依照国家所颁定的法令和规章制度办事，遵守法纪，维护法律的尊严；其二，审计人员须熟悉、清楚国家财政收支实际情况以及财政出入之数，据此进行财政收支的审查考核，防止不法行为或责任性差错的发生。

本项目主要介绍审计准则的概念、作用，我国审计准则体系框架及主要内容，审计标准的类别、特征和运用原则等内容。本项目是认知性项目，对规范审计业务的执行具有极强的指导作用。

【知识目标】

1. 熟悉审计准则的概念、作用。
2. 掌握我国审计准则体系构成及主要内容。
3. 熟悉审计标准的概念、特征及运用原则。

【能力目标】

1. 能按审计准则要求遵守审计职业道德，提高职业胜任能力。
2. 能分析审计失败的原因。
3. 能科学合理地选择审计标准。
4. 能搜索审计相关信息。

案例导引 注册会计师在ST圣方2004年年报公告后不到一星期被拘留

2005年4月底，一个令注册会计师业界震惊的消息传来：为ST圣方（000620）2004年年报出具了无保留意见审计报告的注册会计师刘某因涉嫌提供虚假证明文件罪被刑事拘留。

ST圣方前身为牡丹江石化集团股份有限公司（简称牡石化），1996年在深圳证券交易所挂牌上市。1999年，“牡石化”更名为“圣方科技”。ST圣方2005年4月16日公布了2004年年报，宣布扭亏为盈，盈利217万元，而事实上公司仍然处于亏损状态，亏损额高达2 000多万元。作为ST圣方2004年年报主审注册会计师的刘某在审计过程中已发现了ST圣方虚增利润及其他一些问题，但在对方15 000元好处费的诱惑下，他亲自“操刀”，对年报进行了调整，在得到将在审计报告上签字的主管领导的默许之后，刘某便为ST圣方2004年年报出具了无保留意见的审计报告。

资料来源 根据中国会计视野网站有关内容整理得到。

请分析：刘某被刑拘给我们带来什么启示？

分析提示：会计师事务所要慎重选择客户，加强质量控制；注册会计师要严格遵守审计准则等操作规范，遵守职业道德。

任务一 审计准则

任务描述

2005年，财政部发现了四大会计师事务所（德勤、普华永道、安永、毕马威）四起上市公司审计失败案例，并对有关会计师事务所通报批评并责令整改。这四起案例分别是普华永道对黄山旅游（600054/900942）的审计、普华永道对京东方（000725/200725）的审计、德勤对古井贡（000596/200596）的审计，毕马威对锦州港（600190/900952）的审计。

资料来源 根据中华会计网校论坛有关内容整理得到。

请你阅读上述资料，完成以下任务：

（1）请上网查询，列举三起以上发生在我国的审计失败的案例。

（2）请问为什么会屡屡发生审计失败的事件？

（3）审计准则的概念是什么？它有什么作用？

（4）我国审计准则体系中包括哪几种审计准则？它们之间是割裂的、对立的吗？请上网查询并下载最新的审计准则。

（5）若你是一名审计人员，你认为审计准则是对你的约束吗？为什么？

[小知识2-1]

审计失败就是指审计人员未能发现财政财务收支及财务报表中的虚假不实，未能在企事业单位经营活动中通过系统、规范的审计方法评价和改善组织的风险管理、组织经营而出具或披露了审计意见，由此引起审计争议，导致审计形象受损。

相关知识

一、审计准则概述

（一）审计准则的概念和含义

审计准则是审计机关和审计人员履行法定审计职责的行为规范，是执行审计业务的职业标准，是评价审计质量的基本尺度。

审计准则包括以下含义：

（1）审计准则是由政府审计机关或会计师职业团体制定的具有权威性的专业性文件。

（2）审计准则是审计实践经验的总结，它来自实践，又用于指导实践，其完善程度能反映出审计发展水平。

（3）审计准则是对审计主体的规范和要求，不是对审计客体的要求，更不是衡量审计客体的尺度。

（二）审计准则的作用

审计准则的实施，对审计质量的提高和审计事业的发展起着积极的促进作用。

1.促进审计工作的规范化

审计准则明确了审计工作规范，使审计人员有章可循，明确如何开展审计工作，如怎样编制审计计划，如何制订审计方案，如何收集和评价审计证据，如何编写审计报告，如何表达审计意见，以及如何注意自己的职业操守等。遵照审计准则，不仅可以提高审计工作效率，而且还能保证审计工作质量。

2.有助于提高审计工作质量

审计准则规定了审计人员的任职条件及其在执业时应保持的态度，规定了审计工作的基本程序和方法。这就可以促进审计人员谨慎工作、依照准则办事，有助于提高审计工作质量。同时，可以通过检查审计人员是否遵守审计准则来评价审计工作质量，进而促进审计工作质量的提高。

3.增强社会公众对审计工作结果的信任

审计准则是权威性的审计工作专业标准，是备受信赖的。只要审计工作是严格按照审计准则进行的，其质量就有保障，审计结论就会是可靠的，就能取信于经济利益各方。

4.有利于维护公众和审计人员的正当权益

有了审计准则，社会公众就可以更多地了解审计是做什么的，应该怎么做，要做到何种程度，应该履行什么义务和承担什么责任，这样不仅有利于监督审计机关和审计人员正确履行职责，也有利于公众维护自身的权益。有了审计准则，当审计委托人与审计人员就审计意见和结论发生分歧时，审计人员就可以援引审计准则来证明自己的意见，从而免受不公正的指责和控告，维护自己的合法权益。

【练一练2-1】

既能为审计人员提供工作标准，又能作为检查和评价审计工作质量规则的是（　　）。

A.审计法　　B.审计实施条例

C.审计准则　　D.审计工作方案

二、我国审计准则体系

我国审计准则体系包括国家审计准则、内部审计准则和社会审计准则。

（一）国家审计准则

1.国家审计准则概述

国家审计准则又称政府审计准则，是用来规范国家审计机关及其审计人员从事审计工作的准则。我国国家审计准则的内容包括总则、审计机关和审计人员、审计计划、审计实施、审计报告、审计质量控制和责任、附则。

2.国家审计准则主要内容

（1）审计主体的规范。审计机关和审计人员执行审计业务，应当具备资格条件和职业要求，遵守审计职业道德，保持审计独立性。

审计机关执行审计业务应当具备的资格条件是：符合法定的审计职责和权限；有职业胜任能力的审计人员；建立适当的审计质量控制制度；必需的经费和其他工作条件。

审计人员执行审计业务应当具备的职业要求是：遵守法律法规和国家审计准则，恪守审计职业道德，保持应有的审计独立性，具备必需的职业胜任能力等。

审计人员应当恪守严格依法、正直坦诚、客观公正、勤勉尽责、保守秘密的基本审计职业道德。审计人员执行审计业务时，应当保持应有的审计独立性，要避免下列情形：与被审计单位负责人或者有关主管人员有夫妻关系、直系血亲关系、三代以内旁系血亲以及近姻亲关系；与被审计单位或者审计事项有直接经济利益关系；对曾经管理或者直接办理过的相关业务进行审计；可能损害审计独立性的其他情形。审计人员不得参加影响审计独立性的活动，不得参与被审计单位的管理活动。

（2）审计过程的规范。国家审计机关在执行审计业务时，必须按照《审计法》《中华人民共和国审计法实施条例》《中华人民共和国国家审计准则》等规定的审计程序实施，包括制订年度审计计划、下达审计任务书、编制审计实施方案、了解被审计单位及其环境、制定检查重大违法行为的特殊程序和应对措施、收集审计证据、审计报告的编审等。

在重大违法行为检查上，要求审计人员执行审计业务时，应当保持职业怀疑，充分关注可能存在的重大违法行为。

（3）审计质量控制和责任的规定。为了加强全员全过程审计质量控制、明确审计责任，准则要求审计机关应当针对审计质量责任、审计职业道德、审计人力资源、审计业务执行、审计质量监控这5个要素建立审计质量控制制度，并通过审计业务质量检查等方式对审计质量控制制度的建立和执行情况进行检查和评估。同时，从审计项目质量控制的角度，规定审计机关实行审计组成员、审计组主审、审计组组长、审计机关业务部门、审理机构、总审计师和审计机关负责人对审计业务的分级质量控制，并分别明确了审计组成员、审计组主审、审计组组长、审计机关业务部门、审理机构和审计机关负责人的工作职责和应承担的责任。

（4）信息技术环境下审计的特别规定。考虑到信息技术环境下开展审计工作的特殊性，准则作出了一些特别规定，如对审计组信息技术方面胜任能力的要求；对调查了解相关信息系统控制，评估对信息系统的依赖程度，检查相关信息系统的有效性、安全性的要求；对审计人员在检查中应当避免对被审计单位相关信息系统及其电子数据造成不良影响的要求；对电子审计证据特殊取证的要求；对审计中发现被审计单位信息系统存在重大漏洞或者不符合国家规定的处理措施的要求等。

【练一练 2-2】

下列情况审计人员应当回避的有（ ）。

A. 与被审计单位负责人或者有关主管人员有夫妻、直系血亲、三代以内旁系血亲及近姻亲关系。

B. 与被审计单位或者审计事项有直接经济利益关系

C. 审计人员对曾经管理过的相关业务进行审计

D. 审计人员与被审计单位负责人曾经是同事关系

（二）内部审计准则

内部审计准则由内部审计基本准则、内部审计具体准则和内部审计实务指南三个层次组成。

1. 内部审计基本准则（以下简称基本准则）。基本准则是内部审计准则的总纲，是内部审计机构和人员进行内部审计时应当遵循的基本规范，是制定内部审计具体准则、内部审计实务指南的基本依据。

2. 内部审计具体准则（以下简称具体准则）。具体准则是依据基本准则制定的，是内部审计机构和人员在进行内部审计时应当遵循的具体规范。

3. 内部审计实务指南（以下简称实务指南）。实务指南是依据基本准则、具体准则制定的，为内部审计机构和人员进行内部审计提供的具有可操作性的指导意见。

内部审计准则体系中的三个不同层次，具有不同的约束力和权威性。基本准则是内部审计准则体系的第一层次，是内部审计准则的总纲，具有最高的权威性和法定约束力。基本准则、具体准则是内部审计机构和人员进行内部审计的执业规范，内部审计机构和人员在进行内部审计时应当遵照执行。具体准则的权威性虽低于基本准则，但要高于实务指南，并有法定约束力。而实务指南是给内部审计机构和人员提供的操作性的指导意见，不具有法定约束力和强制性，内部审计机构和人员在进行内部审计时应当参照执行。

虽然《中国内部审计准则序言》未将内部审计人员职业道德规范（以下简称职业道德规范）纳入内部审计准则体系，但依照国际惯例，职业道德规范应作为内部审计准则框架的一部分，并在内部审计准则框架中居于最高层次，具有法定约束力。

（三）社会审计准则

1.社会审计准则概述

2001年以来，针对国际资本市场一系列上市公司财务舞弊事件，国际审计准则制定机构改进了国际审计准则的制定机制和程序，强调以社会公众利益为宗旨，全面引入了风险导向审计的概念，全面提升了国际审计准则的质量。在充分借鉴国际审计准则的基础上，中国注册会计师协会根据我国实际情况和国际趋同的需要，将“中国注册会计师独立审计准则体系”改进为“中国注册会计师执业准则体系”，以适应注册会计师业务多元化的需要。原审计准则体系包含部分非审计业务准则，如《独立审计实务公告第9号——对财务信息执行商定程序》《独立审计实务公告第5号——盈利预测审核》《独立审计实务公告第10号——会计报表的审阅》等，以审计准则的名义规范其他业务类型。因此，新的注册会计师职业准则体系借鉴国际通行做法，将非审计业务准则从独立审计准则体系中分离出来，按照其业务性质冠以适当的名称。

2.注册会计师执业准则简介

注册会计师执业准则由注册会计师职业道德守则统御，执业准则体系包括注册会计师业务准则和会计师事务所质量控制准则。为了便于社会公众理解，有时将执业准则简称为“审计准则”。中国注册会计师执业准则体系和业务准则体系的构成图如图2-1、图2-2所示。

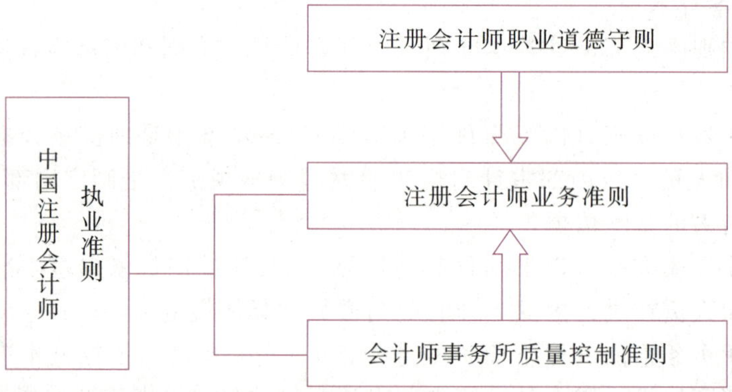

图2-1 中国注册会计师执业准则体系

鉴证业务准则（general assurance standards）是指注册会计师在执行鉴证业务的过程中所应遵守的职业规范。由鉴证业务基本准则统领，按照鉴证业务提供的保证程度和鉴证对象的不同，分为中国注册会计师审计准则、中国注册会计师审阅准则和中国注册会计师其他鉴证业务准则（以下分别简称审计准则、审阅准则和其他鉴证业务准则）。其中，审计准则是整个执业准则体系的核心。

审计准则（auditing standards）是注册会计师执行历史财务信息审计业务所应遵守的职业规范。在提供审计服务时，注册会计师对所审计信息是否不存在重大错报提供合理保证，并以积极方式提出结论。

审阅准则（review standards）是注册会计师执行历史财务信息审阅业务所应遵守的职业规范。在提供审阅服务时，注册会计师对所审阅信息是否不存在重大错报提供有限

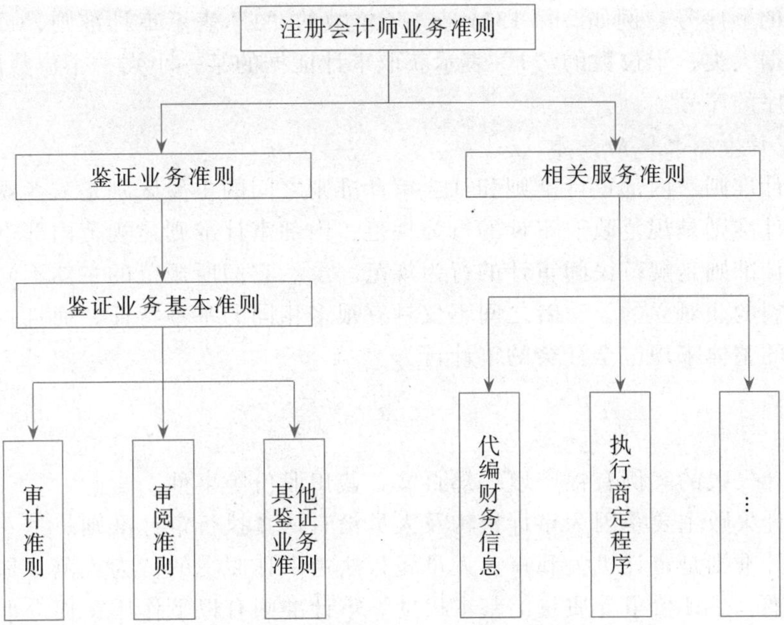

图2-2 中国注册会计师业务准则体系

保证，并以消极方式提出结论。

其他鉴证业务准则（other assurance standards）是注册会计师执行历史财务信息审计或审阅以外的其他鉴证业务所应遵守的职业规范。注册会计师执行其他鉴证业务，根据鉴证业务的性质和业务约定的要求，提供有限保证或合理保证。

相关服务准则（related services standards）是注册会计师代编财务信息、执行商定程序、提供管理咨询等其他服务所应遵守的职业规范。在提供相关服务时，注册会计师不提供任何程度的保证。

质量控制准则（quality control standards）是会计师事务所在执行各类业务时应当遵守的质量控制政策和程序，是对会计师事务所质量控制提出的制度要求。

目前，中国注册会计师执业准则体系共包括52项准则，其具体构成是：

（1）中国注册会计师鉴证业务基本准则（1项）。

（2）中国注册会计师审计准则第1101号至第1633号（45项）。

（3）中国注册会计师审阅准则第2101号（1项）。

（4）中国注册会计师其他鉴证业务准则第3101号与第3111号（2项）。

（5）中国注册会计师相关服务准则第4101号与第4111号（2项）。

（6）会计师事务所质量控制准则第5101号（1项）。

在注册会计师执业准则体系中，准则编号由4位数组成。其中，千位数代表不同类别的准则："1"代表审计准则；"2"代表审阅准则；"3"代表其他鉴证业务准则；"4"代表相关服务准则；"5"代表质量控制准则。百位数代表某一类别准则中的大类。以审计准则为例，我们将审计准则分为6大类，分别用1至6表示。"1"代表一般原则与责任；"2"代表风险评估与应对；"3"代表审计证据；"4"代表利用其他主体的工作；"5"代表审计结论与报告；"6"代表特殊领域审计。十位数代表大类中的小类。个位数代表小类中的顺序号。例如，第1311号，千位数的“1”表示审计准则，百位数的“3”表示审计证据大类，十位数的“1”表示获取审计证据的某一小类，个位数的“1”表示某类审计程序的序号。

（四）审计准则之间的关系

国家审计准则、内部审计准则和社会审计准则之间的主要区别是三者规范的主体不同。国家审计准则是规范政府审计的行为规范；内部审计准则是规范内部审计的行为依据；社会审计准则是规范民间审计的行为规范。虽然它们所规范的主体不同，但三者之间并不是割裂的、对立的，三者之间不仅具有很多相同的基本特征，而且相互配合，形成一个有机的整体来规范全社会的审计行为。

任务实施

（1）审计失败的案例有银广厦、郑百文、蓝田股份等事件。

（2）审计失败主要是因为审计机构及人员没有认真执行审计准则。

（3）审计准则是审计机关和审计人员履行法定审计职责的行为规范，是执行审计业务的职业标准，是评价审计质量的基本尺度。审计准则有以下作用：促进审计工作的规范化，有助于提高审计工作质量，增强社会公众对审计结果的信任程度，有利于维护公众和审计人员的正当权益。

（4）我国审计准则体系包括国家审计准则、内部审计准则和社会审计准则，它们之间不是割裂的、对立的，它们形成了一个有机的整体来规范全社会的审计行为。

（5）审计准则不是对审计人员的约束。因为审计准则只是对审计行为的规范，若审计人员严格执行审计准则，不仅能顺利完成审计工作，还能保护自己。

◆ 注意事项

虽然国家审计准则、内部审计准则和社会审计准则三者所规范的主体不一样，但三者之间相互配合，形成了一个有机的整体来规范全社会的审计行为。

任务二 审计标准

任务描述

2005年8月底，在湖北省襄樊市（现襄阳市）经济责任审计工作领导小组的统一安排下，襄樊市经济责任审计局审计组开始对某政法机关原局长张某进行离任经济责任审计。审计组首先对该局货币资金进行盘点核实，发现短款6万余元。审计人员将这一情况告诉了该局协助审计工作的出纳彭某，但并未告诉他短款的具体数额，希望他说明短款的原因。彭某称缺少的钱在自己家里放着。随后，审计组两名同志陪同彭某赶到他的住所取款，彭某从家里取来2万多元现金。在事实面前，彭某极不情愿地交出了整整四大包尚未经过整理的收支单据。审计人员立即进行了初步的分类、归纳和审核，结果发现，这些单据中的各种收支均未在账上反映，局机关一个数额高达600多万元的“小金库”由此浮出水面。随后，审计组开始了对该局下属各科室、队、所进行全面清查。经过前后三个多月的审计和调查，审计组终于挖出该局窝藏长达12年之久、历经该局近三届领导班子任期、涉及金额多达千万元的24个“小金库”。湖北省襄樊市纪委根据经济责任审计结果对私设“小金库”的相关责任人分别给予了党内严重警告和行政记大过等处分。

资料来源　根据海南审计网相关内容整理得到。

请你阅读上述资料，完成以下任务：

（1）回顾或上网查询并摘录《中华人民共和国现金管理暂行条例》《财政违法行为处罚处分条例》等法规中不得私设“小金库”的规定。

（2）审计人员为什么能认定襄樊市某政法机关是私设“小金库”呢？

（3）审计标准包括哪几种？它具有哪些特性？你认为审计组人员选取的审计标准属于哪一种？其权威性、层次性如何？

（4）审计人员在运用审计标准时，应遵循什么原则？

相关知识

一、审计标准的含义

审计标准又称审计判断依据，是审计人员在审计过程中判断被审计事项是非、优劣的准绳，是提出审计意见和建议、得出审计结论的依据。

审计是一项客观、公正的工作，也是一项具有较高风险的工作。审计人员要提出令人信服、被人们接受的审计意见、建议和结论，不仅要有审计证据，还要有审计标准，审计人员只有将审计证据和审计标准相对照、比较，才能得出是非优劣的结论，才能表达审计意见和得出审计结论。

审计标准与审计准则是两个不同的概念。审计标准是衡量审计客体及审计证据的尺度，它所解决的是审计人员提出审计意见和建议、得出审计结论的问题；审计准则是对审计主体审计行为的规范和指南，它所解决的是审计人员如何进行审计工作的问题。

审计标准与审计依据也有区别。审计依据包括审计判断依据和审计工作依据。审计判断依据即为审计标准，是审计人员判断被审计单位是否存在问题的依据，也是职业判断适用的标准；审计工作依据是审计人员执行审计工作的依据，包括《审计法》《注册会计师法》《审计署关于内部审计工作的规定》及其他相关法规和各类审计准则、守则等，也包括审计主体内部制定的各种业务管理及质量控制制度等。

二、审计标准的种类

审计标准一般包括以下几种：

1.各类财经法律法规和规章制度

它主要是指由国家立法机关制定的法律和由国家行政机关制定的法令、条例，以及社会团体、企事业单位制定的各种规章制度等。

2. 国家各类经济政策

国家为实现一定历史时期的经济工作目标，会制定并发布相应的方针政策，它通常表现为各种政策文件。这些方针政策是国家管理经济工作的一种行政手段，对国民经济各部门和企事业单位都有约束力，因此也构成审计标准。

3. 被审计单位的计划、预算和经济合同

被审计单位编制的计划和预算、被审计单位与其他单位签订的经济合同等文件，也是判断和评价被审计单位经济管理活动效益性与合理性的重要标准。

4. 各种业务规范和经济技术标准

国家经济管理部门、行业组织以及企业制定的各种经济定额指标和技术标准，如各种原材料消耗定额、能源消耗定额、工时定额、产量质量标准等，都可以作为判断和评价经济活动是否有效的标准。

5. 内部控制制度和内部审计制度

审计人员在进行审计时，要审查和评价被审计单位的内部控制系统，这是现代审计的一个重要特征。被审计单位的内部管理控制制度、财务报告内部控制制度和内部审计制度都是评价内部控制系统有效性的依据。

三、审计标准的特征

一般而言，审计标准具有以下特征：

1. 权威性

审计标准大多是国家法律、法规和政策，这些国家法律、法规和政策具有很高的权威性。因此，用它们作为衡量经济活动是否合法、合规的标准，也具有很高的权威性。依据它们提出审计意见、得出审计结论一般是正确无误的。而单位内部制定的规章制度、预算、计划、定额、标准、历史数据等，虽不具备上述法律、法规和政策的权威性，但依然是用来衡量经济活动优劣的重要标准，它们也具有较强的公认性和可接受性，一般可由审计人员和被审计单位协商后确定。

2. 层次性

审计标准一般由审计主体以外的国家机关、管理部门、业务部门、技术部门和企业单位制定。审计标准因管辖范围和权威性大小不同而有不同的层次。第一层次包括全国人民代表大会通过并颁布的法律、全国人大常委会颁布的法律法规；第二层次是国务院颁布的各种行政法规及政策、指令、规划等；第三层次是中央政府各部门颁布的部门规章和地方立法机关制定的地方性法规；第四层次是被审计单位主管部门制定的规章制度、下达的计划和提出的技术经济指标等；第五层次是被审计单位内部制定的各种规章制度、计划、预算、定额、标准等。值得一提的是，如果是涉外审计，还要引用国际及有关国家法规、制度为审计标准，国际上的法规应高于各国的法律、法规。

3. 地域性

从空间上看，很多审计标准还要受到地域性限制。由于各国的社会经济制度不同和生产力发展水平不同，其审计标准和内容也各不相同，因此一个国家不能照搬另一个国家的审计标准。即使在国内，不同地区、不同行业、不同单位的实际情况和发展水平也不相同，因此，其适用的审计标准也各不相同。审计人员在进行审计判断时，必须注意到地区差别、行业差别和单位差别。

4.时效性

从时间上看，各种审计标准都有一定的时效性，不是任何时期、任何条件下都适用的。作为衡量经济活动是否真实、合法和有效的审计标准，会因社会、经济的发展变化而不断变化，处于不断地变更和修订之中。这就要求审计人员在审计工作中，密切注意各种标准的变化，注意其时效性，不能以过时的法律、法规、规章制度作为标准，更不能以旧的审计标准来否定现行的经济活动，或用新的审计标准来否定过去的经济活动。

5.相关性

审计标准的相关性是指审计标准要与审计结论相关联。审计人员所作的审计判断、所表示的审计意见及所得出的审计结论是否正确无误、令人信服，与审计人员所使用的审计标准的相关程度及针对性强弱关系很大。审计标准的相关性，首先表现在所选用的标准与被审计事项是相关的，能够判定被审计事项是否真实、合法与有效；其次是能说明审计人员提出的审计意见、得出的审计结论有充足的理由；最后针对某一被证实的事项，所选用的各种标准能从不同的角度去证实并能说明一定程度上这些标准也是相关的。

审计标准除了具有上述5种特征外，还具有相对性、先进性、动态性、可控性、计量性等特征。

任务实施

（1）《现金管理暂行条例》第二十一条第十款规定：开户单位不得保留账外公款。《财政违法行为处罚处分条例》第十七条规定：单位和个人违反财务管理的规定，私存私放财政资金或者其他公款的，责令改正，调整有关会计账目，追回私存私放的资金，没收违法所得。对单位处3 000元以上5万元以下的罚款；对直接负责的主管人员和其他直接责任人员处2 000元以上2万元以下的罚款。属于国家公务员的，还应当给予记大过处分；情节严重的，给予降级或者撤职处分。

（2）因为审计人员发现襄樊市某政法机关大量单据中的收支均未在账上反映，这是典型的私设“小金库”行为。

（3）审计标准包括以下5种：各类财经法律法规和规章制度，国家各类经济政策，被审计单位的计划、预算和经济合同，各种业务规范和经济技术标准，内部控制制度和内部审计制度。它具有以下特征：权威性、层次性、地域性、时效性、相关性。审计组人员选取的审计标准属于各类财经法律法规和规章制度，其权威性最强、层次最高。

（4）审计人员在运用审计标准时，应遵循以下原则：具体问题具体分析的原则、辨证分析问题的原则、准确可靠的原则、利益兼顾的原则。

◆ 注意事项

审计标准类型较多，但并不是不可把握的，也不是一成不变的。在一定的时间、地域和范围内，它是明确的和可靠的，而随着形势的发展、时间的推移，审计标准也会发生变化。

能力拓展

案例分析：某市审计局常年对市属建筑开发公司进行财务审计，因王明和周力比较熟悉该公司情况，5年来均安排两人组成的审计组执行审计业务，两人都较好地完成了审计业务。新局长上任后在调查情况时得知，因周力是该公司财务科科长弟媳的亲妹妹，公司时常请王、周二人参与公司管理，指导业务操作。了解到这一情况后，新局长决定下次审计时安排其他审计人员。

请问：新局长的决定是否恰当？新局长更换审计人员的合理理由是什么？

拓展阅读

1.审计标准与审计准则的关系

审计标准是指用于评价或计量鉴证对象的基准，是对鉴证对象进行“度量”的一把“尺子”，是审计人员在审计过程中判断被审计事项是非、优劣的准绳，是提出审计意见、作出审计决定的依据。审计标准就其本质来说，是对被审计单位的要求，是被审计单位在进行经济活动时必须遵守的规则。审计准则是用来规范审计人员执行审计业务，获取审计证据，形成审计结论，出具审计报告的专业标准，它是人们在长期审计实践的基础上，将一般公认的审计实践经验和惯例，加以整理和归纳而成的，它既是一个经济范畴，又是一个历史范畴。

审计准则属于外部审计标准，是审计标准的一种。审计标准包括审计准则，审计准则规定必须获取充分、适当的审计证据来支持审计结论。审计证据是指审计机关和审计人员获取的，用以证明审计事实真相，形成审计结论的证明材料。

2.可疑的笔迹

详见http：//www.audit.gov.cn/n6/n1560/c121370/content.html。

技能训练

一、单项选择题

项目二

技能训练客观题

1.审计准则是对（　　）的要求。

A.审计客体　　B.审计对象

C.审计证据　　D.审计主体

2.审计准则要求审计人员保持合理的职业谨慎，就是要求审计人员（　　）。

A.具备从事审计工作必要的技能和知识

B.保持超然独立的态度

C.严格遵循审计准则的各项要求

D.谨慎小心地从事审计工作

3.注册会计师执业准则体系的核心是（　　）。

A.审计准则　　B.审阅准则
C.其他鉴证业务准则　　D.质量控制准则
4.注册会计师审阅业务提供的是（　　）保证。
A.绝对　　B.合理　　C.有限　　D.相对
5.下列各项业务中，属于其他鉴证业务的是（　　）。
A.历史财务信息审阅　　B.预测性财务信息的审核
C.代编财务信息　　D.对财务信息执行商定程序
6.鉴证业务的用户是（　　）。
A.注册会计师　　B.预期使用者　　C.管理者　　D.债权人
7.审计标准又称为（　　）。
A.审计依据　　B.审计证据　　C.审计准则　　D.审计判断依据
8.评价经济活动合法、合规性的审计标准是（　　）。
A.财经法规　　B.经济技术规范
C.内部会计控制制度　　D.内部审计制度
9.下列审计标准中，权威性最强的是（　　）。
A.《中华人民共和国增值税暂行条例》
B.《中华人民共和国税收征收管理法》
C.《中华人民共和国发票管理办法》
D.《中华人民共和国发票管理办法实施细则》

二、多项选择题

1.以下关于审计准则的说法中，正确的有（　　）。
A.审计准则是审计人员在审计过程中判断被审计事项是非、优劣的准绳
B.审计准则是审计机关和审计人员履行法定审计职责的行为规范
C.审计准则是审计机关和审计人员执行审计业务的职业标准
D.审计准则是评价审计质量的基本尺度
2.我国审计准则体系包括（　　）。
A.国家审计准则　　B.内部审计准则
C.行业审计准则　　D.注册会计师审计准则
3.我国注册会计师执业准则体系包括（　　）。
A.鉴证业务准则　　B.注册会计师职业道德规范
C.相关服务准则　　D.质量控制准则
4.审计人员应当恪守的基本审计职业道德包括（　　）。
A.严格依法　　B.客观公正　　C.独立自主　　D.保守秘密
5.我国内部审计基本准则主要包括（　　）。
A.一般准则　　B.作业准则　　C.报告准则　　D.内部管理准则
6.中国注册会计师鉴证业务基本准则对以下（　　）起统御作用。
A.中国注册会计师职业道德规范　　B.中国注册会计师审计准则
C.中国注册会计师审阅准则　　D.中国注册会计师其他鉴证业务准则

7.在鉴证业务中，注册会计师可以（　　）提出结论。

A.肯定方式　　B.否定方式　　C.积极方式　　D.消极方式

8.审计标准具有的特点包括（　　）。

A.时效性　　B.地域性　　C.相关性　　D.相对性

9.运用审计标准时，应坚持（　　）。

A.具体问题具体分析的原则　　B.辨证分析问题的原则

C.准确可靠的原则　　D.利益兼顾的原则

三、判断题

1.审计准则是规范审计主体和审计客体的准则，有关人员必须遵循。（　　）

2.审计准则的实施有利于维护公众的正当权益，不利于维护审计人员的正当权益。（　　）

3.现行的国家审计准则由基本准则、审计具体准则和审计实务指南三个层次组成。（　　）

4.内部审计机构和人员应保持独立性和客观性，应对被审计单位经营活动和内部控制的决策与执行负责。（　　）

5.鉴证业务涉及的三方关系人中的责任方和预期使用者可能是同一方。（　　）

6.在提供相关服务业务时，注册会计师提供有限保证。（　　）

7.会计师事务所质量控制准则是对会计师事务所的规范，不是对注册会计师的规范。（　　）

8.审计标准包括审计准则。（　　）

9.一般而言，审计标准的层次越高，其权威性越强。（　　）

10.在选择审计标准时，若无明确的法律、法规，审计人员应向主管部门或领导请示。（　　）

四、分析题

1.某会计师事务所接受A公司的委托，对A公司管理层编制的下属子公司X公司IT系统运行有效性的评价报告进行鉴证。A公司拟将该评价报告提交给其他预期使用者。

要求：

（1）指出该项鉴证业务属于表2-1中何种业务类型。

表2-1　鉴证业务所属类型

分类序号	业务类型	在选择栏打“√”
（1）按是否基于责任方认定分类	基于责任方认定的业务	
	直接报告业务	
（2）按是否为历史财务信息鉴证业务分类	历史财务信息鉴证业务	
	其他鉴证业务	

（2）指出该项鉴证业务的责任方。

（3）在评价X公司IT系统运行的有效性时，A公司使用的是其自行制定的标准。请简要说明注册会计师应当从哪些方面评价标准的适当性。

2.某市一主管局接到群众举报，反映其下属游泳馆管理松懈，有舞弊行为。于是，该局派出两名审计科的审计人员对游泳馆的票款收据情况进行专项审计。但在调查情况时得知，其中一名审计人员是该游泳馆出纳员的亲妹妹，游泳馆经常请她去指导业务操作。了解到这一情况后，局长决定更换审计人员。

请问：局长的决定是否恰当？局长更换审计人员的理由是什么？

项目三　控制测试与实质性程序

人物谱

现代内部审计之父——劳伦斯·索耶（Lawrence B · Sawyer）是一位律师、会计师和内部审计师。1973年，他的处女作、也是成名之作《现代内部审计实务》将自己的丰富经验与现代管理科学融为一体，从一种崭新的角度，对各种内部审计实践问题进行了系统的研究，此书一出版就产生了广泛而深远的影响。该书详细地介绍了体现现代特点的内部审计技术、方法、报告、管理和其他事项，将整个理论建立在现代管理学基础之上。索耶称得上是当代世界一流的内部审计权威人士、现代内部审计的重要奠基人。为了表彰他对内部审计作出的卓越贡献，内部审计师协会向他颁发了内部审计界最高奖——布雷德福纪念奖，并四次向他颁发了瑟斯顿奖。

本项目主要介绍内部控制的含义、内部控制的要素、控制测试的三个步骤、实质性测试程序的性质和范围，以及内部控制的符合性测试、内部控制的评价及实质性测试程序。

【知识目标】

1. 了解内部控制的概念、目标。
2. 掌握内部控制的要素。
3. 掌握内部控制的控制测试。
4. 掌握实质性测试。

【能力目标】

1. 能判断内部控制设计是否合理。
2. 能对内部控制进行测试，并指出内部控制缺陷。
3. 能设计实质性测试程序。

案例导引

注册会计师审计失败案例

注册会计师小李负责对A公司2020年财务报表进行审计。在对银行存款进行审计时，小李进行了主要包括以下4个审计程序的实质性测试：编制了银行存款明细表，并与总账、明细账核对相符；获取了银行对账单，其余额与明细账核对相符；摘录了30笔会计分录，没有发现重大问题；复印了两张会计凭证及其原始凭证，没有发现重大问题。但事后却发现，被审计单位的出纳通过伪造银行对账单等手段贪污公款80万元。

请分析：审计失败的原因是什么？

分析提示：注册会计师只对银行存款进行了实质性测试，而没有对其进行风险评估与控制测试。另外，对银行存款而言，只核对其内部凭证而不进行函证，容易出现案例中的审计失败。

任务一 内部控制

任务描述

A会计师事务所接受ABC上市公司的委托，对ABC上市公司2020年6月拟定的内部控制制度基本规范实施方案进行审核。ABC上市公司内部控制制度基本规范实施方案的要点如下：

1.明确控制目标

本公司实施内部控制的目标是保证经营管理合法合规、资产安全完整、财务报表真实可靠，确保聘请会计师事务所进行内部控制审计后获得标准无保留审计意见。

2.优化内部环境

严格按照《中华人民共和国公司法》建立规范的公司治理结构，明确董事会、经理层、监事会在决策、执行、监督等方面的职责权限。为此，建议在董事会下增设审计委员会，由总会计师兼任审计委员会主任。同时，成立本公司内部控制领导小组，由总会计师兼任组长，全权负责本公司内部控制的建立健全和有效实施。在完善公司人力资源政策方面，以业务能力作为选人、用人的决定性标准，培养一支能力过硬的职工队伍。

3.开展风险评估

紧密围绕设定的控制目标，全面、系统、持续地收集相关信息，结合本公司实际情况，及时进行风险评估。考虑到外部风险的复杂性和多变性，加之本公司风险分析能力不足，拟对外部风险忽略不计，重点识别和分析内部风险，根据定性分析结果，主要采取风险规避策略应对风险。

4.严格控制活动

综合运用手工控制与自动控制、预防性控制与检查性控制相结合的方法，采用相应的控制措施，将风险控制在可承受范围之内。同时，强化绩效考评控制，将全体员工实施内部控制的情况作为绩效考评的参考指标。

5.加强信息沟通

建立信息与沟通制度，明确内部控制相关信息的收集、处理和传递程序，确保信息及时沟通。充分发挥信息技术在信息与沟通中的作用，经理层认为只要将单一的会计电算化向全面ERP管理系统转化，将控制流程“固化”在信息系统之中，就能杜绝错误和舞弊现象发生。

6.强化内部监督

研究制定内部控制监督制度，规范内部监督程序、方法和要求。突出内部监督重点，主要将与财务会计工作密切相关的业务环节和控制流程纳入监督范围。增强监督检查的针对性，把开展专项监督摆在首要位置。重点监督内部控制的运行缺陷，提高内部控制的执行力。为了协调好内部监督与外部审计的关系，建议聘请与本公司有合作关系的某会计师事务所为建立健全内部控制提供咨询服务，并聘请该事务所开展内部控制审计。

资料来源 根据中华会计网校相关资料整理得到。

假如你是审计人员，请从内部控制理论的方法及角度，指出ABC公司经理层提交的内部控制制度基本规范实施方案中的不当之处，并简要说明理由。

相关知识

2008年6月28日，被称为中国的“萨班斯法案”的《企业内部控制基本规范》由财政部、证监会、审计署、银监会、保监会联合发布，其目的在于加强和规范企业内部控制，提高企业管理水平和风险防范能力，促进企业可持续发展。该规范自2009年7月1日起施行。

一、内部控制的概念及目标

现代审计的重要特征是：注册会计师在进行审计时，要在研究与评价被审计单位的内部控制制度的基础上进行抽样审计。

（一）内部控制的概念

内部控制是指被审计单位为了保证业务活动的有效进行，保护资产的安全和完整，防止、发现、纠正错误与舞弊，保证会计资料的真实、合法、完整而制定和实施的政策与程序。

（二）内部控制的目标

内部控制的目标是合理保证企业经营管理合法合规、资产安全、财务报告及相关信息真实完整，提高经营效率和效果，促进企业实现发展战略。

（1）保证业务活动按照适当的授权进行。企业应对业务活动进行适当的分工，一般可分为审批、执行、复核和记录四步。

（2）保证财务报告的可靠性。保证所有交易或事项以正确的金额在恰当的会计期间及时记录于适当的账户，使会计报表的编制符合会计准则的相关要求。

（3）保证资产的安全和完整，账实要相符。

（4）保证对资产和记录的接触、处理均经过适当的授权。

（5）保证账面资产与实存资产定期核对相符。

[小知识3-1]

1.《企业内部控制基本规范》共7章50条，主要内容包括：

（1）内部控制的目标。

（2）内部控制的原则和实施体系。

（3）内部控制的要素。

2.《企业内部控制应用指引》共18项。从项目构成看，主要包括3类：

（1）财务报表直接或间接体现的项目，以及对财务报表与信息披露的内在要求。

（2）对财务报表、财务管理有重大影响的项目。

（3）为生成财务报表提供人力和技术支持的项目。

3.《企业内部控制评价指引》主要内容包括：评价的原则和组织、评价的内容和标准、评价的程序和方法、缺陷认定和评价报告等。

4.《企业内部控制审计指引》旨在为注册会计师执行企业内部控制审计业务提供专业的规范和指导。

二、内部控制的要素

我国《企业内部控制基本规范》将内部控制的要素归纳为控制环境、风险评估、控制活动、信息与沟通、内部监督五个方面。

（一）控制环境

控制环境包括治理职能和管理职能，以及治理层和管理层对内部控制及其重要性的态度、认识和措施。

在评价控制环境的设计时，注册会计师应当考虑构成控制环境的下列要素：

1.治理结构

公司治理结构指内部治理结构，又称法人治理结构，是根据权力机构、决策机构、执行机构和监督机构相互独立、权责明确、相互制衡的原则实现对公司的治理。治理结构是由股东大会、董事会、监事会和管理层组成的，决定公司内部决策过程和利益相关者参与公司治理的办法，主要作用在于协调公司内部不同产权主体之间的经济利益矛盾，减少代理成本。

公司治理结构是内部控制的环境和前提。控制环境是内部控制五要素之首，是整个内部控制系统的基石，支撑和决定着其他要素。法人治理结构不健全，公司必然缺乏一套有效的监督机制，会导致内部控制失效。

2.机构设置与权责分配

在公司制企业中，股东大会（权力机构）、董事会（决策机构）、监事会（监督机构）、管理层（日常管理机构）这四个法定刚性机构为内部控制机构的建立、职责分工与制约提供了基本的组织框架，但并不能满足内部控制对企业组织结构的要求。内部控制机制的运作还必须在这一组织框架下设立满足企业生产经营需要的职能机构。所采用的组织结构应当有利于提升管理效能，并保证信息通畅流动。

3. 内部审计

内部审计是内部控制的一种特殊形式。根据中国内部审计协会的解释，内部审计是指组织内部的一种独立客观的监督和评价活动，它通过审查和评价经营活动及内部控制的适当性、合法性和有效性来促进组织目标的实现。内部审计的范围主要包括财务会计、管理会计和内部控制检查。内部审计机制的设立包括内部审计机构设置、人员配备、工作开展及其独立性的保证等。

4. 人力资源政策

人力资源政策是影响企业内部环境的关键因素，它所包括的雇用、培训、评价、考核、晋升、奖惩等业务，向员工传达着有关诚信、道德行为和胜任能力的期望水平方面的信息，这些业务都与公司员工密切相关，而员工正是公司中执行内部控制的主体。一个良好的人力资源政策，能够有效地促进内部控制在企业中的顺利实施，并保证其实施的质量。

5. 企业文化

企业文化是以人为本的管理理论的最高层次。企业文化重视人的因素，强调精神文化的力量，希望用一种无形的文化力量形成一种行为准则、价值观念和道德规范，增强企业员工的归属感、积极性和创造性，引导企业员工为企业和社会的发展而努力，并通过各种渠道对社会文化的大环境发挥作用。

企业应当加强文化建设，培育积极向上的价值观和社会责任感，倡导诚实守信、爱岗敬业、开拓创新和团队协作精神，树立现代管理理念，强化风险意识。董事、监事、经理及其他高级管理人员应当在企业文化建设中发挥主导作用。企业员工应当遵守员工行为守则，认真履行岗位职责。

【练一练 3-1】

在了解控制环境时，审计师应当关注的内容有（　　）。

A. 公司治理层相对于管理层的独立性

B. 公司管理层的理念和经营风格

C. 公司员工整体的道德价值观

D. 公司对控制的监督

（二）风险评估

风险评估是指企业及时识别、评估和应对各种经营风险。风险评估主要包括目标设定、风险识别、风险分析和风险应对。

1. 目标设定

风险是指一个潜在事项的发生对目标实现产生的影响。风险与可能被影响的控制目标相关联。企业必须制定与生产、销售、财务等业务相关的目标，设立可辨认、分析和管理相关风险的机制，以了解企业所面临的来自内部和外部的各种风险。

企业开展风险评估，应当准确识别与控制目标相关的内部风险与外部风险，确定相应的风险承受度。风险承受度是企业能够承担的风险限度，包括整体风险承受能力和业务层面的可接受风险水平。

2.风险识别

风险识别实际上是收集有关损失原因、危险因素及其损失暴露等方面信息的过程。风险识别作为风险评估的重要环节，主要回答的问题是：存在哪些风险，哪些风险应予以考虑，引起风险的主要因素是什么，这些风险所导致的后果及严重程度如何，以及风险识别的方法有哪些等。而企业在风险评估过程中，更应当关注引起风险的主要因素，应当准确识别与控制目标有关的内部风险和外部风险。

3.风险分析

风险分析是在风险识别的基础上，对风险发生的可能性、影响程度等进行描述、分析、判断，并确定风险重要性水平的过程。企业应当在充分识别各种潜在风险因素的基础上，对固有风险，即不采取任何防范措施可能造成的损失程度进行分析。同时，重点分析剩余风险，即对采取了应对措施之后仍可能造成损失的风险程度进行分析。企业应当采用定性与定量相结合的方法，按照风险发生的可能性及其影响程度等，对识别的风险进行分析和排序，确定关注重点和优先控制的风险。

4.风险应对

企业管理层在评估了相关风险的可能性和后果以及成本效益之后，要选择一系列策略应对风险。常用的风险应对策略有：风险规避、风险承受、风险降低、风险分担。

（三）控制活动

控制活动是指企业根据风险应对策略，采用相应的控制措施，将风险控制在可承受度之内，它是实施内部控制的具体方式。常见的控制措施有：不相容职务分离控制、授权批准控制、会计系统控制、财产保护控制、预算控制、运营分析控制和绩效考评控制等。企业应当结合风险评估结果，通过手工控制与自动控制、预防性控制与检查性控制相结合的方法，运用相应的控制措施，将风险控制在可承受度之内。

1.不相容职务分离控制

所谓不相容职务，是指那些如果由一个人担任就可能发生错误和舞弊行为，且可能掩盖其错误和舞弊行为的职务。例如，出纳与会计稽核属不相容职务，因为如果这两项工作由同一人操作，就为其从事舞弊活动提供了可乘之机，发生会计差错的可能也会增加。

企业经济活动一般可划分为授权、核准、执行、记录、审查等几个步骤，这些步骤属于不相容职务，应分别由不同人员或部门实施。所以，进行一般意义上的不相容职务分离，应考虑以下四个方面：

①授权进行某项经济业务的职务与执行该项业务的职务要分离，如确定材料采购数量和价格范围的职务与具体实施采购活动的职务要分离。

②执行某项经济业务的职务与记录该项经济业务的职务要分离，如具体实施采购材料的职务与记录材料采购过程及结果的职务要分离。

③执行某项经济业务的职务与审核该项经济业务的职务要分离，如具体实施材料采购的职务与审查材料采购过程及结果真实性、正确性的职务要分离。

④保管某项财产的职务与记录该项财产的职务要分离，如材料保管的职务与记录材

料收发存情况的职务要分离。

当然，不相容职务分离控制强调职务分离后各员工、各岗位恪尽职守，如果不相容职务之间串通勾结，则这种控制的作用会削弱甚至消失。

2.授权批准控制

授权批准是指企业在办理各项经济业务时，必须经过规定程序的授权批准。授权审批控制要求企业根据常规授权和特别授权的规定，明确各岗位办理业务和事项的权限范围、审批程序和相应责任。

3.会计系统控制

会计作为一个信息系统，对内能够向管理层提供经营管理的诸多信息，对外可以向投资者、债权人等提供用于投资决策的信息。会计系统控制是指通过会计的核算和监督系统所进行的控制，主要包括会计凭证控制、复式记账控制、会计账簿控制、会计报表控制及其财务成果控制。

企业应当对会计主体发生的各项经济业务进行记录、归集、分类和编报，完善会计业务的处理流程。

4.财产保护控制

财产保护控制是指为了确保企业财产物资安全、完整所采用的各种方法和措施。财产是企业资金、财物及民事权利义务的总和。按是否具有实物形态，财产分为有形财产和无形财产；按民事权利义务，财产分为积极财产和消极财产。财产是企业开展各项生产经营活动的物质基础，企业应采取有效措施，加强对企业财产物资的保护。

5.预算控制

预算是企业在未来一定时期内对经营、资本、财务等各方面的收入、支出、现金流量的总体计划。预算控制是内部控制中使用得较为广泛的一种控制措施。通过预算控制，企业的经营目标可以转化为各部门、各岗位以及个人的具体行为目标，并将其作为各责任企业的约束条件，从根本上保证企业经营目标的实现。

6.运营分析控制

运营活动分析曾被称为经营活动分析，但实际上运营活动是比经营活动范畴更广、更能够全面涵盖企业活动的概念。运营分析是对企业内部各项业务、各类机构的运行情况进行独立分析或综合分析，进而掌握企业运营的效率和效果，为持续的优化调整奠定基础。

7.绩效考评控制

绩效考评是对所属企业及个人占有、使用、管理与配置企业经济资源的效果进行的评价。绩效考评是一个过程，即首先明确企业要做什么，然后找到衡量工作质量的标准进行监测，发现做得好的并进行奖励，使其继续保持或者做得更好，能够完成更高的目标。更为重要的是，发现不好的地方，通过分析找到问题所在并进行改正，提高工作质量。这个过程就是绩效考评过程。企业为了完成这个管理过程所构建起来的管理体系，就是绩效考评体系。

（四）信息与沟通

信息与沟通是企业准确及时地收集、传递与内部控制相关的信息，确保信息在企业内部、企业与外部之间进行有效沟通，是实施内部控制的重要条件。信息与沟通的要件主要包括：信息质量、沟通制度、信息系统、反舞弊机制。

（五）内部监督

内部监督是企业对内部控制建立与实施情况监督检查，评价内部控制的有效性，对于发现的内部控制缺陷及时加以改进，是实施内部控制的重要保证。

1.日常监督

日常监督是指企业对内部控制建立与实施情况进行常规、持续的监督检查。

2.专项监督

专项监督是指在企业发展战略、组织机构、经营活动业务流程、关键岗位员工等发生较大变化的情况下，对内部控制的某些方面进行有针对性的监督检查。

3.纠正

内部监督形成的报告应当有畅通的报告渠道，确保发现的重要问题能及时送达治理层和管理层。同时，应当建立内部控制缺陷纠正、改进机制，充分发挥内部监督的效力。

4.与外界沟通

企业要利用与外部有关各方面沟通或交流所获得的信息来监督相关的控制活动。

5.自我评价

企业应当在日常监督和专项监督的基础上，定期对内部控制的有效性进行自我评价，出具自我评价报告。

任务实施

ABC公司的内部控制制度基本规范实施方案中有以下不当之处：

1.ABC公司内部控制目标定位不当

理由：建立健全内部控制的目标是合理保证企业经营管理合法合规、资产安全、财务报告及相关信息真实可靠、提高经营效率和效果、促进企业实现发展战略。

2.相关职位委派不当

理由：由总会计师担任审计委员会主任不当，审计委员会负责人应具有相应的独立性；由总会计师兼任内部控制领导小组组长，全权负责本公司内部控制的建立健全和有效实施不当，规范的体制应是由董事会负责内部控制的建立健全和有效实施；将业务能力作为选人、用人的决定性标准不当，企业选拔任用员工，既应当看重业务能力，也应当重视职业道德修养。

3.风险评估及处置措施不当

理由：对外部风险忽略不计，重点识别和分析内部风险不当，企业在开展风险评估时，应准确识别与实现控制目标相关的内部风险和外部风险；单纯采用定性分析方法是不当的，开展风险分析，应采用定性与定量相结合的分析方法；主要采取风险规避策略应对风险不当，企业采取何种风险应对策略，应当根据风险评估结果、风险承受度，结合成本效益原则合理确定。

4.将员工实施内部控制的情况仅作为绩效考评的参考指标不当

理由：企业应将员工实施内部控制的情况纳入绩效考评体系，作为绩效考评的指标。

5.认为运用信息技术、实现自动控制就能杜绝错误和舞弊不当

理由：内部控制只能为实现控制目标提供合理保证，信息系统本身也有风险，需要加强控制。

6.内部控制监督范围设置及拟聘请会计师事务所不当

理由：主要将与财务会计工作密切相关的业务环节和控制流程纳入监督范围不当，内部监督应当将企业所有重要业务事项和高风险领域纳入监督范围；把开展专项监督摆在首位不当，内部监督包括日常监督和专项监督，二者应当统筹兼顾、综合应用；聘请会计师事务所开展内部控制审计不当，为企业提供内部控制咨询服务的会计师事务所不得同时为同一企业提供内部控制审计服务。

◆ 注意事项

在内部控制五要素中，特别要注意内部控制的设计，若设计不当，就不需要再考虑控制是否得到执行了。

任务二　控制测试

任务描述

A会计师事务所在对ABC公司内部控制进行测试时发现以下情况：

（1）ABC公司为统一财务管理、提高会计核算水平，设置内部审计部，与财务部一并由财务总监兼管。内部审计部的主要职责是对公司内部控制是否健全、有效，会计及相关信息是否真实、合法、完整，资产是否安全、完整，经营绩效高低及经营合规性进行检查、监督和评价。

（2）丙职员在核对商品装运凭证和相应的经批准的销售单后，开具销售发票。具体程序为：根据已授权批准的商品价目表填写销售发票的金额，根据商品装运凭证上的数量填写销售发票的数量；销售发票的其中一联交财务部丁职员据以登记与销售相关的总账和明细账。

（3）为加强在建工程项目的管理，公司要求审计人员根据工程项目相关业务授权批准制度的规定，在授权范围内进行审批，不得超过审批权限。经办人在职权范围内，按照审批人的批准意见办理工程项目业务，对于审批人超越授权范围审批的工程项目业务，经办人员无权拒绝办理，但在办理后，应及时向审批人的上级授权部门报告。

资料来源　根据中华会计网校相关资料整理得到。

假设你是审计人员，请指出ABC公司上述内部控制在设计与运行方面的缺陷，并简要说明理由。

相关知识

注册会计师在了解内部控制后，发现被审计单位的内部控制可以信赖并且符合经济效益原则，就有必要进行控制测试。进行控制测试实质上是评价内部控制运行的有效性。

一、控制测试的含义和要求

（一）控制测试的含义

控制测试是指用于评价内部控制在防止或发现并纠正认定层次重大错报方面的运行有效性的审计程序。这一概念需要与“了解内部控制”进行区分。了解内部控制包含两层含义：一是评价控制的设计；二是确定控制是否得到执行。测试控制运行的有效性与确定控制是否得到执行所需获取的审计证据是不同的。控制测试的目的是为已经评价的控制风险水平提供证据。

在测试控制运行的有效性时，注册会计师应当从以下方面获取关于控制是否有效运行的审计证据：

（1）控制在所审计期间的不同时点是如何运行的？

（2）控制是否得到一贯执行？

（3）控制由谁执行？

（4）控制以何种方式运行（如人工控制或自动化控制）？

（二）控制测试的要求

控制测试并非在任何情况下都需要实施。当存在下列情形之一时，注册会计师应当实施控制测试：

（1）在评估认定层次重大错报风险时，预期控制的运行是有效的。只有认为控制设计合理，能够防止或发现并能纠正认定层次的重大错报，注册会计师才有必要对控制运行的有效性实施测试。

（2）仅实施实质性程序不足以获取充分、适当的审计证据。如果认为仅实施实质性程序获取的审计证据无法将认定层次重大错报风险降至可接受的低水平，注册会计师应当实施相关的控制测试，以获取控制运行有效性的审计证据。

在认为仅通过实施实质性程序不能获取充分、适当的审计证据的情况下，注册会计师必须实施控制测试，且这种测试已经不再是单纯出于成本效益的考虑，而是必须获取的一类审计证据。

此外，需要说明的是，被审计单位在所审计期间内可能由于技术更新或组织管理变更而更换了信息系统，从而导致在不同时期使用了不同的内部控制。如果被审计单位在所审计期间内的不同时期使用了不同的内部控制，注册会计师应当考虑不同时期控制运行的有效性。

【练一练3-2】

认为控制设计合理，能够防止或发现和纠正认定层次的重大错报，以及仅仅实施实质性程序不足以获取充分、适当的审计证据时，注册会计师应当实施（　）。

A.分析程序　　B.控制测试

C.了解内部控制　　D.细节测试

二、控制测试的性质、范围及时间

（一）控制测试的性质

控制测试的性质是指控制测试所使用的审计程序的类型及其组合。计划从控制测试中获取的保证水平是决定控制测试性质的主要因素之一。

虽然控制测试与了解内部控制的目的不同，但两者采用的审计程序的类型通常相同，包括询问、观察、检查和穿行测试。此外，控制测试的程序还包括重新执行。

在确定了控制测试的种类后，注册会计师应进一步决定控制测试的性质，即执行测试采用什么样的审计程序。注册会计师采用的控制测试程序有：

（1）检查。检查交易和事项的凭证。对运行情况留有书面证据的控制，检查非常适用。

（2）询问。注册会计师可以通过询问被审计单位相关员工，来获取与内部控制运行情况相关的信息。询问本身并不足以证明控制运行的有效性，但将询问与检查或重新执行结合使用，通常能够比仅实施询问和观察获取更高的保证。

（3）观察。观察是测试不留下书面记录的控制（如职责分离）的运行情况的有效方法。观察提供的证据仅限于观察发生的时点，其本身也不足以测试控制运行的有效性。

（4）重新执行。通常只有当询问、观察和检查程序结合在一起仍无法获得充分的证据时，注册会计师才会考虑通过重新执行来证实控制是否有效。

（5）穿行测试。穿行测试是通过追踪交易在财务报告信息系统中的处理过程，来证实注册会计师对控制的了解，评价控制设计的有效性以及确定控制是否得到执行。值得注意的是，穿行测试不是单独的一种程序，而是将多种程序按特定审计需要进行结合运用的方法。穿行测试更多地在了解内部控制时运用。但在执行穿行测试时，注册会计师可能获取部分控制运行有效性的审计证据。

对以上几种程序，注册会计师既可单独使用，也可合并使用。

（二）控制测试的范围

注册会计师应从最经济有效地实现审计目标的整体需求出发，合理地确定测试的范围。控制测试范围的确定有多种办法：

（1）在注册会计师对当年内部控制了解的基础上确定。假如了解的结果是内部控制可信赖程度较高，注册会计师须执行较大范围的控制测试；假如内部控制可信赖程度中等或较低，注册会计师可以执行中等范围或较小范围的控制测试。

（2）根据以前年度审计情况确定。在续约审计的情况下，注册会计师也可以根据以前年度审计中已进行的控制测试来确定本次控制测试的范围。

在确定控制测试的范围时，除考虑对控制的信赖程度外，注册会计师还可能考虑以下因素：

（1）在拟信赖期间，被审计单位控制执行的频率。控制执行的频率越高，控制测试的范围越大。

（2）在所审计期间，注册会计师拟信赖控制运行有效性的时间长度。拟信赖控制运行有效性的时间长度不同，在该时间长度内发生的控制活动次数也不同。注册会计师需要根据拟信赖控制的时间长度来确定控制测试的范围。拟信赖期间越长，控制测试的范围越大。

（3）控制的预期偏差。预期偏差可以用控制未得到执行的预期次数占控制应当得到执行次数的比率加以衡量（也称为预期偏差率）。考虑该因素，是因为在考虑测试结果是否可以得出控制运行有效性的结论时，不可能只要出现任何控制执行偏差就认定控制运行无效，所以需要确定一个合理水平的预期偏差率。控制的预期偏差率越高，需要实施控制测试的范围越大。如果控制的预期偏差率过高，注册会计师应当考虑控制可能不足以将认定层次的重大错报风险降至可接受的低水平，从而针对某一认定实施的控制测试可能是无效的。

（4）通过测试与认定相关的其他控制获取的审计证据。针对同一认定，可能存在不同的控制。当针对其他控制获取审计证据的充分性和适当性较高时，测试该控制的范围可适当缩小。

（5）拟获取的有关认定层次控制运行有效性的审计证据的相关性和可靠性。

（三）控制测试的时间

控制测试的时间包括两层含义：一是测试所针对的控制适用的时点或期间；二是何时实施控制测试。

1.测试所针对的控制适用的时点或期间

如果仅需要测试控制在特定时点的运行有效性，注册会计师只需要获取该时点的审计证据。如果需要获取控制在某一期间有效运行的审计证据，仅获取与时点相关的审计证据是不充分的，注册会计师应当辅以其他控制测试，包括测试被审计单位对控制的监督。

2.何时实施控制测试

（1）期中测试。注册会计师最有可能在期中进行测试，但是在很多情况下还需要针对期中至期末这段剩余期间获取补充审计证据。

（2）利用以前审计获取的审计证据。如果拟信赖以前审计获取的有关控制运行有效性的审计证据，注册会计师应当通过实施询问并结合观察或检查程序，获取这些控制是否已经发生变化的审计证据。

①如果控制在本期未发生变化，注册会计师可以利用以前审计获取的有关控制运行有效性的审计证据，但是不可长时间不实施控制测试（通常两次控制测试时间间隔不超过两年）。

②如果控制在本期发生变化，注册会计师应当在本期实施控制测试。

任务实施

ABC公司内部控制在设计与运行方面存在以下缺陷：

1.“内部审计部与财务部一并由财务总监兼管”不恰当

内部审计是一项自我独立评价的活动，为使内部审计独立，必须做到机构独立、工作独立、人员独立，财务部门的工作是内部审计的主要工作对象，财务总监兼管内部审计部将影响内部审计部的独立性。

2.“销售发票的其中一联交财务部丁职员据以登记与销售业务相关的总账与明细账”不恰当

登记总账与明细账属于不相容职务，应当予以分离。

3.“经办人虽无权拒绝，但在办理后，应及时向审批人的上级授权部门报告”不恰当

按照财政部内部控制规范的规定，经办人应在职责范围内按照审批人的批准意见办理工程项目业务。对于审批人超越授权范围审批的工程项目业务，经办人有权拒绝办理，并及时向审批人的上级授权部门报告。工程项目是公司重大事项，不得先办后报。

◆ 注意事项

选择控制测试对象时要注意：

（1）可能对主要交易种类的有关控制进行控制测试。

（2）可能对某账户的有关控制进行控制测试。

（3）并不是对所有的控制都要加以测试。

（4）只应对那些有助于防止或发现并能纠正会计报表认定层次重大错报的控制执行测试。

任务三　实质性程序

任务描述

ABC公司非常重视货币资金的管理，针对银行存款规定了如下制度：指定会计人员按月核对银行存款日记账与银行对账单，并编制银行存款余额调节表。主管会计不定期抽查银行存款余额调节表。

作为审计人员，你认为应对ABC公司的银行存款实施哪些控制测试和实质性程序？

相关知识

一、实质性程序的含义和要求

（一）实质性程序的含义

实质性程序，是指针对评估的重大错报风险实施的直接用以发现认定层次重大错报

的审计程序。它包括对各类交易、账户余额、列报的细节测试以及实质性分析程序。

（二）实质性程序的要求

注册会计师实施的实质性程序应当包括下列审计程序：

(1) 将财务报表与其所依据的会计记录相核对。

(2) 检查财务报表编制过程中作出的重大会计分录和其他会计调整。

注册会计师对会计分录和其他会计调整检查的性质和范围，取决于被审计单位财务报告过程的性质、复杂程度以及由此产生的重大错报风险。

如果认为评估的认定层次重大错报风险是特别风险，注册会计师应当专门针对该风险实施实质性程序。如果针对特别风险仅实施实质性程序，注册会计师应当进行细节测试，或将细节测试和实质性分析程序结合使用，以获取充分、适当的审计证据。

二、实质性程序的性质

实质性程序的性质，是指实质性程序的类型及组合，具体包括细节测试和实质性分析程序。

（一）细节测试

细节测试是对各类交易、账户余额、列报的具体细节进行测试，目的在于直接识别财务报表认定是否存在错报。细节测试被用于获取与某些认定相关的审计证据，如存在、发生、准确性、计价和分摊等。

（二）实质性分析程序

实质性分析程序从技术特征上讲仍然是分析程序，主要是通过研究数据间关系来评价信息，用以识别各类交易、账户余额、列报及相关认定是否存在错报。实质性分析程序通常适用于在一段时间内存在可预期关系的大量交易。

（三）细节测试的方向

(1) 在针对存在或发生认定设计细节测试时，注册会计师应当选择包含在财务报表金额中的项目，并获取相关审计证据（相当于“逆查”）。

(2) 在针对完整性认定设计细节测试时，注册会计师应当选择有证据表明应包含在财务报表金额中的项目，并调查这些项目是否确实包括在内（相当于“顺查”）。

三、实质性程序的时间

（一）期末测试

绝大多数情况下，注册会计师应在期末或接近期末实施实质性程序。

（二）期中测试

针对剩余期间，如果注册会计师可以通过实施实质性程序或将实质性程序与控制测试相结合，较有把握降低期末存在错报而未被发现的风险，注册会计师可以考虑在期中实施实质性程序；但如果注册会计师认为还需要消耗大量审计资源才有可能降低期末存在错报而未被发现的风险，甚至没有把握通过适当的进一步审计程序降低期末存在错报而未被发现的风险，注册会计师就不宜在期中实施实质性程序。

（三）利用以前审计获取的审计证据

在以前审计中实施实质性程序获取的审计证据，通常对本期只有很弱的证据效力或没有证据效力，不足以应对本期的重大错报风险。只有当以前获取的审计证据及其相关事项未发生重大变动时（例如，以前审计通过实质性程序测试过的某项诉讼在本期没有任何实质性进展），以前获取的审计证据才能作为本期的有效审计证据。

但即便如此，如果拟利用以前审计中实施实质性程序获取的审计证据，注册会计师也应当在本期实施审计程序，以确定这些审计证据是否具有持续相关性。

四、实质性程序的范围

在确定实质性程序的范围时，注册会计师应当考虑评估的认定层次重大错报风险和实施控制测试的结果。

注册会计师评估的认定层次重大错报风险越高，需要实施实质性程序的范围就越广。

如果对控制测试结果不满意，注册会计师应当考虑扩大实质性程序的范围。

在设计细节测试时，注册会计师除了从样本量的角度考虑测试范围外，还要考虑选样方法的有效性等因素。

五、评价列报的适当性

注册会计师应当实施审计程序，以评价财务报表总体列报是否符合适用的会计准则和相关会计制度的规定。

在评价财务报表总体列报时，注册会计师应当考虑评估的认定层次重大错报风险。同时，注册会计师应当考虑财务报表是否正确反映财务信息及其分类，以及对重大事项的披露是否充分。

六、评价审计证据的充分性和适当性

（一）完成审计工作前对进一步审计程序所获取审计证据的评价

在实施控制测试时，如果发现被审计单位控制运行出现偏差，注册会计师应当了解这些偏差及其潜在后果（如询问某项控制活动中关键人员发生变动的时间），并确定已实施的控制测试是否为信赖控制提供了充分、适当的审计证据，是否需要实施进一步的控制测试或实质性程序以应对潜在的错报风险。

注册会计师不应将审计中发现的舞弊或错误视为孤立发生的事项，而应当考虑其对评估的重大错报风险的影响。

在完成审计工作前，注册会计师应当评价是否已将审计风险降至可接受的低水平，是否需要重新考虑已实施审计程序的性质、时间和范围。

（二）形成审计意见时对审计证据的综合评价

在形成审计意见时，注册会计师应当从总体上评价是否已经获取充分、适当的审计证据，以将审计风险降至可接受的低水平。注册会计师应当考虑所有相关的审计证据，包括能够印证财务报表认定的审计证据和与之相矛盾的审计证据。

对于整个审计过程中得出的各项审计结论，注册会计师均应当评价相关审计证据的充分性和适当性。评价审计证据的充分性和适当性需要注册会计师运用职业判断。

任务实施

1.了解内部控制，评价银行存款对账控制机制是否存在

向ABC公司会计人员询问是否按月编制银行存款余额调节表，并抽取3个开户行各自最近两个月的共计6份银行存款余额调节表。

2.实施控制测试，获取银行存款对账控制是否得到有效执行的证据

审计人员从这6份银行存款余额调节表中抽取3份，根据ABC公司提供的银行存款日记账和对账单，重新编制调节表，并和ABC公司编制的银行存款余额调节表核对。

3.实施实质性程序，获取银行存款存在及完整性的证据

复核计算银行存款余额调节表中的数字，检查未达账项。

◆ 注意事项

进行实质性分析程序时，应注意：

（1）相对于细节测试，实质性分析程序能够达到的精确度可能受到种种限制，所提供的证据在很大程度上是间接证据，证明力相对较弱。注册会计师不能仅依靠实质性分析程序，而忽略细节测试。

（2）确定实质性分析程序的适用性。并非所有认定都适合使用实质性分析程序，研究不同财务数据之间以及财务数据与非财务数据之间的内在关系是运用实质性分析程序的基础，如果数据之间不存在稳定的可预期关系，注册会计师不能运用实质性分析程序。

能力拓展

某企业财务科有3位会计人员，他们日常要完成如下7项工作：

①登记总账；

②登记应收账款明细账；

③登记应付账款明细账；

④开具支票，以便主管人员签章，并登记库存现金日记账；

⑤开具退货拒付通知书。

⑥和银行对账。

⑦保管并送存收入的现金。

已知3位会计人员能力相当，各项会计工作量基本相等。

请思考：如何将上述7项工作分配给这3个人，以使会计工作内部控制设计有效，并使他们的工作量基本相等？

拓展阅读

1.会计师事务所

会计师事务所（Accounting Firms）是指依法独立承担注册会计师业务的中介服务机构，是由有一定会计专业水平、经考核取得证书的会计师（如中国的注册会计师、美国的执业会计师、英国的特许会计师、日本的公认会计师等）组成的、受当事人委托承

办有关审计、会计、咨询、税务等方面业务的组织。中国对从事证券相关业务的会计师事务所和注册会计师实行许可证管理制度。

2.社会抚养费征收中的贪污案

详见http：//www.audit.gov.cn/n6/n1560/c121054/content.html。

技能训练

一、单项选择题

项目三

技能训练客观题

1.不相容职务分离要求将不相容的职务分配给不同员工。下列不相容职务分离做法中正确的是（　　）。

A.交易授权、交易执行、交易付款分离

B.交易授权、交易记录、资产保管分离

C.资产保管、交易执行、交易报告分离

D.交易授权、交易付款、交易记录分离

2.在对资产存在认定获取审计证据时，正确的测试方向是（　　）。

A.从财务报表到尚未记录的项目

B.从尚未记录的项目到财务报表

C.从会计记录到支持性证据

D.从支持性证据到会计记录

3.注册会计师执行穿行测试的目的不是（　　）。

A.确认是否正确了解了内部控制并且书面记录准确

B.识别交易流程中与财务报表有关的可能发生错报的环节

C.确认所获取的有关流程中的预防性控制和检查性控制信息的准确性

D.评估控制设计的有效性并确认控制执行的有效性

4.下面有关对控制环境进行风险评估的说法中，正确的是（　　）。

A.穿行测试一般用作对控制环境风险评估的审计程序

B.尽管注册会计师了解到控制环境薄弱，但仍然可以认定某一流程的控制是有效的

C.在制订审计计划过程中，注册会计师就应开始对控制环境进行风险评估，以制定相应的总体审计策略

D.由于对小型被审计单位无法获取以文件形式存在的有关控制环境要素的审计证据，注册会计师可通过了解管理层对内部控制设计的态度、认识和措施来评估风险

5.下列职务中属于相容职务的是（　　）。

A.库存现金日记账的登记与总账的登记

B.现金的收付与保管

C.出纳与试算平衡表的编制

D.出纳与收支授权

二、多项选择题

1.控制测试的程序包括（　　）。

A.询问　　B.分析程序　　C.检查和观察　　D.重新执行

2.被审计单位与财务报告相关的信息系统属于其内部控制的要素。一般来说，与财务报告相关的信息系统通常应当包括下列（　　）职能。

A.恰当计量交易，以便在财务报告中对交易货币金额作出准确的记录

B.及时、详细地描述交易，以便在财务报告中对交易作出恰当分类

C.识别与记录所有有效交易，恰当确定交易生成的会计期间

D.在财务报表中恰当列报交易

3.出纳人员能够同时负责的工作有（　　）。

A.货币资金的收付　　B.货币资金收付的批准

C.会计档案的保管　　D.编制记账凭证

E.库存现金日记账的登记

4.单位内部会计监督制度应当符合（　　）要求。

A.记账人员与经济业务事项和会计事项的审批人员、经办人员、财物保管人员的职责权限应当明确，并相互分离、相互制约

B.重大对外投资、资产处置、资金调度和其他重要经济业务事项的决策和执行的相互监督、相互制约程序应当明确

C.财产清查的范围、期限和组织程序应当明确

D.单位负责人应当保证会计机构、会计人员依法履行职责

E.对会计资料定期进行内部审计的办法和程序应当明确

5.内部控制的目标包括（　　）。

A.保证业务活动按照适当的授权进行，企业应对业务活动进行适当的分工，一般可分为审批、执行、复核和记录四步

B.保证财务报告的可靠性，保证所有交易或事项以正确的金额在恰当的会计期间及时记录于适当的账户，使会计报表的编制符合会计准则的相关要求

C.保证对资产和记录的接触、处理均经过适当的授权

D.保证资产的安全和完整，账实要相符

E.保证账面资产与实存资产定期核对相符

6.内部控制制度的基本要素包括（　　）。

A.控制环境　　B.控制措施　　C.监督检查

D.信息与沟通　　E.风险评估

三、简答题

1.C和D注册会计师负责审计Y公司2020年度财务报表，于2020年12月1日至12月15日对Y公司相关的内部控制进行了解、测试与评价。C和D注册会计师计划实施以下程序以了解相关内部控制：

（1）询问Y公司有关人员，并查阅相关内部控制文件。

（2）检查内部控制生成的文件和记录。

要求：假定不考虑其他条件，请指出C和D注册会计师还可以选择实施哪些审计程序以了解相关内部控制？

2.注册会计师应当了解被审计单位的行业状况主要包括哪些内容？注册会计师对行

业状况、法律环境与监管环境以及其他外部因素了解的重点是什么？

四、分析题

2019年2月，A公司（国有企业）按照财政部门要求，决定在公司系统全面开展《中华人民共和国会计法》（以下简称《会计法》）执行情况检查。4月初，A公司派出检查组对设在外省的销售分公司B公司进行检查，发现B公司存在多头开户、私设“小金库”等问题。正当检查组准备对有关问题进行深入检查时，A公司接到有关部门通报，A公司财会部经理许亮、B公司经理赵强与副经理张志刚携巨款潜逃国外。A公司立即向公安机关报案，同时决定对B公司几年来的经营管理和财务会计工作情况进行全面检查。经过6个多月的检查，一桩涉案金额近2 000万元的资金盗用案被揭开了面纱。

经查，许亮等人的主要作案手段和有关情形如下：

2017年，许亮被任命为B公司经理，赵强担任B公司副经理，张志刚任会计兼出纳。当时，A公司出于开拓市场、扩大经营规模等考虑，授予B公司销售定价自主权和对外投资自主权。由于尚未建立销售网络计算机控制系统，对各销售分公司的销售情况，A公司每月手工统计汇总一次，并要求各销售分公司每月月末将当月销售款集中汇缴A公司账户，确认销售收入。许亮等人利用A公司授予的销售定价权，采用高价销售低价向A公司汇总报账的手法截留销货款形成“小金库”，并利用销售货款上缴的时间差，挪用销售货款由赵强负责炒股，非法所得也流入“小金库”。然后，由会计兼出纳的张志刚将“小金库”款项源源不断地汇往由许亮等人控制的境外账户。

2018年，许亮调任A公司财会部经理，赵强接任B公司经理，张志刚任副经理仍兼任会计和出纳。此后的2年间，许亮、赵强、张志刚三人继续采用上述手法大肆敛财，直到2019年2月A公司检查组进驻。

案发后，A公司对此案高度重视，针对此案暴露出的分公司权力过大及内部控制方面存在缺陷等问题，A公司董事会作出以下决定：

第一，建立健全公司的内部控制制度，由总经理组织制定与实施，今后如果内部控制方面再出现问题，由总经理承担全部责任。

第二，加强对外投资的控制，收回各分公司的对外投资权，公司所有的投资均由A公司董事长审批。

第三，加强财务管理，会计和出纳人员分设，出纳人员不得兼任账目登记等工作，公司的银行预留印鉴等一律由总会计师统一保管。

第四，加强销售与收款的控制，所有的销售业务（包括制定销售价格、签订销售合同、组织货物发运、结算销售货款等）均由A公司销售部统一负责，各销售分公司仅负责宣传推广、协助催收货款。

第五，加强计算机系统建设和内部审计工作，实现销售网点计算机控制，由A公司财会部每年组织对本公司及下属分公司和子公司内部控制执行情况和会计资料进行审计。

要求：

（1）针对A公司发生的案件，分析其内部控制方面的缺陷并说明理由。

（2）从内部控制角度，指出A公司董事会所作决定的不当之处并说明理由。

项目四 审计流程与审计计划

人物谱

罗伯特·希斯特·蒙哥马利（1872—1953），美国人，著名会计学家、审计学家，被公认为1910—1940年间民间审计的杰出领导人之一。他最早提出审计目的包括检查舞弊行为、检查技术错误和检查原理错误三方面，其中检查舞弊是审计人员责任中最重要的内容。他所编著的《蒙氏审计学》（第十一版）基本上代表了现代民间审计理论与实践的最高成就，堪称世界民间审计领域内容最丰富、权威性最强的巨著。对于我们了解和借鉴外国最新审计理论与实务来说，这部百科全书式的审计学著作是最理想的权威性工具书和必读之书。

审计流程就是审计工作从开始到结束的整个过程。审计计划是指审计人员为了完成各项审计业务，达到预期的审计目的，在具体执行审计流程之前编制的工作计划。本项目先从审计的准备、实施及终结三个阶段来阐述审计流程，在对审计流程有了初步了解之后，再介绍审计计划的种类及基本内容。

【知识目标】

1. 了解审计流程及审计计划的含义。
2. 熟悉审计流程的三个阶段。
3. 掌握审计计划的制订。

【能力目标】

1. 熟悉审计流程各个阶段的具体工作内容。
2. 能够编制总体审计策略和具体审计计划。

案例导引　　**蓝田造假案**

湖北蓝田股份有限公司（以下简称蓝田）主要从事农副水产品养殖和加工。蓝田自1996年上市以来，业绩表现一直优良。从1996年到2000年，其股本从9 696万股扩张到4.46亿股，股本扩张了360%；其主营业务收入从4.68亿元大幅增长到18.4亿元；其净利润从0.593亿元快速增长到令人难以置信的4.32亿元。历年年报的每股收益都在0.60元以上，最高达到1.15元。即使遭遇了1998年特大洪灾，其每股收益也达到了不可思议的0.81元，被媒体称为“蓝田神话”，号称“中国农业第一股”。对于蓝田历年的财务报表，注册会计师都发表了无保留意见。然而，种种迹象表明蓝田财务报表存在重大错报风险。

（1）鱼塘里的业绩“神话”。蓝田上市后的业绩几乎年年翻番。公司声称采用“精养”养殖技术，每亩水面产值达30 000元，相当于每平方米水下养50～60千克的鱼，而同样是在湖北养鱼，另一家公司每亩产值不足1 000元，蓝田创造了同业30倍的鱼塘养殖业绩。稍有点常识的人都知道这是不可能的事情。

（2）巨额现金交易。蓝田巨额营业收入中绝大多数不通过银行结算，而用现金交易。蓝田“钱货两清”的结算方式造成无法核实其收入的“发生”。

（3）扔到水里的固定资产。蓝田巨额营业收入形成的资金大部分转化为固定资产（如鱼塘工程改造），固定资产大规模增加。2000年年底，固定资产占总资产的76.4%，作为农业企业，固定资产如此高的比重很不正常。而且，由于其行业的特殊性，资产无法盘点，如在湖里打了几根桩，鱼塘里有多少只甲鱼，注册会计师无法确定。

（4）关联方与关联交易。蓝田的原董事长兼总经理，同时是中国蓝田总公司法定代表人。中国蓝田总公司是蓝田第一大股东的控股股东，两者是“爷孙”关系。中国蓝田总公司作为蓝田的代销商，代销收入很少，却为蓝田支付巨额的广告费。因此，蓝田的业绩可能有“水分”。

（5）蓝田占用了关联方巨额资金。一家年盈利近5亿元、未分配利润多达10亿元的上市公司，如此大的现金流量缺口让人难以理解，蓝田的持续经营能力受到怀疑。

“蓝田造假案”是中国证券史上一个重大的财务造假案例，“蓝田造假案”之所以被曝光，源自当年中央财经大学研究员刘姝威的一篇文章。事发后诸多中介组织被卷入其中，为其审计的会计师事务所也难脱其责。

资料来源　佚名. 蓝田审计失败案例分析［EB/OL］.［2020-08-05］. https：//wenku.baidu.com/view/798bb64eec06eff9aef8941ea76e58fafab04597.html.

请分析：为何“蓝田造假案”如此滞后地被一个学者发现？你从中得到了什么启示？

分析提示：从资料可以看出，蓝田财务报表存在重大错报风险，如果注册会计师运用恰当的审计流程，是能够识别的。注册会计师在审计过程中应时刻保持职业怀疑，会计师事务所也要不断健全质量控制机制，不断提高注册会计师的执业能力和道德水准。

任务一　审计流程

任务描述

某集团公司接到员工举报：某区域基层销售单位在销售政策的执行上存在很大的问题。于是，集团公司决定指派一个3人的审计组对该单位进行内部审计，要求他们对38位业务人员进行逐一跟踪审计，对存在问题的人员提出处罚建议，并且追究上级责任。

请思考并写出审计组在审计时的审计流程。

相关知识

一、审计流程的含义

审计流程就是审计工作从开始到结束的整个过程。通常，审计流程包括准备阶段、实施阶段、终结阶段。为了审计工作有组织、有计划、有步骤地进行，保证审计工作质量和提高审计工作效率，审计人员执行审计业务时，必须遵循一定的审计流程。

二、准备阶段

审计的准备阶段是指从确定审计项目起到具体实施审计工作之前的准备过程。

（一）接受业务委托

会计师事务所在接受被审计单位的委托之前，应对被审计单位的基本情况进行初步了解。

（二）签订审计业务约定书

审计业务约定书具有合约性质，一经被审计单位签字认可，即成为民间审计组织与被审计单位之间在法律上生效的契约。因民间审计在进行审计时通常要收费，所以被审计单位又称为客户。

（三）初步评价被审计单位的内部控制系统

在审计工作开始之前，必须初步了解和评价被审计单位的内部控制系统，包括了解和评价被审计单位各项规章制度、业务处理程序和人员责任分工等是否合理、是否科学，然后才能确定审计工作重点。

（四）分析审计风险

审计风险是指审计人员通过审计工作未能发现财务报表中存在重大错报而签发无保留意见审计报告的风险。在审计准备阶段，分析审计风险主要是确定检查风险对审计工作的要求，可以通过审计人员严格执行审计程序、制订审计计划等方式降低检查风险。

（五）编制审计计划

经过上述工作以后，审计组便可以拟订审计计划。审计计划是根据审计任务和具体情况所拟订的审计工作的具体步骤。合理的审计计划既可以保证现场审计工作能够有序地进行，也可以降低审计工作成本，提高审计工作效率。

三、实施阶段

审计的实施阶段是根据审计计划确定的范围、要点、方法进行取证、评价，进而形成审计结论，实现审计目标的中间过程。它是整个审计程序的关键阶段，又称“外勤工作”。

（一）进驻被审计单位

审计人员在进驻被审计单位以后，与被审计单位有关管理人员进行接触，进一步了解被审计单位的情况，并且让被审计单位相关人员了解审计的目的、范围，争取他们的帮助。例如，审计组进入被审计单位后，应与被审计单位负责人和财会人员进行座谈，说明项目审计方案的内容，并征求意见，争取其配合与协助审计实施。

（二）评审内部控制制度——符合性测试

现代审计是在对内部控制的研究和评价的基础上进行的。内部控制制度是决定审计范围、方法和时间的一个重要依据。审计人员在执行审计业务时，首先应对被审计单位的内部控制制度进行调查、测试和评价，并采用一定的形式予以描述，记入审计工作底稿中，以便为下一步的实质性测试打下基础。实施符合性测试时，一般要经过以下审计步骤：简易抽查、初步评价内部控制、实施符合性测试。

（三）进行实质性测试

进行实质性测试是审计实施阶段的中心工作。实质性测试是审计人员运用审阅、核对、盘点、查询和分析性复核等方法，对财务收支的真实性、合法性和效益性进行的深入调查，进而取得审计证据和提出审计意见。

实质性测试本质上是一个取证和评价的过程。因而，要正确运用各种有效的审计方法，就所查问题收集有关的审计证据并加以分析、鉴定和综合，研究证据的相关性、重要性和可靠性，形成有足够数量、能够充分证明经济事项的审计证据，为撰写审计报告、出具审计意见书及审计决定书提供依据。

实质性测试可以采用两种方式：分析性测试和详细测试。究竟采用什么样的方法进行实质性测试，一是取决于审计具体项目的要求，二是取决于审计人员从事审计工作的实践经验。

分析性测试又称分析性检查，是指通过各种财务数据间的关系，来审查相关数据的真实性和正确性。分析性测试的主要内容是：将本期实际数据与本期计划数据、上期实际数据相比，与同行业先进水平的数据相比，与历史最高水平相比，与国际先进水平相比，分析差异是否合理、正常，变动趋势是否合理；计算各种重要的财务比率，分析相关数据之间的关系是否正常，变动是否合理。

详细测试是为了直接检查账户余额或报表项目的真实性、正确性和完整性而进行的审计测试。详细测试的时间安排，取决于内部控制的严密程度和时间安排。详细测试常用的方法有核对法、查询法和实地观察法等。例如，对银行账户的审查，对会计报表、账簿、凭证的审查，对有关文件、资料的查阅，对现金、实物、有价证券的检查和向有关单位及人员进行书面或口头的调查、询问并取得证明材料等都属于详细测试的内容。

（四）收集审计证据，编制审计工作底稿

审计工作底稿是审计人员在审计过程中形成的与审计事项有关的工作记录，是审计证据的载体。审计工作底稿应当记载审计人员在审计中获取证明材料的名称、来源和时间等，并附有证明材料。例如，在内部审计中，审计人员对已经认定的账务处理差错、管理薄弱环节，应及时向审计组长和主审人员报告，经同意后，可向被审计单位或有关人员提出“调整账项”或“改进管理”的意见与建议，并将被审计单位采纳与改正情况记入审计工作底稿。

编制审计工作底稿，一方面要记录审计全过程的轨迹，因为它是撰写审计报告的基础；另一方面，它也是检查审计机构和审计人员工作质量的主要资料。所有的审计工作底稿，都应当归入审计档案。

四、终结阶段

审计终结阶段即审计的报告阶段，是指提出审计报告、得出审计结论并建立审计档案的工作阶段。其主要工作有以下几项：

（一）整理并复核审计工作底稿

审计工作底稿是审计人员根据各自的业务分工，在审计的过程中随时编制的，在一定程度上存在着主观性和片面性，其编写质量也受到审计人员个人素质的影响。

在编写审计报告之前，必须对全部审计工作底稿的内容进行分析、归纳和整理，去粗取精、去伪存真，将与审计目的无关的、对审计意见影响不大的内容剔除，并根据审计工作底稿所反映的问题，与被审计单位沟通，听取被审计单位的反馈意见。

（二）起草审计报告

完成了对审计工作底稿的整理后，就可以着手起草审计报告。审计报告应根据审计证据和审计工作底稿，对各类审计资料认真加以整理、分析和综合，并经过取舍和删补，按照要求的格式编写。

审计报告包括：审计目的、内容和范围；审计的步骤和方法；查出的问题和依据；问题的性质及发生的原因；对审计项目进行评价；提出审计意见和改进建议。

（三）征求意见，修改报告

审计报告在定稿之前，应先征求有关部门、人员和被审计单位的意见，这既是为了保证审计结果和审计意见的正确性，也是为了维护被审计单位的合法权益。在对审计报告作出必要的修改之后，才可以定稿，然后将定稿后的审计报告连同被审计单位的书面意见一并呈报审计机关。

（四）提出管理建议书

管理建议书是审计人员在完成审计工作后，就被审计单位内部控制中存在的问题，以书面形式提出的改进建议。管理建议书是针对内部控制的弱点提出的，目的在于向被审计单位管理部门提供进一步完善内部控制系统、改进会计核算、提高经营管理水平的参考意见。管理建议是一种咨询意见，不具有强制性。

任务实施

根据任务资料，审计组可以按如下程序进行整个审计流程：

1.审计组进场

（1）进场前发出审计通知书，并与该单位领导进行简要的电话沟通。

（2）进场当日召开2个会议。先召开领导层沟通会议，由分管领导各自传达会议精神后，再召开全体人员会议，宣讲审计原则、审计目的、审计方式方法及其他事项。

进场后，审计组发现该单位人员高度紧张，每日审计结束后，该单位领导都会召开全体会议，对被审计人员逐一进行讲解培训。审计的手段、方式方法是什么，如何去规避问题，如何在审计人员发现问题时及时解决问题都成为培训的内容。对于审计中发现的问题，该单位领导要求马上进行修改完善，第二天早上打印出来并销毁资料原件，并请审计人员对他们改过的资料重新进行审计，理由是应允许被审计单位对不完善的地方及时作出整改补充。

审计组面临的问题是：该单位应对审计的手段较为老练，组织有序，内部人员团结一致，消极配合，“软对立”情况严重，处理不当的话，会发展成强烈抵触。审计工作开展会遇到较大阻力。

2.审计组采取的应对措施

（1）心理分析。从该单位的管理风格上看，该单位领导对荣誉问题看得较重，抵触是因为怕问题被揭露出来，在兄弟单位中丢了面子。换个角度来看，这说明该单位人心比较齐，单位领导管理有他自己的长处，也说明对审计工作很重视，在审计过程中能够积极整改。对于这些好的方面，可以加以引导，如果能因势利导，化阻力为动力，适当鼓励，完全能达到帮扶整改、提高管理水平的目的。妥善处理不但能够顺利完成审计任务，同时能体现审计为管理服务的中心思想。

（2）坚持原则，积极沟通。原则性问题不能让步，问题必须要暴露出来，发现问题、揭露问题是审计人员的根本职责。审计组积极与该单位领导及其上级领导进行沟通，在每日早会上与全体员工进行互动，宣讲政策，要求大家在审计过程中正确看待问题，认真配合审计工作。

（3）化解手段——组织考试。针对公司政策执行不到位的情况，审计组建议该单位领导对政策中的问题点进行集中测试。通过集中学习，如果大家掌握得较好，成绩较理想，审计组愿意在审计报告中予以适当披露。这个办法得到了该领导的认同与支持，他们认真编写了一套试卷。为了顺利通过考试，所有员工专门抽时间参加了有关政策的集中培训，并且每个人都力求能够对政策有熟练的掌握。最终，审计组占用了早会10分钟时间，对闭卷测试进行监考，这个方法的效果很好，员工的成绩都很好。通过考试的形式，审计组帮助被审计单位的领导和员工加深了对政策的理解和把握。

（4）报告披露。通过以上方法，被审计单位的顾虑渐渐被化解，审计组有效地将对立矛盾转化为共同参与、共同执行。审计组得到了被审计单位领导及其上级领导的认可与支持。接下来的审计工作进展得非常顺利。在报告出具阶段，审计组对该单位测试卷及测试平均成绩以截图的形式在审计报告中给予了适当披露：“在征求审计组意见后，××单位自行设计了《2021年×××考试题》……”。在审计交流反馈书面意见中，被审计单位领导特别提到了“欢迎审计组下次再来指导工作”。公司高层看了该报告后，对被审计单位进行了肯定和表扬。

3.总结

将抵触情绪转化为积极整改和认真学习的态度，审计报告的内容对好的方面同样是客观的、公正的。审计组通过有效的沟通、适当的引导，不但顺利地完成了审计任务，也让被审计单位心服口服，认为审计并不只是把眼睛放在问题上，而是抱着帮扶的目的在做事，真正在为公司的管理和发展保驾护航。

◆ 注意事项

审计业务错综复杂，即使是归属于同一审计阶段的几项具体审计工作，有时也难以分清先后。另外，许多具体审计工作往往还贯穿于审计全过程，也可能是同时交叉进行的。

任务二　审计计划

任务描述

2021年3月，天意会计师事务所的注册会计师杨林和陈浩对红光实业集团公司2020年度的会计报表进行了审计。表4-1为红光实业集团公司2020年12月31日的比较资产负债表。

表4-1　比较资产负债表　单位：元

项　目	期末数	期初数	项　目	期末数	期初数
货币资金	7 159 724.53	7 129 684.92	短期借款	—	—
交易性金融资产	—	—	交易性金融负债	—	—
衍生金融资产	—	—	衍生金融负债	—	—
应收票据	—	—	应付票据	—	—
应收账款	716 581.86	1 264 162.51	应付账款	1 196 035.05	1 153 037.46
应收款项融资	—	—	预收款项	—	225 822.28
预付款项	65 850.68	6 721.30	合同负债	—	—
其他应收款	286 347.95	252 532.09	应付职工薪酬	1 965 592.69	3 102 096.35
存货	7 150 215.94	6 863 152.30	应交税费	251 289.60	235 063.31
合同资产	—	—	其他应付款	5 516 083.69	5 616 037.62
持有待售资产	—	—	持有待售负债	—	—
一年内到期的非流动资产	—	—	一年内到期的非流动负债	—	—
其他流动资产	—	102 588.83	其他流动负债	—	—
债权投资	—	—	长期借款	—	—

续表

项　　目	期末数	期初数	项　　目	期末数	期初数
其他债权投资	—	—	应付债券	—	—
长期应收款	—	—	租赁负债	—	—
长期股权投资	—	—	长期应付款	415 000.00	415 000.00
其他权益工具投资	—	—	预计负债	—	—
其他非流动金融资产	—	—	递延收益	—	—
投资性房地产	—	—	递延所得税负债	—	—
固定资产	18 620 656.00	19 599 497.49	其他非流动负债	—	—
在建工程	—	—	实收资本（或股本）	14 539 511.44	14 539 511.44
生产性生物资产	—	—	其他权益工具	—	—
油气资产	—	—	资本公积	9 260 018.21	9 260 018.21
使用权资产	—	—	减：库存股	—	—
无形资产	—	—	其他综合收益	—	—
开发支出	—	—	专项储备	—	—
商誉	—	—	盈余公积	263 103.76	203 857.46
长期待摊费用	—	—	未分配利润	592 742.52	467 895.31
其他非流动资产	—	—	—	—	—
资产总计	33 999 376.96	35 218 339.44	负债和所有者权益（或股东权益）总计	33 999 376.96	35 218 339.44

请根据上述资料，制定总体审计策略，并进一步制订具体审计计划。

相关知识

一、审计计划的含义与作用

（一）审计计划的含义

审计计划是指审计人员为了完成各项审计业务，达到预期的审计目的，在具体执行审计流程之前编制的工作计划。

（二）审计计划的作用

审计计划是审计工作的事先安排，在执行过程中可能发生变化，所以审计计划的补充和修订贯穿于整个审计过程。审计计划的作用主要体现在：

（1）可以协调审计人员之间的工作。

（2）可以使审计人员能根据具体情况收集充分、适当的审计证据。

（3）可以保持合理的审计成本。

二、审计计划的种类

审计计划分为总体审计策略和具体审计计划两个层次。制定总体审计策略和制订具体审计计划的过程紧密联系，并且两者的内容也密切相关。注册会计师应当针对总体审计策略中所识别的不同事项，制订具体审计计划，并考虑通过有效利用审计资源以实现审计目标。虽然编制总体审计策略的过程通常在具体审计计划之前，但是两项计划活动并不是孤立、不连续的，其内在是紧密联系的，对其中一项的决定可能会影响甚至改变对另外一项的决定。在实务中，注册会计师可将制定总体审计策略和制订具体审计计划结合进行，可能会使审计工作更有效率。

（一）总体审计策略

注册会计师应当为审计工作制定总体审计策略。总体审计策略用以确定审计范围、时间安排和方向，并指导制订具体审计计划。在制定总体审计策略时，注册会计师应考虑以下主要事项：

1. 审计范围

在确定审计范围时，需要考虑下列事项：

（1）编制拟审计的财务信息所依据的财务报告编制基础。

（2）特定行业的报告要求，如某些行业的监管部门要求提交的报告。

（3）预期的审计工作涵盖范围，包括应涵盖的组成部分的数量及所在地点。

（4）内部审计工作的可获得性及注册会计师拟依赖内部审计工作的程度。

（5）信息技术对审计程序的影响，包括数据的可获得性和对使用计算机辅助审计技术的预期。

（6）对利用在以前审计工作中获取的审计证据的预期。

（7）对被审计单位人员的时间协调和相关数据的可获得性预期。

2. 报告目标、时间安排及所需沟通

报告目标、时间安排及所需沟通主要包括以下几个方面：

（1）被审计单位对外报告的时间表，包括中间阶段和最终阶段。

（2）与管理层和治理层举行会谈，讨论审计工作的性质、时间安排和范围。

（3）与管理层和治理层讨论注册会计师拟出具的报告的类型、时间安排以及沟通的其他事项，包括审计报告、管理建议书和向治理层通报的其他事项。

（4）与管理层讨论审计工作的进展所进行的沟通。

（5）与组成部分注册会计师沟通拟出具的报告的类型和时间安排，以及与组成部分审计相关的其他事项。

（6）项目组成员之间沟通的预期的性质和时间安排，包括项目组会议的性质和时间安排及复核已执行工作的时间安排。

（7）预期是否需要和第三方进行其他沟通，包括与审计相关的法定或约定的报告责任。

3. 审计方向

审计方向主要包括：

（1）确定适当的重要性水平。

（2）初步识别可能存在较高的重大错报风险的领域。

（3）初步识别重要的组成部分和账户余额。

（4）评价是否需要针对内部控制的有效性获取审计证据。

（5）识别被审计单位所处行业、财务报告要求及其他相关方面最近发生的重大变化等。

4.审计资源

审计资源包括以下四个方面：

（1）向具体审计领域调配的资源。它包括向高风险领域分派有经验的项目组成员，就复杂的问题利用专家工作等。

（2）向具体审计领域分配资源的数量。它包括安排到重要地点进行存货监盘的项目组成员的人数、向高风险领域安排的审计时间预算等。

（3）何时调配这些资源。它包括是在期中审计阶段还是在关键的截止日期调配资源等。

（4）如何管理、指导、监督这些资源。它包括预期何时召开项目组预备会和总结会，预期项目合伙人和经理如何进行复核，是否需要实施项目质量控制复核等。

总体审计策略的详略程度因被审计单位的规模及该项审计业务的复杂程度而异。比如，在小型被审计单位的审计中，总体审计策略可以相对简单。此外，注册会计师应当根据实施风险评估的结果对上述内容进行调整。

总体审计策略范例见表4-2。

表4-2 总体审计策略

一、审计工作范围	内容
报告要求	
适用的会计准则和相关会计制度	
适用的审计准则	
与财务报告相关的行业特别规定	
需要审计的集团内组成部分的数量及所在地点	
需要阅读的含有已审计财务报表的文件中的其他信息	
二、审计业务时间安排	时间
（一）对外报告时间安排	
（二）执行审计时间安排	
执行审计时间安排	
1.期中审计	
（1）制定总体审计策略	
（2）制订具体审计计划	
⋮	
2.期末审计	
（1）存货监盘	
⋮	

续表

<table>
<tr><td colspan="4">（三）沟通的时间安排</td><td colspan="2"></td></tr>
<tr><td colspan="4">所需沟通</td><td colspan="2"></td></tr>
<tr><td colspan="4">与管理层及治理层的会议</td><td colspan="2"></td></tr>
<tr><td colspan="4">项目组会议（包括预备会和总结会）</td><td colspan="2"></td></tr>
<tr><td colspan="4">与专家或有关人士的沟通</td><td colspan="2"></td></tr>
<tr><td colspan="4">与前任注册会计师的沟通</td><td colspan="2"></td></tr>
<tr><td colspan="4">三、影响审计业务的重要因素</td><td colspan="2">索引号</td></tr>
<tr><td colspan="4">（一）确定的重要性水平</td><td colspan="2"></td></tr>
<tr><td colspan="4">（二）可能存在较高重大错报风险的领域</td><td colspan="2"></td></tr>
<tr><td colspan="4">（三）重要的组成部分和账户</td><td colspan="2"></td></tr>
<tr><td colspan="4">1.重要的组成部分</td><td colspan="2"></td></tr>
<tr><td colspan="4">⋮</td><td colspan="2"></td></tr>
<tr><td colspan="4">2.重要的账户</td><td colspan="2"></td></tr>
<tr><td colspan="4">⋮</td><td colspan="2"></td></tr>
<tr><td colspan="6">四、项目组人员安排</td></tr>
<tr><td colspan="2">职位</td><td colspan="2">姓名</td><td colspan="2">主要职责</td></tr>
<tr><td colspan="2"></td><td colspan="2"></td><td colspan="2"></td></tr>
<tr><td colspan="6">五、对专家或有关人士工作的利用（如适用）</td></tr>
<tr><td colspan="6">（一）对内部审计工作的利用</td></tr>
<tr><td colspan="2">主要报表项目</td><td colspan="2">拟利用的内部审计工作</td><td colspan="2">索引号</td></tr>
<tr><td colspan="2">⋮</td><td colspan="2"></td><td colspan="2"></td></tr>
<tr><td colspan="6">（二）对其他注册会计师工作的利用</td></tr>
<tr><td colspan="2">其他注册会计师名称</td><td colspan="2">利用其工作范围及程度</td><td colspan="2">索引号</td></tr>
<tr><td colspan="2">⋮</td><td colspan="2"></td><td colspan="2"></td></tr>
<tr><td colspan="6">（三）对专家工作的利用</td></tr>
<tr><td>主要报表项目</td><td>专家名称</td><td>主要职责及工作范围</td><td colspan="2">利用专家工作的原因</td><td>索引号</td></tr>
<tr><td></td><td></td><td></td><td colspan="2"></td><td></td></tr>
</table>

【练一练4-1】

在制定总体审计策略时，注册会计师应当考虑的主要因素是（　　）。

A.推断的控制有效性高于其实际有效性的风险

B.推断某一重大错报不存在而实际存在的风险

C.潜在的重大错报风险

D.推断某一重大错报存在而实际不存在的风险

（二）具体审计计划

具体审计计划是依据总体审计策略制订的，它比总体审计策略更加详细，包括为获取充分、适当的审计证据，以便将审计风险降至可接受的低水平，项目组成员拟实施的审计流程的性质、时间安排和范围等内容的审计计划。

为获取充分、适当的审计证据而确定审计程序的性质、时间安排和范围的决策是制订具体审计计划的核心。具体审计计划包括风险评估程序、计划实施的进一步审计程序和其他审计程序。

（1）风险评估程序。具体审计计划应当包括为了充分识别和评估财务报表重大错报风险，注册会计师计划实施的风险评估程序的性质、时间安排和范围。

（2）计划实施的进一步审计程序。具体审计计划应当包括针对评估的认定层次的重大错报风险，注册会计师计划实施的进一步审计程序的性质、时间安排和范围。进一步审计程序包括控制测试和实质性程序。

需要强调的是，随着审计工作的推进，对审计程序的计划会逐步深入，并贯穿于整个审计过程。例如，计划风险评估程序通常在审计开始阶段进行，计划进一步审计程序则需要依据风险评估程序的结果进行。因此，注册会计师需要完成风险评估程序，识别和评估重大错报风险，并针对评估的认定层次的重大错报风险，计划实施进一步审计程序的性质、时间安排和范围。

通常，注册会计师计划的进一步审计程序可以分为进一步审计程序的总体方案和拟实施的具体审计程序两个层次。进一步审计程序的总体方案主要是指注册会计师针对各类交易、账户余额和列报决定采用的总体方案（包括实质性方案或综合性方案）。具体审计程序则是对进一步审计程序的总体方案的延伸和细化，它通常包括控制测试和实质性程序的性质、时间安排和范围。在实务中，注册会计师通常单独编制一套包括具体审计程序的“进一步审计程序表”，待具体实施审计程序时，注册会计师将基于所计划的具体审计程序，进一步记录所实施的审计程序及结果，并最终形成有关进一步审计程序的审计工作底稿。

完整、详细的进一步审计程序的计划应包括对各类交易、账户余额和列报实施的具体审计程序的性质、时间安排和范围，以及抽取的样本量等。在实务中，注册会计师可以统筹安排进一步审计程序的先后顺序，如果对某类交易、账户余额或列报已经作出计划，则可以安排先行开展工作，同时制定其他交易、账户余额和列报的进一步审计程序。

（3）其他审计程序。根据审计准则的规定，注册会计师针对审计业务需要实施其他审计程序。其他审计程序包括上述进一步审计程序的计划中没有涵盖的，以及根据其他审计准则的要求，注册会计师应当执行的既定程序。

具体审计计划范例见表4-3。

总体审计策略与具体审计计划的内容及关系见表4-4。

表 4-3　**具体审计计划**

一、风险评估程序 1.一般风险评估程序 2.针对特别项目的风险评估程序
二、了解被审计单位及其环境 1.行业状况、法律环境与监管环境以及其他外部因素 2.被审计单位的性质 3.会计政策的选择和运用 4.目标、战略及相关经营风险 5.财务业绩的衡量和评价
三、了解内部控制 1.控制环境 2.被审计单位的风险评估过程 3.信息系统与沟通 4.控制活动 5.对控制的监督
四、对风险评估及审计计划的讨论
五、评估的重大错报风险 1.评估的财务报表层次的重大错报风险 2.评估的认定层次的重大错报风险
六、计划的进一步审计程序 1.重要账户或列报的计划总体方案（综合性方案或实质性方案） 2.进一步审计程序（单独编制一套包括具体审计程序的“进一步审计程序表”）
七、其他审计程序

表 4-4　**总体审计策略与具体审计计划的比较**

项　目	总体审计策略	具体审计计划
内　容	总体审计策略用以确定审计范围、时间安排和方向，并指导制订具体审计计划	风险评估程序； 计划实施的进一步审计程序； 其他审计程序
关　系	确定重要性水平； 评估重大错报风险	风险评估程序
	存在较高的重大错报风险	计划实施的进一步审计程序

[小知识 4-1]

（1）注册会计师可以同被审计单位治理层、管理层就计划审计工作的某些情况进行沟通，但要保持职业的谨慎性，以防止由于具体审计流程易于被管理层或治理层预见而损害审计工作的有效性。

（2）独立制订审计计划仍然是注册会计师的责任。

（3）审计计划不是一成不变的，根据审计业务的实际情况及时修正、更新审计计划，贯穿于整个审计过程。注册会计师应记录对审计计划作出的重大更改及其理由，以及采取的应对措施。

（4）总体审计策略与具体审计计划的内容、制订过程紧密相关。例如，注册会计师在了解被审计单位及其环境的过程中，注意到被审计单位对主要业务的处理依赖复杂的自动化信息系统，因此计算机信息系统的可靠性及有效性对其经营、管理、决策及编制可靠的财务报告具有重大影响。对此，注册会计师可能会在具体审计计划中制定相应的审计程序，并相应调整总体审计策略的内容，作出利用信息系统方面专家工作的决定。

（5）在实务中，注册会计师可能采用将总体审计策略和具体审计计划合并为一份审计计划文件的方式，以提高编制及复核工作的效率，增强其效果。

三、审计过程中对计划的更改

计划审计工作并非审计业务的一个孤立阶段，而是一个持续的、不断修正的过程，贯穿于整个审计业务的始终。由于未预期事项、条件的变化，或在实施审计程序中获取的审计证据等原因，注册会计师在必要时应当对总体审计策略和具体审计计划作出更新和修改。

审计过程可以分为不同阶段，通常前面阶段的工作结果会对后面阶段的工作计划产生一定的影响，而在后面阶段的工作过程中，又可能对已制订的相关计划进行相应的更新和修改。通常来讲，这些更新和修改会涉及比较重要的事项，如对重要性水平的修改，对某类交易、账户余额和列报的重大错报风险的评估和进一步审计程序（包括总体方案和拟实施的具体审计程序）的更新和修改等。一旦计划被更新和修改，审计工作也就应当进行相应调整。例如，在制订审计计划时，注册会计师基于对材料采购交易的相关控制的设计和执行获取的审计证据，认为相关控制设计合理并得以执行，因此未将其评价为高风险领域并且计划执行控制测试。但是在执行控制测试时，获得的审计证据与计划阶段获得的审计证据相矛盾，注册会计师认为该类交易的控制没有得到有效执行。此时，注册会计师可能需要修正对该类交易的风险评估，并基于修正的评估风险结果修改计划的审计方案，如采用实质性方案。

【练一练 4-2】

在制订具体审计计划时，注册会计师应当考虑的内容包括（　　）。

A.计划实施的风险评估程序的性质、时间安排和范围

B.计划与管理层和治理层沟通的日期

C.计划向高风险领域分派的项目组成员

D.计划召开项目组会议的时间

四、指导、监督与复核

注册会计师应当对项目组成员工作的指导、监督与复核的性质、时间安排和范围制订计划。对项目组成员工作的指导、监督与复核的性质、时间安排和范围主要取决于下列因素：

（1）被审计单位的规模和复杂程度。

（2）审计领域。

（3）重大错报风险。

（4）执行审计工作的项目组成员的素质和专业胜任能力。

注册会计师在评估重大错报风险的基础上，应对项目组成员工作的指导、监督与复核的性质、时间安排和范围制订计划。当评估的重大错报风险增加时，注册会计师通常会扩大指导与监督的范围，增强指导与监督的及时性，执行更详细的复核工作。在计划复核的性质、时间安排和范围时，注册会计师还应考虑单个项目组成员的素质和专业胜任能力。

任务实施

根据任务资料，编制总体审计策略，见表4-5。

表4-5　　总体审计策略

客户名称：	红光实业集团公司	截止日期：	2020-12-31
编　　制：	杨林	复　　核：	陈浩
日　　期：	2021-03-06	日　　期：	2021-03-06

一、审计范围

审计红光实业集团公司2020年12月31日的资产负债表、利润表和现金流量表及股东权益变动表。由于是连续审计，不进行全面控制测试，但对变动较大的项目实施控制测试，按业务循环进行实质性程序

二、报告目标、时间安排及所需沟通

（一）报告目标

红光实业集团公司于2021年1月9日出具2020年度的财务报告，注册会计师计划的外勤审计时间为2021年3月1日至3月20日，2021年3月31日为出具审计报告的日期，公司计划于2021年4月20日对外公布财务报告。

（二）计划审计日期

外勤工作自2021年3月1日至3月20日，共20天；

编写审计报告自2021年3月21日至3月31日，共10天。

（三）与管理层和有关部门沟通情况

项目组预备会议计划于3月6日召开，计划在2021年3月18日与管理层召开审计总结会议，并在3月19日向被审计单位致送《与治理层的沟通函》，计划在之后的3个工作日内获得《管理层声明书》

三、审计方向

（一）重要性水平初步估计

结合红光实业集团公司的重大错报风险，将该公司财务报表层次重要性水平初步评定为1 699 969.00元。

续表

（二）重要的账户余额 存货 7 150 215.94元，固定资产净额 18 620 656元，主营业务收入 15 810 585.37元，主营业务成本 12 278 916.48元。 （三）重点审计领域 1.营业收入、营业成本项目； 2.影响利润的其他业务利润、费用、营业支出项目； 3.应收账款项目； 4.存货项目； 5.固定资产项目。 （四）审计小组组成及人员分工

职位	姓名	主要职责
审计经理	陈浩	项目负责人
高级审计师	杨林	编制底稿
审计助理	李梅	协助陈浩、杨林
审计助理	肖潇	协助陈浩、杨林
审计助理	严轩	协助陈浩、杨林

（五）对专家或有关人士工作利用（略）
四、总体审计策略调整记录（略）

◆ 注意事项

会计师事务所在对被审计单位及其环境和内部控制进行了解的基础上，应制订合理的审计计划，从而为随后审计实施阶段的工作打下良好的基础。审计项目小组应在进行充分的讨论后制定总体审计策略，包括如下步骤：

1.汇集前一阶段了解被审计单位及其环境的有关信息，确定被审计单位的重要风险领域，在此基础上确定会计报表层次的重要性水平和有关账户的可容忍错报水平。

2.制定总体审计策略，对审计范围、审计执行时间、是否利用专家工作等事项作出初步的安排。

能力拓展

2020年12月16日，某会计师事务所主任会计师孟某和助理审计人员侯某对江华公司委托审计的目的、审计业务的性质、审计收费、审计范围是否受到限制、审计的程序是否能够顺利进行、江华公司提供的文件、协助的事项等方面进行初步了解。洽谈中，江华公司的总经理张某提出双方当即签订审计业务约定书的要求。注册会计师小王则表示在未全面了解该公司基本情况的前提下，仅凭上述的初步了解是不能签订审计业务约定书的。

请说明：

1.为什么注册会计师小王拒绝立即签约？

2.签约前还要从哪些方面了解被审计单位？

拓展阅读

1.会计师事务所的组织形式

会计师事务所是国家批准成立的依法独立承办注册会计师业务的单位，会计师事务所主要有独资、普通合伙、有限责任公司、有限责任合伙等组织形式。我国会计师事务所有普通合伙、有限责任公司、特殊普通合伙等组织形式。

（1）独资会计师事务所

独资会计师事务所是指由具有注册会计师执业资格的个人独立开办，承担无限责任的会计师事务所。其优点是对执业人员的数量需求不多，容易设立，执业灵活，能够在代理记账、代理纳税等方面很好地满足小型企业对注册会计师服务业务的需求，其缺点是无力承接大型业务，缺乏发展后劲。

（2）普通合伙会计师事务所

普通合伙会计师事务所是由两位或两位以上合伙人组成的合伙组织。合伙人以各自的财产对事务所的债务承担无限连带责任。其优点是在风险牵制和共同利益的驱动下，事务所将提高执业质量，扩大业务规模，提高控制风险的能力。其缺点是建立一个跨地区、跨国界的大型会计师事务所要经历一个漫长的过程，同时，任何一个合伙人执业中的失误或舞弊行为，都可能给整个会计师事务所带来灭顶之灾，使之一日之间土崩瓦解。

（3）有限责任会计师事务所

有限责任会计师事务所由注册会计师认购会计师事务所股份，并以其所认购股份对事务所承担有限责任。会计师事务所以其全部资产对其债务承担有限责任。其优点是可以通过公司制形式迅速聚集一批注册会计师，建立规模型大所，承接大型业务。其缺点是降低了风险责任对执业行为的高度制约，弱化了注册会计师的个人责任。

（4）有限责任合伙会计师事务所

有限责任合伙会计师事务所是指事务所以全部资产对其债务承担责任，各合伙人只对个人执业行为承担无限责任。无过失的合伙人对其他合伙人的过失或不当执业行为以其在事务所中的财产为限承担责任，不承担无限责任，除非该合伙人参与了过失或不当行为。其最大特点在于既融入了普通合伙和有限责任会计师事务所的优点，又摒弃了它们的不足。

2.2021年第3号公告：中央部门单位2020年度预算执行等情况审计结果

详见http：//www.audit.gov.cn/n5/n25/c145344/content.html。

技能训练

一、单项选择题

项目四
技能训练
客观题

1.（　　）是审计流程的第一个阶段。

A.重大错报风险评估　　B.审计报告阶段

C.审计实施阶段　　D.审计准备阶段

2.（　　）就是实施审计计划进行取证的阶段，也就是识别、评估和应对重大错报风险的过程，是整个审计流程的中心环节。

A.审计了解阶段　　B.审计终结阶段
C.审计实施阶段　　D.审计计划阶段

3.在审计准备阶段，注册会计师应就注册会计师责任以及计划的审计工作范围和时间等与被审计单位的（　　）进行沟通与讨论，以提高审计效率与效果。

A.法律顾问　　B.治理层与管理层
C.普通员工　　D.前任注册会计师

4.作为风险评估的一部分，注册会计师应当运用职业判断，确定识别的风险哪些是需要特别考虑的重大错报风险，简称（　　）。

A.报表层次重大错报风险　　B.特别风险
C.认定层次重大错报风险　　D.检查风险

5.为了了解被审计单位及其环境，注册会计师应实施风险评估程序。下列不属于风险评估程序的是（　　）。

A.监盘存货　　B.询问管理层　　C.观察控制活动　　D.检查销售合同

6.（　　）主要是对被审计单位的情况和注册会计师自身的能力进行了解和评估，确定是否接受或保持审计业务，是控制审计风险的第一道屏障。

A.初步业务活动　　B.风险识别　　C.风险评估　　D.风险应对

7.注册会计师可针对评估的各类交易、账户余额、列报认定层次重大错报风险实施（　　）。

A.进一步审计程序　　B.控制测试
C.实质性程序　　D.总体应对措施

8.会计师事务所接受审计委托时，应同委托客户签订（　　）。

A.审计准则　　B.审计业务约定书
C.审计通知书　　D.审计报告

9.下列属于具体审计计划内容的是（　　）。

A.审计范围　　B.报告目标　　C.审计方向　　D.进一步审计程序

10.总体审计策略的详细程度取决于（　　）。

A.初步业务活动的结果
B.审计业务的特征
C.为被审计单位提供其他服务时所获得的经验
D.被审计单位规模及该项审计业务的复杂程度

二、多项选择题

1.进一步审计程序包括（　　）。

A.控制测试　　B.风险评估　　C.风险识别　　D.实质性程序

2.下列属于审计实施阶段工作的是（　　）。

A.编制审计计划　　B.风险评估　　C.风险应对　　D.编写审计报告

3.注册会计师针对财务报表层次的重大错报风险，运用职业判断来实施的总体应对措施包括（　　）。

A.向项目组成员强调在收集和评价审计证据过程中要保持职业怀疑

B.分派更有经验或具有特殊技能的注册会计师，或利用专家工作

C.提供更多的督导

D.实施综合性方案

4.总体审计策略的内容包括（　　）。

A.向具体审计领域调配的资源

B.向具体审计领域分配资源的数量

C.何时调配这些资源

D.如何管理、指导、监督这些资源的利用

5.审计项目负责人编制具体审计计划时，应包括各具体项目的（　　）。

A.审计目标　　B.审计步骤

C.执行人及执行时间　　D.审计工作底稿的索引号

6.在审计准备阶段，注册会计师可以采用（　　）方法了解被审计单位的基本情况。

A.查阅以往审计资料和行业资料　　B.了解内部控制和符合性测试

C.观察被审计单位经营场所和设施　　D.询问内部审计人员和管理当局

7.审计人员不能控制的风险有（　　）。

A.固有风险　　B.检查风险　　C.控制风险　　D.重大错报风险

8.下列说法中正确的有（　　）。

A.财务报表错报包括财务报表金额的错报和财务报表披露的错报

B.检查风险不可能降低为零

C.治理层和管理层可以参与部分总体审计策略的制定和具体审计计划的制订

D.财务报表层次的重大错报风险通常与控制环境有关

9.对项目组成员工作的指导、监督与复核的性质、时间安排和范围主要取决于（　　）。

A.被审计单位的规模和复杂程度

B.重大错报风险

C.执行审计工作的项目组成员的素质和专业胜任能力

D.审计领域

10.在确定审计范围时，注册会计师应该考虑的事项有（　　）。

A.重大错报风险较高的审计领域

B.特定行业的报告要求，如某些行业的监管部门要求提交的报告

C.预期的审计工作涵盖范围，包括应涵盖的组成部分的数量及所在地点

D.内部审计工作的可获得性及注册会计师拟依赖内部审计工作的程度

三、判断题

1.审计业务错综复杂，即使归属于同一审计阶段的几项具体审计工作，有时也是难分先后的。（　　）

2.审计业务约定书具有经济合同的性质，一旦约定双方签字认可，即成为签字注册会计师与被审计单位之间在法律上生效的契约。（　　）

3.注册会计师应当就计划实施中的审计程序的性质、时间安排和范围的详细情况直接与被审计单位治理层沟通。 ( )

4.实施风险评估程序，了解被审计单位及其环境，识别与评估重大错报风险只是在审计计划阶段要做的工作，且不是必须实施的程序。 ( )

5.注册会计师实施进一步审计程序的时间可以在期中，也可以在期末。 ( )

6.具体审计计划一旦制订，在执行中就不得做任何修改。 ( )

7.具体审计计划比总体审计策略更加详细。 ( )

8.总体审计策略的详细程度随被审计单位的规模及该项审计业务的复杂程度的不同而变化。 ( )

9.具体审计计划用以确定审计范围、时间安排和方向，并指导制定总体审计策略。 ( )

10.为了防止审计流程被管理层或治理层预见，注册会计师不可以同被审计单位的治理层与管理层就计划审计工作进行沟通。 ( )

四、综合题

某注册会计师负责对常年审计客户甲公司2020年度财务报表进行审计，制定总体审计策略和具体审计计划，部分内容摘录如下：

（1）初步了解2020年度甲公司及其环境未发生重大变化，拟直接依赖以往审计中对管理层、治理层诚信形成的判断。

（2）因对甲公司内部审计人员的客观性和专业胜任能力存有疑虑，拟不利用内部审计的工作。

（3）如对计划的重要性水平作出修正，拟通过修改计划实施的实质性程序的性质、时间安排和范围降低重大错报风险。

（4）怀疑甲公司在收入确认方面存在舞弊风险，拟将销售交易及其认定的重大错报风险评估为高水平。

（5）在进行存货监盘前，与甲公司讨论存货盘点计划和存货监盘的时间、范围等。

（6）在进驻甲公司时，提请甲公司安排财务人员及其他相关人员协助审计工作。

要求：针对上述事项，逐一指出拟订的审计计划是否存在不当之处。如有不当之处，简要说明理由。

项目五　审计方法

人物谱

谢霖（1885-1969），字霖甫，是我国会计师制度的创始人，中国第一位注册会计师，第一家会计师事务所的创办者，中国会计改革的先驱，中国会计师制度的拓荒者。其先后兼任湖南明德高等商业学校（今湖南大学）、北京大学、上海商学院、光华大学（今华东师范大学）、复旦大学、光华大学成都分校（今西南财经大学）、四川大学、成华大学、川康农工学院、四川省会计专科学校等院校教授，以及光华大学商学院会计系主任、光华大学成都分校副校长等重要职务。他撰写出版了大量著作。其中《实用会计》一书，为中国会计学引入了“借”“贷”两词和“借贷记账法”，从而奠定了中国现代会计学的基础。

审计方法是指审计人员在审计过程中，为取得审计证据、完成审计任务而采取的一系列技术和手段。审计方法贯穿于整个审计工作过程中，而不只存在于某一审计阶段或某几个环节。审计工作从制订审计计划开始，到出具审计意见书、提出审计意见，再到最终建立审计档案，整个过程都存在运用审计方法的问题。本项目主要阐述审计的一般方法和审计的技术方法。

【知识目标】

1. 了解审计方法体系的构成。
2. 掌握各种审计方法。
3. 掌握抽样审计的方法。

【能力目标】

能熟练运用各种审计方法进行审计。

案例导引　　英国南海股份公司审计案例

注册会计师王林和李星接受A公司董事会的委托，对A公司总经理张某实施离任审计。A公司是一家拥有6 000名员工的大中型企业，总经理张某在任5年，该公司内部控制制度较为健全、有效，公司效益逐年增加，经营业绩突出，张某本人也得到了董事会及员工的一致好评。在上述背景下，王林和李星从张某上任的年度开始，对所有部门的所有业务采取以会计凭证、会计账簿、会计报表为主线的审查方法。尽管两人付出了辛勤的劳动，但在审计约定书规定的一个月时间内，他们只审查了1年的业务。因此，A公司董事会与王林和李星的会计师事务所解除了审计合同，这两名会计师的执业能力也受到了怀疑。

请分析：注册会计师王林和李星审计失败的主要原因是什么？针对这种情况，应选择什么样的审计方法较为合适呢？

分析提示：在本案例中，被审计单位财务状况良好，内部控制状况良好，审计时采用详查法显然是不恰当的，合理运用抽样技术等方法，才符合成本效益原则。通过本案例的介绍可以看出，该审计项目为典型的厂长（经理）离任审计。根据该种审计类型的特点以及被审计单位的业务状况、内部控制状况等，注册会计师王林和李星选择详查法显然是错误的，这也是造成审计失败的主要原因。一般来讲，像这种离任审计，由于受到审计性质、审计时间的约束，主要以抽查法为主，就厂长（经理）在任期间部分业务有重点地加以审查评价，这样，既符合此类业务的审计要求，又遵循了现代常规审计的一般规律。注册会计师应该采用更加现代的、科学的方法来进行有效审计，这是对注册会计师执业能力及素质的要求。王林和李星的审计失败反映出选择审计方法的重要性。如果不考虑审计项目的性质及被审计单位的实际情况，盲目地选用审计方法，轻者会浪费时间、降低审计效率，重者会导致审计失败。

任务一　审计方法及方法体系概述

任务描述

2021年年初，审计机关接到群众举报，反映某集团公司在南昌的投资公司存在盲目投资行为，造成大量外借资金难以收回和私设“小金库”等严重违纪问题。

假设你是审计人员，要查实该投资公司是否存在乱投资及私设“小金库”问题，应如何选用相应的审计方法进行审计呢？

相关知识

一、审计方法

审计方法，是指审计人员在审计过程中，为取得审计证据、完成审计任务而采取的一系列技术和手段。审计方法是从长期的审计实践中总结和积累出来的，并随着审计实践的不断发展而逐步完善和提高。审计方法其实就是审计程序。

二、审计方法的选用要求

审计人员实施审计的目的是收集审计证据，完成对审计目标的评价，而审计方法则是审计人员实现审计目标的手段。不同类型的审计，有其不同的审计目标和要求，所选用的审计方法也就各不相同。审计方法的选用应注意以下要求：

（一）必须服从审计目标

审计方法是达到审计目的的手段，不同的审计目的决定了不同的审计方法。例如，审查财产物资是否账实相符，必须采用实物盘存法；了解内部控制制度是否被有效地执行，必须使用观察法；获得外部证据，必须采用函证法等。

（二）必须服从审计方式

不同的审计方式所需要的审计证据不同，其取证的途径也就不同，因而需要采取不同的审计方法。例如，就地审计方式可以采用盘存法、观察法，查询法等，而在采取报送审计方式时，这几种方法就无法采用。

（三）必须适应被审计单位的实际情况

被审计单位的经营管理状况不同，应使用的审计方法也不同。例如，被审计单位经营管理良好，内部控制健全有效，可以选用抽查的方法。相反，被审计单位经营管理较差，内部控制不健全，财会工作混乱，则应选用详查的方法。

（四）审计方法的选用有多样性

对同一审计项目可选用不同的审计方法取得不同的审计证据，同时也可将不同的审计方法结合起来使用。

三、审计方法体系

审计的一般方法和审计技术方法构成了审计方法体系。

（一）审计的一般方法

审计的一般方法，是指审计中通用于各种审计项目的方法，就是为了达到审计目的而通常采用的审核检查审计对象的方法。审计的一般方法适用于各种审计项目。

（二）审计的技术方法

审计的技术方法，是指用于证实被审计单位相关信息的正确性和公允性的方法，也是审计人员审查问题、取得证据的技术手段。

任务实施

首先，审计人员应查阅有关会计凭证、会计账簿的记录是否清楚，所附原始凭证是否齐全；其次，审计人员应对财务处进行突击盘点，尽量找到与记录“账外账”相关的情况和“小金库”账本；最后，审计人员应与该公司负责人、财务负责人及其他相关人员谈话，同时派出调查组，依法查询该单位银行存款账户和走访有关单位进行调查取证。在此任务实施中采用的审计方法有：审阅法、核对法、盘点法、查询法、分析法等。

◆ 注意事项

审计人员在选用审计方法时，应注意所选的方法是否得当，这对整个审计工作的进程和审计结论的正确性有着十分重要的影响。审计方法的选用要因事、因时、因地而异，各种审计方法要相互结合，灵活运用。

任务二　审计的一般方法和技术方法

任务描述

注册会计师张明、李飞接受ABC公司的委托，对其下属SH公司实施了财务收支审计。为证实SH公司往来款项的真实性，他们采取了以下程序和方法：

（1）审阅应收账款明细账和应付账款明细账，并采取核对的方法证实各明细账户是否账账、账证相符。

（2）了解赊销、赊购业务内部控制制度的健全性、有效性。经调查发现，SH公司的相关内部控制制度存在诸多漏洞。

（3）张明、李飞为提高审计工作效率，决定仅就市内的客户采用面询的方式证实真实性，而对于外地客户，只要账账、账证相符即可认定其真实性，具体见表5-1、表5-2。

表5-1　应收账款审计明细表

审计方式 \ 客户区域、数量	市内客户（30家）	外地客户（182家）
面询	30	—
审阅、核对	30	60

表5-2　应付账款审计明细表

审计方式 \ 客户区域、数量	市内客户（43家）	外地客户（210家）
面询	43	—
审阅、核对	43	70

根据以上资料，分析以下问题：

（1）资料中往来账款的固有风险和控制风险。

（2）注册会计师张明、李飞制定的审计程序和运用审计方法的恰当性。

相关知识

一、审计的一般方法

审计的一般方法是按照审计工作的先后顺序和审计工作的范围或详简程度而进行划分的某种方法。按照审计取证顺序与账务处理程序的关系，审计的一般方法可分为顺查法和逆查法；按照审查交易或事项和会计资料范围的大小，审计的一般方法可分为详查法和抽查法。

（一）顺查法与逆查法

1.顺查法

顺查法是指按照会计业务处理程序依次进行检查的方法，也称正查法。会计人员处理会计业务的顺序是：首先，取得经济业务的原始凭证，审核无误后编制记账凭证；然后，根据记账凭证，将记账凭证反映的内容分别记入明细账、日记账和总账；最后，根据账簿记录编制会计报表。顺查法的审计顺序与会计业务处理顺序基本一致。

采用顺查的取证方法的优点是：审查仔细而全面，审计质量较高，方法简单，易于掌握。但是，由于顺查法审查太细，不能突出重点，工作量大，不利于提高审计工作效率。

2.逆查法

逆查法，亦称倒查法或溯源法，是指按照与会计业务处理程序完全相反的方向，依法进行检查的方法。逆查法程序与顺查法相反，其具体步骤如图5-1所示。

逆查法从财务报表入手，其优点是在发现问题的基础上明确审查目标，目的性、针对性比较强，重点突出，省时省力，可以提高审计工作效率。但是，因其不要求对被审计事项进行全面的详细审查，故可能遗漏重要错弊事项。此外，在技术操作上，逆查法掌握起来难度比较大，如果审计人员能力不强、经验不足，很难保证审计的质量，其失误的可能性比使用顺查法时大得多。逆查法适用于对业务规模较大、内部控制系统比较健全、管理基础较好的单位的审计。

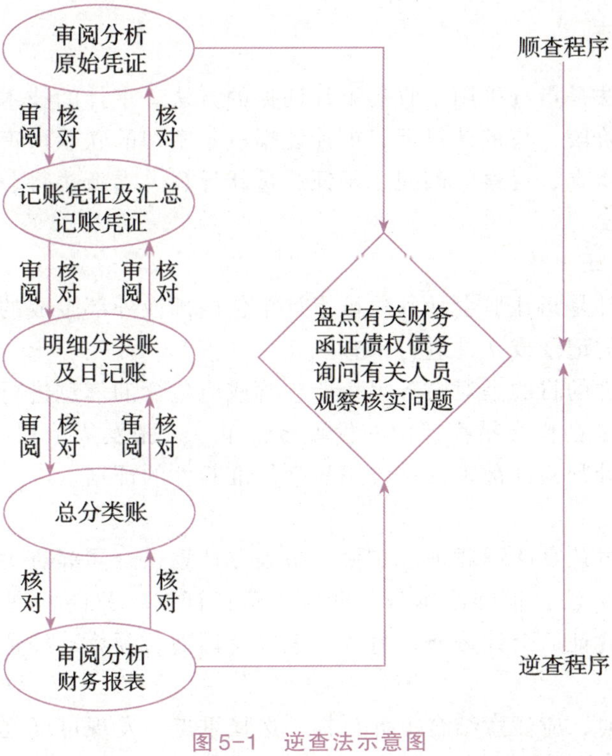

图5-1　逆查法示意图

（二）详查法与抽查法

1.详查法

详查法又称细查法，是指对被审计的某类经济业务和会计资料的全部内容进行全面详细审查的方法。在审计发展的早期，审计取证方法主要采用详查法。详查法的优点是可以有效地查出会计资料中存在的各种差错，不易遗漏，能够收集到完整证据，审计质量有保证。但是，详查法工作量大，费时费力，审计成本相对较高。它适用于经济业务简单、内部控制比较混乱，以及可能存在重大违反财经法纪行为的被审计单位。

2.抽查法

抽查法是指审计人员对被审计单位的部分经济业务和会计资料进行检查，并根据检查结果推断总体特征的方法。由于企业的规模不断扩大，审计对象日趋复杂，以及审计工作量的增加，审计的目的已从传统的查错防弊发展到对会计报表的合法性、公允性发表审计意见，致使审计方法也由详查法发展到抽查法。现代审计特征之一就是抽样审计。

抽查法的优点是简单易行、省时省力，能极大地提高审计工作效率，既可以节省审计资源，又有助于审计成本的降低。但是，由于抽查法是以部分资料的检查结果去推断总体的状况，因而有可能对审计质量产生影响，尤其是对于那些发生频率不高的错弊行为，该方法的运用具有一定的局限性。抽查法的适用范围比较广泛，对规模较大、经济业务较多、内部控制健全有效、会计基础工作较好、组织机构健全的单位进行的审计都适用该方法。

二、审计的技术方法

审计的技术方法是指直接用于收集审计证据的方法。审计的技术方法用于审计工作的准备阶段和实施阶段，与审计目标、审计证据有着密切的联系。审计组织和人员实施审计时，可以采用检查、观察、询问、函证、重新计算、重新执行、分析程序等手段获取审计证据。

（一）检查记录或文件

检查记录或文件是指注册会计师对被审计单位内部或外部生成的，以纸质、电子或其他介质形式存在的记录或文件进行审查。

检查记录或文件的目的是对财务报表所包含或应包含的信息进行验证。例如，被审计单位通常对每一笔销售交易都保留一份顾客订单、一张发货单和一份销售发票副本。这些凭证是注册会计师验证被审计单位销售交易准确性的证据。

1.审阅法

审阅法就是通过认真阅读凭证、账簿、报表、计划、合同等有关资料，对被审计单位进行审查的一种方法。审阅法本身不能取得审计证据，只能发现问题、提供审计线索，适用于对会计凭证、会计账簿、财务报表以及计划、预算、经营决策、经济合同和其他资料的审查。

采用该种方法时，应注意结合审计目标，选择重点，发现可疑之处后再决定是否需要采用其他方法进行审查。

审计人员还应通过审阅被审计单位的其他文件资料，如计划或预算资料、合同资料、业务规范、技术经济指标、各种规章制度等，来进一步获取审计证据。例如，通过审阅银行借款合同，可以确定银行借款的真实性与准确性。

2.复核法

复核法就是运用核对的手段，对被审计单位的账表、账账、账证和账实进行审查验证的一种方法，其主要目的是验证会计核算工作质量，审查其有无错账、漏账、重复记账问题和弄虚作假、贪污舞弊行为；验证会计报表所反映的经营状况和财务成果是否真实。

（二）检查有形资产

检查有形资产是指注册会计师对资产实物进行审查。检查有形资产主要适用于对存货和现金，以及有价证券、应收票据和固定资产等的审查。

检查有形资产可为其存在性提供可靠的审计证据，但不一定能够为权利和义务认定或计价与分摊认定提供可靠的审计证据。检查存货项目前，可先对客户实施的存货盘点进行观察。

盘点法按其组织方式，分为直接盘点法和监督盘点法。

直接盘点法是由审计人员亲自到现场盘点实物，证实书面资料同有关的财产物资是否相符的方法。使用直接盘点法，往往采用突击方式，防止被审计人员舞弊，以影响盘点效果，如对现金和贵重物资盘点就采用突击盘点。该种方法运用较少，一般只对较少的重要的财产物资使用。

监督盘点法是指审计人员观察盘点，用来证实书面资料和实物是否相符的方法。厂房、设备等固定资产的盘点多采用监督盘点法。采用监督盘点法是为了确定被审计单位实物形态的资产是否真实存在并且与账面数量相符，查明有无短缺、毁损及贪污、盗窃等问题。但是，监督盘点具有一定的局限性，它只能对实物资产是否确实存在提供有力的审计证据，却不能保证被审计单位对资产拥有所有权，也不能对该资产的价值和完整性提供审计证据。因此，审计人员在监督盘点之外，还应对实物资产的计价和所有权另行审计。

一般情况下，实物资产的盘点应由被审计单位进行，审计人员只进行现场监督。对于贵重的财产物资，审计人员认为必要时，可以对监督盘点结果进行抽查复盘。

（三）观察

观察是指注册会计师查看相关人员正在从事的活动或执行的程序。运用观察法应当观察的内容是：内部控制制度的执行情况、经济业务的运作过程。通过观察，审计人员可以了解被审计单位的基本情况，获取被审计单位的经营环境、生产状况、业务运行情况及内部控制遵循情况的证据。例如，在被审计单位出纳员日常工作时，审计人员亲临现场，观察出纳员是否遵循现金管理规定。观察法应与盘点法等其他审计方法相结合，必要时应拍摄照片或录像。

（四）询问

询问是指注册会计师以书面或口头方式，向被审计单位内部或外部的知情人员获取财务信息和非财务信息，并对具体答复进行评价的过程。询问往往是在运用以上其他方法发现疑点和问题后加以运用的。询问必须作书面记录，并由答询人签字盖章。审计人员向有关单位和个人进行询问时，应当出示审计人员的工作证和审计通知书副本。

（五）函证

函证是指注册会计师直接从第三方（被询证者）获取书面答复以作为审计证据的过程。该种方法往往是注册会计师发函给被审计单位的债权人、债务人以及其他有关方面，请求核实往来账目、有关财产和其他事项，借以补充通过审阅、复核及查询等审计方法取得的不完整证据。

1. 函证方式

注册会计师可采用积极的或消极的函证方式实施函证，也可以将两种方式结合使用。

（1）积极的函证方式。它是指注册会计师要求被询证者在所有情况下必须给予回函，确认询证函所列示信息是否正确，或填列询证函所要求的信息。

（2）消极的函证方式。它是指注册会计师要求被询证者仅在不同意询证函所列示信息的情况下，才予以回函。

一般情况下，消极的函证方式所取得的审计证据不如积极的函证方式所取得审计证据可靠，因此对于数额较大、有疑点的往来款项宜采用积极的函证方式。为保证审计质量，函证必须由审计人员进行，由审计人员选择函证单位并办理函件的收发，而不能交由被审计单位进行。如果没有回函或对回函不满意，审计人员应实施必要的替代程序，以获取相应的审计证据。

（3）两种方式结合使用。在一些情况下，将积极的函证方式和消极的函证方式结合起来运用将会取得更令人满意的效果。

2. 函证的内容

函证的内容包括：

（1）银行存款、借款及与金融机构往来的其他重要信息。

（2）应收账款。

（3）函证的其他内容，如交易性金融资产、应收票据、其他应收款、预付账款、由其他单位代为加工保管或销售的存货、长期投资、委托贷款、应付账款、预收账款、抵押或质押等。

（六）重新计算

重新计算是指审计人员对被审计单位原始凭证及会计记录中的数据所进行的验算或分别进行计算而取得书面证据的方法。重新计算可用于对以下资料的审查：

（1）原始凭证的计算，包括数量与单价的积数、小计、合计的加总等。

（2）记账凭证的计算，包括明细科目的金额合计等。

（3）账簿的计算，包括每页各栏金额小计、合计、月计、累计和转页金额等。

（4）会计报表的计算，包括有关项目的小计、合计、总计及有关指标的计算。

（5）其他有关资料的计算，包括预算、合同、计划等数据的计算等。

（七）重新执行

重新执行是指注册会计师以人工方式或使用计算机辅助审计技术，重新独立执行被审计单位内部控制组成部分的程序和控制。例如，注册会计师利用被审计单位的银行存款日记账和银行对账单，重新编制银行存款余额调节表，并与被审计单位编制的银行存款余额调节表进行比较。

（八）分析程序

分析程序是指注册会计师通过研究不同财务数据之间以及财务数据与非财务数据之间的内在关系，对财务信息作出评价。分析程序还包括调查与其他相关信息不一致或与预测数据严重偏离的原因。

完整的分析程序包括这几个步骤：选择适当的数据关系；对数据关系进行分析，识别异常的数据关系和波动；调查异常数据关系和波动的原因；得出结论。

常用的分析方法有比率分析法、趋势分析法、合理测试法和回归分析法。

1.比率分析法

比率分析法是指通过对会计报表中相关项目的比值进行分析，以获取审计证据的一种方法。例如，利用资产负债率、流动比率、速动比率可以分析企业负债水平和偿债能力。再如，应收账款周转率反映赊销收入与应收账款平均余额之间的比率，这一比率变小可能说明应收账款回收速度放慢，需要计提更多的坏账准备，也可能说明本期赊销收入与期末应收账款余额存在错报。

当财务报表项目之间的关系稳定并可直接预测时，比率分析法最为适用。

比率分析法所涉及的内容通常可以分为五个方面：流动性（如流动比率、速动比率）；资产营运能力比率（如存货周转率、应收账款周转率）；负债比率（如资产负债率、产权比率）；盈利能力比率（如销售毛利率、主营业务利润率）；生产能力比率（如原材料成本占收入比例、人工成本占收入比例、人均收入、人均成本）。

2.趋势分析法

趋势分析法是指通过对连续若干期某一项目的变动金额及其变动百分比的计算，分析该项目的增减变动方向和幅度，从而发现异常变动，为进一步审查提供线索。例如，将本期数据与上期数据进行比较，进行多个会计期间数据的比较。

当被审计单位业务经营环境变化较大或会计政策变更较大时，趋势分析法就不再适用。

例如，甲公司2020年全年供产销形势很稳定，1月份至11月份月营业额在120万元左右，12月份营业额为200万元。经过计算，12月份营业额比前11个月平均营业额增长67%，在全年供产销形势很稳定的情况下，12月份营业额的巨幅增长是不正常的，可能存在年底虚增营业收入的情况。

3.合理测试法

它是指通过彼此相关联的项目或造成某种变化的各种变量，测试某项目金额是否合理的一种方法。例如，注册会计师在对制造业的营业收入进行分析时，可以考虑销量与可供销量（仓储能力、生产能力）的关系，将营业收入与运费、电费、水费、办公费、销售人员的工资等联系起来进行对比分析，从而判断营业收入的合理性。

4.回归分析法

回归分析法是指在掌握大量观察数据的基础上，利用统计方法建立自变量与因变量之间回归关系的函数表达式（即回归方程式），再利用回归方程进行分析的一种方法。

例如，营业收入与广告费用之间通常存在正相关关系，可以建立两者之间的回归模型，并根据回归模型估计某一年度营业收入的预期值，然后与账面数值进行比较，判断有无异常。

回归分析法理论上能考虑所有因素的影响，如相关经营数据、经营情况、经济环境的变化等，其预测精度较高，但其在选择适当关系时将耗费大量时间，审计成本较高。

需要注意的是：分析程序由于需要计算金额、比率或趋势以评价财务信息，所以不适用于对内部控制的了解与测试。

【实例 5-1】 ABC公司生产某种化工产品，其产品主要通过公司的销售部及分销商进行销售。2018—2020年期间，ABC公司的销售额一直增长缓慢。2020年12月末，ABC公司从它的竞争对手E公司聘来一个新的销售总监L，L将其在E公司的客户带到了ABC公司，使得ABC公司2021年1月份的销售收入增加了25%。并且，ABC公司在2021年全年一直保持着向这些客户的销售。ABC公司2020年销售收入为1 712万元，2021年销售收入为2 203万元。

由于ABC公司的销售收入能够被合理预期，注册会计师决定对2021年度的销售收入使用实质性分析程序。

由于客户增多，2021年度ABC公司的销售收入比2020年度增加了25%，注册会计师已经通过向客户函证的方式证实了这个事实。

2021年销售收入预期值=1 712×125%=2 140（万元）

差异额=2 203-2 140=63（万元）

注册会计师确定的销售收入可接受的差异额为20万元。由于实际差异额超过了设定的可接受差异额，注册会计师决定作进一步的调查。

注册会计师询问了被审计单位管理层及会计部经理，会计部经理解释如下：在2021年10月初，公司与一个大型分销商签订了代理合同。此外，销售总监L也在11月份争取了两个新的大客户，因此2021年第4季度的销售收入比以往有所增加，全年销售收入比上年增加超过25%是正常的。

针对以上解释，注册会计师检查了销售部门的月度总结报告，发现销售部门确实在10月份采取了行动并取得了管理层所说的客户。然后，注册会计师对新增客户在2021年度的销售记录进行了检查——新增客户在2021年使得ABC公司的销售收入增加了48万元。

要求：综上所述，请问注册会计师是否需要对销售收入再进行进一步的调查。

分析：ABC公司2021年度销售收入差异额低于注册会计师设定的可接受的差异额，因此注册会计师决定不再进行进一步的调查。

审计结论：

销售收入超过注册会计师设定的可接受的差异额的差异已经得到解释和证实。因此，销售收入未发现重大错报。

任务实施

（1）一般情况下，往来业务的固有风险是很大的，尤其是应收账款业务通常成为一些不法分子虚构利润的主要手段，更何况SH公司的相关内部控制还很不健全（即控制风险较大），所以，只有降低检查风险，才能把审计风险控制在一定的水平上。

（2）对于应收账款业务，因为大多数作弊手法是通过虚增以达到虚增虚列的目的，所以，以区域为标准显然是不妥的。应该在审阅、核对的基础上，以应收账款明细账余额大小为标准选择积极函证或消极函证，具体见表5-3。

表5-3 应收账款审计明细

审计方式＼账户余额、数量	余额5 000元以上的（82家）	余额1 000~5 000元的（73家）	余额1 000元以下的（57家）
积极函证	82	—	—
消极函证	—	73	28

对于应付账款业务，其通常的作弊手法是隐瞒债务，所以不能像应收账款那样以余额的大小作为标准选择查询的方式。但是，任务资料中张明、李飞的做法也是不可取的，在审计过程中，应当立足于审阅、核对的方法，尤其应注意具体业务中的原始凭证的完整性和合规性（如发票、入库单等），若发现疑点应采用积极函证的方式，以证实其真实性。

◆ 注意事项

往来账项的审计对整个审计工作非常重要，工作量也非常大，要特别注意长期不发生增减变化的呆滞往来账项和偶发性大额往来账项，重点关注它的形成、变化有可能带有的违规、违法风险，也有可能带来一定的经营风险，如隐瞒收入、少摊销成本费用、侵吞公款、巨额坏账、账外资金等。在审计中，应将符合性测试和实质性测试相结合，深入细致地开展审计工作，这样才能发现问题，更好地完成审计任务。

任务三 抽样技术的应用

任务描述

审计人员拟对ABC公司连续编号为001~400的销货发票进行随机抽样，拟从发票中选取一组样本量为20的样本。

请根据给定的随机数表（表5-4）选出样本。

表5-4 随机数表（部分列示）

行号＼随机数＼列号	1	2	3	4	5
1	03931	33309	57047	74211	63445
2	74426	33278	43972	10119	89917
3	09066	00903	20793	95452	92648
4	42238	12426	87025	14267	20979
5	16153	08002	26540	41744	81959
6	21001	40742	29820	96783	29400
7	21581	57802	02050	89728	17937
8	55612	78095	83197	33732	05810
9	44657	66999	99324	51281	84463
10	91059	84979	46949	81973	37949

相关知识

一、审计抽样的概念

审计抽样，是指审计人员在实施审计程序进程时，从审计对象总体中选取一定数量的样本进行测试，并根据测试结果推断总体特征的一种方法。审计抽样的基本目标是在有限的审计资源条件下，收集充分、适当的审计证据，以形成和支持审计结论。审计抽样的应用，极大地提高了审计工作效率，降低了审计费用。

审计抽样不同于详细审计。详细审计是指对审计对象总体中的全部项目进行审计，并根据审计结果形成审计意见。从审计对象总体中选取部分项目进行审计，并对所选项目本身发表审计意见的方法不属于审计抽样。

二、审计抽样的种类

（一）按照抽样决策的依据不同，审计抽样可分为统计抽样和非统计抽样

1.统计抽样

统计抽样又称概率抽样，它是运用概率论和数理统计的方法，进行随机抽样，据以对总体进行推断的一种审计方法。由于统计抽样法明显具有统计特征，即样本的选择是无偏的、随机的、有代表性的，抽样结果可以用数学方法推算得出。因而，统计抽样法的优点是具有较强的科学性和准确性；其缺点是操作难度大，而且对于资料不全的单位以及揭露各种舞弊的专案审计均不适用。

2.非统计抽样

非统计抽样是由审计人员凭借自己的职业经验和判断能力，有目的地从特定审计对象总体中抽取样本进行审查，并以样本的审查结果来推断总体的抽样方法。该方法的优点是灵活、方便、易学、易懂且应用面广，它使审计人员的智慧和经验得以发挥，大大提高了审计工作效率；其缺点是不能科学确定抽样数量，样本单位的抽选有主观随意性，不能计算抽样误差并给出审计结论的可靠程度。

（二）按照所了解的总体特征不同，审计抽样分为属性抽样和变量抽样

1.属性抽样

属性抽样是指在给定抽样误差和可靠程度的保证下，以样本差错率推断总体差错率而采用的一种方法。它是根据符合性测试的目的和特点所采用的审计抽样。

2.变量抽样

变量抽样是以样本差错额测定总体差错额而采用的一种审计抽样方法。变量抽样的目的是获取关于未知的真实总体货币金额的证据，应用变量抽样法，能够直接对涉及数额、余额的被审计项目的正确性进行测试，因而被广泛地运用于实质性测试中。

变量抽样通常用于以下几个方面：

（1）检验应收账款和应付账款的金额。

（2）检验存货的实际库存数与盘点数的差异。

（3）检验工资费用。

（4）估计应收账款中不能收回的金额。

（5）估计某类账户的错误金额等。

三、统计抽样与专业判断

在审计抽样过程中，无论是统计抽样还是非统计抽样，也不论决策者是否具备设计和使用有效抽样方法的能力，都离不开审计人员专业判断。那种认为统计抽样能够减少审计过程中专业判断或可以取代专业判断的观点是错误的。

因为在运用统计抽样时仍存在许多不确定因素，这些不确定因素要由审计人员凭正确的判断来加以解决，所以统计抽样并不排除专业判断。例如，审计人员在决定使用审计抽样时，必须依靠专业判断去决定是使用统计抽样还是使用非统计抽样。在统计抽样全过程中，审计人员必须运用专业判断，如确定审计对象主体，并明确其特征；决定所采用的选样方法；对抽样结果进行质量上和数量上的评价等。在实际审计工作中，往往把统计抽样和非统计抽样结合起来应用，这样才能收到较好的审计效果。

四、审计抽样的基本程序

审计抽样的基本程序可以分为三个阶段：一是样本设计；二是样本选取；三是抽样结果评价。

（一）样本设计

样本设计是指审计人员围绕样本的性质、样本量、抽样组织方式、抽样工作质量要求所进行的计划工作。审计人员设计样本时，应当考虑以下基本因素：

1.审计目标

审计人员在设计样本时，应当考虑审计将要达到的具体目标，并考虑将要取得的审计证据的性质、可能存在误差的条件以及该项审计证据的其他特征，以正确界定误差和审计对象总体，并确定采用何种审计程序。

2.审计对象总体和抽样单元

审计对象总体是审计人员为形成审计结论，拟采用抽样方法审计的经济业务及有关会计或其他资料的全部项目。审计人员在确定审计对象总体时，应保证其相关性和完整性。相关性是指审计对象总体必须符合具体的审计目标；完整性是指审计对象总体必须包括被审计经济活动的全部项目。

抽样单元是构成审计对象总体的个别项目。审计人员应当根据审计目的及被审计单位的实际情况，确定抽样单元。审计人员依据不同的要求和方法，从审计对象总体中选择若干抽样单元，这些单元称为样本。样本的数量称为样本规模。

3.抽样风险与非抽样风险

抽样风险是指审计人员依据抽样结果得出的结论与审计对象总体特征不相符的可能性。抽样风险与样本量成反比，样本量越大，抽样风险越低。

审计人员在进行控制测试时，应关注以下抽样风险：

（1）信赖不足风险。它是指抽样结果使审计人员没有充分信赖实际上应予信赖的内部控制的可能性。信赖不足风险与审计的效率有关。当审计人员评估的内部控制有效性低于其实际有效性时，评估的重大错报风险水平偏高，审计人员可能增加不必要的实质性程序。在这种情况下，审计效率可能降低。

（2）信赖过度风险。它是指抽样结果使审计人员对内部控制的信赖超过了其实际上应予信赖的可能性。信赖过度风险与审计的效果有关。当审计人员评估的内部控制有效性高于其实际有效性时，评估的重大错报风险水平偏低，审计人员可能不适当地减少从实质性程序中获取的证据，因此审计的有效性下降。对于审计人员而言，信赖过度风险更容易导致其发表不恰当的审计意见，因而更应予以关注。

审计人员在进行实质性测试时，应关注以下抽样风险：

（1）误拒风险。它是指抽样结果表明账户余额存在重大错报，而实际上不存在重大错报的可能性。与信赖不足风险类似，误拒风险影响审计效率。如果账户余额不存在重大错报而审计人员认为其存在重大错报，审计人员会扩大实质性测试的范围并考虑获取其他审计证据，最终得出恰当的审计结论。在这种情况下，审计效率可能降低。

（2）误受风险。它是指抽样结果表明账户余额不存在重大错报，而实际上存在重大错报的可能性。如果账户余额存在重大错报而审计人员认为其不存在重大错报，审计人员通常会停止对该账户余额继续进行测试，并根据样本结果得出账户余额无重大错报的结论。与信赖过度风险类似，误受风险影响审计效果，容易导致审计人员发表不恰当的审计意见，因此审计人员更应关注。

抽样风险对审计工作的影响见表5-5。

表5-5 抽样风险对审计工作的影响

审计测试	抽样风险种类	对审计工作的影响
控制测试	信赖过度风险	效果
	信赖不足风险	效率
实质性测试	误受风险	效果
	误拒风险	效率

非抽样风险是指审计人员采用不恰当的审计程序或方法，或因误解审计证据等而未能发现重大错报的可能性。这种风险并非抽样所致，而是由其他因素引起的，其原因主要有：

①人为错误，如未能找出样本文件中的错误等。

②运用了不符合审计目标的审计程序。

③误解样本结果。

非抽样风险对审计效率和效果都有一定的影响。非抽样风险无法量化，但审计人员可通过对审计工作适当地计划、指导和监督，坚持质量控制标准，从而有效降低非抽样风险。

【练一练5-1】

在抽样风险中，很可能导致审计人员作出不正确的审计结论的是（　　）。

A.信赖不足风险和误受风险　　B.信赖不足风险与误拒风险

C.信赖过度风险与误受风险　　D.信赖过度风险与误拒风险

4.可信赖程度

它是指抽样结果能够代表审计对象总体特征的程度或可能性的大小，通常用百分比表示。在审计过程中，审计人员对可信赖程度的要求越高，所选取的样本量就越大。

5.可容忍误差

它是指审计人员认为抽样结果可以达到审计目的所愿意接受的、审计对象总体的最大误差。审计人员应当在审计计划阶段，根据审计重要性原则，适时确定可容忍误差。可容忍误差越小，所需选取的样本量越大。

在控制测试中，可容忍误差是指可容忍偏差率。可容忍偏差率是指审计人员在不改变其计划评估的控制有效性，从而不改变其计划评估的重大错报风险水平的前提下，愿意接受的对于内部控制的最大偏差率。

在实质性测试中，可容忍误差是指可容忍错报。可容忍错报是指在不导致财务报表存在重大错报的情况下，审计人员对各类交易、账户余额、列报确定的可接受的最大错报金额。某账户的重大错报实际上就是该账户的重要性水平。

6.预期总体误差

它是指审计人员预期在审计过程中发现的误差。在控制测试中，预期总体误差是指预计总体偏差率。在实质性测试中，预期总体误差是指预计总体错报额。审计人员应根据前期审计所发现的误差、被审计单位经营业务和经营环境的变化、内部控制的评价及分析性复核的结果等，来确定审计对象总体的预期误差。在既定的可容忍误差下，预期总体误差越大，所需的样本量就越多；反之，所需的样本量就越少。

7.分层

它是将某一审计对象总体划分为若干具有相似特征的次级总体的过程。审计人员可以利用分层，着重审计可能存在较大错误的项目，并减少样本量。

对总体进行分层时，必须注意以下几点：

第一，总体中的每一个抽样单位都必须属于某一个层次，并且只属于这一层次。

第二，必须有事先确定的、有形的、具体的差别或标准来明确区分不同的层次。

第三，必须能够事先确定每一层次中抽样单位的准确数字。

分层不但能够提高审计效率，而且可以使审计人员按项目的重要性、变化频率或其他特征选取不同的样本量，并且针对不同的层次，实施不同的审计程序。

例如，对应收账款进行函证时，将涉及的往来明细账户按余额的大小分为若干层次，再对每个层次采用不同的审计方法，见表5-6。

表5-6　应收账款分层审计方法

层次	分层标准	抽样方法	函证方式
1	余额在50 000元以上	100%函证	积极式
2	余额在5 000～50 000元	随机选样	积极式
3	余额在5 000元以下	随机选样	消极式

（二）样本选取

样本选取是审计抽样的重要环节，是解决样本单位所设计的样本“如何抽”的问题。审计人员在选取样本时，应使审计对象总体内所有的项目均有被选取的机会，使样本能够代表总体，从而保证抽样结果所推断出的总体特征具有合理性和可靠性。样本选取的方法有随机选样、系统抽样、随意选样、分层选样、整群抽样等，审计人员应根据审计的目的和要求、被审计单位的实际情况等因素来具体选择，以达到预期的审计效果。

1.随机选样

随机选样是指对审计对象总体或次级总体的所有项目，按随机规则选取样本。随机选样通常用随机数表或计算机生成的随机数来进行。随机数表也称乱数表，它是由0～9的数字随机组成的数表，每个数字在表上出现的次数大致相同，其排列顺序是随机的，一般是3个、4个或5个号码组成一组，见表5-7。

表5-7 随机数表（部分列示）

随机数 列号 / 行号	1	2	3	4	5	6	7	8	9	10
1	03931	33309	57047	74211	63445	17361	66282	77184	85762	46505
2	74426	33278	43972	10119	89917	15665	52872	81530	56195	98425
3	09066	00903	20793	95452	92648	45454	09552	09416	42438	48432
4	42238	12426	87025	14267	20979	04508	64535	79554	50209	17705
5	16153	08002	26540	41744	81959	65642	74240	37489	56459	52983
6	21001	40742	29820	96783	29400	21840	15035	45978	09277	13827
7	21581	57802	02050	89728	17937	27621	47075	52940	25080	33555
8	55612	78095	83197	33732	05810	24813	86902	79530	51105	26952
9	44657	66999	99324	51281	84463	60563	79312	03436	14489	02086
10	91059	84979	46949	81973	37949	61023	43997	20795	01352	89906

使用此表时，不限于5位数字，也可以用2位、3位或4位数字。使用时，应先将被查总体项目进行编号，如将领料单、凭证、账簿页数进行编号等，确定使用几位随机数。如要从100件库存商品中抽查10件，先把100件商品从001～100进行编号，然后从随机数表中选择一个随机起点和一个选号路线，随机起点和选号路线可以任意选择，但一经选定就不得改变。

从随机数表中任选一行或任何一栏开始，按照一定的方向（上下左右均可）依次查找，符合总体项目编号要求的数字，即为选中的号码，与此号码相对应的总体项目即为选取的样本项目，一直到选足所需的样本量为止。例如，从第1行第1栏开始，由上往下查，按每组后3位数字进行选择，依次选出066、001、059，接着从第二栏中查出002、095……遇到重复的只选一次，直至选出10个样本来。

使用这种方法，可以保证总体各单位都有同等被抽中的机会，比较客观公正，但其要求对总体进行编号，费时费力，仅适用于抽样总体不大的事项。

2.系统抽样

系统抽样也称等距抽样，是指按照相同的间隔从审计对象总体中等距离地选取样本的一种抽样方法。采用等距抽样，首先要计算抽样间距，确定抽样起点，然后根据间距顺序地选取样本。抽样间距的计算公式如下：

抽样间距=总体规模÷样本规模

例如，原始凭证的总体范围是0001～2000，设定的样本量是100，那么抽样间距为20。审计人员选取一个随机数作为抽样起点，如果随机选择的数是0005，以后每隔20号就抽取一个样本，如0025、0045、0065、0085……以此类推，直至抽选样本量达到100个。

【练一练5-2】

从8 000张凭证中选出200张进行审计，采用系统抽样法。若采用5个随机起点，则抽样间隔为（　　）。

A.80　　B.40　　C.200　　D.120

3.随意选样

随意选样是指审计人员不带任何偏见地选取样本，即不考虑样本项目的性质、金额大小、位置、外观或其他特征而选取总体项目。随意选样的缺点在于很难完全无偏见地选取样本项目，即这种方法难以彻底排除审计人员的个人偏好对样本的影响，因而其结果有时缺乏合理性与可靠性。例如，从发票柜中取发票时，某些审计人员可能倾向于抽取柜子中间位置的发票，这样就会使柜子上面部分和下面部分的发票缺乏相等的被选取机会。因此，在运用随意选样方法时，审计人员要避免由于项目的性质、金额大小、位置、外观等的不同所引起的偏见，尽量使所选用的样本具有代表性。

4.分层选样

分层选样又称分组随机抽样，是指按照一定标准将总体划分为若干层次，然后对每层次进行随机抽样的一种选择方法。例如，对应收账款进行测试时，依据各项记录的金额大小作为分层标准，然后针对不同层次采用不同的测试方法，见表5-8。

表5-8　**分层选样法**

层次	分层标准	测试规模（%）	选样方法
1	金额在100 000元以上	100	详查
2	金额在50 000～100 000元	20	随机数表选样
3	金额在50 000元以下	1	等距选样

5.整群抽样

整群抽样是指按某一标准将总体中的全部个体分为若干群，以群作为抽样单位，然后按照随机原则抽出若干群作为样本进行审查的一种选样方法。例如，将全年收款凭证按月分为12个群，从中抽查2个月。若从随机数字中选取了03和06两个随机数字，则样本就由3月和6月的收款凭证组成。

总结以上选样方法，可以归纳为三种：随机数表选样法、系统抽样法和随意选样法。分层选样法和整群抽样法是先按一定标准分层或分群，再具体运用三种方法里的某一种在每一层里选样和在所有的群里选组。随机数表选样法和系统抽样法属于随机基础选样方法，因而可以在统计抽样和非统计抽样中使用；随意选样法属于非随机基础选样方法，因而只能在非统计抽样中使用。

（三）抽样结果评价

审计人员必须运用恰当的审计技术对所选取的样本进行审查，并按照下列步骤评价抽样结果：

1.分析样本误差

审计人员在分析样本误差时，一般应从以下方面入手：

（1）根据预先确定的构成误差的条件，确定某一方面有问题的项目是否为一项误差。

（2）审计人员按照既定的审计程序，无法对样本取得审计证据时，应当实施替代审计程序以获取相应的审计证据。如果没有或无法实施替代审计程序，应将有关样本视为误差。

（3）如果某些样本误差项目具有共同的特征，如相同的经济业务类型、场所、时间，则应将这些具有共同特征的项目作为一个整体实施相应的审计程序，并根据审计结果进行单独评价。

（4）在分析抽样中所发现的误差时，还应考虑误差的质的方面，包括误差的性质、原因及其对相关审计工作的影响，以进一步考虑某个误差是否构成一项舞弊。

2.推断总体误差

在分析样本误差后，审计人员应根据抽样中发现的误差，采用适当的方法，推断审计对象总体误差。根据样本误差推断总体误差的方法，应与在样本设计时所选用的审计抽样方法一致。当总体划分为几个层次时，应先对各层次作个别的推断，然后再将推断的各层误差加总得出总体误差。

3.重估抽样风险

在进行控制测试时，审计人员应在审计抽样后，将推断的总体最大可能误差率与可容忍误差率作比较。审计人员如果认为抽样结果无法达到其对所测试的内部控制的预期信赖度，则应考虑增加样本量或修改实质性程序，包括修改实质性程序的性质、时间安排和范围。

在进行实质性测试时，审计人员应在审计抽样后，将推断出的总体误差与可容忍误差作比较。如果审计人员推断的总体误差超过可容忍误差，经重估后抽样风险不能接受，则应增加样本量或执行替代审计程序。如果审计人员推断的总体误差接近可容忍误差，应考虑是否增加样本量或执行替代审计程序。

4.形成审计结论

审计人员应根据对抽样结果的评价，确定审计证据是否足以证实某一审计对象的总体特征，从而形成审计结论。

任务实施

（1）首先确定随机数表所列数字的前3位数与发票号码一一对应。

（2）然后确定以第1列第4行为起点，选择自上而下、从左到右的路线依次进行。

（3）按照规定的一一对应关系和起点及路线选号，选出20个号码：161、210、215、333、332、009、124、080、207、265、298、020、101、142、337、209、294、179、058、379。

能力拓展

根据表5-9所示的审计风险情况完成后面的问题。

表5-9　审计风险情况　单位：%

风险	1	2	3	4
审计风险	5	4	6	3
重大错报风险	80	100	50	60
检查风险				

要求：

（1）根据上述资料，计算每种情况下的检查风险。

（2）若审计风险一定，评估的重大错报风险越高，则检查风险会怎么样？

（3）哪一种情况需要的审计证据最多？哪一种情况需要的审计证据最少？请说明理由。

拓展阅读

1.国际四大会计师事务所

在会计师事务所前冠以“国际”两字，主要原因是：（1）这些会计师事务所为世界上大部分跨国公司提供以审计业务为主的专业服务；（2）这些会计师事务所雇用的注册会计师来自各个国家；（3）这些会计师事务所被认为是除跨国公司以外的另一重要经济力量。

当今活跃在国际民间审计舞台上的主要是由英美两国主宰的声名赫赫的国际四大会计师事务所。目前，国际四大会计师事务所包括：

（1）德勤（Deloitte Touche Tohmatsu，DTT）。

（2）普华永道（PriceWatcrhouseCoopers，PWC）。

（3）安永（Ernst & Young，EY）。

（4）毕马威（Klynveld Peat Marwick Goerdeler，KPMG）。

2.看审计人如何火眼金睛，识别高科技伪造

详见http：//www.sohu.com/a/159284321_653379。

技能训练

一、单项选择题

项目五

技能训练
客观题

1.审计的方法很多，常用的有（　　）。

A.顺查法与逆查法　　B.一般方法和技术方法

C.详查和抽样　　D.查询与函证

2.（　　）就是运用核对的手段，对被审计单位的账表、账账、账证和账实进行审查验证的一种方法。

A.分析法　　B.复核法　　C.审阅法　　D.比较法

3.顺查法一般从（　　）开始审查。

A.会计凭证　　B.会计账簿　　C.会计报表　　D.会计资料

4.报表金额是否与总账和明细账的金额相符是会计记录核对的（　　）核对。

A.账表　　B.实存数　　C.总账　　D.日记账的记录

5.计算时，对账簿中必须要重算的数是（　　）。

A.小计和合计数　　B.合计数和余额数

C.总计和比率数　　D.承前和续后的合计数

6.对贵重物品进行盘点时，还要结合运用一般方法中的（　　）。

A.详查法　　B.顺查法　　C.抽样法　　D.逆查法

7.下列不适用分析程序的项目是（　　）。

A.主营业务收入的完整性　　B.管理费用的真实性

C.应收账款的合理性　　D.存货内部控制的有效性

8.（　　）是指审计人员为了获取影响财务报表或相关披露认定的项目信息，通过直接来自第三方对有关信息和现存状况的声明，获取和评价审计证据的过程。

A.函证　　B.询问

C.检查记录或文件　　D.重新计算

9.下列有关分层选样的说法不正确的是（　　）。

A.分层选样可提高抽样效率

B.分层选样可减少样本量

C.分层选样可以重点审计可能有较大错误的项目

D.分层选样一般不必对包含最重要项目的层次实施全部审查

二、多项选择题

1.检查记录或文件适用于（　　）。

A.银行存款总账　　B.保险柜内的现金

C.销售发票记账联　　D.应收账款明细账

2.函证的方式有（　　）。

A.逆查　　B.积极式函证　　C.顺查　　D.消极式函证

3.（　　）是根据取证顺序与会计核算顺序的关系来区分的。

A.顺查法　　B.抽查法　　C.详查法　　D.逆查法

4.下列属于运用重新计算审计程序的有（　　）。

A.比较本年各月主营业务收入　　B.检查应纳税额的计算

C.计算销售发票和存货的总金额　　D.重新编制银行存款余额调节表

5.（　　）一般采用突击性盘点。

A.现金　　B.固定资产　　C.黄金　　D.产成品

6.逆查法是按照会计业务处理的相反程序进行的审查方法，它的优点有（　　）。

A.节省审计时间和人力　　B.提高审计工作效率　　C.降低审计成本

D.简便、灵活　　E.使用范围较广

7.报表的审阅，一般重点审阅的有（　　）。

A.资产负债表　　B.利润表　　C.现金流量表

D.报表的附注说明　　E.负债及所有者权益总额

8.抽样审计的优点是（　　）。

A.节省审计的时间和人力　　B.提高审计工作效率

C.减少审计的工作量　　D.降低审计成本

E.简便易行

9.按照抽样决策的依据不同，抽样审计可分为（　　）。

A.统计抽样　　B.属性抽样　　C.非统计抽样　　D.变量抽样

三、判断题

1.审计方法就是收集、整理、分析判断证据的方法。（　　）

2.检查有形资产大多数情况下适用于库存现金和存货，不适用于证券投资资产、应收票据。（　　）

3.消极式函证要求被询证者在所有情况下都必须回函，确认询证函所列示信息是否正确，或填列询证函要求的信息。（　　）

4.顺查法就是顺着经济活动的顺序进行审查的方法。（　　）

5.局部审计应采用抽查法，而全部审计应使用详查法。（　　）

6.审阅法就是通过认真阅读凭证、账簿、报表、计划、合同等有关资料，对被审计单位进行审查的一种方法。（　　）

7.抽查法适用于审查规模小、业务少的单位。（　　）

8.统计抽样法有很多优点，解决了非统计抽样法难以解决的问题。因此，统计抽样法的产生意味着非统计抽样法的消亡。（　　）

9.可容忍误差越大，所需选取的样本量越大。（　　）

10.采用随机选样方法时，不仅所选的号码是随机的，而且号码之间的距离也是随机的，但采用系统抽样法仅能保证所选号码的随机性，不能保证号码间距的随机性。（　　）

四、简答题

1.简述审计方法体系的构成。

2.对比顺查法和逆查法、详查法和抽查法的异同点。

3.样本的设计应注意哪些问题？

五、分析题

1.某注册会计师接受委托，于2021年2月1日—15日对某公司2020年年末的会计报表进行审计，注册会计师怀疑“存货”可能有问题。于是，在2021年2月1日早8时，该注册会计师对公司材料、产成品实施了监督盘点，因A材料和甲产品在材料和产成品的存货中所占比重相当大，故以二者为重点进行审查，审查过程中获取的有关证据如下：

A材料2021年2月1日实存数20 000千克，2020年12月31日账面数量为7 500千克。此外，A材料明细账还显示：2021年1月1日—31日A材料入库10 000千克，出库4 000千克。

甲产品2021年2月1日实存数8 000件，2020年12月31日甲产品明细账显示其余额为10 000件，2021年1月1日—31日入库3 000件，出库2 000件。

要求：请说明本案例的审计目的，指出审计人员为了证实存货的真实性应采用哪些审计方法。

2.假定某注册会计师对A公司连续编号为600～6 000的现金支票进行随机选样，希望选取一组样本量为10的样本。首先，该注册会计师确定选用随机数表所列数字的后4位数来与现金支票号码一一对应；其次，确定第5列第3行为起点，选号路线为从左至右，从上到下依次进行；最后，按照规定的一一对应关系，起点及选号路线，选出10个数。注册会计师运用的随机数表见表5-10。

表5-10 随机数表

随机数 行号＼列号	1	2	3	4	5
1	10480	15011	01536	02011	81647
2	22368	46573	25595	85313	30995
3	24130	48360	22527	97265	76393
4	42167	93093	06243	61680	07856
5	37570	39975	81837	16656	06121
6	77921	06907	11008	42751	27756
7	99562	72905	56420	69994	98872
8	96301	91977	05463	07972	18876
9	89759	14342	63661	10281	17453
10	85475	36857	53342	53988	53060
11	28018	69578	88231	33276	70997
12	63553	40961	48235	03427	49626
13	09429	93069	52636	92737	88974
14	10365	61129	87529	85689	48237
15	07119	97336	71048	08178	77233

要求：请帮助注册会计师选出这10个数，使这些数与10张现金支票号码相对应。

第二部分

准备审计

项目六　业务承接

人物谱

查尔斯·斯耐尔是世界上第一位民间审计人员。注册会计师审计产生的“催产素”是1721年英国的“南海公司事件”。当时的“南海公司”以虚假的会计信息诱骗投资人，其股票价格一时扶摇直上。但好景不长，“南海公司”最终未能逃脱破产倒闭的厄运，使股东和债权人损失惨重。英国议会聘请会计师查尔斯·斯耐尔对“南海公司”进行审计。斯奈尔以“会计师”名义提出了“查账报告书”，从而宣告了独立会计师——注册会计师的诞生。他也成为第一位注册会计师。

业务承接是指会计师事务所与委托人相互沟通，确定审计业务的委托与受托关系，明确委托目的、审计范围的过程。首先，本项目将介绍审计业务约定书签订之前的准备工作、审计业务约定书的详细内容及相关重点；然后，介绍业务发生变更时前后任注册会计师的沟通过程、查阅前任注册会计师工作底稿的前提及相关工作底稿的内容要求。

【知识目标】

1. 了解审计业务约定书的含义。
2. 明确签订审计业务约定书的作用。
3. 掌握审计业务约定书签订要点及前后任注册会计师的沟通重点。

【能力目标】

1. 运用审计业务约定书的相关知识，试签订审计业务约定书。
2. 承接新业务时能与前任注册会计师有效沟通。

案例导引

五环股份有限公司有意委托天勤会计师事务所对其经营与财务情况进行审计。2021年4月，天勤会计师事务所通过对五环股份有限公司的基本情况进行了解，认为该公司的经营风险和财务风险在可以接受的范围以内，公司组织结构合理。另外，天勤会计师事务所内有两名注册会计师对五环股份有限公司从事的业务较为熟悉，因此决定接受委托。双方签订了审计业务约定书。

资料来源 根据中华会计网校相关资料整理得到。

请分析：审计业务约定书的签订有何意义？审计业务约定书的基本要素有哪些？

分析提示：通过审计业务约定书的签订，天勤会计师事务所与五环股份有限公司明确了双方的责任，能够减少法律诉讼中不必要的口舌之争，保护了审计人员的正当权益。

尽管审计业务约定书的形式各异，但其基本要素是不可或缺的。在审计业务约定书中，尤其应明确被审计单位的会计责任及配合审计的义务，为审计工作奠定良好的基础。权责明确的合约是双方合作的前提，无论是审计业务还是其他业务，都应该在事前签订合约。

任务一 审计业务约定书

任务描述

五环股份有限公司与天勤会计师事务所达成初步意向，由天勤会计师事务所对五环股份有限公司的2020年度会计报表进行年度审计。双方应如何在此基础上对审计业务的目标及范围、被审计单位的基本情况、会计师事务所专业胜任能力、审计收费、被审计单位应协助的工作等审计业务约定书条款进行协商呢？

请你作为审计人员拟订审计业务约定书的主要条款。

相关知识

一、审计业务约定书的含义

审计业务约定书，是指会计师事务所与被审计单位签订的，用以记录和确认审计业务的委托与受托关系、审计目标及范围、双方的责任以及报告的格式等事项的书面协议。

二、审计业务约定书的作用

第一，审计业务约定书有利于增进会计师事务所与被审计单位之间的相互了解，尤其是让被审计单位管理层了解注册会计师的审计责任及需要提供的协助。

第二，审计业务约定书可作为被审计单位评价审计业务完成情况，以及会计师事务所检查被审计单位约定义务履行情况的依据。

第三，出现法律诉讼时，审计业务约定书是确定签约各方应负责任的重要依据。

三、关于签约前的准备工作（步骤）

（一）明确准备接受的委托业务的性质和范围

委托人和受托人在签约前必须对审计业务、审计范围达成共识。在接受审计业务的委托过程中，注册会计师必须清晰地了解今后的审计范围是否会受到限制，被审计单位能否如实地提供全部资料，注册会计师能否顺利地在审计过程中取得充分、适当的证据以支持审计意见等问题。

（二）初步了解被审计单位的基本情况

在签约前，注册会计师应对被审计单位的基本情况（包括业务性质、经营规模和组织结构、经营情况和经营风险、以前年度接受审计的情况、财务会计机构及工作组织、被审计单位及其管理人员的简况等）进行初步了解，以确定是否接受委托，同时也为接受委托后安排下一步的审计工作奠定前期基础。

（三）评价自身的胜任能力

注册会计师及其所在会计师事务所应对自身能否胜任该业务委托进行评价。

（四）商定审计收费

尽管我国目前会计师事务所收费标准由注册会计师协会统一规定，采用计时或计件方式收取服务费用，但是在实际工作中，会计师事务所更多地采用计时收费方式。因此，会计师事务所应当考虑收费相关因素，合理估计审计工作时间和小时收费率，向委托人提交审计约定收费预算，并商定审计收费。

（五）明确被审计单位应协助的工作

注册会计师从事审计工作离不开被审计单位的密切协助，包括提供全部的会计资料和其他文件材料，配备相应的财务人员以配合注册会计师的查询工作，甚至包括提供注册会计师外勤办公的场地和设备等条件。对于需要由被审计单位予以配合和协助的工作，会计师事务所可通过向被审计单位提交“提请被审计单位协助审计工作的函”以明确协助事项。

（六）初步确定审计风险

注册会计师了解被审计单位基本情况和初步调查相关内部控制制度后，应初步确定审计风险，并认真评价初步确定的审计风险水平对审计质量的影响，为决定是否接受业务委托提供依据。如果初步确定的审计风险水平过高，注册会计师须考虑提请被审计单位做好补充准备工作，并提高自身的关注水平，以降低风险水平，否则可以考虑放弃接受业务委托。

（七）分析性测试

主要对会计报表进行概略性分析，即对未审会计报表中有重大变化的项目作出总体上的概略分析说明，为初步确定重点审计领域提供依据。概略分析一般也可以在签订审计业务约定书之后实施，这主要取决于注册会计师对审计程序的规划与安排。

（八）签订审计业务约定书

在完成上述准备工作后，会计师事务所可以签订审计业务约定书。

四、审计业务约定书的内容

（一）审计业务约定书的必备条款

审计业务约定书的具体内容可能因被审计单位的不同而存在差异，但应当包括以下几个方面：

（1）财务报表审计的目标与范围。

（2）注册会计师的责任。

（3）管理层的责任。

（4）指出用于编制财务报表所适用的财务报告编制基础。

（5）提及注册会计师拟出具的审计报告的预期形式和内容，以及对在特定情况下出具的审计报告可能不同于预期形式和内容的说明。

（二）在情况需要时应当考虑增加的业务约定条款

如果情况需要，注册会计师应当考虑在审计业务约定书中列明下列内容：

（1）详细说明审计工作的范围，包括提及适用的法律法规、审计准则，以及注册会计师协会发布的职业道德守则和其他公告。

（2）对审计业务结果的其他沟通形式。

（3）说明由于审计和内部控制的固有限制，即使审计工作按照审计准则的规定得到恰当的计划和执行，仍不可避免地存在某些重大错报未被发现的风险。

（4）计划和执行审计工作的安排，包括审计项目组的构成。

（5）管理层确认将提供书面声明。

（6）管理层同意向注册会计师及时提供财务报表草稿和其他所有附带信息，以使注册会计师能够按照预定的时间表完成审计工作。

（7）管理层同意告知注册会计师在审计报告日至财务报表报出日之间注意到的可能影响财务报表的事实。

（8）收费的计算基础和收费安排。

（9）管理层确认收到审计业务约定书并同意其中的条款。

（10）在某些方面对利用其他注册会计师和专家工作的安排。

（11）对审计涉及的内部审计人员和被审计单位其他员工工作的安排。

（12）在首次审计的情况下，与前任注册会计师（如存在）沟通的安排。

（13）说明对注册会计师责任可能存在的限制。

（14）注册会计师与被审计单位之间需要达成进一步协议的事项。

（15）向其他机构或人员提供审计工作底稿的义务。

【练一练 6-1】

以下关于审计业务约定书的表述中，不正确的有（　　）。

A. 审计业务约定书是审计人员在承接业务时形成的审计工作底稿，不具有法定约束力

B.审计业务约定书是指会计师事务所与委托人共同签署的，据以确认审计业务的委托与受托关系，明确委托目的、审计范围及双方应负责任与义务等事项的书面合同

C.如果会计师事务所首次接受委托，审计业务约定书中就应当涉及期初余额的审计责任和如何与前任审计人员沟通等事项

D.签署审计业务约定书之前，审计人员不仅应当了解被审计单位主要管理人员的品性，也要对自身的胜任能力和独立性进行评价

【练一练6-2】

签署审计业务约定书前，审计人员应就（　　）等约定事项进行商议。

A.委托目的　　B.审计范围　　C.实现目标　　D.审计收费

任务实施

结合上述知识要点拟订审计业务约定书。

审计业务约定书

甲方：五环股份有限公司

乙方：天勤会计师事务所

兹由甲方委托乙方对2020年度财务报表进行审计，经双方协商，达成以下约定：

一、业务范围与审计目标

1.乙方接受甲方委托，对甲方按照企业会计准则编制的截至2020年12月31日的资产负债表、利润表、股东权益变动表和现金流量表以及财务报表附注（以下统称财务报表）进行审计。

2.乙方通过执行审计工作，对财务报表的下列方面发表审计意见：

（1）财务报表是否按照企业会计准则的规定编制。

（2）财务报表是否在所有重大方面公允地反映甲方的财务状况、经营成果和现金流量。

二、甲方的责任与义务

（一）甲方的责任

1.根据《会计法》及《企业财务会计报告条例》，甲方及甲方负责人有责任保证会计资料的真实性和完整性。因此，甲方管理层有责任妥善保存和提供会计记录（包括但不限于会计凭证、会计账簿及其他会计资料），这些记录必须真实、完整地反映甲方的财务状况、经营成果和现金流量。

2.编制和公允列报财务报表是甲方管理层的责任，这种责任包括：

（1）按照企业会计准则的规定编制财务报表，并使其实现公允反映。

（2）设计、执行和维护必要的内部控制，以使财务报表不存在由于舞弊或错误导致的重大错报。

（二）甲方的义务

1.及时为乙方的审计工作提供其所要求的全部会计资料和其他有关资料（在2021年×月×日之前提供审计所需的全部资料），并保证所提供资料的真实性和完整性。

2.确保乙方不受限制地接触任何与审计有关的记录、文件和所需的其他信息。

3.甲方管理层对其作出的与审计有关的声明予以书面确认。

4.为乙方派出的有关工作人员提供必要的工作条件和协助，主要事项将由乙方于外勤工作开始前提供清单。

5.按本约定书的约定及时足额支付审计费用以及乙方人员在审计期间的交通、食宿和其他相关费用。

三、乙方的责任和义务

（一）乙方的责任

1.乙方的责任是在实施审计工作的基础上对甲方财务报表发表审计意见。乙方按照《中国注册会计师审计准则》（以下简称审计准则）的规定进行审计。审计准则要求注册会计师遵守职业道德规范，计划和实施审计工作，以对财务报表是否不存在重大错报提供合理保证。

2.审计工作涉及实施审计程序，以获取有关财务报表金额和披露的审计证据。选择的审计程序取决于乙方的判断，包括对由于舞弊或错误导致的财务报表重大错报风险的评估。在进行风险评估时，乙方考虑与财务报表编制相关的内部控制，以设计恰当的审计程序，但目的并非对内部控制的有效性发表意见。审计工作还包括评价管理层选用会计政策的恰当性和作出会计估计的合理性，以及评价财务报表的总体列报。

3.乙方需要合理计划和实施审计工作，以使乙方能够获取充分、适当的审计证据，为甲方财务报表是否不存在重大错报提供合理保证。

4.乙方有责任在审计报告中指明所发现的甲方在重大方面没有遵循企业会计准则编制财务报表且未按乙方的建议进行调整的事项。

5.由于测试的性质和审计的其他固有限制，以及内部控制的固有局限性，不可避免地存在着某些重大错报在审计后仍然未被乙方发现的风险。

6.在审计过程中，乙方若发现甲方内部控制存在乙方认为的重要缺陷，应向甲方提交管理建议书，但乙方在管理建议书中提出的各种事项，并不代表已全面说明所有可能存在的缺陷或已提出所有可行的改善建议。甲方在接受乙方提出的改善建议前应全面评估其影响。未经乙方书面许可，甲方不得向任何第三方提供乙方出具的管理建议书。

7.乙方的审计不能减轻甲方及甲方管理层的责任。

（二）乙方的义务

1.乙方应按照约定时间完成审计工作，出具审计报告。乙方应于2021年×月×日前出具审计报告。

2.除下列情况外，乙方应当对执行业务过程中知悉的甲方信息予以保密：

（1）取得甲方的授权。

（2）根据法律法规的规定，为法律诉讼准备文件或提供证据，以及向监管机构报告发现的违反法规行为。

（3）接受行业协会和监管机构依法进行的质量检查。

（4）监管机构对乙方进行行政处罚（包括监管机构处罚前的调查、听证）以及乙方对此提起行政复议。

四、审计收费

1.本次审计服务的收费是以乙方各级别工作人员在本次工作中所耗费的时间为基础计算的。乙方预计本次审计服务的费用总额为人民币××万元。

2.甲方应于本约定书签署之日起×日内支付50%的审计费用，剩余款项于审计报告草稿完成日结清。

3.如果由于不可预见的原因，致使乙方从事本约定书所涉及的审计服务实际时间较本约定书签订时预计的时间有明显的增加或减少，甲乙双方应通过协商，相应调整本约定书第四条第1项下所述的审计费用。

4.如果由于无法预见的原因，致使乙方人员抵达甲方的工作现场后，本约定书所涉及的审计服务不再进行，甲方不得要求退还预付的审计费用；如上述情况发生于乙方人员完成现场审计工作，并离开甲方的工作现场之后，甲方应另行向乙方支付人民币××万元的补偿费，该补偿费应于甲方收到乙方的收款通知之日起×日内支付。

5.与本次审计有关的其他费用（包括交通费、食宿费等）由甲方承担。

五、审计报告和审计报告的使用

1.乙方按照《中国注册会计师审计准则第1501号——对财务报表形成审计意见和出具审计报告》和《中国注册会计师审计准则第1502号——在审计报告中发表非无保留意见》等规定的格式和类型出具审计报告。

2.乙方向甲方致送审计报告一式×份。

3.甲方在提交或对外公布审计报告时，不得修改乙方出具的审计报告及其后附的已审计财务报表。如果甲方认为有必要修改会计数据、报表附注和所作的说明，应当事先通知乙方，乙方将考虑有关的修改对审计报告的影响，必要时，将重新出具审计报告。

六、本约定书的有效期间

本约定书自签署之日起生效，并在双方履行完毕本约定书约定的所有义务后终止。但其中第三、四、五、八、九、十条并不因本约定书终止而失效。

七、约定事项的变更

如果出现不可预见的情况，影响审计工作如期完成，或需要提前出具审计报告，甲、乙双方均可要求变更约定事项，但应及时通知对方，并由双方协商解决。

八、终止条款

1.如果根据乙方的职业道德及其他有关专业职责、适用的法律法规或其他法定要求，乙方认为已不适宜继续为甲方提供本约定书约定的审计服务时，乙方可以采取向甲方提出合理通知的方式终止履行本约定书。

2.在终止业务约定的情况下，乙方有权就其于本约定书终止之日前对约定的审计服务项目所做的工作收取合理的审计费用。

九、违约责任

甲乙双方按照《中华人民共和国民法典》的规定承担违约责任。

十、适用法律和争议解决

本约定书的所有方面均适用中华人民共和国法律进行解释并受其约束。本约定书履行地为乙方出具审计报告所在地，因本约定书所引起的或与本约定书有关的任何纠纷或争议（包括关于本约定书条款的存在、效力或终止，或无效之后果），双方选择第×种解决方式：

（1）向有管辖权的人民法院提起诉讼。

（2）提交××仲裁委员会仲裁。

十一、双方对其他有关事项的约定

本约定书一式两份，甲、乙方各执一份，具有同等法律效力。

甲方：五环股份有限公司（盖章）	乙方：天勤会计师事务所（盖章）
授权代表：（签名并签章）	授权代表：（签名并签章）
2021年×月×日	2021年×月×日

◆ 注意事项

本任务要求了解签订审计业务约定书之前的工作，熟悉审计业务约定书的核心内容，明确审计的范围。

任务二　前后任注册会计师的沟通

任务描述

五环股份有限公司委托天勤会计师事务所对其进行初次审计。那么，签订审计业务约定书时，与前任注册会计师沟通需要了解哪些事项呢？

请说明前后任注册会计师沟通时需要重点关注的事项。

相关知识

一、前后任注册会计师的含义

根据《中国注册会计师审计准则第1153号——前任注册会计师和后任注册会计师的沟通》的规定，前任注册会计师是指代表会计师事务所对最近期间财务报表出具了审计报告或接受委托但未完成审计工作，已经或可能与委托人解除业务约定的注册会计师。后任注册会计师是指代表会计师事务所正在考虑接受委托，接替前任注册会计师执行财务报表审计业务的注册会计师。前后任注册会计师的关系，仅限于审计业务，因为审计业务提供的保证程度较高，且是一项连续业务。而其他鉴证业务如盈利预测审核、财务报表审阅等业务提供的保证程度较低，且是非连续业务，不包括在内。此外，如果审计客户委托注册会计师对已审计财务报表进行重新审计，接受委托的注册会计师应视为后任注册会计师，而之前已发表审计意见的注册会计师则视为前任注册会计师。

二、客户更换会计师事务所的原因

客户更换会计师事务所的原因很多，但有两种原因很可能不利于行业的发展和市场的正常秩序：一种原因是会计师事务所之间为争揽业务而进行的恶性竞争；另一种原因则是注册会计师可能与客户在重大会计、审计问题上存在分歧，客户不认可注册会计师的立场。在一些情况下，如果注册会计师拒绝出具客户希望得到的意见，客户就可能通过更换会计师事务所实现其目的，这种情况构成购买审计意见。

为了弄清上市公司更换会计师事务所的原因，美国证券交易委员会要求，上市公司更换注册会计师时，必须向委员会提交报告，说明上市公司和注册会计师之间是否存在重要意见不一致的情况及具体内容；注册会计师也应当及时客观地以书面形式说明上市公司的陈述是否属实。中国证监会早在1996年便发布了有关通知，要求上市公司解聘或者不再续聘会计师事务所应当由股东大会作出决定，并在有关报刊上予以披露，必要时说明更换原因，并报中国证监会和中国注册会计师协会备案；上市公司解聘或者不再续聘会计师事务所，应当事先通知会计师事务所，会计师事务所有权向股东大会陈述意见。由此可见，证券监管机构对上市公司更换会计师事务所作出规范，旨在抑制上市公司潜在的购买审计意见行为。

近年来，一些上市公司存在频繁变更会计师事务所的现象，甚至在一次年度财务报表审计过程中，接连变更会计师事务所。上市公司频繁更换会计师事务所的行为，对注册会计师行为产生了一定的影响。例如，有些后任注册会计师为了承揽业务，迎合上市公司对审计意见的要求，蓄意侵害前任注册会计师的合法权益；有些前任注册会计师不配合后任注册会计师的工作，拒绝答复后任注册会计师的询问；有些后任注册会计师对涉及前任注册会计师的审计问题，不与前任注册会计师沟通，在不完全了解事实的情况下，轻率发表审计意见，导致同行关系紧张。

三、接受委托前的沟通

在接受委托前，后任注册会计师应当与前任注册会计师进行必要沟通，并对沟通结果进行评价，以确定是否接受委托。后任注册会计师向前任注册会计师询问的内容应当合理、具体，主要包括：

（1）是否发现被审计单位管理层存在诚信方面的问题。例如，向前任注册会计师了解被审计单位的商业信誉如何，是否发现管理层存在缺乏诚信的行为；被审计单位是否过分考虑将会计师事务所的审计收费维持在尽可能低的水平；审计范围是否受到不适当限制等。

（2）前任注册会计师与管理层在重大会计、审计等问题上存在的意见分歧。例如，在会计政策和会计估计的运用、财务报表的披露方面存在重大的意见分歧，管理层不接受注册会计师的调整建议等。

（3）前任注册会计师曾与被审计单位治理层（如监事会、审计委员会或其他类似机构）沟通过的关于管理层舞弊、违反法规行为以及内部控制的重大缺陷等问题。例如，向前任注册会计师询问其是否从被审计单位监事会或审计委员会了解到管理层的任何舞弊事实、舞弊嫌疑，或针对管理层的舞弊指控及违反法规行为，特别是被审计单位是否存在涉嫌洗钱或其他刑事犯罪的行为或迹象等。了解这些信息有助于对管理层的诚信状况作出判断。

（4）前任注册会计师认为导致被审计单位变更会计师事务所的原因。变更会计师事务所的要求，可能是由客户提出的，也可能是由会计师事务所提出的。变更的原因各种各样，有些原因是正当的，有些原因是非正当的。如果变更会计师事务所的原因可能是由于前任注册会计师在会计、审计问题上与被审计单位管理层存在分歧，管理层对前任注册会计师的审计意见不满意，经多次沟通仍难以达成一致意见，则后任注册会计师要慎重考虑是否接受该项业务委托。

四、接受委托后的沟通

（一）查阅前任注册会计师审计工作底稿的前提

接受委托后，如果需要查阅前任注册会计师的审计工作底稿，后任注册会计师应当征得被审计单位同意，并与前任注册会计师进行沟通。

接受委托后的沟通与接受委托前有所不同，它不是必要程序，而是由后任注册会计师根据审计工作需要自行决定的。这一阶段的沟通主要包括查阅前任注册会计师的审计工作底稿及询问有关事项等。沟通可以采用电话询问、举行会谈、发送审计问卷等方式，但最有效、最常用的方式是查阅前任注册会计师的审计工作底稿。

（二）查阅审计工作底稿及其内容

审计工作底稿的所有权属于会计师事务所。前任注册会计师所在的会计师事务所可自主决定是否允许后任注册会计师获取审计工作底稿部分内容，或摘录部分审计工作底稿。在收到后任注册会计师查阅审计工作底稿的请求并征得被审计单位同意后，前任注册会计师可根据情况决定是否允许后任注册会计师查阅相关审计工作底稿以及确定查阅的内容。

如果前任注册会计师决定向后任注册会计师提供审计工作底稿，一般可考虑进一步从被审计单位（前审计客户）处获取一份确认函，以便降低在与后任注册会计师进行沟通时发生误解的可能性。

任务实施

后任注册会计师与前任注册会计师沟通时，应注重了解被审计单位更换会计师事务所的原因以及产生重大分歧的事项，在有可能的情况下尽量取得前任注册会计师的协助（如查阅前任注册会计师的审计工作底稿等）。

◆ 注意事项

本任务要求熟悉前后任注册会计师的沟通事项，掌握后任注册会计师向前任注册会计师取得协助的方式及方法。

能力拓展

某银行拟公开发行股票，委托ABC会计师事务所审计其年度报表。假定ABC会计师事务所及其审计组成员与该银行存在以下情况：

（1）ABC会计师事务所与该银行约定：审计费用为1 000 000元，银行在会计师事务所提交审计报告时支付50%，剩余部分视银行发行股票能否上市决定是否支付。

（2）ABC会计师事务所按照正常借款程序和条件，向银行借款10 000 000元，用于购置办公用房。

（3）ABC会计师事务所的合伙人A注册会计师目前担任该银行的独立董事。

（4）审计小组负责人B注册会计师曾担任该银行的审计部经理，离职未满2年。

（5）审计小组成员C注册会计师一直协助该银行编制财务报表。

（6）审计小组成员D注册会计师的妻子在该银行担任统计员。

请分析：会计师事务所或注册会计师的独立性是否会受到损害。

拓展阅读

1.会计责任与审计责任

会计责任是指会计责任主体对其会计行为及会计活动的后果应承担的责任，包括建立健全内部控制制度，保护资产的安全、完整，并对会计资料的真实性、合法性、完整性负责。审计责任是指审计责任主体在审计过程中应履行的职责以及对其出具的审计报告应承担的责任，即按照独立审计准则的要求出具审计报告，保证审计报告的真实性、合法性。

企业的管理当局对所管理的资产负会计责任并依据《企业会计准则》等对财务报表进行认定（所谓认定就是按照大家共同的理解来提供会计信息。比如财务报表显示期末有存货资产100万元。人们就会理解为：（1）该存货是存在的；（2）存货的正确余额是100万元；（3）所有应报告的存货，均已包括在内；（4）所有被报告的存货都归公司所有；（5）存货的使用不受任何限制）。

注册会计师负审计责任，依据《独立审计准则》对管理当局的认定进行确认。因此，会计最终解决的是对财务报表的认定；而审计最终解决的是对会计报表认定的再认定（或确认）。

被审单位的会计责任和注册会计师的审计责任是完全不同的两项责任，二者不能相互替代、减轻或免除。

2.华为内部审计的硬气

详见http：//www.sohu.com/a/114691122_406657。

技能训练

一、单项选择题

1.审计业务约定书是由会计师事务所与（　　）共同签订的。

A.注册会计师　　　　B.委托人

C.被审计单位主管部门　　D.财务报表使用者

项目六
技能训练
客观题

2.接受审计业务委托前，后任注册会计师应向前任注册会计师了解（　　）。

A.审计重要性水平　　B.函证回函情况

C.存货盘点计划　　D.管理当局的品行

3.签订审计业务约定书后，如果注册会计师不同意变更业务，被审计单位又不允许继续执行原审计业务，注册会计师应当（　　）。

A.重新签订审计业务约定书　　B.出具否定意见的审计报告

C.出具无法表示意见的审计报告　　D.解除审计业务约定书

4.注册会计师在首次接受审计委托前应当执行的程序不包括（　　）。

A.质量控制程序

B.与前任注册会计师沟通

C.与管理层讨论有关首次接受审计委托的重大问题

D.要求被审计单位出具管理声明书

5.（　　）是指会计师事务所与被审计单位签订的，用以记录和确认审计业务的委托与受托关系、审计目标和业务范围、双方的责任以及报告的格式等事项的书面协议。

A.审计计划　　B.审计业务约定书

C.总体审计策略　　D.具体审计计划

二、多项选择题

1.关于审计业务约定书，下列说法正确的有（　　）。

A.有利于增进会计师事务所与被审计单位之间的相互了解，尤其是让被审计单位管理层了解注册会计师的审计责任及需要提供的协助。

B.可作为被审计单位评价审计业务完成情况，以及会计师事务所检查被审计单位约定义务履行情况的依据。

C.出现法律诉讼时，审计业务约定书是确定签约各方应负责任的重要依据。

D.审计业务约定书具有经济合同的性质，签订后的审计业务约定书具有法定约束力，成为委托人和受托人双方之间在法律上的生效契约。

2.在签署审计业务约定书前，会计师事务所应当评价自身的专业胜任能力，包括（　　）。

A.执行同类审计业务的经验　　B.重要性和审计风险

C.独立性　　D.能否保持应有的职业怀疑

3.在签订业务约定书之前，注册会计师应当就约定的事项与被审计单位进行商议的内容包括（　　）。

A.委托目的及审计范围　　B.审计报告意见类型

C.审计调整事项　　D.审计收费

4.审计业务约定书的具体内容和格式可能因被审计单位的不同而不同，但应当包括的主要内容有（　　）。

A.审计报告格式和审计结果

B.管理层对财务报表的责任

C.管理层编制财务报表使用的会计准则和相关会计制度

D.审计范围

5.注册会计师可以与被审计单位签订长期审计业务约定书，但出现下列（　　）情况，应当考虑重新签订审计业务约定书。

A.有迹象表明被审计单位误解审计目标

B.高级管理人员近期发生变动

C.被审计单位业务性质或规模发生重大变化

D.编制财务报表使用的会计准则和相关会计制度变化

三、判断题

1.会计师事务所在签订业务约定书之前应评价其胜任能力，如果不具备胜任能力，可向外界专家寻求帮助。（　　）

2.审计业务约定书具有合同的性质，一经双方签字认可，即具有法定约束力。（　　）

3.如果被审计单位不是委托人，审计业务约定书是由注册会计师与委托人签订的书面协议。（　　）

4.审计业务约定书一式两份，只能由签约双方法人代表亲自签署。（　　）

5.审计业务约定书适用于单位内部审计人员执行的内部审计业务。（　　）

四、简答题

1.为什么要签订审计业务约定书？签订之前应做好哪些工作？

2.审计业务约定书基本内容有哪些？其签订者是谁？分别应履行哪些义务？

3.会计师事务所签订审计业务约定书时，为什么必须考虑自身的胜任能力和能否保持独立性？

五、分析题

安信会计师事务所接受ABC公司委托，预计将在2021年2月14日到3月15日完成对该公司2020年度财务报表的审计。双方约定：

（1）在2月15日前，ABC公司需要提供审计所需的全部资料，将三楼会议室作为审计组的办公场所。

（2）安信会计师事务所在3月18日前提交审计报告。审计工作结束后，注册会计师对在审计过程中获悉的信息保密，并根据具体情况对ABC公司内部控制及其他不足提交管理建议书。

（3）审计收费按照标准计算为10万元，食宿费用由ABC公司承担。

（4）ABC公司应恰当地使用审计报告。

（5）如果出现不可预见的情况，影响审计工作如期完成，双方均可要求变更约定事项，由双方协商解决。

（6）如果有违约事项出现，双方按照《中华人民共和国民法典》的规定承担违约责任。

请根据上述材料撰写一份审计业务约定书。

项目七　计划审计工作

人物谱

劳伦斯·罗伯特·迪克西（Lawrence Robert Dicksee，1864—1932）是英国现代审计理论与实践的开拓者。1892年，他集多年理论研究与实践经验而最终完成的审计学传世之作——《审计学：审计人员实务手册》（Auditing，A Practical Manual for Auditors），对20世纪以来的现代审计理论与实践产生了重要的革命性影响。该书集中地阐述了当时最为先进的英国审计制度，它是迪克西众多作品中最优秀、影响最大且最能反映其思想的一本著作，同时也被公认为现代审计理论诸多学术论著中的奠基作之一，该书倡导的学术观点对英国乃至世界审计理论与实务的发展，均产生了重要而又深刻的影响。

计划审计工作对于注册会计师顺利完成审计工作和控制审计风险具有重要意义。本项目将通过介绍重要性、审计风险和审计证据相关的基础知识，引出重要性水平与审计证据、审计风险的关系；通过对审计证据的整理与分析，引出审计工作底稿的编制与复核。

【知识目标】

1.理解重要性的含义，掌握重要性水平的确定方法。

2.理解审计风险的含义，掌握审计风险模型的使用方法。

3.熟悉审计证据的种类、特征，掌握审计证据的整理与分析。

4.掌握重要性水平与审计证据、审计风险三者之间的关系。

5.熟悉审计工作底稿的基本要素，掌握审计工作底稿的编制与复核。

【能力目标】

1.能确定重要性水平。

2.能使用审计风险模型。

3.能区分具有不同特征的审计证据，整理并分析审计证据。

4.能判断审计证据与重要性水平、审计风险的关系。

5.能编制审计工作底稿。

案例导引

大华会计师事务所主任会计师王明，在复核光明公司年报审计的汇总工作底稿时，发现审计计划制订的重要性水平是850万元，底稿中建议调整但尚未调整项目的汇总金额是980万元。负责光明公司年报审计的项目经理是张燕，王明在复核工作底稿中建议张燕要求被审计单位调整财务报表，使得未调整项目的汇总金额小于850万元。

请分析：主任会计师王明在复核工作底稿中的建议是否合理？若项目经理张燕拒绝采纳主任会计师的建议并出具无保留意见的审计报告，可能会出现什么情况？

分析提示：当尚未调整项目的汇总金额超过重要性水平时，为降低审计风险，注册会计师应当考虑采取以下措施：

（1）扩大实质性测试范围，以进一步确认汇总数是否重要。

（2）提请管理层调整财务报表，以使汇总数低于重要性水平。

（3）如果管理层拒绝调整财务报表，并且扩大审计程序范围的结果不能使注册会计师认为尚未更正错报的汇总数不重大，注册会计师应当考虑出具非无保留意见的审计报告。可见，主任会计师王明的建议是合理的，若项目经理张燕拒绝采纳主任会计师王明的建议，并出具无保留意见的审计报告，可能使大多数甚至全部财务报表使用者作出错误的决策，注册会计师及其所在的会计师事务所将会承担极高的审计风险。

任务一　重要性

任务描述

A注册会计师对ABC公司2020年度的财务报表进行审计。该公司未经审计的2020年度的部分会计资料如下：主营业务收入36 000万元、主营业务成本22 000万元、利润总额5 400万元、净利润3 618万元、资产总额27 000万元、股东权益13 200万元。ABC公司的资产明细见表7-1。

表7-1　**资产明细表**　单位：万元

项　　目	金　额
货币资金	6 000
应收账款	2 800
存　　货	4 200
固定资产	14 000
总　　计	27 000

（1）如果分别以资产总额、股东权益、主营业务收入和净利润作为判断基础，采用固定比率法，并假定资产总额、股东权益、主营业务收入和净利润的固定百分比数值分别为0.5%、1%、0.5%和5%，请代注册会计师计算确定ABC公司2020年度财务报表层

次的重要性水平，并简要说明理由。

（2）根据上题所确定的报表层次的重要性水平，采用分配的方法，确定分配到每个账户层次的重要性水平，并简要说明理由。

相关知识

重要性的运用贯穿于整个审计过程。在计划审计工作时，注册会计师应当考虑导致财务报表发生重大错报的原因，并应当在了解被审计单位及其环境的基础上，确定一个可接受的重要性水平，将审计风险降到可接受的低水平；在实施审计工作时，注册会计师应当考虑对计划阶段确定的重要性水平是否需要调整；在确定审计意见的类型时，注册会计师需要考虑重要性水平。

一、重要性的含义

何谓重要性？重要性是指鉴证对象信息中存在错报的严重程度。重要性取决于在具体环境下对错报金额和性质的判断。如果一项错报单独或连同其他错报可能影响预期使用者依据鉴证对象信息作出的经济决策，则该项错报是重大的。判断某事项对财务报表使用者是否重大，是在考虑财务报表使用者整体共同的财务信息需求的基础上作出的。

重要性概念是基于成本效益原则的要求而产生的。由于现代社会日趋复杂，注册会计师执行鉴证业务所面对的信息量日益庞大，在这种情况下，要求注册会计师去审查有关鉴证对象的全部信息既无必要也无可能，因此只能采取选择性测试的办法。为此，注册会计师需要抓住鉴证对象信息的重要方面和重要事项加以审查，并搜集证据予以证实。

在考虑鉴证对象信息中的错报是否构成重大错报时，注册会计师应当考虑已识别但未更正的单个或累计的错报是否对鉴证对象信息整体产生重大影响。

二、重要性与审计风险、审计证据的关系

重要性与审计风险、审计证据三者之间存在着十分密切的关系，注册会计师执行审计业务时，应当保持应有的职业谨慎，合理确定重要性水平。

（一）重要性与审计风险的关系

重要性与审计风险之间存在反向关系，即重要性水平越高，审计风险越低；重要性水平越低，审计风险越高。

（二）重要性与审计证据的关系

重要性与审计证据之间也存在反向关系。也就是说，重要性水平越高，应获取的审计证据越少；重要性水平越低，应获取的审计证据越多。

在这里，重要性水平是指金额的高低而不是性质的大小。

值得注意的是，注册会计师不能通过不合理的人为操作来调高重要性水平，降低审计风险。因为重要性是依据重要性概念中所述的判断标准确定的，而不是由主观期望的审计风险水平决定的。

由于重要性和审计风险、审计证据存在上述反向关系，而且这种关系对注册会计师

将要执行的审计程序的性质、时间安排和范围有直接的影响，因此，注册会计师应当综合考虑各种因素，合理确定重要性水平。

【练一练7-1】

下列说法正确的有（　　）。

A.重要性水平越高，审计风险越低

B.重要性水平越低，应当获取的审计证据越多

C.样本量越大，抽样风险越大

D.可容忍误差越小，选取的样本量越大

三、重要性水平的确定

（一）初步判断重要性水平应考虑的因素

（1）以往的审计经验。如果以往审计中所运用的重要性水平较为适当，可依据这一重要性水平，考虑被审计单位经营环境和经营业务的变化，并对其加以修正后运用。

（2）有关法规对财务会计的要求。如果存在被审计单位管理当局可以自主决定处理的会计事项，注册会计师应从严确定重要性水平，如会计估计事项等。

（3）被审计单位的经营规模及业务性质。规模较大企业的重要性水平绝对值一般比规模小的企业大，但相对值一般要比规模小的企业小。

如果被审计单位所处行业的性质对会计信息要求较高，应从严确定重要性水平，如银行、保险等企业。

（4）内部控制与审计风险的评估结果。如果被审计单位内部控制健全，审计风险评估为低水平，可将重要性水平定得高一些；反之，应将重要性水平定得低一些。

（5）财务报表各项目的性质及其相互关系。一般而言，财务报表使用者十分关心流动性较高的项目，因此应当从严制定重要性水平。

由于财务报表各项之间是相互联系的，在确定重要性水平时，需要考虑这种相互联系。例如，用以确定年底赊销是否正确记录在适当期间的审计程序，不仅为资产负债表上的应收账款提供审计证据，而且还为利润表上的销售收入提供审计证据。因此，在计划审计工作时，应使用被认为对任何一张财务报表都重要的最小的重要性水平。

（6）财务报表各项目的金额及其波动幅度。财务报表项目的金额及其波动幅度可能成为财务报表使用者作出反应的信号，因此在确定重要性水平时，应当深入研究这些金额及其波动幅度。例如，确定重要性水平判断基础时，如果被审计单位净利润波动幅度较大，就不应将当年的净利润作为重要性水平的判断基础，而应选择近几年的平均净利润。

（二）财务报表层次重要性水平的确定

1.财务报表层次重要性水平的计算

注册会计师对财务报表层次的重要性水平，应当合理选用判断基础，采用适当的方法进行计算。

（1）判断基础。注册会计师选用的财务报表层次重要性水平的判断基础，通常包括

资产总额、净资产、营业收入、税前净利润等，注册会计师对于这些判断基础应当合理选用。

被审计单位净利润接近于零时，不应将净利润作为重要性水平的判断基础；被审计单位净利润波动幅度较大时，不应将当年的净利润作为重要性水平的判断基础，而应选择近几年的平均净利润；被审计单位属于劳动密集型企业时，不应将资产总额、净资产作为重要性水平的判断基础。

（2）计算方法。注册会计师确定财务报表层次重要性水平的计算方法有固定比率法和变动比率法两种。

①固定比率法。固定比率法就是在选定判断基础后，用判断基础乘以一个固定百分比，求出财务报表层次的重要性水平。但这个百分比是多少，世界各国的审计准则和会计准则都没有作出规定，也无法作出规定。以下是实务中用来判断重要性水平的一些参考数值：税前净利润的5%～10%（税前净利润较小时用10%，较大时用5%）；资产总额的0.5%～1%；净资产的1%；营业收入的0.5%～1%。

②变动比率法。变动比率法的基本原理是：规模越大的企业，允许的错报的金额比率就越小，一般是根据资产总额或营业收入两者中较大的一项确定一个变动百分比。

2.财务报表层次重要性水平的选取

注册会计师应当先对每张财务报表确定一个重要性水平，如果同一期间各财务报表的重要性水平不同，注册会计师应当取其最低者作为财务报表层次的重要性水平。

注册会计师在计划审计工作时，通常在资产负债表日之前对重要性水平作出初步判断。此时，尚无法取得年末财务报表的数据，对此注册会计师应当根据期中财务报表推算出期末财务报表，或者根据被审计单位经营环境和经营情况变动对上年度财务报表进行修正，以确定财务报表层次的重要性水平。

（三）交易、账户余额、列报认定层次重要性水平的确定

1.注册会计师在确定各账户或各类交易的重要性水平时应当考虑的因素

（1）各账户或各类交易的性质及错报的可能性。例如，现金、银行存款、有价证券、银行贷款等性质重要，重要性水平应确定得低一些；存货、往来款项等错报的可能性大，重要性水平可确定得高一些，以节约审计成本。

（2）各账户或各类交易与财务报表的关系。例如，实收资本、固定资产等与财务报表关系重大，重要性水平应确定得低一些；其他业务收入、其他业务支出等与财务报表关系不大，重要性水平可确定得高一些。

2.交易、账户余额、列报认定层次重要性水平确定的方法

（1）分配的方法。采用分配的方法时，很多注册会计师选择资产负债表账户作为分配的对象，以资产总额为权数进行分配，各账户分得的重要性称为“可容忍误差”。

（2）不分配的方法。不分配的方法主要有两种：一种是某著名国际会计公司所采用的百分比方法；另一种是境外某会计师事务所采用的比例方法。

①百分比方法。所谓百分比方法，就是将各交易、账户余额、列报的重要性水平确定为财务报表层次重要性水平的百分比，如某著名国际会计公司所采用的是20%～50%。例如，假设财务报表层次的重要性水平为100万元，则可根据各账户或各类交易

的性质及错报的可能性，将各交易、账户余额、列报的重要性水平确定为财务报表层次重要性水平的20%～50%。审计时，只要发现该交易、账户余额、列报的错报超过这一水平，就建议被审计单位调整。最后，编制未调整事项汇总表，若未调整的错报超过100万元，就应建议被审计单位调整。

②比例方法。所谓比例方法，就是将各交易、账户余额、列报的重要性水平确定为财务报表层次重要性水平的一定比例，如境外某会计师事务所采用的是1/6～1/3。例如，假设财务报表层次的重要性水平为90万元，应收账款的重要性水平为这一金额的1/4，存货为1/5，应付账款为1/5，则其重要性水平分别为22.5万元、18万元和18万元。

【练一练7-2】

下列关于重要性的论述中，正确的有（　　）。

A.无论是错误还是舞弊，金额小于重要性水平时均不重要

B.重要性水平有数量和性质两个方面的特征

C.恰当运用重要性有助于提高审计效率和保证审计质量

D.注册会计师应从财务报表和账户余额两个层次来考虑重要性水平

（四）确定审计程序后对重要性和审计风险的考虑

在确定审计程序后，如果注册会计师决定接受更低的重要性水平，审计风险将增加。注册会计师应当选用下列方法将审计风险降至可接受的低水平：

（1）扩大测试范围或追加控制测试。如有可能，通过扩大控制测试范围或实施追加的控制测试，降低评估的重大错报风险，并支持降低后的重要性水平。

（2）修改实质性测试程序。通过修改计划实施的实质性测试程序的性质、时间安排和范围，降低检查风险。

四、评价审计结果时对重要性的考虑

注册会计师在评价审计结果时，应当汇总已经发现但尚未调整的错报，并采取适当的处理办法，以确保其不会影响财务报表使用者的判断和决策。

（一）评价审计结果时所运用的重要性水平

（1）评价审计结果时所运用的重要性水平可能不同于计划审计工作时确定的重要性水平。这是因为，计划审计工作时只能根据预测的财务状况和经营成果来确定重要性水平，随着环境的变化和注册会计师对被审计单位了解程度的加深，重要性水平也必须加以改变。

此外，注册会计师在计划审计工作时，可能有意地规定重要性水平低于将用于评价审计结果的重要性水平，这样通常可以减低未发现错报的可能性，并且能给注册会计师提供一个安全边际。

（2）如果评价审计结果时所运用的重要性水平大大低于计划审计工作时确定的重要性水平，注册会计师应当重新评估所执行的审计程序是否充分。因为，原来较高的重要性水平意味着较低的审计风险，所需执行的审计程序和所需收集的审计证据相对较少，

而评价审计结果时所运用的重要性水平比原来有所降低，则审计风险相应增加，这就要求执行更多的审计程序，收集更多的审计证据。

（3）评价审计结果时所运用的重要性水平一般就是计划审计工作时确定的重要性水平。评价审计结果时所运用的重要性水平是在加深对被审计单位了解程度的基础上，对重要性水平的重新审视。但根据谨慎性原则，评价审计结果时所运用的重要性水平一般就是计划审计工作时确定的重要性水平。

（二）错报的汇总

注册会计师在评价审计结果时，应当汇总已发现但尚未更正的错报，以考虑其金额与性质是否对财务报表产生重大影响。尚未更正错报的汇总包括：

（1）注册会计师已识别的具体错报，包括在前期审计中已识别但尚未更正错报的净影响额。

（2）注册会计师对不能明确识别的其他错报的最佳估计数，即推断误差。

在任何情况下，注册会计师都应当要求管理层就已识别的错报调整财务报表。

（三）错报的汇总数超过重要性水平时的处理

当汇总数低于重要性水平时，可以不作处理。

当汇总数超过重要性水平时，为降低审计风险，注册会计师应当考虑采取以下措施：

（1）扩大实质性测试范围，以进一步确认汇总数是否重要。

（2）提请管理层调整财务报表，以使汇总数低于重要性水平。

（3）如果管理层拒绝调整财务报表，并且扩大审计程序范围的结果不能使注册会计师认为尚未更正错报的汇总数不重大，注册会计师应当考虑出具非无保留意见的审计报告。

一般来说，如果尚未调整的错报的汇总数可能影响到部分财务报表使用者的决策，但财务报表的反映就其整体而言是公允的，注册会计师应当发表保留意见的审计报告；如果尚未调整的错报非常重要，可能影响到大多数甚至全部财务报表使用者的决策，注册会计师应当发表否定意见的审计报告。

（四）错报的汇总数接近重要性水平时的处理

如果已识别但尚未更正错报的汇总数接近重要性水平，注册会计师应当考虑该汇总数连同尚未发现的错报是否可能超过重要性水平，并通过实施追加的审计程序，或要求管理层调整财务报表以降低审计风险。

任务实施

（1）以资产总额、净资产（股东权益）、主营业务收入和净利润作为判断基础，采用固定比率法计算的ABC公司2020年度财务报表层次的重要性水平如下：

以资产总额为判断基础确定的重要性水平为：

27 000×0.5%=135（万元）

以股东权益为判断基础确定的重要性水平为：

13 200×1%=132（万元）

以主营业务收入为判断基础确定的重要性水平为：

36 000×0.5%=180（万元）

以净利润为判断基础确定的重要性水平为：

3 618×5%=180.9（万元）

因此，财务报表层次的重要性水平可以确定为132万元。

理由：在固定比率法下，如果不同判断基础金额与各相应的固定百分比数值相乘后的乘积大小不一，应选取乘积最小者为财务报表层次的重要性水平，这主要基于谨慎性原则的考虑。

（2）根据上面所制定的财务报表层次的重要性水平，采用分配的方法，分配到每个账户层次的重要性水平可以有两种方案，见表7-2。

表7-2　分配到每个账户层次的重要性水平的两种方案　单位：万元

项　目	金　额	方案1	方案2
货币资金	6 000	29	3
应收账款	2 800	28	33
存　货	4 200	40	47
固定资产	14 000	35	49
总　计	27 000	132	132

理由：分配重要性水平实际上就是以节约审计成本为目标，以审计程序能保证会计报表整体公允表达为前提条件，确定各个报表项目的可容忍误差，故一般有以下分配原则：

①避免将重要性水平全部分配至某一项目中。

②所有项目可容忍误差之和不能超过报表总体重要性水平的2倍。

③现金等项目能够进行详细的逐笔审计，或者审计产生误差的概率很小，因此不允许产生误差或仅分配以很少的可容忍误差。

④应收账款、存货的审计需要较为复杂的审计程序，成本较大，因此分配其最大的可容忍误差（总体重要性水平的60%左右）。

⑤固定资产与上一年度相比，一般情况下不会出现较大的变动，可能不需要对其实施审计程序，因而分配以较少的可容忍误差。

◆ 注意事项

注册会计师采用固定比率法，计算报表层次的重要性水平时要注意：

1.被审计单位净利润接近于零时，不应将净利润作为重要性水平的判断基础。

2.被审计单位净利润波动幅度较大时，不应将当年的净利润作为重要性水平的判断基础，而应选择近几年的平均净利润。

3.被审计单位属于劳动密集型企业时，不应将资产总额、净资产作为重要性水平的判断基础。

任务二 审计风险

任务描述

1993年7月12日，重庆渝港钛白粉有限公司（以下简称渝钛白公司）在深圳证券交易所上市交易。从1996年开始，渝钛白公司持续亏损，1997年度报表亏损总额为3 136万元，属一般性亏损，但渝钛白公司1997年会计账务处理中有两项经济事项值得关注：

（1）渝钛白公司将1997年年末借款的应付利息8 064万元进行了资本化处理，但该利息对应的借款系渝钛白公司用于投建钛白粉工程而发生的，且钛白粉工程于1995年下半年就开始投产，1996年已经可以生产出合格产品。这一工程虽曾一度停产，但1997年全年共生产1 680吨，这一产量尽管与设计能力1.5万吨还相差甚远，但主要原因系缺乏流动资金，而非工程尚未完工，若该笔利息8 064万元改资本化为费用化，渝钛白公司将面临资不抵债的窘境。

（2）欠付银行的借款利息89.8万美元（折合人民币743万元）尚未计提入账。该借款系1987年12月原重庆化工厂（渝钛白公司改制前身）为建设PVC彩色地板生产线，向中国银行重庆分行借入的美元贷款60万元造成的。该项目建成后，一直未正常批量生产。1992年公司改制时，已部分作为未使用资产。但改制前，重庆化工厂已部分偿还了利息和本金。数年之后（1997年），该行通知渝钛白公司欠付利息89.8万美元。1997年决算期间，渝钛白公司因未能和银行认真核对所欠本息数额，故未予计提入账。渝钛白公司打算在1998年度核对清楚后再据实计提入账。

阅读以上资料，请你以注册会计师身份判断对渝钛白公司的审计中会面临什么样的审计风险。作为注册会计师，应如何处理并出具审计报告才能将风险降到最低？

相关知识

在执行审计业务时，注册会计师应当考虑重要性及重要性与审计风险的关系。可接受的审计风险的确定，需要考虑会计师事务所对审计风险的态度、审计失败对会计师事务所可能造成的损失的大小等因素，其中审计失败对会计师事务所可能造成的损失的大小又受所审计财务报表的用途、财务报表使用者的范围等因素的影响。但必须注意，审计业务是一种保证程度高的鉴证业务，可接受的审计风险应当足够低，以使注册会计师能够合理保证所审计的财务报表不存在重大错报。

一、审计风险的含义

审计风险，是指财务报表存在重大错报而注册会计师发表不恰当审计意见的可能性。审计风险不包括这种情况：财务报表不存在重大错报，而注册会计师错误地发表了财务报表存在重大错报的审计意见。

可见，合理保证与审计风险互为补数，即合理保证与审计风险之和等于100%。如果注册会计师将审计风险降到可接受的低水平，则对财务报表不存在重大错报提供了合理保证。

二、审计风险模型

审计风险取决于重大错报风险和检查风险。审计风险、重大错报风险和检查风险之间的关系用模型表示为：

审计风险=重大错报风险×检查风险

（一）重大错报风险

重大错报风险，是指财务报表审计前存在重大错报的可能性。在审计风险模型中，这一风险是企业的风险，不受注册会计师影响。注册会计师应从财务报表层次和交易、账户余额、列报认定层次考虑重大错报风险。

（1）财务报表层次重大错报风险。财务报表层次重大错报风险与财务报表整体存在广泛联系，它可能影响多项认定。这类风险通常由治理层形同虚设、管理层缺乏诚信、企业所在行业处于衰退期、经济萧条等原因引发，与舞弊导致的风险密切相关。这类风险会增大一个或多个不同认定项发生重大错报的可能性，但难以明确交易、账户余额、列报的具体认定，如利润表不实就可能影响多项认定。

（2）交易、账户余额、列报认定层次重大错报风险。注册会计师应当评估认定层次的重大错报风险，并根据既定的审计风险水平和评估的认定层次重大错报风险确定可接受的检查风险水平。不同交易、账户余额、列报引发重大错报的原因不同，如技术进步可能导致某类产品陈旧，进而导致存货计价与分摊认定（高估）出错；缺乏实物控制可能导致高价值、易转移商品（存货数量）存在认定出错；会计计量过程受重大不确定性影响，可能导致相关项目的准确性认定出错等。注册会计师应当考虑各类交易、账户余额、列报认定层次的重大错报风险，以便于针对认定层次计划和实施进一步审计程序。

【练一练7-3】

下列各项中，与公司财务报表层次重大错报风险评估相关的是（　　）。

A.公司应收账款周转率有明显下降趋势

B.公司控制环节薄弱

C.公司生产成本计算过程相当复杂

D.公司持有大量高价值易被盗窃的资产

（二）检查风险

检查风险，是指某一账户或交易存在错报，该错报单独或连同其他错报是重大的，但注册会计师未能发现这种错报的可能性。

检查风险取决于审计程序设计的合理性和执行的有效性。由于注册会计师通常并不对所有的交易、账户余额和列报进行检查，以及其他原因，检查风险不可能降为零。其他原因包括：注册会计师可能选择了不恰当的审计程序；注册会计师审计程序执行不当；注册会计师错误地解读了审计证据。在审计风险模型中，这些其他因素与注册会计师有关，可以通过适当计划、在项目组成员之间进行恰当的职责分配、保持职业怀疑态度以及监督、指导和复核助理人员所执行的审计工作得以解决。

（三）检查风险与重大错报风险的关系

在既定的审计风险水平下，可接受的检查风险水平与重大错报风险评估结果存在反向关系，即评估的重大错报风险越高，可接受的检查风险水平越低；反之，评估的重大错报风险越低，可接受的检查风险水平越高。

任务实施

渝钛白公司的上述经济事项，会使注册会计师面临未能发现渝钛白公司的重大错报和漏报的审计风险。其中，8 064万元利息支出属重大错报；89.8万美元（折合人民币743万元）未计提利息属重大漏报。从资料中可以看出：

（1）应计利息8 064万元对应的是钛白粉工程借款，该工程有足够的理由认定已交付使用，故8 064万元利息应作为1997年度的损益，且资料中提到，一旦该笔利息计入当期损益，渝钛白公司将会面临资不抵债的窘境。

（2）欠付银行的借款利息89.8万美元（折合人民币743万元）按权责发生制的要求，应作为1997年度损益。

作为注册会计师，若不通过设计合理的审计程序发现并报告上述经济事项，将承担因审计失败而造成的重大后果。注册会计师应提请被审计单位将上述两项经济事项调整计入当期损益，并就调整进损益后渝钛白将资不抵债的事实出具相应的审计报告。

◆ 注意事项

重要性水平与审计风险呈反向关系，但要注意：

1.重要性水平是注册会计师从财务报表使用者的角度进行判断的结果，重要性与审计风险之间的这种关系也是建立在此基础之上的。

2.重要性水平与审计风险之间的这种关系是从定量的角度来考虑的。重要性水平的高低指的是金额的大小，不涉及定性的考虑。

3.重要性水平与审计风险之间的这种关系只有在假定同一被审计单位的情况下才成立。对于不同被审计单位的不同重要性水平，无法据此直接判断审计风险的相对大小。

4.重要性水平与审计风险之间的这种关系只有在注册会计师客观、准确地确定重要性水平的前提下和假定注册会计师付出同样努力的假设下才成立。

任务三 审计证据

任务描述

注册会计师L在对F公司进行审计时，执行了以下审计程序：

①向银行函证存款余额，收到回函。

②向仓库保管员询问发货盘存数量和实地盘点存货，取得调查问卷并经仓库保管员

签字确认。

③对期末存货进行监盘，取得存货监盘表。

④向ABC公司函证应收账款余额，收到回函。

⑤获取银行对账单及余额调节表。

⑥进行计价测试，并与有关财务会计法规要求进行比较。

⑦获取被审计单位的管理层声明书。

阅读以上资料，如果你是注册会计师L，请回答以下问题：

（1）你认为哪些证据的可靠性最高？

（2）你认为哪些是外部证据？哪些是内部证据？

（3）以上审计程序获取的审计证据，按其形式特征如何划分？

相关知识

审计证据是审计人员在审计过程中，运用各种审计方法所取得的，用来证明被审计对象的事实真相及其与审计依据的符合程度，从而形成审计意见和结论的各种凭据。审计人员执行审计业务的过程，实质上就是收集审计证据、将证据记录于审计工作底稿、形成审计意见的过程。收集、鉴定和处理审计证据是审计工作的核心。

一、审计证据的含义

何谓审计证据？《审计准则第1301号——审计证据》第四条的表述是："审计证据是指注册会计师为了得出审计结论、形成审计意见而使用的所有信息。审计证据包括构成财务报表基础的会计记录所含有的信息和其他信息。"

二、审计证据的种类

一般而言，审计证据通常可以按其形式特征分为实物证据、书面证据、口头证据和环境证据四大类。

（一）实物证据

实物证据是指在被审计对象作为实物形态而存在的情况下，审计人员通过实际观察或清查盘点所取得的、用以确定某些实物资产是否确实存在的证据。例如，库存现金、各种存货和固定资产等可通过监盘或实地观察来证明其是否确实存在。在审计实务中，最典型的实物证据就是各类盘点表。

实物证据的存在本身就具有很强的可靠性，所以实物证据通常是证明实物资产是否存在的非常有说服力的证据。但它也有局限性，实物资产的存在并不完全能证实被审计单位对其拥有所有权。

（二）书面证据

书面证据是指审计人员在审计过程中通过各种渠道所获取的各种以书面文件为存在形式的证据。这类证据包括各种书面记载的信息资料，如与被审计事项有关的会计凭证、账簿和报表，以及各种会议记录和文件、各种合同、通知书、报告书及函件等。在审计工作中，审计人员往往要大量地取得和利用这些书面证据。因此，书面证据是审计证据的主要组成部分，也被称为基本证据。书面证据按其来源又可以分为外部证据和内部证据。

（1）外部证据。外部证据是由被审计单位以外的组织、机构或人员所编制的书面证据。它一般具有较强的证明力。外部证据又包括两种，一种是由被审计单位以外的机构或人员编制并由其直接递交审计人员的书面证据，如应收账款的函证回函，被审计单位律师与其他独立的专家关于被审计单位资产所有权和或有负债等的证明函件，保险公司、寄售企业、证券经纪人的证明等。此类证据由于未经被审计单位有关人员之手，排除了伪造、更改凭证的可能性，因而其证明力最强。另一种是由被审计单位以外的机构或人员编制，但由被审计单位持有并提交审计人员的书面证据，如银行对账单、购货发票、应收票据、顾客订购单、有关的合同等。由于此类证据经过被审计单位职员之手，审计人员没有直接在现场观察，出现涂改或伪造的可能性就较大。当取得的书面证据有被涂改或伪造的痕迹时，审计人员应考虑其被涂改或伪造的可能性。虽然这类外部证据的可靠性不如第一类外部证据，但相对于内部证据而言，它仍具有较强的证明力。

此外，在外部证据中往往还包括审计人员为证明某个事项而自己动手编制的各种计算表、分析表等，如审计人员在审查成本的真实性时重新计算产品成本取得的审计证据、审计人员亲自参加财产物资盘点而取得的审计证据。这类证据可信程度高，具有很强的证明力。

（2）内部证据。内部证据是由被审计单位的内部机构或职员编制和提供的书面证据。它包括被审计单位的会计记录、管理层声明书和其他各种由被审计单位编制和提供的书面文件。一般而言，内部证据不如外部证据可靠。但是，由于内部证据的数量较多，审计人员还需要通过大量的内部证据来支持审计结论，所以必须要充分利用这些内部审计证据，同时也必须注意其可靠程度。内部证据的可靠程度主要取决于两个方面：一是内部证据是否经过外部流转，并获得了其他单位或个人的承认。例如，销售发票、付款支票等就具有较高的可靠性。二是被审计单位内部控制的好坏。若被审计单位内部控制健全、执行较好，则内部证据也具有较强的可靠性；反之，审计人员就不能过分地信赖其内部自制的书面证据。例如，收料单与领料单经过了被审计单位不同部门的审核、签章，且所有凭据预先连续编号并按序号依次做了处理，则这些内部证据具有较强的可靠性。

内部证据一般包括如下内容：

①会计记录。会计记录包括各种自制的原始凭证、记账凭证、账簿记录、各种试算表和汇总表等。它是审计人员取自被审计单位内部的一类非常重要的审计证据。审计人员在审查会计报表项目时，往往要追溯审查被审计单位的会计账簿和各种凭证，通常要由分类账追查至日记账与记账凭证，然后再追查至支票、发票及其他原始凭证。会计记录的可靠性，主要取决于被审计单位在填制时内部控制的完善程度。

②被审计单位管理层声明书。被审计单位管理层声明书是审计人员从被审计单位管理当局取得的书面声明。其主要内容是以书面的形式确认被审计单位在审计过程中所作出的各种重要的陈述或保证，包括：所有的会计记录、财务数据、董事会及股东大会会议记录均已提供给注册会计师；会计报表是完整的，并按国家的有关法规、制度编制；

所有需要披露的事项（诸如或有负债、关联方交易等）均已进行了充分的披露；其他事项。

③其他书面文件。其他书面文件是指被审计单位提供的其他有助于审计人员形成审计结论和审计意见的书面文件，如被审计单位管理层声明书中提及的董事会及股东大会会议记录，重要的计划、合同资料，被审计单位的或有损失，关联方交易等。

【练一练7-4】

判断题：相对于内部证据，外部证据更可靠一些。（　）

（三）口头证据

口头证据是指审计人员通过询问，从被审计单位有关人员得到的口头答复而形成的审计证据。一般情况下，口头证据本身并不足以证明事情的真相，但审计人员往往可以通过口头证据发掘出一些重要的线索，从而有利于对某些需要审核的情况做进一步的调查，以搜集到更为可靠的证据。口头证据需要记录并签名。

在审计过程中，审计人员通常会向被审计单位的有关人员询问会计记录、文件的存放地点，采用特别会计政策和方法的理由，收回逾期应收账款的可能性等。对这些问题的口头答复就构成了口头证据。这些证据对于审计人员进一步了解被审计单位的实际情况、增加内部证据的可信度有较大作用。在审计过程中，审计人员应把各种重要的口头证据尽快做成文字记录，并要求被询问者签名确认，同时应尽可能地从不同渠道取得其他相应证据的支持。相对而言，不同人员对同一问题的口头陈述相同时，口头证据就具有较高的可靠性。

（四）环境证据

环境证据也称状况证据，是指对被审计单位产生影响的各种环境事实。具体而言，它包括以下几种：

（1）内部控制。如果被审计单位有良好的内部控制制度，就可增加其会计资料的可信赖程度。

（2）被审计单位管理人员的素质。被审计单位管理人员的素质越高，则其提供的证据发生差错的可能性越小。

（3）管理条件和管理水平。被审计单位管理条件越好、管理水平越高，其提供的证据可靠性越强。

环境证据一般不属于基本证据，但它可帮助注册会计师了解被审计单位及其经济活动所处的环境，是注册会计师进行判断所必须掌握的资料。

三、审计证据的特征

（一）审计证据的充分性

《中国注册会计师审计准则第1301号——审计证据》第六条指出："审计证据的充分性，是对审计证据数量的衡量。注册会计师需要获取的审计证据的数量受其对重大错报风险评估的影响，并受审计证据质量的影响。"评估的重大错报风险越高，可能需要的审计证据就越多。例如，对某个审计项目实施某一选定的审计程序，从300个样本中获取的证据要比从200个样本中获取的证据更充分。客观公正的审计意见必须建立在有足够数量审计证据的基础之上。

但是，这并不是说审计证据的数量越多越好。审计人员判断审计证据是否充分，应当同时考虑以下因素：

(1) 审计风险。审计风险由重大错报风险和检查风险组成。评估的重大错报风险与所需证据的数量呈正向关系，即评估的重大错报风险越高，则所需收集的证据的数量就越多，从而可以降低检查风险，将审计风险控制在可接受的低水平。重大错报风险的影响因素有：

①被审计单位是新客户还是老客户。新客户的重大错报风险一般较大，需要增加审计证据的数量。

②内部控制的性质和有效性。内部控制健全且有效实施，则重大错报风险较小；反之，内部控制不健全或执行不力，则重大错报风险较大。

③业务经营性质和交易的复杂程度。有些企业属于风险很大的行业，如风险投资或从事某些投机性商业活动，审计人员必须根据自己的经验判断相应增加审计证据的数量。被审计单位的交易复杂程度也是决定是否应增加审计证据的重要因素。这是因为交易越复杂，出现错误的概率就越高，尤其是随着知识经济、电子商务的产生和发展，会计要素的不确定性增加，这也会增加审计风险，要求审计人员相应增加审计证据的数量。

④管理当局的可信赖程度。当被审计单位管理当局的可信赖程度较差甚至根本不可信赖时，最容易发生重大案件，如发现公司的股东对被审计单位管理当局不满或怀疑管理人员有舞弊行为，应当增加审计证据的数量。

⑤财务状况。当被审计单位某一时间段财务状况不佳或过好时，都有可能采取不正当的手段加以粉饰或掩盖。此时，也应当增加审计证据的数量。

⑥更换会计师事务所的频率。被审计单位经常无正当理由更换会计师事务所及其注册会计师，大多因为对其出具的审计报告不满。因此，此事应当引起后任注册会计师的特别关注。

(2) 具体审计项目的重要程度。审计项目越重要，审计人员就越需要获取充分的审计证据以支持其审计结论或意见。而对于不太重要的项目，即使审计人员出现判断误差，也不至于引发整体判断失误，因而可减少审计证据的数量。

(3) 注册会计师及其业务助理人员的经验。丰富的审计经验，可以使注册会计师从较少的审计证据中判断出被审事项是否存在错误或舞弊行为，这样就可以减少对审计证据数量的依赖程度；反之，则需要依赖较多的审计证据。

(4) 审计过程中是否发现错误或舞弊。在审计过程中，如果审计人员发现较大的舞弊行为或错误，为了降低审计风险，就必须增加审计证据的数量，以便进一步检查和证实被审计单位整体财务状况是否存在问题。当然，如果被审计单位有严重的舞弊行为，审计人员有可能终止审计或者退出审计，这样就不是增加审计证据数量的问题了。

(5) 审计证据的类型与获取途径。如果大多数审计证据是从独立于被审计单位的第三方处获取的，而且这些证据本身不易伪造，则审计证据的质量较高，就可减少审计证据的数量；反之，审计证据的数量就应增加。也就是说，审计证据质量与审计证据数量成反比。

(6) 其他因素。其主要包括经济因素和总体规模与特征。

①经济因素。注册会计师在获取审计证据时，有时需要考虑成本效益原则，以合理的时间和成本来取得充分的审计证据；有时需要采用替代方案。

②总体规模与特征。如果总体规模较大，比如该企业的客户数量众多，交易频率和数额较大，账户的余额也很大，则应当增加审计证据的数量。

（二）审计证据的适当性

《中国注册会计师审计准则第1301号——审计证据》第七条指出："审计证据的适当性，是对审计证据质量的衡量，即审计证据在支持审计意见所依据的结论方面具有的相关性和可靠性。"

(1) 相关性。相关性是指审计证据必须与审计目标相关联。注册会计师只能利用与审计目的相关联的审计证据来证明和否定被审计单位所认定的会计事项。例如，存货监盘结果只能证明存货是否存在，是否有毁损及短缺，而不能证明存货的计价和所有权的情况。

(2) 可靠性。可靠性是指审计证据能如实地反映经济活动的实际情况。审计证据的可靠性受其来源、及时性和客观性等方面的影响。一般来说，不同来源的审计证据的可靠程度通常可以用以下标准来进行判断：

①书面证据比口头证据可靠。

②来自独立于被审计单位的第三者的外部证据比来自被审计单位内部的证据可靠。

③内部控制制度严密、健全的被审计单位提供的审计证据比内部控制薄弱的单位提供的审计证据可靠。

④客观性审计证据比主观性审计证据可靠。

⑤审计人员亲自观察、函证等取得的审计证据比被审计单位提供的审计证据可靠。

⑥一组从不同来源取得的，并且能够相互印证的审计证据比从同一来源取得的审计证据可靠。

⑦原始文件比复印件可靠。

当然，审计证据的可靠性只是相对的，绝对可靠是难以达到的。这里既有成本效益原则的限制，也有客观条件的限制。例如，抽样盘点得出的存货数量与进行全部清查所得到的数量其可靠性是不一样的，后者的可靠性明显高于前者，但是因为成本效益原则，我们大多选择前者。又如，应收账款的函证回函，我们一般认为是可靠的，但是如果被审计单位与其客户串通舞弊，事先商量好出具虚假证明，那么这种回函就应该被认为是不可靠的。在受到客观条件限制的情况下，我们没有确切的证据来证明其串通舞弊，则一般将回函作为可靠性比较强的证据予以保留。再如，目前因条件限制，审计人员很难出国进行审计，因此对于一些有国外分公司的企业只能认为其提供的审计证据是可靠的。

审计证据的充分性是指审计证据在数量上满足审计目标的要求，而审计证据的适当性则是指审计证据在质量上满足审计目标的要求。一般来说，审计证据的充分性和适当性必须同时满足。

四、审计证据的收集、整理与分析

收集、整理与分析审计证据是审计工作的核心。为了实现审计目标，审计人员在计划阶段就需要考虑怎样取得审计证据。在实施审计过程中，对取得的审计证据还需要加以鉴定、整理和分析，以判断其内容的真伪和效用，然后将筛选保留的证据按审计目标归纳综合，使其成为具有充分证明力的证据，从而得出审计结论和意见。

（一）审计证据的取得方法

《中国注册会计师审计准则第1301号——审计证据》第十四条指出："在设计控制测试和细节测试时，注册会计师应当确定选取测试项目的方法，以有效实现审计程序的目的。"

审计人员选择测试项目的方法时，可以采用检查、监盘、观察、询问及函证、重新计算和分析性复核等具体方法。

注册会计师取得审计证据的方法与途径如图7-1所示。

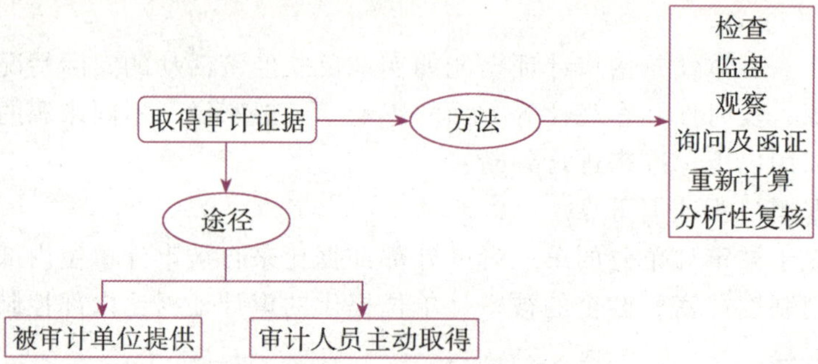

图7-1 取得审计证据的方法与途径

（二）审计证据的整理与分析

审计证据是随着审计程序的进行逐步收集的，因此是零散和个别的。审计人员为了使所收集到的分散的、个别的审计证据变成充分、适当、具有说服力的证据，以正确评价被审计单位财务报表等有关会计资料是否恰当地反映了其财务状况、经营成果及现金流量，就必须按照一定的方法对审计证据进行分类整理与分析，使之条理化、系统化。只有这样，审计人员才能对各种审计证据合理地进行审计小结，并在此基础上，恰当地形成整体审计意见。

通过具体审计方法所取得的大部分审计证据，在审计人员对其进行分析评价之前，都还是一种初始状态的证据。这些证据往往是原始的、零散的、无序的和彼此孤立的。例如，询问记录、监盘记录、回函、重要凭证、账簿的复印件等。因此，审计人员只有按照一定的程序、目的和方法进行合理加工整理，才能使其变成有序的、系统化的、彼此联系的审计证据。

审计证据也必须与审计目标相联系。各种初始状态的审计证据在整理及分析之前与审计目标的相关性并不十分明显，因此，必须将初始状态的审计证据与审计目标相联系，并就其性质和重要程度以及同其他证据之间的关系进行分析、计算和比较，以对被审计单位的各个方面作出评价，并形成比较完整的认识。此外，通过分析、研究，还可能产生一些有价值的新的证据，从而得出较为恰当的结论。

任务实施

任务资料中：

（1）可靠性最高的是，第①项收到的银行存款回函和第④项收到的ABC公司应收账款回函。因为，这两项审计证据都是由F公司以外的机构或人员编制并由其直接递交审计人员的书面证据，故可靠性最高。

（2）第①、③、④、⑥项是外部证据，第②、⑤、⑦项是内部证据。

（3）按其形式特征分，第①、④、⑤、⑥、⑦项是书面证据，第②项是口头证据、书面证据，第③项是实物证据、书面证据。

◆ 注意事项

只有既充分又适当的审计证据才是有证明力的审计证据。

任务四　审计工作底稿

任务描述

2020年12月31日，助理人员小张经注册会计师王玲的安排，前去广泽公司验证存货的账面余额。在盘点前，小张在过道上听到几个工人的聊天，得知存货中可能存在不少无法出售的变质产品。对此，小张对存货进行实地抽点，并比较了库存量与最近销量。抽点结果表明，存货数量合理，收发亦较为有序。由于该产品技术含量较高，小张无法鉴别出存货中是否有变质产品，于是，他不得不询问该公司的存货部高级主管。高级主管的答复是，存货绝无质量问题。

小张在盘点工作结束后，开始编制审计工作底稿。在备注中，小张将听说有变质产品的事填入其中，并建议在下一阶段的存货审计程序中，特别注意是否存在变质产品。王玲在复核审计工作底稿时，再一次向小张详细了解了存货盘点情况，特别是有关变质产品的情况。对此，还特别请当时讨论此事的工人来进行询问，但这些工人矢口否认此事。于是，王玲与存货部高级主管商讨后得出结论，认为“存货价值公允且均可出售”。底稿复核后，王玲在备注栏填写了“产品变质问题经核实尚无证据，但下次审计时应加以考虑”。由于广泽公司总经理抱怨王玲前几次出具了非无保留意见的审计报告，使得其贷款遇到了不少麻烦，审计结束后，注册会计师王玲对该年的财务报表出具了无保留意见的审计报告。

两个月后，广泽公司资金周转不灵，主要原因是存货中存在大量变质产品无法出售，致使到期的银行贷款无法偿还。银行拟向会计师事务所索赔，认为注册会计师在审核存货时存在重大过失。债权人在法庭上出示了王玲的审计工作底稿，认为注册会计师明知存货高估，但迫于总经理的压力，没有揭示财务报表中存在的问题，因此应该承担银行的贷款损失。

阅读以上资料，请你作为注册会计师判断：

（1）工人在过道上关于变质产品的议论是否应列入工作底稿？

（2）注册会计师王玲是否已尽到责任？

（3）对于银行的指控，这些工作底稿能否作为支持或不利于注册会计师的抗辩立场？

相关知识

审计人员编制的审计工作底稿，既可记录审计的工作过程，又可展示审计人员的决策水平和职业判断能力，反映审计准则的遵循情况等。高质量的审计工作底稿不但有助于审计人员编制出深受公众信任的审计报告，而且一旦陷入诉讼中也可以为审计人员提供辩护。

一、审计工作底稿的含义和作用

（一）审计工作底稿的含义

《中国注册会计师审计准则第1131号——审计工作底稿》第五条指出："审计工作底稿是指注册会计师对制订的审计计划、实施的审计程序、获取的相关审计证据，以及得出的审计结论作出的记录。"

审计工作底稿的内容包括：审计人员直接编制的、用以反映其审计思路和审计过程的工作记录，审计人员从被审计单位或其他有关部门取得的、用作审计证据的各种原始资料，以及审计人员接受并审阅他人代为编制的审计记录。审计工作底稿是审计证据的载体和汇集，其全部内容可作为审计过程和结果的书面证明，也是审计人员形成审计结论、发表审计意见的直接依据。审计证据的收集过程同时又是审计工作底稿的编制和整理过程。审计工作底稿一般不向被审计单位公开，更不能向其他与审计无关的单位和个人泄露。

（二）审计工作底稿的作用

审计工作底稿是审计人员在审计业务中普遍使用的专业工具，它在整个审计工作中具有非常重要的作用，因此，编制或取得审计工作底稿是审计人员最主要的审计工作。审计工作底稿的主要作用表现在以下5个方面：

（1）审计工作底稿是整个审计工作的纽带。审计项目小组一般由多人组成，因而小组内要进行合理的分工，对不同的审计程序、不同会计账项的审计往往由不同人员执行。在最终形成审计结论和发表审计意见时，主要针对被审计单位的会计报表进行。因此，必须把不同人员的审计工作有机地衔接起来，以便对财务报表整体发表意见，而这种衔接必须借助于审计工作底稿。

（2）审计工作底稿是形成审计结论、发表审计意见的直接依据。审计结论和审计意见是根据审计人员取得的各种审计证据，以及审计人员一系列的专业判断形成的。审计人员在审计工作中所收集到的各种审计证据和所作出的专业判断，都完整地记载于审计工作底稿中。审计工作底稿是审计证据的载体，同时也是系统化的审计证据的表现形式。

(3) 审计工作底稿是评价和考核审计人员专业能力与工作业绩，解脱或减轻审计人员审计责任的重要依据。审计人员依照独立审计准则的规定，实施必要的审计程序，发表客观、公正的意见，方可解脱或减轻其审计责任。审计人员专业能力强弱、工作业绩好坏，主要体现在对审计程序的选择、执行和有关的专业判断上，而审计人员是否实施了必要的审计程序，审计程序的选择是否合理，专业判断是否准确都需要通过审计工作底稿来体现和衡量。

(4) 审计工作底稿是审计质量控制和监督的基础。审计工作底稿可以反映出全部审计工作的轨迹，审计工作底稿质量的高低直接反映整个审计工作的质量，因此对审计质量进行控制和监督，必须以审计工作底稿作为最重要的依据。会计师事务所进行审计质量控制，主要是指导和监督注册会计师选择实施审计程序和编制审计工作底稿，并在审计报告定稿前对审计工作底稿进行严格的复核。注册会计师协会或其他有关单位依法进行审计质量检查时，也主要是通过查阅审计工作底稿来进行。

(5) 审计工作底稿对未来审计业务具有参考或备查作用。审计业务有一定的连续性，同一被审计单位前后年度的审计业务具有众多联系或共同点。因此，当年度的审计工作底稿是后续年度审计业务可以借鉴的极为重要的参考资料。

二、审计工作底稿的存在形式和内容

（一）审计工作底稿的存在形式

实务中的审计工作底稿通常可以以纸质、电子或其他介质形式存在。实务中，为便于审计单位内部质量控制和外部执业检查或调查，注册会计师可以将以电子或其他介质形式存在的审计工作底稿通过打印等方式，转换成纸质形式的审计工作底稿，并与其他纸质形式的审计工作底稿一并归档。同时，应单独保存这些以电子或其他介质形式存在的审计工作底稿。

（二）审计工作底稿通常包括的内容

审计工作底稿通常包括总体审计策略、具体审计计划、分析表、问题备忘录、重大事项概要、询证函回函、管理层声明书、核对表、有关重大事项的往来信件（包括电子邮件），以及对被审计单位文件记录的摘要或复印件等。

分析表主要是指对被审计单位财务信息执行分析程序的记录。例如，记录对被审计单位本年各月收入与上一年度的同期数据进行比较的情况，记录对差异的分析等。

问题备忘录一般是指对某一事项或问题的概要的汇总记录。在问题备忘录中，注册会计师通常记录该事项或问题的基本情况、执行的审计程序或具体审计步骤，以及得出的审计结论。例如，记录有关存货监盘审计程序或审计过程中发现的问题等。

核对表一般是指会计师事务所内部使用的、为便于核对某些特定审计工作或程序完成情况的表格。例如，特定项目（如财务报表列报）审计程序核对表、审计工作完成情况核对表等。它通常以列举的方式列出审计过程中注册会计师应当进行的审计工作或程序，以及需要特别注意的问题，并在适当情况下索引至其他审计工作底稿，便于注册会计师核对是否已按照审计准则的规定进行了审计。

此外，审计工作底稿通常还包括业务约定书、管理建议书、项目组内部或项目组与被审计单位举行的会议记录、与其他人士（如其他注册会计师、律师、专家等）的沟通文件及错报汇总表等。但是，审计工作底稿并不能代替被审计单位的会计记录。

在实务中，会计师事务所通常采取以下方法从整体上提高工作（包括复核工作）效率及工作质量，并进行统一质量管理。

（1）制定统一的模板。会计师事务所基于审计准则及在实务中的经验等，统一制定某些格式、索引及涵盖内容等方面相对固定的审计工作底稿模板和范例，如核对表、审计计划及业务约定书范例等，某些重要的或不可删减的工作会在这些模板或范例中予以特别标出。

（2）依据具体项目的特点加工。在上述模板的基础上，注册会计师再根据各具体业务的特点加以必要的修改，制定适用于具体项目的审计工作底稿。

三、审计工作底稿的要素和分类

（一）审计工作底稿的要素

在审计实务中，不同的审计组织使用各自的审计工作底稿，其表现形式是多种多样的。但是，不管审计工作底稿的形式如何，其形成方式主要有两种：一种是编制；另一种是取得。就审计人员所编制的审计工作底稿而言，尤其是对业务类工作底稿而言，一般由被审计单位名称、审计项目名称、审计项目时点或期间、审计过程记录、审计标志及其说明、审计结论、索引号及页次、编制者姓名及编制日期、复核者姓名及复核日期和其他应说明事项等基本要素构成（见表7-3）。

表7-3 审计工作底稿

被审计单位：________	索引号/页次：________
项目：________	财务报表截止日/期间：________
编制：________	复核：________
日期：________	日期：________

<table>
<tr><td colspan="9">一、审计目标
1.存在性
…</td></tr>
<tr><td colspan="9">二、审计程序
1.编制明细表，将明细表与明细账、总账及报表核对一致
…</td></tr>
<tr><td colspan="9">三、审定表</td></tr>
<tr><td rowspan="2">项目</td><td rowspan="2">索引号</td><td rowspan="2">未审数</td><td colspan="2">审计调整</td><td colspan="2">重分类</td><td rowspan="2">审定数</td><td rowspan="2">上期数</td></tr>
<tr><td>借方</td><td>贷方</td><td>借方</td><td>贷方</td></tr>
<tr><td></td><td></td><td></td><td></td><td></td><td></td><td></td><td></td><td></td></tr>
<tr><td></td><td></td><td></td><td></td><td></td><td></td><td></td><td></td><td></td></tr>
<tr><td colspan="9">1.重大事项说明
2.审计结论
【参考结论：A.可确认；B.经审计调整后可确认；C.由于存在上述重大未调整事项（或审计范围受到限制无法获取充分、适当证据），不可确认】</td></tr>
</table>

（1）被审计单位名称。它是指会计报表的编报单位。若会计报表编报单位为某一集团的下属公司，则应同时写明下属公司的名称。被审计单位名称可写简称。

（2）审计项目名称。它是指某一会计报表项目名称或某一审计程序及实施对象的名称，如现金盘存表、原材料抽查盘点表等。如具体审计项目是某一分类会计科目，则应同时写明该分类会计科目。

（3）审计项目时点或期间。它是指某一资产负债类项目的报告时点或某一损益类项目的报告期间。

（4）审计过程记录。在审计工作底稿中要详细记录审计程序实施的全过程，主要包括两个方面：

①被审计单位的未审情况。它包括被审计单位的内部控制情况、有关会计账项的未审计发生额及期末余额。

②对审计过程的记录。它包括审计人员实施的审计测试性质、审计测试项目、抽取的样本及检查的重要凭证、审计调整及重分类事项等。

注册会计师还应当根据具体情况判断某一事项是否属于重大事项，同时编制重大事项概要。将散落在审计工作底稿中的有关重大事项的记录汇总在重大事项概要中，不仅可以帮助注册会计师集中考虑重大事项对审计的影响，还便于审计工作的复核人员全面、快速地了解重大事项，从而提高复核工作的效率。

重大事项通常包括：

①引起特别风险的事项。

②实施审计程序的结果表明财务信息可能存在重大错报，或需要修正以前对重大错报风险的评估和针对这些风险拟采取的应对措施。

③导致注册会计师难以实施必要审计程序的情形。

④导致出具非标准审计报告的事项。

重大事项概要包括审计过程中识别的重大事项及其如何得到解决，或对其他支持性审计工作底稿的交叉索引。

（5）审计标志及其说明。审计标志是注册会计师为便于表达审计含义而采用的符号。为了便于他人理解，注册会计师应在审计工作底稿中说明各种审计标志所代表的含义，或采用审计标志及其说明表的形式统一说明，审计标志应前后一致。注册会计师在审计工作底稿中常用的审计标志见表7-4。

（6）审计结论。审计结论就是注册会计师通过实施必要的审计程序，对某一审计事项所作出的专业判断。就符合性测试而言，是指注册会计师对被审计单位内部控制制度执行情况的满意程度以及是否可以信赖；就实质性测试而言，是指注册会计师对某一审计事项的余额或发生额的确认情况。

（7）索引号及页次。注册会计师为整理利用审计工作底稿，将具有同一性质或反映同一具体审计事项的审计工作底稿分别归类，所作的特定编号即为索引号；页次是在同一索引号下不同的审计工作底稿的顺序编号。

（8）编制者姓名及编制日期。注册会计师必须在其编制的审计工作底稿上签名和签署日期。签名时可用简签，但应以适当方式加以说明。

表 7-4　常用审计标志

标　志	含　义
∧	纵加核对相符
<	横加核对相符
B	期初余额与上年审计后报表期末数核对相符
T	与原始凭证核对相符
G	与总分类账余额核对相符
S	与明细分类账余额核对相符
T/B	与试算平衡表核对相符
F/S	与已审会计报表核对相符
B/S	与资产负债表核对相符
P/L	与利润表核对相符
DR	与借方核对相符
CR	与贷方核对相符
C	已发询证函
CV	询证回函相符
CX	询证回函不符

（9）复核者姓名及复核日期。注册会计师必须在其复核过的审计工作底稿上签名和签署日期。签名时可用简签，但应以适当方式加以说明。若有多级复核，每级复核者均应签名和签署日期。

（10）其他应说明事项。注册会计师根据其专业判断，认为应在审计工作底稿中予以记录的其他相关事项。

（二）审计工作底稿的分类

对于审计工作底稿的种类如何划分，目前在我国审计实务界和理论界有不同的看法。依据审计工作底稿形成的不同阶段，以及审计工作底稿的性质和作用，可将审计工作底稿分为综合类工作底稿、业务类工作底稿和备查类工作底稿三类。

（1）综合类工作底稿。综合类工作底稿是指审计人员在审计计划和审计报告阶段，为规划、控制和总结整个审计工作，并发表审计意见所形成的审计工作底稿。该类工作底稿主要包括审计业务约定书、审计计划、审计报告书未定稿、审计工作总结及审计调整分录汇总表等审计工作记录。这一类工作底稿记录了审计工作的全过程，属于综合性的工作底稿，可以有效地反映审计人员对整个审计工作的规划和控制，并体现审计结论和意见的形成过程。这一类工作底稿一般都是在审计人员的办公室完成的。

（2）业务类工作底稿。业务类工作底稿是指审计人员在审计实施阶段执行具体审计程序所编制和取得的工作底稿。该类工作底稿主要包括审计人员在按照审计计划执行符合性测试和实质性测试等审计程序过程中，从被审计单位内部和外部搜集的各种审计证据资料而形成的工作底稿。业务类工作底稿可以很好地反映出审计人员执行审计计划的具体情况和实施过程。这一类工作底稿一般都是在外勤工作现场编制和取得的。

（3）备查类工作底稿。备查类工作底稿是指审计人员在审计过程中形成的、对审计工作仅具有备查作用的审计工作底稿。该类工作底稿主要包括与审计约定事项有关的重要法律文件、被审计单位的营业执照及章程、重要会议记录与纪要、重要经济合同与协议等原始资料的副本或复印件。

在审计实务中，常用的审计工作底稿主要包括：

①与被审计单位设立有关的法律资料，如企业设立批准证书、营业执照、合同、协议、章程等文件或变更文件的复印件等。

②与被审计单位组织机构及管理层人员结构有关的资料，主要包括：重要的法律文件、合同、协议和会议记录的摘录或副本；对被审计单位相关内部控制制度的研究与评价记录；审计业务约定书；被审计单位的未审计会计报表；审计计划；实施具体审计程序的记录和资料；被审计单位管理当局声明书；其他与完成审计约定事项有关的资料，包括有关报刊对被审计单位的宣传介绍、被审计单位所编制的企业简介或企业形象设计等资料。

四、审计工作底稿的复核

（一）复核审计工作底稿的作用

复核审计工作底稿不仅是审计准则的要求，也是质量控制准则的要求。复核审计工作底稿具有以下三个方面的作用：

（1）可以减少或消除人为的审计误差，降低审计风险，提高审计质量。

（2）能够及时发现和解决问题，保证审计计划顺利执行，并不断地协调审计进度、节约审计时间、提高审计效率。

（3）便于上级管理部门对审计人员进行审计质量监控和工作业绩考评。

（二）复核审计工作底稿的基本要求

会计师事务所应当建立多层次的审计工作底稿复核制度。不同层次的复核人可能有不同的复核重点，但就复核工作的基本要点来看，不外乎以下几点：所引用的有关资料是否翔实、可靠；所取得的审计证据是否充分、适当；审计判断是否有理有据；审计结论是否恰当。

一般来说，复核审计工作底稿应遵循以下基本要求：

（1）做好复核记录，对审计工作底稿中存在的问题和疑点要明确指出，并以文字记录于审计工作底稿中。

（2）复核人必须签名和签署日期。这既有利于划清审计责任，也有利于上级复核人对下级复核人的监督。

（3）书面表示复核意见。

（4）督促编制人及时修改、完善审计工作底稿。

（三）审计工作底稿的复核制度

为了保证审计工作底稿复核工作的质量，会计师事务所应建立多层次的审计工作底稿复核制度。我国会计师事务所一般建立三级复核制度。所谓审计工作底稿三级复核制度，是指会计师事务所制定的以主任会计师（或合伙人）、部门经理（或签字注册会计师）和项目负责人为复核人，对审计工作底稿进行逐级复核的一种复核制度。

项目负责人复核是第一级复核，称为详细复核。它要求项目负责人对下属审计助理人员形成的审计工作底稿逐张复核，发现问题，及时指出，并督促审计助理人员及时修改完善。

部门经理（或签字注册会计师）复核是第二级复核，称为一般复核。它是在项目负责人完成了详细复核之后，再对审计工作底稿中重要会计账项的审计、重要审计程序的执行，以及审计调整事项等进行复核。部门经理复核既是对项目负责人复核的一种再监督，也是对重要审计事项的重点把关。

主任会计师（或合伙人）复核是最后一级复核，又称重点复核。它是对审计过程中的重大会计审计问题、重大审计调整事项及重要的审计工作底稿所进行的复核。主任会计师复核既是对前面两级复核的再监督，也是对整个审计工作的计划、进度和质量的重点把握。

五、审计档案的管理

审计工作底稿对于明确审计责任、评价审计工作质量、为后续审计提供参考都具有重要的意义。因此，审计工作底稿形成后，审计人员必须按照一定的要求予以归档，形成审计档案。审计档案是会计师事务所审计工作的重要历史资料，是会计师事务所的宝贵财富，应当妥善保管。

（一）审计档案的分类

审计档案按其使用期限的长短和作用大小可以分为永久性档案和当期档案两类。

（1）永久性档案。永久性档案是指由那些记录内容相对稳定、具有长期使用价值、对以后审计工作具有重要影响和直接作用的审计工作底稿所组成的审计档案。永久性档案主要由综合类工作底稿和备查类工作底稿组成。在这些工作底稿中，有些记录内容十分重要，如审计报告书副本；有些记录内容可供以后年度直接使用，如重要的法律性文件、合同及协议等。因此，应把它们归入永久性档案进行管理。

（2）当期档案。当期档案又称一般档案，是指由那些记录内容在各年度之间经常发生变化，只供当期审计使用和下期审计参考的审计工作底稿所组成的审计档案。当期档案主要由业务类工作底稿组成，如符合性测试的工作底稿、具体会计账项实质性测试的工作底稿等。这些工作底稿所记录的内容，在各年度之间是不同的，因此主要供当期审计使用。

（二）审计档案的归档与保管

审计工作底稿虽然是审计人员对其执行的审计工作所做的完整记录。但在我国，注册会计师不能独立于会计师事务所承揽审计业务，审计业务必须以会计师事务所的名义承接，审计业务约定书也是会计师事务所签订的。因此，审计工作底稿的所有权属于承接该项业务的会计师事务所。

会计师事务所应当建立审计档案归档和保管制度，妥善保管审计档案，保证审计档案的安全、完整。审计档案保管制度主要包括：审计档案的整理、装订办法；审计档案的存放、排列方法；审计档案的查阅、借阅规定；审计档案的保管期限及销毁规定等。审计工作底稿的归档期限为审计报告日（或业务中止日）后60天。

审计档案的保管期限可视不同档案类别而有所不同。

（1）永久性档案。对于永久性档案，应当长期保存。若会计师事务所终止了对被审计单位的后续审计服务，那么，其永久性档案的保管期限与最近一年当期档案的保管期限相同。

（2）当期档案。对当期档案，应当自审计报告签发之日起，至少保存10年。

（3）保存年限届满的审计档案。对于保存年限届满的审计档案，会计师事务所可以决定将其销毁。但在销毁之前，应当按规定履行必要的手续。

对审计档案的变动和修改，应遵循如下规定：

（1）审计档案归档期间的变动。如果在归档期间对审计工作底稿作出的变动属于事务性的，注册会计师可以作出变动。

（2）审计档案归整后的修改。在完成最终审计档案的归整工作后，如果发现有必要修改现有审计工作底稿或增加新的审计工作底稿，无论修改或增加的性质如何，注册会计师均应当记录。

（三）审计档案的保密与查阅

审计档案的内容涉及被审计单位的商业秘密，为被审计单位保守商业秘密是审计职业道德的基本要求。因此，会计师事务所应当建立严格的审计工作底稿保密制度，但由于下列情况需要查阅审计档案的，不属于泄密：

（1）法院、检察院及其他部门因工作需要，在按规定办理了必要手续后，可依法查阅审计档案中的有关审计工作底稿。

（2）注册会计师协会对执业情况进行检查时，可查阅审计档案。

（3）其他会计师事务所的注册会计师，因审计工作的需要，并经委托人同意，在下列情况下，办理了有关手续后，可以要求查阅审计档案：

①被审计单位更换会计师事务所。若出现此种情况，后任注册会计师可以查阅前任注册会计师的审计档案。

②审计合并会计报表。基于合并会计报表审计业务的需要，母公司所聘注册会计师可以调阅子公司所聘注册会计师的审计档案。

③联合审计。若审计工作需要两个或两个以上的会计师事务所共同进行，应允许参与审计的事务所共同查阅和使用审计工作底稿。

拥有审计工作底稿的会计师事务所应当为要求查阅者提供适当的协助，并根据有关审计工作底稿的性质和内容，决定是否允许要求查阅者阅览其审计工作底稿，复印或摘录其中的有关内容。

任务实施

（1）工人的讨论并非有效证据，但提供了审计线索与范围。注册会计师听到后没有扩大审计程序而只是简单地询问公司主管，显然不妥。如果注册会计师已对存货有明确结论，就不应再将上述不负责任的言论留在审计工作底稿之中，更不应该将“下次审计时应加以考虑”的字眼留在审计工作底稿之中。

（2）不称职。王玲没有利用专门的审计程序去追查审核存货是否有变质问题，也没有在审计工作底稿中删除那些不负责任的言论，以至于混淆了审计工作底稿与审计结论之间的关系。

（3）有损注册会计师的抗辩立场。从审计工作底稿看，其说明注册会计师缺乏信心，且对证据的判断有误，已有的审计证据无法支持审计结论。

（4）注册会计师的审计程序虽然基本合理，但没有完全遵守独立审计准则，特别是在证据方面，缺乏专业判断。因此，注册会计师尽管没有重大过失，但还是存在一般过失。如果注册会计师事先知道该审计报告将用于向银行贷款，按照规则，应当承担责任。如果注册会计师事先并不知道该审计报告将用于贷款，注册会计师可以适当抗辩，以银行不是预期第三者为理由进行反驳。

◆ 注意事项

1.审计工作底稿不是越多越好。

2.审计工作底稿不是机械地照抄。

3.审计工作底稿不是只记录有问题的项目内容。

4.审计工作底稿需要全面审核。

5.审计工作底稿不能千篇一律。

6.审计工作底稿的一级复核不应当都是事后工作。

能力拓展

某注册会计师于12月份对某企业的销售业务进行审查，在对全年各月销售收入进行对比时，发现12月的销售收入增长幅度很大，超出平时月份的计划收入很多。为了查明这一异常情况，该注册会计师审阅并核对了12月的主营业务收入、主营业务成本、应收账款、库存商品等明细账和有关凭证。该注册会计师发现一张12月10日编制的收款凭证未附原始凭证，会计分录为：借记“应收账款”58.5万元，贷记“主营业务收入”50万元，贷记“应交税费——应交增值税（销项税额）”8.5万元。但库存商品明细账上没有相应记录，经询问仓库管理员得知，当时并未发货。

请回答：

（1）该注册会计师在这项审计业务中怎样确定的审计重点？

（2）该注册会计师在审计过程中运用了哪些审计方法？

（3）根据目前搜集到的证据，你认为被审计单位的会计核算可能存在什么问题？

拓展阅读

1.应对诉讼

诚信会计师事务所注册会计师赵明和王华完成了2020年对利民股份有限公司年度财务报表的审计任务，出具了标准无保留意见审计报告。但该公司管理层采取了十分隐蔽的舞弊手段，导致赵明和王华未能发现财务报表中的重大错报。这一错报是高估存货，而且这种虚报存货的舞弊行为实际不止一年，其结果是掩盖了公司财务状况日益恶化的情形。

这一舞弊行为在2021年财政部组织的会计信息质量检查中被检查人员发现，并很快通知了中国证监会。随后的调查显示，公司已经濒临破产。该公司股价也在短短3个月内从26元下跌到5元。蒙受损失的投资者对赵明和王华及其所在的会计师事务所提起诉讼。

请问：赵明和王华如何应对提起的诉讼？

（提示：赵明和王华只要证明自己是按照公认的审计准则实施的审计，且实施的程序和方法是恰当的即可）

2.中注协约谈两事务所警示盈亏临界公司审计风险

详见http：//finance.eastmoney.com/news/1345,20120307195042155.html。

技能训练

一、单项选择题

项目七

技能训练
客观题

1.对于审计风险的组成要素和审计证据的关系，以下说法不正确的是（　　）。

A.检查风险与所需的审计证据数量呈反向关系

B.固有风险与所需的审计证据数量呈正向关系

C.控制风险与所需的审计证据数量呈正向关系

D.审计风险与所需的审计证据数量呈正向关系

2.天成会计师事务所的注册会计师王华作为W公司2020年度财务报表审计的项目负责人，编制并向事务所的业务部门负责人提交了总体审计计划。部门负责人在对总体审计计划进行审核时，如果发现总体审计计划中包含了（　　）内容，应建议王华将其纳入具体审计计划中。

A.时间预算　　B.审计程序

C.重点审计领域　　D.审计重要性

3.注册会计师可以根据被审计单位的性质和环境来具体确定重要性的判断基础。以下说法中，你不认同的是（　　）。

A.对于以营利为目的的被审计单位而言，来自经常性业务的税前利润或税后净利润可能是一个适当的判断基础

B.对于收益不稳定的被审计单位或非营利组织来说，选择税前利润或税后净利润作为重要性水平的判断基础可能比较合适

C.由于销售收入和总资产具有相对稳定性，注册会计师经常将其用作确定重要性水平的判断基础

D.对于资产管理公司来说，净资产可能是一个适当的判断基础

4.A会计师事务所承接了X上市公司2020年度的财务报表审计业务，派出了注册会计师王华进入X公司进行审计。王华按资产总额1 000万元的2‰计算了资产负债表

的重要性水平，按净利润500万元的2%计算了利润表的重要性水平，则其最终应取（　　）万元作为财务报表的重要性水平。

A.10　　B.5　　C.2　　D.0

5.某位注册会计师可接受的审计风险为5%，将被审计单位的重大错报风险评估为24%，则其可以接受的检查风险为（　　）。

A.15.2%　　B.4.8%　　C.12%　　D.20.8%

6.审计工作底稿通常不包括（　　）。

A.未审的财务报表草稿　　B.具体审计计划

C.管理层声明书　　D.由电子介质转换的纸质工作底稿

7.如果同一期间不同会计报表的重要性水平不同，注册会计师应取其（　　）作为财务报表层次的重要性水平。

A.最低者　　B.最高者　　C.平均数　　D.加权平均数

8.U会计师事务所为保证其所承接的X公司2020年度财务报表审计业务的质量，指派注册会计师A对该审计小组的工作底稿进行复核。A需要针对各个特定目标考虑所获得的审计证据的充分性。假如你是注册会计师A，在以下情况中，你认为审计证据最可能不满足充分性要求的是（　　）。

A.为证实赊销审批制度执行的有效性，从全年各月选取三张销售单进行测试

B.为证实存货计价认定，仅对年末存货进行监盘并对年末财务资料进行检查

C.为证实应收账款的存在认定，仅针对年末尚未还款的债务人寄发询证函

D.为证实银行存款的计价认定，仅在年末向有过业务往来的银行寄发询证函

9.X公司生产的K产品只销售给其关联方，产品的运输由铁路部门承担。注册会计师A通过实施风险评估程序，察觉到销售部门为了完成销售任务很可能多计该种产品的销售量，从而导致因关联方交易而产生的应收账款的计价认定存在特别风险。在进行针对性审计程序获取的审计证据中，可靠性最高的是（　　）。

A.X公司销售部门向注册会计师A提供的相关销售合同原件

B.注册会计师A从铁路部门复印的相关货运文件和运费结算单

C.X公司开户银行通过电子邮件向注册会计师A提供的对账单

D.注册会计师A从X公司关联企业验收部门获取的函证回函

10.按审计证据可靠性"由高到低"的顺序，在注册会计师获取的下列审计证据中，你认可的顺序排列是（　　）。

A.银行函证回函、购货发票、销货发票副本、应收账款明细账

B.购货发票、应收账款明细账、银行存款函证回函、销货发票副本

C.销货发票副本、购货发票、银行存款函证回函、应收账款明细账

D.应收账款明细账、银行存款函证回函、销货发票副本、购货发票

11.按照审计工作底稿相关准则的规定，对于审计档案，会计师事务所应自（　　）起至少保存10年。

A.审计报告签署日　　B.审计报告定稿日

C.财务报表公布日　　D.后续审计终止日

12.U会计师事务所已连续多年执行X公司的年度财务报表审计业务。2021年3月，在执行X公司2020年度财务报表审计业务过程中，需要利用本所2017年审计X公司2016年度财务报表时所形成的一张编号为Z的审计工作底稿，以支持对X公司一项长期股权投资业务的审计结论。假定审计小组于2021年3月20日完成了审计工作，审计报告上的日期为2021年3月19日，审计小组于3月21日向X公司管理层提交了审计报告。根据有关审计档案保管期限的规定，U会计师事务所（　　）。

A.应当从2021年3月19日起重新计算其所保存的关于X公司2016年度财务报表的全部审计档案

B.审计X公司2016年度财务报表所形成的全部审计档案在2021年起的一年之后可以销毁

C.应当从2021年3月19日起重新计算所保管X公司2016年度财务报表的标号为Z的档案资料的期限

D.审计X公司2020年财务报表所形成的审计工作底稿最迟应于2021年5月19日归档

13.注册会计师A及审计项目组其他成员于2021年3月6日完成了X公司2020年度财务报表的审计业务，3月7日将审计工作底稿归档为最终审计档案。在归档时对工作底稿进行了如下变动，其中需要说明理由并说明对审计意见影响的是（　　）。

A.将3月5日获取并在项目组内部达成一致意见的审计证据添加到工作底稿中

B.在全部工作底稿中添加索引号及页次

C.将3月8日获取的审计证据补充到审计档案中

D.废弃已被取代的原材料监盘工作底稿

14.当注册会计师利用计算机编制审计工作底稿时，应当合理设计审计标志，方便对审计工作底稿的利用和复核。以下相关说法中，你认为不正确的是（　　）。

A.审计工作底稿需要注明索引号及顺序编号

B.相关审计工作底稿之间需要保持清晰的钩稽关系

C.采用电子索引和链接时，应确保链接不随审计工作的推进而更新

D.可以将风险评估结果与审计计划中针对该风险领域设计的审计程序相链接

15.注册会计师运用观察程序难以获取有关（　　）的审计证据。

A.被审计单位经营场所　　B.内部控制的设计

C.实物资产　　D.有关业务活动

16.实施审计程序是注册会计师达到其各种审计目标的主要手段和前提，但（　　）程序并不是每次财务报表审计中都必须执行的。

A.检查文件或记录　　B.实质性程序

C.控制测试　　D.了解被审计单位及其环境

17.注册会计师A向X公司生产负责人询问的以下事项中，最有可能获取审计证据的是（　　）。

A.固定资产的抵押情况　　B.固定资产的报废或毁损情况

C.固定资产的投保及其变动情况　　D.固定资产折旧的计提情况

18. 下列审计证据都是注册会计师刘爽通过实际观察或清点取得的，用以确定X公司相关的实物资产是否确实存在，但对于取得（　　）证据的账面资产，刘爽还应就其价值情况另行审计。

A. 库存现金盘点表　　B. 固定资产盘点表

C. 应收票据盘点表　　D. 有价证券盘点表

19. 当实施实质性程序不足以提供认定层次充分、适当的审计证据时，注册会计师应当实施控制测试，以获取内部控制运行有效性的审计证据。专供注册会计师实施控制测试的审计程序有（　　）。

A. 重新计算　　B. 检查有形资产　　C. 函证　　D. 重新执行

二、多项选择题

1. 注册会计师所需获取的审计证据数量受各种因素的影响。以下关于审计证据数量的说法中，正确的有（　　）。

A. 错报风险越大，需要的审计证据可能越多

B. 审计证据质量越高，需要的审计证据可能越少

C. 证据存在的质量缺陷越多，所需的证据越多

D. 获取的原件证据可能比获取的复印件证据少

2. 在对X公司短期借款实施相关审计程序后，须对所取得的审计证据进行评价。以下有关短期借款审计证据可靠性的论述中，正确的有（　　）。

A. 从第三方获取的有关短期借款的证据比直接从X公司获得相关证据更可靠

B. 短期借款的控制风险为低水平时产生的会计数据比控制风险为高水平时产生的会计数据更为可靠

C. 短期借款的控制风险为高水平时产生的会计数据比控制风险为低水平时产生的会计数据更可靠

D. X公司提供的短期借款合同尽管有借贷双方的签章，但如果没有其他证据佐证，也不可靠

3. 审计工作底稿对会计师事务所及注册会计师有（　　）作用。

A. 有助于项目组计划和实施审计工作

B. 提供充分、适当的记录，作为审计报告的基础

C. 有助于项目组对其所实施的工作负责

D. 有助于实施审计质量控制与质量检查

4. 外部证据是由被审计单位以外的组织机构或人员所编制或提供的审计证据。以下审计证据中，属于外部证据的有（　　）。

A. 注册会计师持有的应收账款函证回函

B. 注册会计师持有的银行存款函证回函

C. 被审计单位持有的购货发票

D. 被审计单位对外开具的销售发票

5. 注册会计师通常认为从外部独立来源获取的证据比从其他来源获取的证据更可靠。除此之外，还可以运用（　　）原则考虑证据的可靠性。

A.直接获取的证据比间接获取或推论得出的证据更可靠

B.内部控制有效时内部生成的证据比内部控制薄弱时内部生成的证据更可靠

C.从原件获取的证据比从传真或复印件获取的证据更可靠

D.以文件记录形式存在的证据比口头形式的证据更可靠

6.在以下有关内部控制与审计证据充分性和适当性的说法中，正确的有（　　）。

A.内部控制健全，有效性影响审计证据的充分性。确切地说，内部控制的健全、有效程度与审计证据的数量呈反向变动关系

B.注册会计师应当从控制测试与实质性程序两方面考虑审计证据的相关性，内部控制健全，有效性影响审计证据的相关性

C.内部控制健全，有效性影响审计证据的可靠性。一般而言，来自健全、有效的内部控制的审计证据具有更高的可靠性

D.内部控制健全，有效性只影响审计证据的充分性，不影响审计证据的适当性

7.按照审计准则对审计工作底稿概念的描述，审计工作底稿是指注册会计师对（　　）所做的记录。

A.制订的审计计划　　B.实施的审计程序

C.获取的审计证据　　D.确定的审计意见

8.在审计程序中，监盘是检查实物资产的一种重要审计程序。对于下列资产来说，监盘程序只能证实被审计单位对（　　）的“存在”认定，但不能证实“权利与义务”认定。

A.库存现金　　B.固定资产　　C.存货　　D.无记名证券

9.在形成审计工作底稿时，注册会计师应当将审计过程中获取的（　　）原件附在相关的审计工作底稿之后。

A.销售合同　　B.企业章程　　C.银行函证回函　　D.存货盘点标签

10.实物证据通常是证明实物资产是否存在的非常有说服力的证据，但对取得实物证据的账面资产，注册会计师还应对其除存在性以外的其他方面进行审计。具体到无记名有价证券来说，在实施监盘程序并取得盘点表之后，还应对（　　）方面另行审计。

A.报表披露　　B.所有权归属

C.会计记录归属期　　D.完整性

11.注册计师应当确定是否有必要实施函证以获取认定层次的充分、适当的审计证据。在作出决策时，注册会计师应当考虑（　　）两个主要因素。

A.评估的认定层次的重大错报风险

B.评估的财务报表层次的重大错报风险

C.函证程序所审计的认定

D.根据认定推论得出的审计目标

12.X公司委托Y公司代销其生产的K产品，双方约定X公司在接到代销清单后按清单上列示的销售量向Y支付劳务费，具体费用在Y公司向X公司支付销售款项（协议约定Y公司此时向X公司开具相关的销售发票）时扣除。注册会计师针对该事项向Y公司函证可以为（　　）认定提供相关、可靠的审计证据，但是不能为所列的其他认定提供

证据。

A.销售收入的发生　　B.存货的权利与义务

C.营业成本的准确性　　D.销售费用的截止

13.除非有特别证据或存在特殊理由，注册会计师应当对下列（　）实施函证。

A.零余额借款账户　　B.在本期内注销的银行存款账户

C.应收账款　　D.由其他单位代为保管的存货

14.对于被审计单位提供的合同、章程等复印件，必须（　）方能形成审计工作底稿。

A.注明资料来源　　B.将复印件与原件核对

C.形成审计结论　　D.注册会计师签名、盖章

15.注册会计师向被询证者寄发消极式的询证函后，如果在合理的时间后未收到回函，则可以据此认为被审计单位的记录不存在错报，但一般认为这样形成的审计结论可靠性较低，其原因是注册会计师无法排除（　）等情况。

A.被询证者可能不存在

B.被询证者可能尚未收到询证函

C.被询证者因双方信息一致认为不必回函

D.被询证者发现双方记载不一致后可能不回函

16.注册会计师实施审计时，应根据具体情况判断某一事项是否属于重大事项，并进而考虑在审计工作底稿中以重大事项概要的形式加以记录。如果实施一项审计程序的结果表明（　），则应将该结果归入重大事项。

A.以前对重大风险的评估正确　　B.审计报告的意见类型需要修正

C.无须修正应对重大风险的措施　　D.财务报表可能存在重大错报

17.以下与审计工作底稿复核相关的说法中，正确的有（　）。

A.对审计工作底稿的复核工作应当由至少与编制工作底稿的人员具备同等专业胜任能力的人员来实施

B.对工作底稿的复核必须留下证据，一般由复核者在所复核的工作底稿上签名、盖章并注明复核的日期

C.在项目内部复核的基础上，必须由独立人员对工作底稿实施项目质量控制复核，否则不能出具审计报告

D.复核范围因审计规模、审计复杂程度以及工作安排的不同而存在显著差异

18.注册会计师正在考虑在审计完成阶段使用分析程序的目的、方法和作用。以下有关对已审财务报表实施分析程序的各种说法中，你认可的有（　）。

A.确定经审计调整后的财务报表整体是否与对被审计单位的了解一致，是否具有合理性

B.根据分析程序形成的结果，评估此前计划的审计程序是否充分，是否有必要追加审计程序

C.对已审财务报表实施分析程序的技术、方法与对未审财务报表实施的分析程序相同

D.如果识别出以前未识别出的重大错报风险，应重新考虑重大错报风险的评估是否适当

19.分析程序是注册会计师审计过程中的重要审计程序。下列做法中属于分析性程序的有（ ）。

A.将本年毛利率与上年毛利率作比较

B.将本年期初余额与上年期末余额作比较

C.将本年修理费用总额与上年修理费用总额作比较

D.将本年折旧费用与上年折旧费用作比较

20.在运用分析程序进行总体复核时，如果识别出以前未识别出的重大错报风险，注册会计师应当重新考虑的内容有（ ）。

A.对各类交易、账户余额、列报评估的风险是否恰当

B.计划的审计程序是否充分，是否有必要追加审计程序

C.对内部控制有效性的测试结果是否可信

D.对重要性水平及检查风险的确定是否合理

21.在评价审计结果时，如果被审计单位尚未调整的错报的汇总数超过重要性水平，注册会计师应当采取的措施包括（ ）。

A.实施追加审计程序　　B.扩大控制测试范围

C.提请管理层调整财务报表　　D.发表保留意见

22.注册会计师在确定计划的重要性水平时，需要考虑（ ）。

A.审计单位及其环境

B.审计的目标

C.财务报表各项目的性质及其相互关系

D.财务报表项目的金额及其波动幅度

23.注册会计师在确定审计程序后，如果注册会计师决定接受更低的重要性水平，审计风险将增加，注册会计师应当选用（ ）方法将审计风险降至可接受的低水平。

A.扩大控制测试范围

B.实施追加的控制测试

C.通过修改计划实施的实质性程序的性质、时间安排和范围，降低检查风险

D.更多依赖实质性分析程序，提高审计程序的有效性

24.在编制M公司2020年度会计报表审计计划时，假定存在下述情况，注册会计师不能选择（ ）作为会计报表层次重要性水平。

A.2020年6月30日资产负债表重要性水平60万元

B.2020年1—6月利润表重要性水平80万元

C.2020年12月31日资产负债表重要性水平95万元

D.2020年度利润表重要性水平85万元

25.注册会计师在汇总评价被审计单位尚未调整的错报或漏报数额时，该汇总数可能包括（ ）。

A.前期尚未调整的错漏报　　B.本期尚未调整的错漏报

C.推断的错漏报　　　　　　　　　　D.期后事项及或有事项

26.注册会计师应当合理选用重要性水平的判断基础，采用固定比率、变动比率等方法确定财务报表层次的重要性水平。常用的判断基础包括（　　）。

A.资产总额　　　B.净资产　　　C.营业收入　　　D.净利润

27.注册会计师在把重要性水平分配到各账户时，应考虑（　　）。

A.特定账户发生错报的可能性　　　　B.特定账户余额水平

C.验证该账户可能需花费的成本　　　D.账户的重要性水平

三、判断题

1.重大错报风险的水平越高，审计人员可接受的检查风险水平越高。（　　）

2.如果尚未更正错报汇总数接近重要性水平，注册会计师可以发表无保留意见的审计报告。（　　）

3.如果尚未更正错报的汇总数超过重要性水平，注册会计师应当考虑通过实施追加的审计程序，或要求管理层修改财务报表降低审计风险。（　　）

4.审计业务是一种高保证程度的鉴证业务，可接受的审计风险应当足够低，以使注册会计师能够合理保证已审财务报表不存在重大错报。（　　）

5.注册会计师A负责对B公司2020年度财务报表进行审计，在评价审计结果时，尚未调整的错报、漏报的汇总数为18万元，在计划阶段确定的重要性水平只有12万元，注册会计师应当考虑扩大实质性程序范围或提请B公司调整其财务报表。（　　）

6.财务报表含有高度不确定性的大额估计，注册会计师在确定重要性水平时不需要考虑。（　　）

7.注册会计师王华在审计天成公司2019年度财务报表的长期股权投资项目时，在计划阶段确定该项目的重要性水平为8万元，而在完成阶段确定的重要性水平为6万元，这意味着王华所执行的审计程序不充分。（　　）

8.只要财务报表中仍然存在尚未调整的已发现错报、漏报，注册会计师就不应发表无保留意见。（　　）

四、简答题

1.注册会计师A和B对X公司2020年度会计报表进行审计，其未经审计的有关会计报表项目金额见表7-5：

表7-5　　未经审计的有关会计报表项目　　金额单位：万元

会计报表项目名称	金额
资产总计	180 000
股东权益合计	88 000
主营业务收入	240 000
利润总额	36 000
净利润	24 120

要求根据本案例回答：

（1）如果分别以资产总额、净资产（股东权益合计）、主营业务收入和净利润作为判断基础，采用固定比率法，并假定资产总额、净资产、主营业务收入和净利润的固定百分比数值分别为0.5%、1%、0.5%和5%，请计算确定X公司2020年度报表层次的重要性水平（请列示计算过程）。

（2）简要说明重要性水平与审计风险之间的关系。

（3）简要说明重要性水平与审计证据之间的关系。

（4）简要说明审计风险与审计证据之间的关系。

2.注册会计师执行审计业务，应按审计准则的要求获取充分、适当的审计证据，以证实管理层相关认定。下面是注册会计师针对既定审计目标获取的5组审计证据：

第1组。审计目标：应收账款是存在的。审计证据：应收账款函证汇总表（a）与应收账款明细表（A）。

第2组。审计目标：记录的关联方交易确实是已发生的。审计证据：直接从被审计单位的关联方获得的关于销售交易的函证回函（b）与从被审计单位获得的包括关联方交易金额的开户银行对账单（B）。

第3组。审计目标：原材料的计价正确。审计证据：通过实施监盘程序获得的存货盘点清单（c）与从被审计单位购买的原材料的卖方发票（C）。

第4组。审计目标：所有应付账款均已入账。审计证据：对被审计单位采购业务内部控制执行情况的观察记录（d）与对采购业务相关内部控制执行情况的询问记录（D）。

第5组。审计目标：金融资产的分类正确。审计证据：注册会计师与被审计单位管理层就被审计单位持有股票、债券等有价证券的目的进行沟通的记录（e）与通过函证金融机构获取的相关交易流水单复印件（E）。

要求：

（1）指出各组审计证据中可靠性较强的证据，并在表7-6相应空格中填列"√"。

（2）针对既定的审计目标，在每组证据中，指出相关性较强的证据，并请在表7-6相应空格中填列"√"。

表7-6　证据的可靠性与相关性

证据代码	第1组		第2组		第3组		第4组		第5组	
	a	A	b	B	c	C	d	D	e	E
可靠性高的证据										
相关性高的证据										

3.注册会计师A是U会计师事务所的业务质量控制负责人。目前正在对本所近期执行的审计项目进行业务检查。

在检查过程，A注意到以下情况：

第一，在X公司2020年度财务报表审计项目组中，注册会计师I负责对索引号为L-3-1，L-3-2，L-3-3，…，L-3-20的全部20张应收账款函证回函工作底稿进行复核。在完成复核工作后，I只在应收账款函证核对表及L-3-1号工作底稿上签名，但未在其余19张工作底稿上签名。

第二，在Y公司2020年度财务报表的审计工作底稿中，项目组成员J针对同一事项先后编制了两张结论相互矛盾的工作底稿。其中一张工作底稿特别注明Y公司根据审计意见进行调整后矛盾已经解决。

根据检查中发现的普遍性问题，A建议在本所原有规定的基础上增加以下与审计工作底稿相关的规定，以完善本所的业务质量控制制度：

（1）如果审计客户采用计算机处理业务，应直接获取以电子信息形式存在的资料。为便于复核，应将相关资料打印，形成纸质工作底稿，以代替原电子形式的工作底稿。

（2）对于直接从审计客户获取的有关合同、章程等重要文件的原件，凡需要形成审计工作底稿的，执行业务的审计小组成员必须亲自复印，并将复印件与原件相核对。

（3）在审计工作中，如果注册会计师向被审计单位管理层出具了内部控制存在重大缺陷的管理建议书，应作为重要的审计工作底稿归档，保存期限不得少于5年。

要求：请根据审计准则中与审计工作底稿相关的规定，指出I和J的做法是否符合规定，并指出A提出的3条建议是否存在问题，简要说明理由。

五、分析题

重大错报风险是指财务报表中存在重大错报的可能性。由于审计人员对财务报表进行审计的目的就是发现客户财务报表中存在的重大错报，因此识别和评价重大错报风险就是审计人员必须予以特别关注的问题。

背景资料：煤源集团是一家中型煤炭企业，主营煤炭采选、销售自产煤炭、煤炭运输等业务，同时还生产并销售自产的相关矿山机械，进行矿区内的房地产开发，并提供餐饮、住宿等相关服务。另外，该集团还从事煤矸石系列建材产品的生产和销售业务。

越华会计师事务所是煤源集团的审计机构，双方签订了2020年度财务报表审计业务约定书。越华会计师事务所启动了针对煤源集团2020年度财务报表审计的计划工作，已经拿到的财务报表显示：煤源集团2020年主营业务收入为18.75亿元（2019年主营业务收入15.45亿元）；税前净利为8 400万元（2019年税前净利为7 650万元）；资产总额为14.25亿元（2019年资产总额为13.5亿元）。

除此之外，注册会计师还了解到有关煤源集团的其他信息：

（1）煤源集团的相关矿山机械主要销售给5个重要客户，这些客户采用分期付款的方式支付货款。第一期付款的到期日是订单得到确认的日期，支付货款总额的50%；第二期付款的到期日是矿山机械送达的日期，支付货款总额的25%；第三期付款的到期日是矿山机械在客户的煤矿成功安装的日期，支付货款总额的25%。通常情况下，煤源集团的相关矿山机械从确认订单到最终安装完成大概需要6个月时间。

（2）在2020年12月31日，煤源集团应收账款明细账显示东青乡煤矿有1笔4 275万元的欠款。这是一笔有争议的欠款，煤源集团销售给东青乡煤矿的矿山机械已经在2016年9月安装完成，并且煤源集团执行总裁原利称该机械已成功运转，但是东青乡煤矿却拒绝支付第三期款项。

（3）煤源集团的另一个客户西井镇煤矿在2020年12月通过其律师与煤源集团取得联系，要求煤源集团就其钻孔机故障造成一名操作员手臂严重受伤的事件进行赔偿。煤源集团的执行总裁原利告诉注册会计师完全可以忽略这一事件的影响，因为众所周知，西井镇煤矿的安全条件很差，员工的健康福利也很缺乏，曾多次被媒体曝光，也收到过监管部门的整改通令，因此这次事故完全是西井镇煤矿的责任。为此，煤源集团对于西井镇煤矿在2020年11月发出的两个订单也已经取消了确认。

（4）2020年12月17日，煤源集团进行了所有存货的期末盘点，总工程师根据生产完工进度，估计2020年12月31日在产品的期末计价为1.275亿元。

（5）煤源集团生产的一种矿山机械的主机是从国外供货商处采购的，该供货商是一家芬兰公司，要求煤源集团支付欧元。煤源集团2020年12月31日流动负债中记录的2 250万元的应付账款就是欠该芬兰供货商的货款。

（6）煤源集团对外销售的矿山机械都附带一年的质量保障，即对在一年内由于机械本身原因出现的故障负责免费维修。2020年，煤源集团资产负债表上计提的质量保证准备金是3 750万元（2019年该准备金为3 600万元）。该项准备是煤源集团的执行总裁原利根据客户所报告故障的维修成本估计得出的。

（7）煤源集团的执行总裁原利拥有煤源集团60%的股份，同时还拥有海蓝集团55%的股份，海蓝集团将其拥有的一处建筑物租赁给煤源集团作为公司总部。

（8）煤源集团的执行总裁原利正在考虑在2021年1月末出售其在煤源集团的部分股份，因此希望注册会计师能够尽快完成审计工作。

讨论问题：

1.根据已经掌握的信息，识别并解释注册会计师可能面临的重大错报风险，在计划煤源集团2020年度审计项目时，注册会计师还需要考虑哪些问题？

2.针对煤源集团计提的产品质量保证准备金，注册会计师应该执行哪些审计程序？

3.针对诸如煤源集团这样的具体审计项目，越华会计师事务所应该执行哪些质量控制程序？

第三部分

实施审计

项目八　筹资与投资循环审计

人物谱

李若山，全国MPAcc教育指导委员会委员、财政部会计准则委员会咨询专家、上海证券交易所上市公司专家委员会委员。李若山教授是新中国成立后的第一位审计学博士，曾获得国务院学位办及教育部授予的“在工作中作出突出贡献的中国博士学位获得者”称号，先后留学比利时、美国，已在国内外杂志上发表论文200多篇，出版专项教材等15部。

筹资活动是指企业为满足生存和发展的需要，通过改变企业资本及债务规模和构成而进行的资金筹集活动。投资活动是指企业为享有被投资单位分配的利润，或为谋求其他利益，将资产让渡给其他单位而获得另一项资产的活动。

【知识目标】

1.了解被审计单位筹资与投资循环的业务活动。

2.了解评估该业务循环的认定层次的重大错报风险。

3.掌握进一步审计程序，包括控制测试和实质性程序。

4.掌握短期借款、长期借款、长期股权投资和投资收益的审计目标和实质性程序。

5.了解所有者权益项目审计和其他相关项目审计的内容。

【能力目标】

1.能实施筹资与投资循环的控制测试。

2.能对长期借款和长期股权投资实施实质性测试。

3.能根据相关的测试资料编制审计工作底稿。

案例导引 **世通公司破产案**

世通公司曾是全球电信业巨头、美国第二大长途电话公司。为了弥补网络线路的不足，世通公司租用了其他公司的网络线路，同时，公司将租金费用计入了本公司的长期资本投资项目，长期资本投资项目的总金额高达38亿美元。

根据美国会计准则，长期资本投资项目的性质不同于日常开支，是专门购买长期资产的财务项目，并规定日常开支必须立即从利润中扣除。日常开支项目属于费用支出，而资本投资却是能够带来效益的支出。

世通公司将应该费用化的38亿美元研发费用进行了资本化处理，因此公司从巨额亏损变成盈利15亿美元。如果没有这个违规入账，世通公司2001年度和2002年第一季度应该为巨额亏损，而不是其所公布的2001年利润14亿美元和2002年第一季度的利润1.3亿美元。世通公司并不是不懂得美国的会计准则，而是为了虚报利润，粉饰财务报表，制造盈利的假象。

世通公司利用与负责审计的会计公司安达信存在相互依存的利害关系，凭借雄厚财力，以支付高额审计费和咨询费为诱饵，千方百计收买安达信。同时，安达信为了自身的经济利益及保持行业竞争优势，为了争取与大企业保持长期的业务伙伴关系，在审计问题上对其账目也是“睁一只眼闭一只眼”。

真相暴露后，2002年7月21日，世通公司宣布申请破产保护，成为美国历史上最大的破产案，打破了安然公司半年前创下的纪录。

资料来源 根据相关资料整理得到。

请分析：世通公司破产案带来的启示。

分析提示：世通公司由小变大，由大变空，最终走向破产，教训是沉痛的。它启示注册会计师要恪守职业道德，加强对企业筹资与投资业务的审计。

任务一 筹资与投资循环控制测试

任务描述

ABC股份有限公司是一家上市公司，从事投资、设备制造等方面的业务。N会计师事务所在2021年2月份接受了对该公司2020年度财务报表的审计业务，并指派注册会计师甲、乙二人对ABC公司2020年度投资业务的相关内部控制进行了解和控制测试，同时对部分财务资料进行了预审。在预审过程中，注册会计师乙了解到以下情况：

ABC公司的股票、债券的买卖业务须由董事会批准，经董事长签字后，由财务经理王某具体办理，但在具体办理的过程中，遇到股票价格大幅波动等异常情况时，王某可自行决定买进或卖出，并在事后及时向董事长汇报并备案。该项业务由指定的专职财务人员张某负责进行会计记录和账务处理，李某、赵某负责股票及债券的保管。每月末，由内部审计人员胡某组织财务经理王某、财务人员张某、保管人李某和其他人员共同参与股票、债券的定期盘点以及与账面记录的核对，以确定股票、债券的真实性、完整性、准确性。

针对以上情况，请指出ABC公司股票、债券交易的相关内部控制是否存在缺陷，并说明原因。

相关知识

一、筹资与投资循环涉及的主要凭证和会计记录

（一）筹资活动的凭证和会计记录

筹资活动的凭证和会计记录有：

（1）公司债券。公司债券是指公司依据法定程序发行、约定在一定期限内还本付息的有价证券。

（2）股本凭证。股本凭证是公司签发的证明股东所持股份的凭证。

（3）债券契约。债权契约是明确债券持有人与发行企业双方所拥有的权利与义务的法律性文件，其内容一般包括：债券发行的标准；债券的明确表述；利息或利息率；受托管理人证书；登记和背书；如系抵押债券，其所担保的财产；债券发生拖欠情况如何处理，以及对偿债基金、利息支付、本金返还等的处理。

（4）股东名册。发行记名股票的公司应记载的内容一般包括：股东的姓名或者名称及住所；各股东所持股份数；各股东所持股票的编号；各股东取得其股份的日期。发行无记名股票的，公司应当记载其股票数量、编号及发行日期。

（5）公司债券存根簿。发行记名公司债券应记载的内容一般包括：债券持有人的姓名或者名称及住所；债券持有人取得债券的日期及债券的编号；债券总额、债券的票面金额、债券的利率、债券还本付息的期限和方式；债券的发行日期。发行无记名债券的，应当在公司的债券存根簿上记载债券总额、利率、偿还期限和方式、发行日期和债券编号。

（6）承销或包销协议。公司向社会公开发行股票或债券时，应当由依法设立的证券经营机构承销或包销，公司应与其签订承销或包销协议。

（7）借款合同或协议。公司向银行或其他金融机构借入款项时，应与其签订合同或协议。

（8）有关记账凭证。

（9）有关会计科目的明细账和总账。

（二）投资活动的凭证和会计记录

投资活动的凭证和会计记录有：

（1）股票或债券。

（2）经纪人通知书。

（3）债券契约。

（4）企业的章程及有关协议。

（5）投资协议。

（6）有关记账凭证。

（7）有关会计科目的明细账和总账。

二、筹资与投资循环涉及的主要业务活动

（一）筹资所涉及的主要业务活动

1.审批授权

企业通过借款方式筹集资金须经管理层的审批，其中债券的发行每次均要由董事会授权。企业发行股票必须依据国家有关法规或企业章程的规定，报经企业最高权力机构（如董事会）及国家有关管理部门批准。

2.签订合同或协议

企业向银行或其他金融机构融资须签订借款合同，发行债券须签订债券契约和债券承销或包销合同。

3.取得资金

企业实际取得银行或金融机构划入的款项或债券、股票的融入资金。

4.计算利息或股利

企业应按有关合同或协议的规定及时计算利息或股利。

5.偿还本息或发放股利

企业向银行借款或发行债券应按有关合同或协议的规定偿还本息，融入的股本根据股东大会的决定发放股利。

（二）投资所涉及的主要业务活动

1.审批授权

投资业务应由企业的高层管理机构审批。

2.取得证券或其他投资

企业可以通过购买股票或债券进行投资，也可以通过与其他单位联合形成投资。

3.取得投资收益

企业可以取得股权投资的股利收入、债券投资的利息收入和其他投资收益。

4.转让证券或收回其他投资

企业可以通过转让证券实现投资的收回。其他投资一经投出，除联营合同期满或由于其他特殊原因联营企业解散外，一般不得抽回投资。

三、筹资与投资循环的内部控制

（一）筹资活动的内部控制

1.合理的职责分工

（1）筹资预算的编制、批准、执行、考核相分离。

（2）筹资方案的拟订与决策相分离。

（3）筹资合同或协议的批准与订立相分离。

（4）与筹资相关各种款项的偿付批准与执行相分离。

（5）筹资业务的执行与会计记录相分离。

2.授权审批

重大的筹资活动应由董事会或最高管理层决策，再由财务人员执行；较小规模的筹资活动可由财务负责人决定。

3.签订合同或协议

签订合同或协议应当符合相关法律规定，变更合同或协议要按照原批准授权程序进行。

4.详尽的会计核算制度

对筹资活动的会计记录要求入账及时、金额正确、方法合理、记录期间恰当。

5.完善的实物保管和定期对账制度

债券和股票应设置相应的登记簿，详细记录已核准发行的债券和股票有关事项，对增资配股以及未发行的债券也要进行详细的记录和保管。定期将本金、应付利息与债权人核对，或与外部保荐机构核对，如有不符，应立即查明原因。

无论是否依赖内部控制，注册会计师均应对筹资活动的内部控制进行足够的了解，以识别错报的类型、方式及发生的可能性。如果企业应付债券业务不多，注册会计师可根据成本效益原则采取实质性方案；如果企业应付债券业务繁多，注册会计师就可考虑采取综合性方案。如果决定采取综合性方案，则应进行控制测试。

【练一练 8-1】

筹资活动涉及的主要凭证和会计记录的有（　　）。

A.股东名册

B.企业的章程

C.承销或包销协议

D.投资协议

（二）投资活动的内部控制

一般来讲，投资活动的内部控制主要包括下列内容：

1.合理的职责分工

投资业务应在业务的授权、业务的执行、业务的会计记录以及投资资产的保管等方面都有明确的分工，不得由一人同时负责上述任何两项工作。比如，投资业务在得到企业高层管理机构核准后，可由高层负责人员授权批准，由财务经理办理具体的股票或债券的买卖业务，由会计部门负责进行会计记录和财务处理，并由专人保管股票或债券。

2.健全的资产保管制度

企业对投资资产（指股票和债券资产）一般有两种保管方式：

①由独立的专门机构保管，可以防止各种证券及单据的失窃或毁损，并且由于其与投资业务的会计记录工作完全分离，可以大大降低舞弊的可能性。

②由企业自行保管，采用这种方式，至少要由两名人员共同保管，不得一人单独保管证券。

3.详尽的会计核算制度

企业的投资资产无论是自行保管还是由他人保管，都要进行完整的会计记录，并对其增减变动及投资收益进行相关会计核算。

4.严格的记名登记制度

除无记名证券外，企业在购入股票或债券时应在购入的当日尽快登记在企业名下，切忌登记于经办人员名下，防止冒名转移并借其他名义牟取私利的舞弊行为发生。

5.完善的定期盘点制度

对于企业所拥有的投资资产，应由内部审计人员或不参与投资业务的其他人员进行定期盘点，检查其是否确实存在，并将盘点记录与账面记录相互核对，以确认账实的一致性。

【练一练 8-2】

投资的内部控制制度一般不包括（　　）。

A.内部核查程序

B.健全的资产保管制度

C.详尽的会计核算制度

D.完善的定期盘点制度

四、筹资与投资循环的风险识别与评估

（一）确定可能发生错报的环节

注册会计师需要确认和了解筹资与投资循环的错报在什么环节发生，即确定被审计单位应在哪些环节设置控制点，以防止或发现并纠正各重要交易流程中可能发生的错报。不相容职能未分离、职能单位履行不当、截止不当、高层操控等都可能导致错报。

（二）识别和评价相关控制，进行风险评估

注册会计师应当了解筹资与投资循环相关内部控制以及可能发生错报的环节的关键控制状况。注册会计师通过了解筹资与投资循环的内部控制，选择一笔或几笔筹资与投资交易进行穿行测试，通过追踪整个交易流程，考虑之前对交易流程和相关控制的了解是否正确和完整，并确定相关控制是否得到执行，对相关控制的设计和执行情况进行评价，同时结合对被审计单位其他方面的了解，评估重大错报风险，以确定进一步审计程序的性质、时间安排和范围。

五、筹资与投资循环的控制测试

筹资与投资循环的控制测试目标以及常用的控制测试可参见表 8-1、表 8-2。

在审计实务中，注册会计师应根据以下两表所列示的内容，从实际出发，将其转换为更实用、更高效的审计计划。

表 8-1 **筹资活动控制测试一览表**

控制目标	内部控制	常用的控制测试
1.记录的筹资交易均是真实发生的交易（发生）	借款经过授权审批；签订借款合同或协议等相关法律文件	索取借款的授权批准文件，检查审批手续是否齐全；检查借款合同或协议
2.筹资交易均已记录（完整性）	负责借款业务的信贷管理员根据综合授信协议或借款合同，逐笔登记借款备查簿，并定期与信贷记账员的借款明细账核对；定期与债权人核对账目	询问借款业务的职责分工情况及内部对账情况；检查被审计单位是否定期与债权人核对账目
3.筹资交易均已以恰当的金额计入恰当的期间（准确性和截止）	负责借款业务的信贷管理员根据综合授信协议或借款合同，逐笔登记借款备查簿，并定期与信贷记账员的借款明细账核对；定期与债权人核对账目；会计主管复核	询问借款业务的职责分工情况及内部对账情况；检查被审计单位是否定期与债权人核对账目；检查会计主管复核记录
4.筹资交易均已记入恰当的账户（分类）	使用会计科目核算说明；会计主管复核	询问会计科目表的使用情况；检查会计主管复核记录

表 8-2 **投资活动的控制测试一览表**

控制目标	内部控制	常用的控制测试
1.记录的投资交易均是真实发生的交易（发生）	投资经过授权审批	索取投资授权批准文件，检查审批手续是否齐全
2.投资交易均已记录（完整性）	投资管理员根据交易流水单，对每笔投资交易记录进行核对、存档，并在交易结束后一个工作日内将交易凭证交投资记账员；投资记账员编制转账凭证，并附相关单据，提交会计主管复核，复核无误后进行账务处理；每周末，投资管理员与投资记账员就投资类别、资金统计进行核对，并编制核对表，分别由投资管理经理、财务经理复核并签字，如有差异，立即调查；对所投资的有价证券或金融资产定期盘点，并与账面记录相核对；定期与被投资单位或交易对方核对账目	询问投资业务的职责分工情况及内部对账情况；检查被审计单位是否定期与交易对方或被投资方核对账目
3.投资金额均以恰当的金额计入恰当的期间（准确性和截止）	定期与被投资单位或交易对方核对账目；会计主管复核	检查被审计单位是否定期与债权人核对账目；检查会计主管复核记录
4.投资交易均已记入恰当的账户（分类）	使用会计科目核算说明；会计主管复核	询问会计科目表的使用情况；检查会计主管复核记录

任务实施

股票、债券买卖业务的内部控制中存在两处缺陷：

（1）在紧急情况下由王某自行决定并实施，这使得王某失去制约，董事会的批准流于形式，无法保证股票、债券的安全、完整。

（2）每月月末由内部审计人员胡某组织财务经理王某、财务人员张某、保管人李某和其他人员参与股票、债券的盘点违反了不相容职务分离的基本要求。

◆ 注意事项

由于行业性质、企业规模、内部控制制度的健全程度和执行结果不同，同时受审计时间、费用的限制，注册会计师除了确保审计质量、审计效果外，还必须尽可能提高审计效率，尽可能地消除重复的测试程序，保证检查某一凭证时能够一次性地完成对该凭证的全部审计测试程序，并按最有效的顺序实施审计测试。

任务二　借款项目审计

任务描述

资料一：接任务一的描述，由于ABC公司生产W产品的原料需要从国外进口，2020年发生了一笔外币短期借款业务：10月20日，ABC公司以1：6.4的市场汇率从某工商银行借入100万美元，会计记录（ABC公司没有发生其他短期借款业务）为：借记“银行存款”640万元；贷记“短期借款”640万元。年末，美元对人民币的市场汇率变为1：6.3，ABC公司编制会计报表时，短期借款项目的金额仍为640万元。经查，ABC公司为简化处理，减少差错，财务部门发生外币短期借款业务及期末编制会计报表时均按发生当时的市场汇率折算，折算差额计入财务费用。

请针对上述情况，指出ABC公司的相关会计处理是否符合会计准则和制度的规定，在需要调整的情况下，列出调整分录（不考虑调整对相关税费的影响）。

资料二：ABC公司新建加工车间，使用了2019年1月初从某建设银行借入的年利率为6%、期限为2年的一般长期借款1 000万元。该车间自2019年7月1日开工建设，于2020年6月30日交付使用，但至2020年12月31日仍未办理竣工决算。ABC公司以该项建筑工程尚未转入固定资产为由，未对新建车间计提折旧，并将2020年度发生的60万元借款费用计入在建工程。

请针对上述情况，指出ABC公司的相关会计处理是否符合会计准则和制度的规定，在需要调整的情况下，列出调整分录（不考虑调整对相关税费的影响）。

相关知识

借款是企业承担的一项经济义务，也是企业的负债项目。在一般情况下，被审计单位不会高估负债，因为这样对于自身的发展不利，且难以与债权人的会计记录相互印证。为了正确反映企业的财务状况和经营成果，必须将企业的负债完整地列示在资产负债表中，并正确地予以计价。注册会计师对于负债项目的审计，主要是防止企业低估债务。下面以短期借款审计、长期借款审计为例来阐述借款相关项目的审计。

一、短期借款的审计

（一）短期借款的审计目标

短期借款的审计目标一般包括：

（1）确定资产负债表中记录的短期借款是否存在。

（2）确定所有应当记录的短期借款是否均已记录。

（3）确定记录的短期借款是否为被审计单位应当履行的现时义务。

（4）确定短期借款是否以恰当的金额包括在财务报表中，与之相关的计价调整是否已恰当记录。

（5）确定短期借款是否已按照企业会计准则的规定在财务报表中作出恰当列报。

（二）短期借款的实质性程序

短期借款的实质性程序通常包括：

（1）获取或编制短期借款明细表。注册会计师应首先获取或编制短期借款明细表，复核其加计数是否正确，并与明细账和总账数核对是否相符。

（2）函证短期借款的实有数。注册会计师应在期末短期借款余额较大或认为必要时向银行或其他债权人函证短期借款。

（3）检查短期借款的增加。对年度内增加的短期借款，注册会计师应检查借款合同和授权批准文件，了解借款数额、借款条件、借款日期、还款期限、借款利率，并与相关会计记录相核对。

（4）检查短期借款的减少。对年度内减少的短期借款，注册会计师应检查相关记录和原始凭证，核实还款数额。

（5）检查有无到期未偿还的短期借款。注册会计师应检查相关记录和原始凭证，检查被审计单位有无到期未偿还的短期借款，如有，则应查明是否已向债权人提出申请并经同意后办理延期手续。

（6）复核短期借款利息。注册会计师应根据短期借款的利率和期限，复核被审计单位短期借款的利息计算是否正确，有无多算或少算利息的情况，如有多计利息和未计利息，应做好记录，必要时进行调整。

（7）检查外币借款的折算。如果被审计单位有外币短期借款，注册会计师应检查外币短期借款的增减变动是否按业务发生时的市场汇率或期初市场汇率折合为记账本位币金额；期末是否按市场汇率将外币短期借款余额折合为记账本位币金额；折算差额是否按规定进行了会计处理；折算方法是否前后期一致。

（8）检查短期借款在资产负债表上的列报是否恰当。企业的短期借款在资产负债表上通常设“短期借款”项目单独列示，对于因抵押而取得的短期借款，应在资产负债表附注中揭示。注册会计师应注意被审计单位对短期借款项目的披露是否充分。

二、长期借款的审计

（一）长期借款的审计目标

长期借款的审计目标一般包括：

（1）确定资产负债表中记录的长期借款是否存在。

（2）确定所有应当记录的长期借款是否均已记录。

（3）确定记录的长期借款是否为被审计单位应当履行的现时义务。

（4）确定长期借款是否以恰当的金额包括在财务报表中，与之相关的计价调整是否已恰当记录。

（5）确定长期借款是否已按照企业会计准则的规定在财务报表中作出恰当列报。

（二）长期借款的实质性程序

同短期借款一样，长期借款也是企业向银行或其他金融机构借入的款项，因此长期借款的实质性程序同短期借款较为相似。长期借款的实质性程序通常包括：

（1）获取或编制长期借款明细表，复核其加计数是否正确，并与明细账和总账核对是否相符。

（2）了解金融机构对被审计单位的授信情况以及被审计单位的信用等级评估情况，了解被审计单位短期借款和长期借款的抵押和担保情况，评估被审计单位的信誉和融资能力。

（3）对年度内增加的长期借款，应检查借款合同和授权批准文件，了解借款数额、借款条件、借款日期、还款期限、借款利率，并与相关会计记录相核对。

（4）检查长期借款的使用是否符合借款合同的规定，重点检查长期借款使用的合理性。

（5）向银行或其他债权人函证重大的长期借款。

（6）对年度内减少的长期借款，注册会计师应检查相关记录和原始凭证，核实还款数额。

（7）检查年末有无到期未偿还的借款，逾期借款是否办理了延期手续；分析计算逾期借款的金额、比率和期限，判断被审计单位的资信状况和偿债能力。

（8）计算短期借款、长期借款在各个月份的平均余额，选取适用的利率计算利息支出总额，并与财务费用的相关记录核对，判断被审计单位是否高估或低估利息支出，必要时进行适当调整。

（9）检查非记账本位币折合记账本位币时采用的折算汇率，折算差额是否按规定进行了会计处理。

（10）检查借款费用的会计处理是否正确。借款费用，是指企业因借款而发生的利息及其他相关成本，包括折价或溢价的摊销、辅助费用以及因外币借款而发生的汇兑差额。按照《企业会计准则第17号——借款费用》的规定，企业发生的借款费用，符合资本化条件的，应当予以资本化，计入相关资产成本；其他借款费用，应当在发生时根据其发生额确认费用，计入当期损益。

（11）检查企业长期借款的抵押资产的所有权是否属于企业，其价值和实际状况是否与抵押契约中的规定相一致。

(12) 检查企业重大的资产租赁合同，判断被审计单位是否存在资产负债表外融资的现象。

(13) 检查长期借款是否已在资产负债表上充分披露。

长期借款在资产负债表上列示于长期负债类下，该项目应根据“长期借款”科目的期末余额扣减将于一年内到期的长期借款后的数额填列，该项扣除数应当填列在流动负债类下的“一年内到期的长期负债”项目单独反映。注册会计师应根据审计结果，确定被审计单位长期借款在资产负债表中的列示是否充分，并注意长期借款的抵押和担保是否已在财务报表附注中作了充分的说明。

【练一练 8-3】

审计人员为确定长期借款账户余额的真实性，可以进行函证。函证的对象应当是（　　）。

A.公司的律师

B.金融监管机构

C.银行或其他有关债权人

D.公司的主要股东

【练一练 8-4】

为检查被审计单位长期借款是否已在资产负债表上充分披露，注册会计师应当检查（　　）。

A.一年内到期的长期借款是否已作为流动负债单独反映

B.长期借款的抵押和担保是否已在会计报表注释中作了充分说明

C.长期借款已计利息是否正确，会计处理是否正确

D.长期借款的期末余额是否已扣除一年内到期的长期借款数额

【练一练 8-5】

在对长期借款进行实质性测试时，注册会计师一般应获取的证据包括（　　）。

A.长期借款明细表

B.长期借款合同和授权批准文件

C.相关抵押资产的所有权证明文件

D.函证回函

任务实施

资料一：按照会计准则的规定，ABC公司在发生外币短期借款业务时按当时的市场汇率折算是恰当的，但在编制会计报表时应按期末市场汇率1∶6.3折算。企业在期末仍然按业务发生时的市场汇率1∶6.4进行折算，违反了会计准则的规定。应建议ABC公司作以下调整：

借：短期借款　　　　100 000

贷：财务费用　　　　100 000

资料二：ABC公司的会计处理有两处不符合会计准则的规定。

（1）将2020年发生的借款费用60万元全部计入在建工程的会计处理不符合会计准则的规定。注册会计师应建议ABC公司将7月1日至12月31日之间的借款费用从在建工程冲回，记入“财务费用”科目，调整分录为：

借：财务费用　　　　300 000

贷：在建工程　　　　300 000

（2）未将已投入使用的新建车间转入固定资产。按照会计准则的规定，在建工程在交付使用时应按暂估价转入固定资产，待竣工决算后按决算价值进行适当调整。注册会计师应建议ABC公司作相应调整。

◆ 注意事项

注册会计师在执行借款业务审计时，应该将被审计单位是否低估借款作为关注的重点。

任务三　所有者权益项目审计

任务描述

审计人员李欣在审计ABC公司时，发现：

（1）A公司在ABC公司注册后不久即有一笔与投资额相等的资金减少，李欣怀疑实收资本存在问题。

（2）李欣发现该公司对盘亏的国有固定资产300 000元，先后作了如下账务处理：

借：待处理财产损溢——待处理固定资产损溢　　　　300 000

贷：固定资产　　　　300 000

借：实收资本——国家投入资本　　　　300 000

贷：待处理财产损溢——待处理固定资产损溢　　　　300 000

（3）假设审计人员李欣在审查ABC公司2020年“盈余公积”账户时，查明盈余公积期初余额400 000元，本期提取30 000元；审查“本年利润”账户，查明该公司2020年实现净利润300 000元；审查“实收资本”账户，查明当年实收资本期末余额800 000元。

根据以上资料，请指出ABC公司业务处理上存在的问题，并加以调整。

相关知识

所有者权益，是指企业投资者对企业净资产的所有权，包括投资者对企业的投入资本以及企业生存发展过程中形成的资本公积、盈余公积和未分配利润。根据资产负债表的平衡等式，所有者权益在数量上等于企业的全部资产减去全部负债后的余额，即企业净资产数额。如果注册会计师能够对企业的资产和负债进行充分的审计，证明两者的期初余额、期末余额和本期变动都是正确的，这就能从侧面为所有者权益的期末余额和本期变动的正确性提供有力的证据。

一、实收资本（股本）审计

（一）实收资本（股本）的审计目标

实收资本（股本）的审计目标一般包括：

（1）确定资产负债表中记录的实收资本（股本）是否存在。

（2）确定所有应当记录的实收资本（股本）是否均已记录。

（3）确定实收资本（股本）是否以恰当的金额包括在财务报表中。

（4）确定实收资本（股本）是否已按照企业会计准则的规定在财务报表中作出恰当列报。

（二）实收资本（股本）的实质性程序

实收资本（股本）的实质性程序通常包括：

（1）查阅公司章程中有关实收资本（股本）的规定。收集与实收资本（股本）变动有关的董事会会议纪要、合同、协议、公司章程及营业执照，查阅公司设立批文、验资报告等法律性文件，并更新永久性档案。

（2）检查出资方式及比例。检查实收资本（股本）增减变动的原因，查阅其是否与董事会会议纪要、补充合同、协议及其他有关法律性文件的记录一致，逐笔追查至原始凭证，检查其会计处理是否正确。注意有无抽资或变相抽资的情况，如有，应取证核实，恰当处理。对首次接受委托的被审计单位，除取得验资报告外，还应检查并复印记账凭证及进账单。

（3）获取或编制实收资本（股本）增减变动情况明细表，复核加计是否正确，与报表数、总账数和明细账合计数核对是否相符。

（4）对于以资本公积、盈余公积和未分配利润转增资本的，应取得股东（大）会决议等资料，并审核是否符合国家有关规定。

（5）以权益结算的股份支付，应取得相关资料，检查是否符合相关规定。

（6）根据证券登记公司提供的股东名录，检查被审计单位及其子公司、合营企业与联营企业是否有违反规定的持股情况。

（7）以非记账本位币出资的，检查其折算汇率是否符合规定，折算差额的会计处理是否正确。

（8）检查认股权证及其有关交易，确定委托人及认股人是否遵守认股合约或认股权证中的有关规定。

（9）检查实收资本（股本）的列报是否恰当。

二、资本公积审计

资本公积是由非经营性因素形成的不能计入实收资本的所有者权益，主要包括投资者实际缴付的出资额超过其资本份额的差额（如资本溢价、股本溢价）和其他资本公积等。

（一）资本公积的审计目标

资本公积的审计目标一般包括：

（1）确定资产负债表中记录的资本公积是否存在。

（2）确定所有应当记录的资本公积是否均已记录（资本公积的增减变动是否符合法律、法规、合同、章程的规定）。

（3）确定资本公积是否以恰当的金额包括在财务报表中。

（4）确定资本公积是否已按照企业会计准则的规定在财务报表中作出恰当列报。

（二）资本公积的实质性程序

资本公积的实质性程序通常包括：

（1）获取或编制资本公积明细表，复核加计是否正确，并与报表数、总账数和明细账合计数核对是否相符。

（2）收集与资本公积变动有关的股东（大）会决议、董事会会议纪要、资产评估报告等文件资料，更新永久性档案。首次接受被审计单位委托的，应检查期初资本公积的原始发生依据。

（3）根据资本公积明细账，对股本溢价、其他资本公积各明细的发生额逐项进行审查至原始凭证。

（4）检查资本公积各项目，考虑对所得税的影响。

（5）记录资本公积中不能转增资本的项目。

（6）确定资本公积的列报是否恰当。

【练一练 8-6】

注册会计师对资本公积进行实质性测试的内容不包括（　　）。

A. 资本溢价或股本溢价

B. 资本折算差额

C. 弥补亏损的处理

D. 股权投资准备

三、盈余公积审计

盈余公积是企业按照规定从税后利润中提取的积累资金，是具有特定用途的留存收益，主要用于弥补亏损和转增资本，也可以按规定用于分配股利。盈余公积包括法定盈余公积和任意盈余公积。

（一）盈余公积的审计目标

盈余公积的审计目标一般包括：

（1）确定资产负债表中记录的盈余公积是否存在。

（2）确定被审计单位所有应当记录的盈余公积是否均已记录，盈余公积的增减变动是否符合法律、法规、合同、章程的规定。

（3）确定盈余公积是否以恰当金额包括在财务报表中，与之相关的计价调整是否已恰当记录。

(4) 确定盈余公积是否已按照企业会计准则的规定在财务报表中作出恰当列报。

(二) 盈余公积的实质性程序

盈余公积的实质性程序通常包括：

(1) 取得或编制盈余公积明细表，复核加计是否正确，并与报表数、总账数和明细账合计数核对是否相符。

(2) 收集与盈余公积变动有关的董事会会议纪要、股东（大）会决议以及政府主管部门、财政部门批复的文件资料，进行审阅，并更新永久性档案。

(3) 对法定盈余公积和任意盈余公积的发生额逐项审查至原始凭证。

(4) 如系中外合作经营企业，应对利润归还投资的发生额审查至原始凭证，并与“实收资本——已归还投资”科目的发生金额核对，检查会计处理是否正确。

(5) 如系外商投资企业，应对储备基金、企业发展基金的发生额逐项审查至原始凭证，审查其是否符合有关规定，会计处理是否正确。

(6) 确定盈余公积的列报是否恰当。

四、未分配利润审计

未分配利润是指未作分配的净利润，即这部分利润没有分配给投资者，也未指定用途。未分配利润是企业当年税后利润在弥补以前年度亏损、提取公积金和公益金以后加上上年年末未分配利润，再扣除向所有者分配的利润后的结余额，是企业用于以后年度分配的利润。它是企业历年积存的利润分配后的余额，也是所有者权益的重要组成部分。企业的未分配利润通过“利润分配——未分配利润”明细科目核算，其年末余额反映了历年积存的未分配利润（或未弥补亏损）。

(一) 未分配利润的审计目标

未分配利润的审计目标一般包括：

(1) 确定资产负债表中记录的未分配利润是否存在。

(2) 确定被审计单位所有应当记录的未分配利润是否均已记录，未分配利润增减变动是否符合法律、法规和章程的规定。

(3) 确定未分配利润是否以恰当的金额包括在财务报表中，与之相关的计价调整是否已恰当记录。

(4) 确定未分配利润是否已按照企业会计准则的规定在财务报表中作出恰当列报。

(二) 未分配利润的实质性程序

未分配利润的实质性程序通常包括：

(1) 获取或编制利润分配明细表，复核加计是否正确，与报表数、总账数及明细账合计数核对是否相符。

(2) 检查未分配利润期初数与上期审定数是否相符，涉及损益的上期审计调整是否正确入账。

(3) 收集和检查与利润分配有关的董事会会议纪要、股东（大）会决议、政府部门批文及有关合同、协议、公司章程等文件资料，更新永久性档案。对照有关规定，确认利润分配的合法性。检查对资产负债表日至财务报告批准报出日之间由董事会或类似机构所制订利润分配方案中拟分配的股利，是否在财务报表附注中单独披露。当境内与境外会计师事务所审定的可供分配利润不同时，注意被审计单位进行利润分配的基数是否正确。

（4）检查本期未分配利润变动除净利润转入以外的全部相关凭证，结合所获取的文件资料，确定其会计处理是否正确。

（5）了解本年利润弥补以前年度亏损的情况，确定本期期末未弥补亏损金额。已超过弥补期限且已因为抵扣亏损而确认递延所得税资产的，应当进行调整。

（6）结合以前年度损益调整科目的审计，检查以前年度损益调整的内容是否真实、合理，注意对以前年度所得税的影响。对重大调整事项应逐项核实其发生原因和依据，并确认有关资料、复核数据的正确性。

（7）确定未分配利润的列报是否恰当。

五、应付股利审计

（一）应付股利的审计目标

应付股利的审计目标一般包括：

（1）确定资产负债表中记录的应付股利是否存在。

（2）确定所有应当记录的应付股利是否均已记录。

（3）确定记录的应付股利是否为被审计单位应当履行的现时义务。

（4）确定应付股利是否以恰当的金额包括在财务报表中，与之相关的计价调整是否已恰当记录。

（5）确定应付股利是否已按照企业会计准则的规定在财务报表中作出恰当列报。

（二）应付股利的实质性程序

应付股利的实质性程序通常包括：

（1）获取或编制应付股利明细表，复核加计是否正确，并与报表数、总账数和明细账合计数核对是否相符。

（2）审阅公司章程和股东（大）会决议中有关股利的规定，了解股利分配标准和发放方式是否符合有关规定并经法定程序批准。被审计单位董事会或类似机构通过利润分配方案拟分配现金股利或利润的，注意是否进行了披露。

（3）检查应付股利的发生额。根据股东（大）会决定的利润分配方案，从可供分配利润中计算确定应付股利的发生额，并复核应付股利计算和会计处理的正确性。

（4）检查股利支付的原始凭证的内容、金额和会计处理是否正确。

（5）确定现金股利是否按公告规定的时间、金额予以发放结算，对无法结算及委托发放而长期未结的股利是否作出适当处理。

（6）确定应付股利的列报是否恰当。

【练一练 8-7】

所有者权益审计的主要内容包括（ ）。

A.实收资本审计

B.资本公积审计

C.盈余公积审计

D.未分配利润审计

任务实施

（1）审计人员在审阅“实收资本”账户发现有转让或减资记录后，应进一步审查有关会计和其他记录，询问有关投资者，验证其是否真实与合法。审计人员李欣审查发现A公司在ABC公司注册后不久即有一笔与投资额相等的资金减少额，应进一步核查减少的原因。

（2）根据资本保全原则，国有固定资产盘亏不能直接冲减“实收资本——国家投入资本”，而应该弄清楚国有固定资产盘亏的原因，进行审计调整：

借：营业外支出——固定资产盘亏　　300 000

　贷：实收资本——国家投入资本　　300 000

（3）如果查明ABC公司2020年度实现净利润300 000元，则按10%提取法定盈余公积金30 000元是正确的。但制度规定：当盈余公积金超过资本总额的50%时，则不再提取。ABC公司当年实收资本期末余额800 000元，提取法定盈余公积金限额为400 000元，而该公司期初盈余公积金余额为400 000元，所以本年度不应该再提取盈余公积金。

◆ 注意事项

因为所有者权益增减变动具有业务较少、金额较大的特点，注册会计师在审计了企业的资产和负债之后，只需要花费相对较少的时间对所有者权益进行审计。

任务四 投资项目审计

任务描述

注册会计师在对ABC公司2020年度财务报表审计时发现：

（1）ABC公司2020年9月8日支付106万元从二级市场购入D公司发行的股票100 000股，每股价格10.60元（含已宣告但尚未发放的现金股利0.60元），另支付交易费用0.1万元。ABC公司将持有的D公司股权划分为交易性金融资产，且持有D公司股权后对其无重大影响。ABC公司进行了如下会计处理：

借：交易性金融资产——D公司股票（成本）　　1 000 000

　　应收股利　　60 000

　　财务费用　　1 000

　贷：银行存款　　1 061 000

注册会计师了解到该股票年末市场价格为每股15元。ABC公司年末对该股权按公允价值作了如下会计处理：

借：交易性金融资产——D公司股票（公允价值变动） 500 000

贷：资本公积——其他资本公积 500 000

（2）该公司对A公司进行长期股权投资600 000元，占A公司总资本的1/2，会计上采用成本法核算，由于没有收到利润分成款，故未反映投资收益。经查证，A公司2020年实现净利润200 000元。

根据以上资料，请指出该公司2020年度对外投资中存在的问题并予以纠正。

相关知识

与投资相关项目包括：交易性金融资产、长期股权投资、投资性房地产、应收利息、投资收益、应收股利。

一、交易性金融资产审计

（一）交易性金融资产的审计目标

（1）确定资产负债表中记录的交易性金融资产是否存在。

（2）确定所有应当记录的交易性金融资产是否均已记录。

（3）确定记录的交易性金融资产是否由被审计单位拥有或控制。

（4）确定交易性金融资产是否以恰当的金额包括在财务报表中，与之相关的计价调整是否已恰当记录。

（5）确定交易性金融资产在财务报表中的列报是否恰当。

（二）交易性金融资产的实质性程序

（1）获取或编制交易性金融资产明细表，复核加计是否正确，并与报表数、总账数和明细账合计数核对是否相符。

（2）获取被审计单位管理层将投资划分为交易性金融资产的意图的审计证据，并考虑管理层实施该决定的能力。注册会计师应向管理层询问、查阅包括预算、会议纪要等在内的书面计划和其他文件记录，考虑管理层选择将投资划分为交易性金融资产的理由是否充分，并注意有无将交易性金融资产与其他类别金融资产之间违规转换的现象。

（3）获取股票、债券及基金等交易流水单和被审计单位证券投资部门的交易记录，与明细账核对，检查会计记录是否完整，会计处理是否正确。

（4）监盘库存交易性金融资产，并与相关账户余额进行核对，如有差异，应查明原因，并作出记录或进行适当调整。

（5）向相关金融机构发函询证交易性金融资产期末数量以及是否存在变现限制。

（6）抽取交易性金融资产增减变动的相关凭证，检查其原始凭证是否完整合法，会计处理是否正确。

（7）检查交易性金融资产计价是否正确。

①复核交易性金融资产计价方法，检查其是否按公允价值计量，前后期是否一致。

②复核公允价值取得依据是否充分，公允价值与账面价值的差额是否记入“公允价

值变动损益”科目。

(8) 关注交易性金融资产是否存在重大的变现限制。

(9) 检查交易性金融资产在财务报表中的列报是否恰当。

【练一练8-8】

下列对交易性金融资产实施的实质性程序恰当的有（　　）。

A. 对期末结存的相关交易性金融资产，向被审计单位核实其持有目的，检查本科目核算范围是否恰当

B. 监盘库存交易性金融资产，并与相关账户余额进行核对，如有差异，应查明原因，并作出记录或进行适当调整

C. 向相关金融机构发函询证交易性金融资产期末数量以及是否存在变现限制，并记录函证过程

D. 复核与交易性金融资产相关的损益计算是否准确，并与公允价值变动损益及投资收益等有关数据核对

二、长期股权投资审计

(一) 长期股权投资的审计目标

长期股权投资的审计目标一般包括：

(1) 确定资产负债表中记录的长期股权投资是否存在。

(2) 确定所有应当记录的长期股权投资是否均已记录。

(3) 确定记录的长期股权投资是否由被审计单位拥有或控制。

(4) 确定长期股权投资是否以恰当的金额包括在财务报表中，与之相关的计价调整是否已恰当记录。

(5) 确定长期股权投资是否已按照企业会计准则的规定在财务报表中作出恰当列报。

(二) 长期股权投资的实质性程序

长期股权投资的实质性程序通常包括：

(1) 获取或编制长期股权投资明细表，复核加计是否正确，并与总账数和明细账合计数核对是否相符。

(2) 根据有关合同和文件，确认长期股权投资的股权比例和持有时间，检查长期股权投资核算方法是否正确。

(3) 对于重大的投资，向被投资单位函证被审计单位的投资额、持股比例及被投资单位发放股利等情况。

(4) 对于采用成本法核算的长期股权投资，检查股利分配的原始凭证及分配决议等资料，确认会计处理是否正确；对被审计单位因实施控制而采用成本法核算的长期股权投资，比照权益法编制变动明细表，以备合并报表使用。

(5) 对于应采用权益法核算的长期股权投资，获取被投资单位经注册会计师审计的年度财务报表，如果未经注册会计师审计，则应考虑对被投资单位的财务报表实施适当

的审计或审阅程序。

（6）存在成本法和权益法相互转换的情况的，检查其投资成本的确定是否正确。

（7）确定对长期股权投资增减变动的记录是否完整。

（8）期末对长期股权投资进行逐项检查，以确定长期股权投资是否已经发生减值。

（9）结合对银行借款等的检查，了解长期股权投资是否存在质押、担保情况。如有，则应详细记录，并提请被审计单位进行充分披露。

（10）确定长期股权投资在资产负债表中是否已恰当列报。与被审计单位人员讨论确定是否存在被投资单位由于所在国家和地区及其他方面的影响，其向被审计单位转移资金的能力受到限制的情况，如存在，应详细记录受限情况，提请被审计单位进行充分披露。

三、投资收益审计

（一）投资收益的审计目标

投资收益的审计目标一般包括：

（1）确定利润表中记录的投资收益是否已发生，且与被审计单位有关。

（2）所有应当记录的投资收益是否均已记录。

（3）确定与投资收益有关的金额及其他数据是否已恰当记录。

（4）确定投资收益是否已记录于正确的会计期间。

（5）确定投资收益是否已记录于恰当的账户，并按照企业会计准则的规定在财务报表中作出恰当列报。

（二）投资收益的实质性程序

投资收益的实质性程序通常包括：

（1）获取或编制投资收益分类明细表，复核加计是否正确，并与总账数和明细账合计数核对是否相符。

（2）与以前年度投资收益比较，结合本期的变动情况，分析本期投资收益是否存在异常现象。如有，应查明原因，并作出适当的调整。

（3）与长期股权投资、交易性金融资产等相关项目的审计结合，验证投资收益的记录是否正确，确定投资收益是否被计入正确的会计期间。

（4）确定投资收益是否已恰当列报。检查投资协议等文件，确定国外投资收益汇回是否存在重大限制。若存在重大限制，应说明原因，并作出恰当披露。

任务实施

该公司存在的主要问题是：

（1）根据企业会计准则，作为交易性金融资产的股票，在购买时支付的交易费用应记入“投资收益”科目；年末对该股票公允价值调整时，产生的收益应记入“公允价值变动损益”科目。审计调整分录如下：

借：投资收益	1 000	
贷：财务费用		1 000

借：资本公积——其他资本公积　　500 000

　贷：公允价值变动损益　　500 000

（2）对长期股权投资的会计处理方法的选择不正确，对该项投资业务应采用权益法进行会计处理，原会计处理方法导致2020年度漏记了对外投资的投资收益100 000元（200 000×1/2）。审计调整分录如下：

借：长期股权投资——A公司股票（损益调整）　　100 000

　贷：投资收益　　100 000

◆ 注意事项

在投资项目审计中，交易性金融资产和长期股权投资的确认和计量有很大区别，因此要特别重视其会计处理的正确性。另外，还要检查授权、实地盘点及函证投资证券。

任务五 其他相关项目审计

任务描述

ABC公司与天勤会计师事务所达成初步意向，由天勤会计师事务所对公司的2020年度投资和筹资活动进行审计。ABC公司的投资主要是长期股权投资，注册会计师对长期股权投资、投资收益、所有者权益项目进行了实质性测试。

请问审计人员还应对哪些项目进行审计？如何审计？（要求至少列举五个账户）

相关知识

一、其他应付款审计

（一）其他应付款的审计目标

其他应付款的审计目标一般包括：

（1）确定资产负债表中记录的其他应付款是否存在。

（2）确定所有应当记录的其他应付款是否均已记录。

（3）确定记录的其他应付款是否为被审计单位应当履行的现时义务。

（4）确定其他应付款是否以恰当的金额包括在财务报表中，与之相关的计价调整是否已恰当记录。

（5）确定其他应付款是否已按照企业会计准则的规定在财务报表中作出恰当列报。

（二）其他应付款的实质性程序

其他应付款的实质性程序通常包括：

（1）获取或编制其他应付款明细表，复核加计是否正确，并与报表数、总账数和明细账合计数核对是否相符；分析有借方余额的项目，查明原因，必要时作重分类调整；结合应付账款、其他应付款明细余额，查明有无双方同时挂账的项目，核算内容是否重复，必要时作重分类调整；标出应付关联方（包括持股5%以上的股东）的款项，并注明合并报表时应抵冲的金额。

（2）请被审计单位协助，在其他应付款明细表上标出截至审计日已支付的其他应付款项，抽查付款凭证、银行对账单等，并注意这些凭证发生日期的合理性。

（3）判断并选择一定金额以上和异常的明细余额，检查其原始凭证，并考虑向债权人发函询证。

（4）对非记账本位币结算的其他应付款，检查其折算汇率是否正确。

（5）审核资产负债表日后的付款事项，确定有无未及时入账的其他应付款。

（6）检查长期未结的其他应付款，并作妥善处理。

（7）检查其他应付款中关联方的余额是否正常，如数额较大或有其他异常现象，应查明原因，追查至原始凭证并作适当披露。

（8）检查其他应付款的列报是否恰当。

二、长期应付款审计

（一）长期应付款的审计目标

长期应付款的审计目标一般包括：

（1）确定资产负债表中记录的长期应付款是否存在。

（2）确定所有应当记录的长期应付款是否均已记录。

（3）确定记录的长期应付款是否为被审计单位应当履行的现时义务。

（4）确定长期应付款是否以恰当的金额包括在财务报表中，与之相关的计价调整是否已恰当记录。

（5）确定长期应付款是否已按照企业会计准则的规定在财务报表中作出恰当列报。

（二）长期应付款的实质性程序

长期应付款的实质性程序通常包括：

（1）获取或编制长期应付款明细表，复核加计是否正确，并与报表数、总账数和明细账合计数核对是否相符；检查长期应付款的内容是否符合企业会计准则的规定。

（2）检查各项长期应付款相关的契约及有无抵押情况。对融资租赁固定资产应付款，还应审阅融资租赁合约规定的付款条件是否履行，检查授权批准手续是否齐全，并作适当记录。

（3）向债权人函证重大的长期应付款。

（4）检查各项长期应付款本息的计算是否准确，会计处理是否正确。

（5）检查与长期应付款有关的汇兑损益是否按规定进行了会计处理。

（6）检查长期应付款的列报是否恰当，一年内到期的长期应付款是否列入了流动负债。

三、资产减值准备审计

（一）资产减值准备的审计目标

资产减值准备的审计目标一般包括：

（1）确定利润表中记录的资产减值损失是否已发生，且与被审计单位有关。

（2）确定应当记录的资产减值损失是否均已记录；确定与资产减值损失有关的金额及其他数据是否已恰当记录。

（3）确定资产减值损失是否已记录于正确的会计期间。

（4）确定资产减值损失是否已记录于恰当的账户；确定资产减值损失是否已按照企业会计准则的规定在财务报表中作出恰当列报。

（二）资产减值准备的实质性程序

（1）获取或编制资产减值损失明细表，复核加计是否正确，并与报表数、总账数和明细账合计数核对是否相符。

（2）检查资产减值损失核算内容是否符合规定。

（3）对本期资产减值损失增减变动情况进行检查。

（4）检查资产减值损失的披露是否恰当。

四、公允价值变动损益审计

（一）公允价值变动损益的审计目标

公允价值变动损益的审计目标一般包括：

（1）确定利润表中记录的公允价值变动损益是否已发生，且与被审计单位有关。

（2）确定所有应当记录的公允价值变动损益是否均已记录。

（3）确定与公允价值变动损益有关的金额及其他数据是否已恰当记录。

（4）确定公允价值变动损益是否记录于正确的会计期间。

（5）确定公允价值变动损益是否记录于恰当的账户。

（6）确定公允价值变动损益是否已按照企业会计准则的规定在财务报表中作出恰当列报。

（二）公允价值变动损益的实质性程序

（1）获取或编制公允价值变动损益明细表，复核加计是否正确，并与报表数、总账数及明细账合计数核对是否相符。

（2）根据公允价值变动损益明细账，对交易性金融资产和投资性房地产等各明细发生额逐项检查。

（3）检查公允价值变动损益的列报是否恰当。

五、营业外收入审计

（一）营业外收入的审计目标

营业外收入的审计目标一般包括：

（1）确定利润表中记录的营业外收入是否已发生，且与被审计单位有关。

（2）确定所有应当记录的营业外收入是否均已记录。

（3）确定与营业外收入有关的金额及其他数据是否已恰当记录。

（4）确定营业外收入是否已记录于正确的会计期间。

（5）确定营业外收入是否已记录于恰当的账户。

（6）确定营业外收入是否已按照企业会计准则的规定在财务报表中作出恰当的

列报。

（二）营业外收入的实质性程序

营业外收入的实质性程序通常包括：

（1）获取或编制营业外收入明细表，复核加计是否正确，并与报表数、总账数及明细账合计数核对是否相符。

（2）检查营业外收入的核算内容是否符合会计准则的规定。

（3）抽查营业外收入中金额较大或性质特殊的项目，审核其内容的真实性和依据的充分性及会计处理是否正确。

（4）对营业外收入中各项目（包括非流动资产处理利得、非货币性资产交换利得、债务重组利得、政府补助、盘盈利得、接受捐赠利得等相关账户）进行核对，确认是否相符，并追查至相关原始凭证，检查会计处理是否正确。

（5）检查营业外收入的列报是否恰当。

六、营业外支出审计

（一）营业外支出的审计目标

营业外支出的审计目标一般包括：

（1）确定利润表中记录的营业外支出是否已发生，且与被审计单位有关。

（2）确定所有应当记录的营业外支出是否均已记录。

（3）确定与营业外支出有关的金额及其他数据是否已恰当记录。

（4）确定营业外支出是否已记录于正确的会计期间。

（5）确定营业外支出是否已记录于恰当的账户。

（6）确定营业外支出是否已按照企业会计准则的规定在财务报表中作出恰当的列报。

（二）营业外支出的实质性程序

营业外支出的实质性程序通常包括：

（1）获取或编制营业外支出明细表，复核加计是否正确，并与报表数、总账数及明细账合计数核对是否相符。

（2）检查营业外支出内容是否符合会计准则的规定。

（3）将营业外支出的各项目（包括非流动资产处理损失、非货币性资产交换损失、债务重组损失、盘亏损失、公益性捐赠支出等账户）与固定资产、无形资产等相关账户记录核对是否相符，并追查至相关原始凭证，检查会计处理是否正确。

（4）检查是否存在非公益性捐赠支出、税收滞纳金、罚金、罚款支出、各种赞助会费支出，必要时进行应纳税所得额调整。

（5）对非常损失应详细检查有关资料、被审计单位实际损失、保险理赔情况及审批文件，检查有关会计处理是否正确。

（6）检查营业外支出的列报是否恰当。

七、所得税费用审计

所得税领域容易发生错报的方面包括：一是根据税法，将会计利润调整为应纳税所得额（包括永久性差异引起的调整）；二是根据资产负债的账面价值与其计税基础之间存在的差异，确定或调整递延所得税资产和递延所得税负债，并结合当期应纳税所得额，倒轧出所得税费用；三是递延所得税负债确认的完整性和递延所得税资产的可实现性。

（一）所得税费用的审计目标

所得税费用的审计目标一般包括：

（1）确定利润表中记录的所得税费用是否已发生，且与被审计单位有关。

（2）确定所有应当记录的所得税费用是否均已记录。

（3）确定与所得税费用有关的金额及其他数据是否已恰当记录。

（4）确定所得税费用是否已记录于正确的会计期间。

（5）确定所得税费用是否已记录于恰当的账户。

（6）确定所得税费用是否已按照企业会计准则的规定在财务报表中作出恰当列报。

（二）所得税费用的实质性程序

所得税费用的实质性程序通常包括：

（1）获取或编制所得税费用明细表、递延所得税资产明细表、递延所得税负债明细表，与报表数、总账数和明细账合计数核对是否相符。

（2）根据审计结果和税法规定，核实当期的纳税调整事项，确定应纳税所得额，计算当期所得税费用，检查会计处理是否正确。

（3）根据期末资产及负债的账面价值与其计税基础之间的差异，以及未作为资产和负债确认的项目的账面价值与按照税法的规定确定的计税基础的差异，结合对递延所得税资产和递延所得税负债的审计，计算递延所得税资产、递延所得税负债期末余额，并根据递延所得税资产、递延所得税负债期初余额，倒轧出递延所得税费用（收益），并检查会计处理是否正确。

（4）将当期所得税费用与递延所得税费用之和与利润表上的“所得税费用”项目金额相核对。

（5）确定所得税费用、递延所得税资产、递延所得税负债是否已在财务报表中恰当列报。

任务实施

至少还应该对其他应付款、长期应付款、所得税费用、公允价值变动损益、营业外收支项目进行审计。具体审计内容见上述各科目实质性程序。

◆ 注意事项

审计年度内筹资与投资循环的交易数量少，而每笔交易的金额一般较大，必须遵守国家法律、法规和相关契约的规定。

能力拓展

审计人员对大华公司2020年交易性金融资产业务进行审计时发现：该公司于2020年10月购入甲公司股票30 000股，每股面值10元，买入价20元，其中包含已宣告发放但未支付的股利15 000元，打算近期抛售获利。大华公司还支付了5 000元的手续费，实际支付价款为605 000元。大华公司账务处理如下：

借：交易性金融资产	585 000	
投资收益	15 000	
财务费用	5 000	
贷：银行存款		605 000

要求：指出该企业账务处理中存在的问题。

拓展阅读

1.安然事件

2001年发生了两件大事，一个是“9·11”事件，另一个就是美国巨型能源公司——安然公司的破产。安然公司是美国能源业巨头，成立于1930年。该公司曾是世界上最大的天然气交易商和最大的电力交易商，鼎盛时期其年收入达1 000亿美元，有2万多名员工，其业务遍布欧洲、亚洲和世界其他地区。但好景不长，2001年年底，安然公司在经营方面存在的问题终于暴露出来。其利用复杂的财务合伙制度虚报盈余，掩盖巨额债务。安然公司的股票原为每股85美元，后来却不到每股1美元。在破产清算时，众多投资者遭受惨重损失。

安然公司造假的手段之一就是通过财务手段隐藏债务。具体做法是利用信托基金，安然公司把一些资产委托出去，以资产及资产的收入作为抵押发行债券，发行所得交由安然公司使用。但在财务上，这不算安然公司的债务。因为在这个过程中，安然公司用自己的资产进行了抵押，于是发行所得可以看成安然公司出售资产换来的，在美国这不看作安然公司的债务。

（1）安然公司为什么要隐藏自己的债务呢？

在美国有很多债信评级机构，债信评级越低，借债的利息就越高。所以借债的成本与其债信评级有很大的关系。通过一些方式隐藏自己的债务，可以提高公司的债信评级，从而降低借债的成本。这样的做法导致在1997—2000年期间低估了数亿美元的负债。

（2）安然公司为什么破产呢？

信托基金发行债券后，尽管有抵押，但买者还是不放心，要求安然公司做进一步的担保。即在债券到期时或到期前，用来抵押的资产的价值不够时，安然公司必须补交现金，或者增发股票，安然公司再把新发行的股票作为担保。它们签订的合约还有下面的条件：一是安然公司的股票价格不能低于一定的价格，如果低于这个价格，安然公司必须买回这些债务；二是安然公司的债信评级必须满足要求，即如果安然公司的债信被评到垃圾级以下，安然公司必须把这些发出的债券按发行价买回。这两个条件非常重要，尤其是在安然公司的股价不断下跌的时候。结果能源市场的波动导致安然公司破产。

2.斩断伸向扶贫资金的“黑手”——四川扶贫资金审计案例解析

详见http：//sjj.sh.gov.cn/node302/20151127/0029-22265.html。

技能训练

项目八

技能训练
客观题

一、单项选择题

1.在评估投资活动的重大错报风险时，注册会计师应当通过实施一定的程序获取确切的信息以支持对重大错报风险的评估，下列程序中不恰当的是（　　）。

A.询问　　B.检查文件记录

C.实质性分析程序　　D.观察控制程序的执行情况

2.如果被审计单位的投资证券是委托某些专门机构代为保管的，为证实这些投资证券的真实存在，注册会计师应（　　）。

A.实地盘点投资证券　　B.获取被审计单位管理当局书面声明

C.向代保管机构发函询证　　D.逐笔检查被审计单位相关会计记录

3.注册会计师为了验证被审计单位在资产负债表日所列示的长期投资确实归被审计单位所有，应实施的最佳审计程序是（　　）。

A.将交易及会计记录进行核对，确定所有交易均经批准或授权

B.抽查投资交易原始凭证，证实有关凭证是否已预先编号

C.函证资产负债表日被托管的所有有价证券

D.将明细账与总账进行核对

4.注册会计师在了解W公司筹资与投资循环内部控制后，准备对W公司借款业务的内部控制进行测试，以验证借款的增减变动已登记入账，执行的主要程序有（　　）。

A.索取借款或发行股票授权批准文件，检查权限是否恰当

B.检查被审计单位是否定期和债权人核对

C.检查借款手续是否齐全，索取借款合同或协议

D.获取或编制借款明细表，与报表数、总账数和明细账合计数核对是否相符

5.X公司是大型公司，在为资本性购置筹集资金时，X公司董事会下设的战略委员会负责处理借款合同的谈判，然后由董事会批准该合同。在这种环境下，注册会计师适宜对下列（　　）实施实质性分析程序，而对其他项目实施有限的细节测试程序。

A.对应付利息和股利的计算

B.新股和债券的发行

C.股票回购、可赎回优先股及可赎回债券的赎回

D.期间内贷款的偿还情况以及所欠余额

6.对甲公司以下关于借款费用的会计处理，注册会计师认为需要调整的是（　　）。

A.甲公司将发行的公司股票佣金计入借款费用

B.甲公司将发行公司债券佣金计入借款费用

C.甲公司将借款手续费计入借款费用

D.甲公司将借款利息计入借款费用

二、多项选择题

1.在以下关于投资业务内部控制的说法中，符合要求的有（　　）。

A.单位应当通过投资合同的签订、投资计划的编制与实施等对资产投资业务实施控制

B.单位应针对不同的投资种类和方式拟订一套共同的管理方法，以加强对持有投资项目的安全完整、会计核算等环节的统一控制

C.单位应当加强对外投资处置的控制，对投资收回、转让、核销等的授权批准程序作出明确的规定

D.为确保对外投资决策合理，应当对投资建议的提出、分析、论证、立项、可行性研究、评估、决策等作出明确的规定

2.注册会计师在了解W公司筹资与投资循环内部控制后，准备对W公司投资业务进行测试，以验证所有投资均为被审计单位所有，执行的主要程序有（　　）。

A.向银行或其他金融机构、债券包销人函证，并与账面余额核对

B.检查股东是否已按合同、协议、章程约定时间缴付出资额，其出资额是否经注册会计师审验

C.获取或编制明细表，并与报表数、总账数和明细账合计数核对是否相符

D.审查有关的原始凭证，确认其真实性，并与会计记录核对

3.助理人员正在对关于长期股权投资的工作底稿进行复核，下列说法中正确的有（　　）。

A.投资企业对于被投资单位除净损益以外所有者权益的其他变动，应当调整长期股权投资的账面价值并计入当期损益

B.投资企业按照被投资单位宣告分派的利润或现金股利计算应分得的部分，应当相应减少长期股权投资的账面价值

C.投资企业确认被投资单位发生的净亏损，应当以长期股权投资的账面价值以及其他实质上构成对被投资单位净投资的长期权益减记至零为限，投资企业负有承担额外损失义务的除外

D.投资企业在确认应享有被投资单位净损益的份额时，应当以取得投资时被投资单位各项可辨认净资产等的公允价值为基础，对被投资单位的净利润进行调整后确认

4.注册会计师在了解W公司应付债券业务的内部控制时，若发现债券持有人的明细分类记录由外部机构保存，则不仅应关注W公司是否定期同外部机构核对，而且应关注W公司与应付债券业务相关的不相容职务是否分离。具体来说，W公司记录应付债券明细账的人员不得从事（　　）工作。

A.与外部机构定期核对应付债券相关记录

B.参与应付债券的发行

C.记录应付债券总账

D.办理应付债券发行的审批手续

5.为实现筹资交易均已记录的控制目标，实施的下列程序中，属于控制测试的有（　　）。

A.询问借款业务的职责分工情况及内部对账情况

B.检查董事会会议记录、借款合同、银行询证函等，确定有无未入账的交易

C.检查被审计单位是否定期与债权人核对账目

D.索取借款的授权批准文件，检查审批手续是否齐全

6.对短期借款实施实质性程序时，注册会计师应根据短期借款项目（　）等确定实质性程序的审计程序和方法。

A.期末余额的大小

B.占负债总额比例的高低

C.以前年度发现问题的多少

D.相关内部控制的强弱

三、判断题

1.审计年度内企业筹资与投资循环的交易数量较少，通常不列为审计重点。（　）

2.对证券投资资产定期盘点既可以由参与证券投资业务的人员进行，也可以由其他人员进行。（　）

3.对于筹资和投资业务，审计人员都要进行控制测试。（　）

4.即使被投资单位的筹资与投资循环的内部控制不存在或不值得信赖，审计人员仍然要进行控制测试，以确定实质性程序的性质、时间安排和范围。（　）

5.借款余额较大或认为必要时，注册会计师应向债权人发函询证借款额、借款利率、已偿还金额及利息支付情况。（　）

6.因为实收资本账户业务量不大，有时在年度内没有变动，所以可以采用详查法审计。（　）

7.采用权益法核算的长期股权投资，其初始投资成本大于投资时应享有的被投资单位可辨认净资产公允价值份额的，不调整已经确认的初始投资成本。（　）

8.向债权人函证短期借款，是审查短期借款的一个必要的不可替代的程序。（　）

9.短期借款因其时间短、金额少，通常无须抵押，因此审计人员一般无须审查短期借款的抵押担保情况。（　）

10.对投资者投入的现金，审计人员必须和企业有关人员一起进行盘点，并编制库存现金盘点表。（　）

四、简答题

1.筹资和投资业务中哪些职务应该分离？

2.简述筹资和投资业务的特点。

五、分析题

1.注册会计师A和B负责对ABC股份有限公司2020年度财务报表进行审计。该公司2020年度未发生购并、分立和债务重组行为，供产销形势与上年相当。该公司提供的未经审计的2020年度合并财务报表附注的部分内容见表8-3：

表 8-3　　　　　　　　　　　　　**长期借款项目附注**

借款单位	金额 （万元）	借款期限	年利率 （%）	借款条件
工行	1 800	2016年8月至2023年7月	6.72	抵押借款
农行	2 000	2015年9月至2022年8月	7.65	抵押借款
建行	1 500	2018年1月至2021年2月	6.925	项目借款
合计	5 300			

请指出上表中的不当之处。

2. 审计人员王军在对华兴公司负债业务进行审查时发现，该公司于2020年4月1日向海淀工行取得流动资金借款200 000元，期限是3个月，借款月利率为5.5‰，该公司的会计处理为：

取得借款时：

借：银行存款　　　　200 000

　贷：短期借款　　　　200 000

4月、5月、6月底预提利息时：

借：营业外支出　　　　1 100

　贷：短期借款　　　　1 100

6月底归还借款时：

借：短期借款　　　　203 300

　贷：银行存款　　　　203 300

要求：指出该公司会计处理的不当之处；分析该公司对这项业务的不当处理是否会影响年度的损益状况，并进行相应的账务调整。

项目九　销售与收款循环审计

人物谱

潘序伦(1893—1985)，是国内外颇负盛名的会计学家和教育家，被国外会计界誉为中国会计之父。潘序伦在中国传播了现代西方会计理论和方法。20世纪30年代，在"改良和改革会计"大争论中，其主张引用西方现代会计理论。潘序伦先生开设会计出版社，大量出版会计类教材和著作,推进了会计实务。他先后创立两家著名的会计师事务所——立信会计师事务所和上海会计师事务所。潘序伦对中国会计教育事业作出了巨大的贡献。潘序伦创立的立信会计专科学校(现上海立信会计金融学院)迄今已有九十多年历史，为我国培养了大批会计人才，名声远扬，潘序伦功不可没。

销售与收款循环是指企业向顾客销售商品或提供劳务，并收回款项的过程。本项目安排如下：首先，介绍销售与收款循环内部控制的具体内容；然后，以内部控制为依托，分析该循环中存在的风险，掌握控制测试的程序；最后，介绍主营业务收入、应收账款的实质性程序，编制销售与收款循环审计工作底稿。

【知识目标】

1.了解销售与收款循环中的主要经济业务活动。

2.明确销售与收款交易的内部控制。

3.掌握销售与收款交易的测试方法。

【能力目标】

1.能执行销售与收款交易的控制测试。

2.能对主营业务收入、应收账款实施实质性测试。

3.能根据相关的测试资料编制审计工作底稿。

案例导引　**天宏公司虚增销售收入**

信诚会计师事务所受托对天宏公司2020年财务报表进行审计。信诚会计师事务所派注册会计师王某对天宏公司的年度财务报表进行审计，王某在对公司2020年度的销售收入进行分析复核时，发现该年销售收入比上年有很大幅度的增加，对照在前期调查中了解到的天宏公司本年度生产销售情况与上年相比没有太大变化的情况，王某认为销售收入的真实性值得怀疑，于是抽查了公司8月、9月、11月份的相关财务资料，发现原始凭证中产品出库单与销售单上的明细存在大量不符。通过进一步的审计程序，王某发现天宏公司通过开具虚假发票、虚拟销售单位等手段虚增主营业务收入1 232万元。

请分析：应通过怎样的实质性程序对被审计单位的销售进行审计？

分析提示：公司销售应该开具销售发票，产品销售应该有出库单，也可以向购买公司产品的单位求证。

任务一　销售与收款循环控制测试

任务描述

A公司销售部副经理王某于2019年6月份与B公司签订一份甲产品的销售合同，合同价款500 000元（公司规定副经理可以批准的销售价款为200 000元）。之后王某亲自到仓库指导发货，货物发出后，B公司没有按期将销售款打给A公司，于是王某主动与B公司协商将合同改为赊销合同，并提供9折的价款优惠。2020年10月，A公司仍未收到销售款项，王某到财务室要求财务主管将该项应收账款列为坏账。注册会计师于2020年12月对A公司销售与收款交易的内部控制进行了解和测试。

请指出A公司在销售与收款交易内部控制方面存在的缺陷，并提出相应的改进建议。

相关知识

销售与收款循环是企业向顾客销售商品或提供劳务，并收回款项的过程。

一、销售与收款循环涉及的主要凭证和会计记录

（1）顾客订单，是顾客提出的书面购货要求。

（2）销售单，是列示顾客所订商品的名称、规格、数量以及其他顾客订单有关信息的凭证，是销售方内部处理顾客订单的依据。

（3）发运凭证，是在发运货物时编制的，用以反映发出商品的品名、规格、数量和其他有关内容的凭据。

（4）销售发票，是用来表明已销商品的品名、规格、数量、价格、销售金额、运费

和保险费、开票日期、付款条件等内容的凭证。

（5）商品价目表，是列示已经授权批准的、可供销售的各种商品的价格清单。

（6）贷项通知单，是用来表示由于销货退回或经过批准的折让而引起的应收销货款减少的凭证，其格式与销售发票类似，用来证明应收账款的减少。

（7）坏账审批表，是一种用来将某些应收账款注销为坏账的，仅在企业内部使用的凭证。

（8）转账凭证和收款凭证。

（9）应收账款（应收票据）明细账及总账。

（10）主营业务收入明细账及总账。

（11）库存现金和银行存款日记账及总账。

（12）顾客月末对账单，是一种按月定期寄送给顾客的用于购销双方定期核对账目的凭证。

二、销售与收款循环的内部控制

（一）职责分离

（1）客户信用管理与销售合同协议的批准、签订要相互分离。

（2）销售合同协议的批准、签订与办理发货要相互分离。

（3）销售货款的确认、回收与相关会计记录要相互分离。

（4）销售退回货品的验收、处置与相关会计记录要相互分离。

（5）销售业务经办与发票开具、管理要相互分离。

（6）坏账准备的计提与批准要相互分离，坏账的核销与批准要相互分离。

（二）正确的授权审批

（1）接受顾客订单须经授权批准。

（2）向客户提供信用前要进行调查并经授权批准。

（3）发送货物只有在授权批准后才能进行。

（4）销售价格、销售条件和折扣与折让须经授权批准。

（5）坏账发生须经有关人员确认，坏账准备计提须经授权批准。

（三）会计记录控制

（1）关键性的销售单、销售发票、装运单等原始凭证都应预先编号，由经办人签章，并及时填制、审核和传递原始凭证。

（2）设计和使用适当的记账凭证，凭证格式简明合理；及时编制和审核记账凭证，证证核对。

（3）建立健全应收账款、主营业务收入等账簿记录。以商业汇票结算时，须设置应收票据登记簿并详细记录票据种类、编号、出票人、票面金额、利率、到期日等信息。

（4）如果会计系统应用信息技术，还要检查数据计算的准确性，审核账户和试算平衡表，设置对输入数据和数字序号的自动检查，以及对例外报告进行人工干预等。

（四）内部核查

内部核查由内部审计人员（或其他独立人员）执行。其主要项目包括：

（1）审查销售单、销售发票、提货单的一致性和正确性。

（2）核对汇款通知单、进账单等，检查每笔收到的货款是否都进行了登记。

（3）检查已批准的销售交易是否编制了销售单。

（4）检查主营业务收入明细账和总账、应收账款明细账和总账、库存现金及银行存款日记账和总账的一致性。

（五）实物控制

实物控制包括两个方面：一方面，限制非授权人员接近存货，货物的发出必须有经批准的销售单，对于退货也要加强财产保护控制，由收货部门进行验收并填写验收报告和入库单；另一方面，限制非授权人员接近各种记录和文件，防止伪造和篡改记录，对于应收票据要加强财产保护控制，保管票据及经管库存现金与相关会计记录职责要分离。

（六）定期对账

（1）由出纳和负责记录收入及应收账款以外的人员按月向客户寄发对账单。

（2）对于核对中发现的不符账项，由不负责资金管理、不记录收入和应收账款的专人来处理。

三、销售与收款循环的风险识别与评估

（一）确定可能发生错报的环节

注册会计师需要确认和了解销售与收款循环的错报在什么环节发生，即确定被审计单位应在哪些环节设置控制，以防止或纠正各重要业务流程可能发生的错报。在销售与收款循环中可能发生错报的环节见表9-1。

表9-1　在销售与收款循环中可能发生错报的环节

交易流程	可能的错报
接受顾客订单	1.可能把商品销售给了未经授权的顾客； 2.虚构销售交易
核准信用，批准赊销	承担了不适当的信用风险而蒙受损失
按销售单发货、装运	1.所发出、装运的货物可能与客户订购的货物不符； 2.可能有未经授权的发出或装运
开发票给顾客	1.可能对虚构的交易开发票或重复开发票； 2.销售发票可能计价错误
记录销售	1.发票可能未入账； 2.可能未记入恰当的账户； 3.可能未计入恰当的会计期间
收款	收款人员可能坐支、挪用、贪污钱款
记录收款	1.收款可能未入账； 2.记录收款时可能出错

（二）识别和了解相关控制并进行风险评估

注册会计师应当注意可能发生错报的环节的关键控制点，并以文字表述、调查表、

流程图的方式，或几种方式相结合进行记录。选择一笔或几笔销售与收款交易进行穿行测试，确定相关控制是否得到执行。注册会计师通过了解销售与收款循环的内部控制，对相关控制的设计和是否得到执行进行评价，同时结合对被审计单位其他方面的了解，评估重大错报风险，以确定进一步审计程序的性质、时间安排和范围。如果了解到相关控制不存在或不值得信赖，注册会计师可只执行实质性程序，而不进行控制测试。

四、销售与收款循环的控制测试

销售与收款循环控制测试主要围绕三个方面：签订合同——关注授权；账款回收——关注金额；会计处理——关注记录。销售与收款循环的控制测试见表9-2。

表9-2　销售与收款循环控制测试一览表

内部控制的目标	内部控制	常用的控制测试
1.登记入账的销售交易确实已经发货给真实的顾客（发生）	1.销售交易是以经过审核的发运凭证及经过批准的顾客订单为依据登记入账的； 2.在发货前，顾客的赊购已经被授权批准； 3.销售发票均经预先连续编号，并已恰当地登记入账； 4.每月向顾客寄送对账单，对顾客提出的意见做专门追查	1.检查销售发票副联是否附有发运凭证（或提货单）及顾客订单； 2.检查顾客的赊购是否经授权批准； 3.检查销售发票连续编号的完整性；观察被审计单位是否寄发对账单，并检查顾客回函档案
2.所有销售交易均已登记入账（完整性）	1.发运凭证（或提货单）均经预先连续编号并已经登记入账； 2.销售发票均经预先连续编号，并已登记入账	1.检查发运凭证（或提货单）连续编号的完整性； 2.检查销售发票连续编号的完整性
3.登记入账的销售数量确系已发货的数量，已正确开具发票并登记入账（计价和分摊）	1.对于销售价格、付款条件、运费和销售折扣的确定已经做了适当的授权批准； 2.由独立人员对销售发票的编制作独立检查	1.检查销售发票是否经适当的授权批准； 2.检查有关凭证上的独立检查标记
4.销售交易的分类恰当（分类）	1.采用适当的会计科目表； 2.独立检查	1.检查会计科目表是否适当； 2.检查有关凭证上的独立检查标记
5.销售交易的记录及时（截止）	1.采用尽量能在销售发生时开具收款账单和登记入账的控制方法； 2.独立检查	1.检查尚未开具收款账单的发货和尚未登记入账的销售交易； 2.检查有关凭证上独立检查的标记
6.销售交易已经正确地记入明细账、并经正确汇总（准确性、计价和分摊）	1.每月定期给顾客寄送对账单； 2.由独立人员对应收账款明细账进行独立检查； 3.将应收账款明细账余额合计数与其总账余额进行核对	1.确认对账单是否已经寄出； 2.检查独立检查标记； 3.检查比较应收账款明细账余额合计数与其总额的标记
7.收款是真实发生的，记录是准确的（发生、准确性）	复核收款记录支持性文件，在收款凭证上签字后注销相关文件	抽取收款凭证，检查其是否经会计主管复核，是否加盖“核销”戳记
8.收款均已记录并计入恰当的会计期间（完整性、截止）	定期将日记账中的收款记录与银行对账单进行核对	核对银行存款日记账和银行对账单，检查银行存款余额调节表

【练一练9-1】

在销售与收款循环的审计中，审计人员为了查实被审计单位赊销业务是否遵循赊销批准制度，应检查（　　）上是否有审批人签字。

A.订货单

B.发运单

C.销售单

D.销货发票

【练一练9-2】

为了证实已发生的销售业务是否均已登记入账，最有效的做法是（　　）

A.只审查销售日记账

B.只审查有关原始凭证

C.由销售日记账追查至原始凭证

D.由有关原始凭证追查至销售日记账

任务实施

A公司销售与收款内部控制存在严重缺陷，设计不合理，执行效果较差，容易出现错误和舞弊。具体来说：

（1）销售合同的签订没有经过必要的审批程序，合同签订过程不能得到有效的监督。

（2）销售合同的整个履行过程没有实行不相容岗位职责分离制度，增加了错报和经手人员舞弊的可能性。

（3）缺乏对销售款项回收的跟踪管理，导致应收账款不能及时回收。

（4）财务制度不严格，随意变更已经记录的经济业务的性质。

◆ **注意事项**

本任务要求熟悉销售与收款循环所涉及的主要凭证和会计记录及其内部控制，掌握销售与收款循环常用控制测试，重点关注主要凭证的使用和不相容的职责是否分离。

任务二　主营业务收入审计

任务描述

长城会计师事务所2021年2月1日接受A公司董事会委托，对A公司2020年度会计报表进行审计。A公司为生产、加工、销售电脑及电脑耗材的企业。在编制审计计划时，分配至主营业务收入项目的重要性水平是6万元。

阅读以上资料，请你以注册会计师小王的身份对A公司主营业务收入进行审计，并完成相关审计工作底稿的填写。

相关知识

主营业务收入是指企业从事主要生产、经营活动所取得的支付给本单位的款项。

一、主营业务收入的审计目标

（1）确定利润表中记录的主营业务收入是否已发生，且与被审计单位有关。

（2）确定所有应当记录的主营业务收入是否均已记录。

（3）确定与主营业务收入有关的金额及其他数据是否已恰当记录。

（4）确定主营业务收入是否已记录于正确的会计期间。

（5）确定主营业务收入是否已记入恰当的账户。

（6）确定主营业务收入在财务报表中的列报是否恰当。

二、主营业务收入的实质性程序

（1）获取或编制主营业务收入明细表，复核加计是否正确，并与总账数和明细账合计数核对是否相符，结合其他业务收入科目与报表数核对是否相符。

（2）执行实质性分析程序。

①将本期的主营业务收入与上期的主营业务收入进行比较，分析主营业务收入的结构和价格变动是否异常，并分析异常变动的原因。

②计算本期重要产品的毛利率，与上期比较，检查是否存在异常，各期之间是否存在重大波动，并查明原因。

③比较本期各月各类主营业务收入的波动情况，分析变动趋势是否正常，是否符合被审计单位季节性、周期性的经营规律，查明异常现象和重大波动的原因。

④将本期重要产品的毛利率与同行业企业进行对比分析，检查是否存在异常。

⑤根据增值税纳税申报表，估算全年收入，与实际收入金额比较。

（3）检查主营业务收入的确认条件、方法是否符合企业会计准则，前后期是否一致。主营业务收入确认的审查一般须结合销货方式及结算方式进行。

①采用交款提货销售方式，应于货款已收到或取得收款的权利，并已将发票账单和提货单交给购货单位时确认收入的实现。对此，注册会计师应着重检查被审计单位是否收到货款或取得收入货款权利，发票账单和货物是否已交付购货单位。应注意有无扣押结算凭证、将当期收入转入下期入账，以及虚构收入记账，在下期予以冲销的现象。

②采用预收款销售方式，应于商品已经发出时确认收入的实现。对此，注册会计师应重点检查被审计单位是否收到了货款，商品是否已经发出。应注意对已收货款并已将商品发出的交易不入账，转为下期收入，以及开具虚假出库凭证，虚增收入等现象。

③采用托收承付结算方式，应于商品已经发出，劳务已经提供，并已将发票账单提交银行、办妥收款手续时确认收入的实现。对此，注册会计师应重点检查被审计单位是否发货，托收手续是否办妥，货物发运凭证是否真实，托收承付结算回单是否正确。

④销售合同明确销售价款分期收取，符合收入确认条件的应以合同约定时间确认收入，注册会计师对此应重点检查。如果交易实质上具有融资性质（收款期3年以上），

是否按照应收合同价的公允价值确定销售商品收入金额，以及应收合同价与其公允价值之间的差额是否在合同期内采用实际利率法进行摊销都是检查的重点。

（4）执行主营业务收入截止测试。注册会计师应关注三个日期：一是发票开具日期；二是记账日期；三是发货日期（或提供劳务日期）。检查三者是否归属于同一适当的会计期间是主营业务收入截止测试的关键。通常测试的方法有以下三种：

①以账簿记录为起点，抽查资产负债表日前后几天的账簿记录，追查至发票存根与装运单，以证实已入账收入是否在同一期间开具发票并发货。

②以销售发票为起点，抽查资产负债表日前后几天的发票存根，追查至装运单与账簿记录，以确定已开具发票的商品是否已发货并于同一会计期间确认收入。

③以装运单为起点，抽查资产负债表日前后几天的装运单，追查至发票与账簿记录，以确认收入是否已计入恰当的会计期间。

同时，注册会计师应当查阅销售合同，确定发货条款、了解货运条件（如交货地点）等，以确定转移商品所有权以及确认收入的合适时间。

（5）结合应收账款函证。函证本期销售收入，必要时还应函证合同以了解付款方式有无特殊安排，是否存在重大口头协议。

（6）检查销售退回与折让、商业折扣与现金折扣。检查相关手续是否符合规定，会计处理是否正确，并结合存货项目审计其真实性。

（7）检查主营业务收入在财务报表中的列报是否恰当。

【练一练 9-3】

确定主营业务收入归属期是否正确，应重点审查的日期是（　　）。

A. 发票开具日期

B. 收款日期

C. 发货日期

D. 记账日期

【实例 9-1】注册会计师 A 和 B 对 ABC 股份有限公司的 2020 年度财务报表进行审计。该公司 2020 年度未发生购并、分立和债务重组行为，供产销形势与上年相当。该公司提供的未经审计的 2020 年度合并财务报表主营业务收入和主营业务成本项目附注见表 9-3。

表 9-3　主营业务收入和主营业务成本项目附注　单位：万元

品　名	主营业务收入		主营业务成本	
	2019 年发生额	2020 年发生额	2019 年发生额	2020 年发生额
X 产品	40 000	41 000	38 000	33 800
Y 产品	20 000	20 020	19 000	19 019
合　计	60 000	61 020	57 000	52 819

要求：假定上述附注中的数据均已审定无误，作为注册会计师，请你运用专业判断（必要时运用分析性复核方法），指出附注中是否存在不合理之处，并简要说明理由。

分析：存在1处不合理之处：X产品2020年的销售毛利率为17.56%，大大高于2019年的5%。既然公司2020年的供产销形势与上年相当，通常应维持大致相当的销售毛利率水平。

任务实施

注册会计师小王在对主营业务收入进行实质性测试过程中实施了下列审计程序：

1.从被审计单位获取主营业务收入明细表（见表9-4）

表9-4　　主营业务收入明细表　　金额单位：元

被审计单位：	A公司	索引号：	4401
项　　目：	主营业务收入	截止日：	2020-12-31
编　　制：	小王	复　核：	王经理
日　　期：	2021-02-28	日　期：	2021-03-18

明细账户	收　入	成　本	毛利率（%）
内存条	650 000	450 000	30.77
键盘	20 600	12 000	41.75
鼠标	125 200	81 000	35.30
U盘	116 800	76 000	34.93
笔记本电脑	1 590 000	1 120 000	29.56
台式电脑	1 000 000	670 000	33.00
机箱	188 000	120 000	36.17
合计	3 690 600	2 529 000	—

小王对表中所列的主营业务收入各明细账户本期发生额和各合计数进行核对，结果核对相符。

接下来，小王填写了上述“主营业务收入明细表”工作底稿的审计说明栏。

审计说明：

（1）核对各明细账户与总账数，结果准确无误。

（2）检查各明细账户期末结转情况，结果准确无误。

（3）将本期主营业务收入与上期主营业务收入进行比较，没有发现异常变动情况。

（4）计算本期主要产品的销售毛利率，并与上期进行比较，没有发现异常变动情况。

2.函证主营业务收入

小王对被审计单位年度内销售额排前10位的客户实施函证审计程序。发函后，在规定的时间内收到其中9家回函，有一家销售额为7万元的公司没有回函。在回函的9家单位中，其中8家的回函与被审计单位开具发票上的余额完全相符，有一家公司不相符。

询证函

索引号：

编　号：

××公司：

本公司聘请的长城会计师事务所正在对本公司2020年度财务报表进行审计，按照中国注册会计师审计准则的要求，应当询证本公司与贵公司的往来账项等事项。下列信息出自本公司账簿记录，如与贵公司记录相符，请在本函下端“信息证明无误”处签章证明；如有不符，请在“信息不符”处列明不符项目。如存在与本公司有关的未列入本函的其他项目，也请在“信息不符”处列出这些项目的金额及详细资料。回函请直接寄至长城会计师事务所。

回函地址：××××××××××××　　邮编：××××××

电话：0571-××××××××　　联系人：小王

1.本公司与贵公司的往来账项列示如下：

截止日期	贵公司购买产品	数量（台）	单价（元）	金额（元）	贵公司欠
2020-12-31	笔记本电脑	24	4 100.00	98 400.00	

2.其他事项：

本函仅为复核账目之用，并非催款结算。若款项在上述日期之后已经付清，仍请及时函复为盼。

A公司（被审计单位盖章）

2021年2月14日

结论：

1.信息证明无误。

（公司盖章）

年　月　日

经办人：

2.信息不符，请列明不符项目及具体内容。

（公司盖章）

年　月　日

经办人：

3.核对产品销售单与出库单

注册会计师小王执行了以下审计程序：结合存货监盘，审计人员抽查了被审计单位在决算日前后10天的产品出库单，发现销售单上列明2020年10月12日销售给丙公司笔记本电脑12台，但没有产品出库单，监盘中也发现多了12台笔记本电脑。小王因此认为被审计单位虚增销售收入。

4.根据上述审计结果，填写“主营业务收入审定表”（见表9–5）

表9–5　**主营业务收入审定表**　单位：元

被审计单位：	A公司	索引号：	
项　　目：	主营业务收入	截止日：	
编　　制：	小王	复　核：	
日　　期：	2021-02-28	日　期：	

项目类别	本期未审数	账项调整		本期审定数	上期审定数	索引号
		借方	贷方			
一、主营业务收入	650 000			650 000	450 000	
	20 600			20 600	12 200	
	125 200			125 200	110 000	
	116 800			116 800	76 000	
	1 590 000			1 590 000	1 230 000	
	1 000 000			1 000 000	782 000	
	188 000			188 000	132 000	
小　计	3 690 600			3 690 600	2 792 200	

审计结论：

（1）通过执行函证程序，A公司2020年10月12日的销售不存在，经调查，原因是销售二部的王某为了提高自己的销售额虚列销售。

（2）除上述情况之外，其他列报均真实反映了A公司的销售情况

◆ 注意事项

本任务要求熟悉主营业务收入的确认条件，能够对企业的销售业务进行准确的分类，并可以分析出不同会计处理的目的。

任务三　应收账款审计

任务描述

注册会计师小陈负责审计A公司2020年度应收账款。审计中发现，A公司应收账款总额为2 400万元，其中甲公司占1 800万元，其经济内容为销售货款，且账龄已超过2年。

阅读以上资料，请你作为审计人员进行A公司应收账款审计，并完成相关审计工作底稿的填写。

相关知识

应收账款是由于企业销售产品或提供劳务等原因，应向购货客户或接受劳务的客户收取的款项或代垫的运杂费。

一、应收账款的审计目标

（1）确定资产负债表中记录的应收账款是否存在。

（2）确定所有应当记录的应收账款是否均已记录。

（3）确定记录的应收账款是否为被审计单位所拥有或控制。

（4）确定应收账款是否以恰当的金额包括在财务报表中，与之相关的计价调整是否已恰当记录。

（5）确定应收账款在财务报表中的列报是否恰当。

二、应收账款的实质性程序

（一）获取或编制应收账款明细表

（1）编制应收账款明细表（见表9-6），复核加计是否正确，并核对总账数和明细账合计数是否相符，坏账准备科目与报表数是否相符。

表9-6 应收账款明细表

单位：元

被审计单位：	索引号：
项　　目：	截止日：
编　　制：	复　核：
日　　期：	日　期：

单位名称（项目）	期末余额	账龄				备注
		1年以内	1～2年	2～3年	3年以上	
小　计						
合　计						

审计说明：

（2）标记重要的欠款单位，计算其欠款合计数占应收账款余额的比例。

（二）检查应收账款账龄分析表，分析应收账款的账龄

获取或编制应收账款账龄分析表，分析应收账款的账龄，以便于了解应收账款的可回收性和坏账准备计提的充分性。

（三）实施实质性分析程序

（1）比较本年度与以前年度应收账款的余额，并查明异常情况的原因。

（2）比较本年度与以前年度应收账款的账龄，并查明异常情况的原因。

（3）分析应收账款与主营业务收入的比率，结合当前经济环境及信用政策判断其合理性。

（4）比较本年度与以前年度应收账款的回收期，结合当前经济环境及信用政策判断

其合理性。

（5）比较本年度与以前年度坏账准备与主营业务收入的比率、坏账准备与应收账款的比率，并查明出现异常情况的原因。

（四）向债务人函证应收账款

1.函证目的

证实应收账款账户余额的存在及正确性。

2.函证范围和对象

注册会计师应当对应收账款实施函证，除非有充分证据表明应收账款对财务报表不重要，或函证很可能无效（如注册会计师可能基于以前年度的审计经验，认为被询证者很可能不回函或即使回函也不可信）。如果不对应收账款函证，注册会计师应当在工作底稿中说明理由。如果认为函证很有可能是无效的，注册会计师应当实施替代审计程序。

一般情况下，注册会计师应选择如下项目作为函证对象：大额或账龄较长的项目；与债务人发生纠纷的项目；关联方项目；主要客户（包含关系密切的客户）；可能发生重大错报或舞弊的非正常的项目。

3.函证方式

注册会计师可采用积极的函证方式或消极的函证方式实施函证，也可以将两种方式结合使用。

（1）积极的函证方式。具体运用时可以在询证函中列明拟函证的账户余额或其他信息，要求被询证者核对确认；也可以不在询证函中列明账户余额或其他信息，而要求被询证者填写有关信息或提供进一步信息。

（2）消极的函证方式。具体运用时可以在询证函中列明拟函证的账户余额或其他信息，要求被询证者进行核对，在情况相符的时候不用回复，情况不符时在限定的时间进行必要的回复。

4.函证的时间

注册会计师通常以资产负债表日为截止日，在资产负债表日后适当时间内实施函证。如果重大错报风险评估为低水平，也可选择资产负债表日前适当日期为截止日实施函证，并对所函证项目自该截止日起至资产负债表日止发生的变动实施进一步审计程序，比如检查该期间发生的影响应收账款余额的交易。

5.函证的实施与控制

实施函证时，注册会计师应当对被询证者的选择、询证函的设计以及询证函的发出和收回保持控制，以确保函证有效。

（1）注册会计师应对函证实施过程采取如下控制措施：

①将被询证者的名称、地址与被审计单位有关记录核对。

②将询证函中列示的账户余额或其他信息与被审计单位有关资料核对。

③在询证函中指明直接向会计师事务所回函。

④询证函经被审计单位盖章后，由注册会计师直接发出。

⑤将发出询证函的情况形成审计工作记录。

⑥将收到的回函形成审计工作记录，并汇总统计函证结果。

（2）如果被询证者以传真、电子邮件等方式回函，注册会计师应当直接接收，并要求被询证者寄回询证函原件。

（3）如果采用积极的函证方式实施函证而未能收到回函，注册会计师应当考虑与被询证者联系，要求对方作出回应或再次寄发询证函。如果未能得到被询证者的回应，注册会计师应当实施替代审计程序（应当能够提供与实施函证具有同样效果的审计证据）。

①检查与销售有关的记录与文件，如销售合同、顾客订单、销售发票及装运单等证明销售交易确实已经发生的证据。

②检查应收账款日后收款的记录与凭证，如银行进账单、汇款证明、银行存款日记账等。

③检查被审计单位与客户之间的函电记录，也有助于确认销售交易是否真实发生，双方是否存在争议。

（4）如果有迹象表明收回的询证函不可靠，应当实施适当的审计程序予以证实或消除疑虑。例如，注册会计师可以通过直接打电话给被函证者等方式以验证回函的内容和来源。

【练一练 9-4】

对通过函证无法证实的应收账款，审计人员应当执行的最有效的审计程序是（　　）。

A 审查与应收账款相关的销货凭证

B.进行分析性复核

C.重新测试相关的内部控制

D.审查资产负债表日后的收款情况

6.对不符事项的处理

如果发生了不符事项，注册会计师应当分析不符事项的原因，并进一步核实。存在不符事项可能是由于双方登记入账的时间不同，或是由于一方或双方记账错误，也可能是被审计单位存在舞弊行为。因登记入账的时间不同而产生的不符事项主要表现为：

（1）询证函发出时，债务人已经付款，而被审计单位尚未收到货款。

（2）询证函发出时，被审计单位的货物已经发出并已记录为销售，但货物仍在途中，债务人尚未收到货物。

（3）债务人由于某种原因将货物退回，而被审计单位尚未收到。

（4）债务人对收到货物的数量、质量及价格等方面有异议而全部或部分拒付货款等。如果不符合事项构成错报，注册会计师应重新考虑实质性程序的性质、时间安排和范围。

7.对函证结果的评价

注册会计师收回询证函后，应编制应收账款函证结果汇总表，对函证结果进行分析与评价。应收账款函证结果汇总表见表9-7。

表 9-7　　　　应收账款函证结果汇总表

询证函编号	债务人名称	债务人地址及联系方式	账面金额	函证方式	函证日期		回函日期	替代程序	确认余额	差异金额及说明	确认余额	差异金额及说明	备注
					第一次	第二次							

注册会计师对函证结果可进行如下评价：

（1）如果函证结果没有差异，则可以据此合理推论，全部应收账款总体不存在重大错报。

（2）如果函证结果存在差异，则应估算应收账款总体中可能的累计差错，可考虑进一步扩大函证范围。

（五）检查未函证的应收账款

对于未函证的应收账款，注册会计师应抽查与销售有关的记录或文件，如销售合同、顾客订单、销售发票副本及装运单等，以验证这些应收账款的真实性。

（六）检查坏账的确认和处理

对于发生的坏账损失，应检查其原因是否合理，有无授权批准手续，是否采用备抵法核算；坏账处理后又重新收回的应收款项，相应的会计处理是否正确。

（七）检查长期挂账的应收款项

查找有无长期挂账的应收账款，并分析其形成的原因是双方发生了经济纠纷、已收款但未销账，还是确实无法收回。根据不同情况，建议被审计单位作出适当的处理。

（八）分析应收账款明细账余额

应收账款明细账余额一般在借方，注册会计师如果发现应收账款明细账余额在贷方，应查明原因，检查其在列报时是否正确分类。

（九）检查应收账款的质押或出售

结合银行存款和银行借款等询证函的回函、会议纪要、借款协议和其他文件，确定应收账款是否已被质押或出售，其会计处理是否正确。

（十）检查应收账款在财务报表中的列报是否恰当

根据实际情况，检查应收账款在财务报表中的列报是否恰当。

三、坏账准备的实质性程序

（1）获取或编制坏账准备计算表，复核加计是否正确，与坏账准备总账数、明细账合计数核对是否相符。

（2）实施实质性分析程序。通过计算坏账准备余额占应收款项余额的比例，并和以前期间的相关指标比较，分析有无异常，分析产生重大差异的原因。

（3）核对坏账准备本期计提数与资产减值损失相应明细项目的发生额是否相符。

（4）检查坏账准备的计提与转销及转回是否正确。

①检查坏账准备计提的范围、方法、比例，账龄的划分，实际发生坏账时的转销是否合规，是否经股东大会、董事会、厂长（经理）会议或类似权力机构批准。

②测算坏账准备本期计提金额是否正确、充分，有无多提或少提，坏账准备计提与转销、转回的相关会计处理是否正确。

【实例9-2】注册会计师A和B对ABC股份有限公司的2020年度财务报表进行审计。该公司2020年度未发生购并、分立和债务重组行为，供产销形势与上年相当。该公司提供的未经审计的2020年度合并财务报表附注的部分内容如下：

①坏账核算的会计政策：坏账核算采用备抵法，坏账准备按期末应收账款余额的5‰计提。

②应收账款账龄分析表见表9-8。

③应收账款与坏账准备2020年年末余额分别是16 553万元和52.77万元。

表9-8　应收账款账龄分析表　金额单位：万元

账龄	年初数	年末数	账龄	年初数	年末数
1年以内	8 392	10 915	3年以上	1 421	2 874
1～2年	1 186	1 399			
2～3年	1 161	1 365	合计	12 160	16 553

要求：

假定上述附注内容的年初数与上年比较数均已审定无误，请应用专业判断或分析性复核方法，指出存在的不合理之处。

分析：存在2处不合理：一是实际坏账准备计提比例（52.77÷16 553=3.2‰）与会计政策规定5‰的坏账准备计提比例不符；二是应收账款账龄分析表中，“2～3年”和“3年以上”这两部分的年初数之和仅为2 582万元，而“3年以上”的年末数却为2 874万元，在公司2020年度未发生购并、分立和债务重组行为的前提下，这种情况几乎是不可能的。

（5）检查坏账准备在财务报表中的列报是否恰当。

任务实施

注册会计师小陈负责A公司应收账款审计，小陈在对主营业务收入进行实质性测试过程中实施了下列审计程序：

1.从被审计单位获取应收账款明细表（见表9-9）

表9-9 应收账款明细表 金额单位：万元

被审计单位：	A公司	索引号：	4402-02
项　　目：	应收账款	截止日：	2020-12-31
编　　制：	小陈	复　　核：	王经理
日　　期：	2021-03-02	日　　期：	2021-03-15

项目	金额	占全部应收账款比例（%）	备注
500万元以上			
甲公司	1 800.00	75.00	所占比例很大，账龄两年
200万元～500万元			
乙公司	300.00	12.50	
50万元～200万元			
丙公司	80.00	3.33	
丁公司	60.00	2.50	
戊公司	50.00	2.08	
50万元以下			
己公司	40.00	1.67	
庚公司	30.00	1.25	所占比例很小
辛公司	30.00	1.25	所占比例很小
其他公司	10.00	0.42	所占比例很小
合　计	2 400.00	100.00	

小陈对表中所列的应收账款各明细账户本期余额和合计数进行核对，核对结果相符。

接下来，小陈填写了上述“应收账款明细表”工作底稿的审计说明栏。

审计说明：

（1）核对各明细账户与总账数，结果准确无误。

（2）比较本年度与上一年度应收账款的余额，没有发现异常变动情况。

（3）比较本年度与上一年度应收账款的账龄，发现甲公司1 800万元的欠款在2020年没有付款，账龄两年。

（4）比较本年度与上一年度应收账款与主营业务收入的比率，没有发现异常变动情况。

（5）比较本年度与以前年度应收账款的回收期，除了甲公司所欠1 800万元外其他项目均正常。

（6）比较本年度与上一年度坏账准备与主营业务收入的比率，没有发现异常情况。

（7）比较本年度与上一年度坏账准备与应收账款的比率，发现本年度比上一年度少了8个百分点。

2. 函证应收账款

小陈对被审计单位年度内销售额排前10位的客户实施函证审计程序。发函后，在规定的时间内收到其中9家公司回函，上述甲公司没有回函。在回函的9家公司中，其中8家的回函与被审计单位开具发票上的余额完全相符，有一家公司不符，但差额只有1.20万元。

3. 根据上述的审计结果填写“应收账款审定表”（见表9-10）

表9-10　应收账款审定表　单位：万元

被审计单位：	A公司	索引号：	4402-01
项　　目：	应收账款	截止日：	2020-12-31
编　　制：	小陈	复　　核：	王经理
日　　期：	2021-03-06	日　　期：	2021-03-15

项目类别	本期未审数	账项调整		本期审定数	上期审定数	索引号
		借方	贷方			
一、应收账款	1 800			1 800	1 800	
	300			300	200	
	80			80	60	
	60			60	20	
	50			50	20	
	40			40	20	
	30			30	10	
	30			30	10	
	10			10	0	
小　计	2 400			2 400	2 140	
二、坏账准备						
	50			50	214	
小　计	50			50	214	

审计结论：

（1）通过执行函证程序，甲公司没有回复，经过进一步查询证实，甲公司已在2019年年末申请破产。

（2）通过对应收账款和坏账准备的计算分析，证实本年度为了虚增资产没有计提坏账准备。

（3）除上述情况之外，其他列报均真实反映A公司的应收账款情况。

◆ 注意事项

本任务要求熟悉应收账款的确认条件和坏账准备的计提条件，能够对企业的销售业务进行准确的分类，并可以分析出不同会计处理的目的。

任务四　相关项目审计

任务描述

A公司是电脑生产销售公司，注册会计师小张审计A公司2020年度财务报表时，发现三处可疑的情况：

（1）该公司在2020年全年的销售总额为3 500万元，会计处理中作为销售费用处理的开支共计2 400万元，是当年计划总额600万元的4倍，会计主管解释说当年有新产品上市，光广告一项就支出1 600万元。

（2）该公司会计记录中涉及的应交增值税销项税额为400万元，会计主管解释说因为部分产品是赊销的，实际上没有收到货款，故没有记录销项税额。

（3）该公司于2020年8月与甲公司签订了无形资产使用权转让协议书，将公司开发的专利技术使用权作价800万元转让给甲公司使用。协议规定，甲公司于当年9月1日前向A公司付款600万元，剩余款项于2021年5月1日前付清。无形资产转让手续分两次办理，第一次手续已于当年的9月5日办理完毕，第二次手续尚未办理。小张检查A公司的会计资料，发现A公司对该笔业务所作的账务处理为：

借：银行存款　　6 000 000

　贷：其他业务收入　　6 000 000

阅读以上资料，请你作为审计人员进行A公司该笔业务的审计，并完成相关审计工作底稿的填写。

相关知识

与销售与收款循环相关的会计处理包括：销售费用的计提、应交增值税以及企业经营涉及的税金及附加。

一、销售费用的实质性程序

1.核对销售费用

获取或编制销售费用明细表，并与报表数、总账数和明细账合计数核对是否相符。

2.实施实质性分析程序

（1）计算分析各月份销售费用总额及主要项目发生额占主营业务收入的比率，并与上一年度进行比较，判断变动的合理性。

（2）计算分析各月份销售费用主要项目发生额占销售费用总额的比率，并与上一年度进行比较，判断其变动的合理性。

3.检查销售费用分类是否正确

确定销售费用的项目设置和开支标准是否合规，销售费用与其他费用的划分是否正确。

4.检查销售费用的金额是否正确

（1）估算测试销售费用明细项目，并与相关项目（如薪酬、租金、折旧等）相核对。

（2）从销售费用账户的借方发生额出发，追查至相应的发票等原始凭证，以确认该笔费用的真实性以及是否经过恰当的批准。

5.执行销售费用截止测试

从截止日前后的销售费用账户的借方发生额中选取样本，追查至相应的发票等原始凭证，确认发票等原始凭证日期与会计记录日期是否为同一会计期间，检查有无跨期现象。

二、应交增值税销项税额的实质性程序

应交增值税销项税额的实质性程序要结合销货交易及营业收入的测试来进行。

1.复核应交增值税明细表

获取或编制应交增值税明细表，复核加计是否正确，并与“应交税费——应交增值税”明细账核对是否相符。

2.与企业增值税纳税申报表相关项目核对

将应交增值税明细账表与企业增值税纳税申报表相关项目核对，检查其入账时间与申报时间是否一致，金额是否相符。确定被审计单位增值税纳税申报表是否经税务机关认定，减免税是否有批准文件，税务机关的检查情况。

3.复核应交增值税销项税额

检查应交增值税销项税额的计算是否正确，记录是否完整。

（1）根据“（销售额+视同销售部分）×13%（或适用税率）=销项税额”的公式重新计算本期的增值税销项税额，应特别注意将存货用于投资、无偿赠送他人、分配给股东、偿还债务、非货币性资产交换换出，以及将自产、委托加工的产品用于非应税项目等视同销售项目，确定其计税依据是否正确，会计处理是否正确。

（2）检查冲减销项税额是否合规，追查红字专用发票的开具是否取得合法的依据，即核查税务机关开具的《开具红字增值税专用发票通知单》。

（3）如企业具有商品进出口权，确认其是否符合退税的条件，以及有关退税率、退税额的计算公式等是否适用；获取出口退税申请表，检查加总及会计处理的正确性，并与明细账数额核对无误。

（4）计算应交增值税并确认其已计入应交税费。

4.检查增值税的缴纳

检查增值税是否正确、及时、足额缴纳。从本年支付的增值税税金的记录中挑选样本，追查至增值税发票，以确认该金额是否正确。

三、税金及附加的实质性程序

1.复核税金及附加

获取或编制税金及附加明细表，复核加计是否正确，并与报表数、总账数和明细账合计数核对是否相符。

2.检查纳税范围与税种划分的合理性

结合企业有关的纳税申报表，确定被审计单位的纳税范围与税种是否合规。

3.检查税金及附加的计算是否正确

（1）测算本年度应纳增值税税额。

（2）根据审定的应税消费品销售额（或数量），按规定的适用税率测算本年度应纳消费税税额。

（3）根据审定的应税资源产品的课税数量，按规定的适用税额测算本年度应纳资源税税额。

（4）测算城市维护建设税、教育费附加的数额是否正确。

4.核对应交税费金额

将测算的各项税费的结果与应交税费相关项目的计缴数核对。

5.确定减免税项目和手续

确定被审计单位减免税的项目是否真实、手续是否完备。

6.检查列报的恰当性

检查税金及附加在财务报表中的列报是否恰当。

任务实施

小张负责对上述三个项目进行审计，在对销售费用进行实质性测试的过程中实施了下列审计程序：

（1）从被审计单位获取销售费用明细表（见表9-11）。

表9-11 销售费用明细表 单位：万元

被审计单位：	A公司	索引号：	
项　　目：	销售费用	截止日：	2020-12-31
编　　制：	小张	复　核：	张经理
日　　期：	2021-05-03	日　期：	2021-05-15

项　目	本年计划	本年实际	上年实际
工资	125	170	100
折旧费	20	60	20
物资消耗	50	90	40
修理费	10	30	10
低值易耗品摊销	10	25	5
办公费	40	60	35
差旅费	10	80	8
代销手续费	15	25	15
运输费	45	80	37
装卸费	10	20	10
包装费	40	60	35
保险费	15	25	15
广告费	150	1 600	120
租赁费	40	40	30
销售服务费（商检）	10	15	10
其他	10	20	10
合　计	600	2 400	500

小张对表中所列的销售费用明细与合计数进行核对，结果相符。

接下来，小张填写了上述“销售费用明细表”工作底稿的审计说明栏。

审计说明：

（1）核对各明细账与总账数，结果准确无误。

（2）比较本年度与上一年度发生额，发现本年度广告费用大幅度上升，其他费用上升幅度可以接受。

（3）比较本年度与上一年度销售费用与主营业务收入的比率，没有发现异常变动情况。

（4）比较本年度与上一年度销售费用各明细占销售费用总额的比率，发现差旅费和广告费支出比例大幅上涨。

（5）检查销售费用的分类，没有发现异常情况。

（6）检查销售费用的金额是否正确记录，没有发现异常情况

（2）从被审计单位获取应交增值税明细表，通过复核加计发现一笔价款为1 150万元的销售没有记录增值税销项税额。通过与管理层进行沟通，A公司同意按照注册会计师的要求对应交增值税销项税额作相应的调整。

（3）小张针对自己已经掌握的审计证据编写了A公司“销售费用审定表”、“应交增值税审定表”和“税金及附加审定表”。

审计结论：

（1）通过检查、询问等审计程序，并和管理层进行充分沟通，管理层同意按照注册会计师的要求对2020年度的财务报表作相应的调整。

（2）经过调整后，列报均真实反映了A公司的财务状况。

◆ 注意事项

本任务要求熟悉销售与收款循环中各种经济业务的会计处理，能够对企业的销售业务进行准确的分类，并能够正确识别企业在会计处理中出现的各种问题。

能力拓展

甲公司2020年12月31日应收账款总账余额为20 000万元，其所属明细账中借方余额的合计数为21 000万元，贷方余额的合计数为1 000万元，其他应收款总账余额为3 000万元。该公司采用余额百分比法计提坏账准备，计提比例为1%，计提金额为230万元。坏账准备的账户记录如表9-12所示。

表9-12 坏账准备明细账

单位：万元

日期	凭证字号	摘要	借方	贷方	余额
1/1		上年结转			100（贷方）
5/6	转字37	核销坏账	50		50（贷方）
8/11	转字87	核销坏账	60		-10（借方）
31/12	转字98	计提本年的坏账准备		230	220（贷方）

要求：根据上述资料，指出坏账准备计提中存在的问题并进行纠正。

拓展阅读

1.中国石油天然气集团公司2012年度销售与收款循环审计

在中华人民共和国审计署网站（http：//www.audit.gov.cn/）查找2014年第15号公告：中国石油天然气集团公司2012年度财务收支审计结果。请仔细阅读对中国石油天然气集团公司2012年的审计结果，并提出其销售与收款循环中存在的问题及改进意见。

2.“审”影子

详见http：//www.audit.gov.cn/n815/c117850/content.html。

技能训练

一、单项选择题

项目九

技能训练客观题

1.审查销售与退回账务处理时，可确认为正确的是（　）。

A.冲减销售确认期的营业收入

B.冲减销售退回期的营业收入

C.冲减退回期营业收入并同时冲减当期营业成本

D.冲减销售确认期营业收入并冲减同期营业成本

2.审查销售折扣账务处理时，可确认为正确的是（　）。

A.作为营业收入的抵减项目

B.冲减营业收入并同时冲减营业成本

C.冲减营业收入并同时增加产成品成本

D.不必进行账务处理

3.采用分期收款销售方式时，确认收入并记入收入账户的时间是（　）。

A.实际收款日

B.产品发出日

C.产品发出并办妥委托收款手续日

D.合同约定收款日

4.下列结算方式中，不得以产品发出作为收入实现的是（　）。

A.预收货款结算方式

B.支票结算方式

C.商业汇票结算方式

D.分期收款结算方式

5.以下产品属于企业所有的是（　）。

A.办理了销售手续但未提货的商品

B.受托加工商品

C.代管商品

D.委托代销商品

6.为确认主营业务收入在财务报表上列示的适当性，须与“主营业务收入”账户核对相符的是（　）。

A.资产负债表相关项目

B.利润表相关项目

C.主营业务收支明细表

D.利润表及主营业务收支明细表相关项目

7.销售与收款循环主要凭证和记录按业务顺序依次为（　　）。

A.订货单、贷项通知单、库存现金日记账

B.订货单、销货单、销货合同、发运单、发票

C.销货日记账、发票、贷项通知单、收款凭证

D.发货单、销货合同、订货单

8.审查中发现“其他业务收入明细账”贷方记录下列项目，应要求其调整的是（　　）。

A.随同产品销售的包装物销售收入

B.随同产品销售但单独计价的包装物销售收入

C.销售包装物的销售收入

D.出租包装物的租金收入

9.审查应收账款是否真实、准确，最重要和具有决定意义的方法是（　　）。

A.调节法　　B.审阅法　　C.询证法　　D.分析复核法

10.应收账款实质性审查过程中，控制询证过程的人员是（　　）。

A.会计主管　　B.应收账款记账员　　C.审计人员　　D.信用调查人员

11.按企业财务制度规定，企业计提坏账准备应当（　　）。

A.按月进行　　B.按季进行

C.在年初一次计提　　D.定期或至少年末一次计提

12.被审计单位“销售费用明细账”记录以下费用项目，应予以确认的是（　　）。

A.生产车间领用的产品包装费　　B.常设销售机构经费

C.管理部门人员工资　　D.为购货单位垫付的运杂费

13.对应收票据的审查，在清点的基础上进行核实，应采用的方法是（　　）。

A.核对法　　B.分析法　　C.复核法　　D.函证法

14.审查M公司带息应收票据一张，面值300万元，到期日为被审计年度12月12日。到决算日为止，该款项仍未收回，被审计单位按面值将其列示于决算日资产负债表，并于年末按面值计提应收利息9万元。该项业务处理应（　　）。

A.作为应收票据列示，但不计提利息

B.作为应收票据列示，但要计提利息

C.作为应收账款列示，并计提利息

D.作为应收账款列示，但不计提利息

二、多项选择题

1.审计人员在审查销售合同时，审查内容包括（　　）。

A.合同的合理性　　B.合同的合法性

C.合同的所有权　　D.合同的完整性

E.合同的正确性

2.对营业收入截止期的审查有三条线索，即（　　）。

A.以明细账为起点追查决算日前后会计凭证

B.以决算日前后销售发票为起点追查发运单和明细账

C.以发运单为起点追查销售发票和明细账

D.从销货合同追查明细账

E.从总账追查至明细账

3.发生并确认销售退回时，应当（　　）。

A.退回销售货款及增值税　　B.冲减本期营业收入

C.冲减本期营业成本　　D.增加库存产成品

E.将退货费用计入制造费用

4.以下处理会导致虚增营业收入的是（　　）。

A.购销双方以货易货，相互串通不开发票

B.在建工程领用本企业产品，直接以成本价冲减产成品成本

C.销售收入转入往来账户挂账

D.期末开具“空头”发票作销售处理，下期作假退货处理

E.委托其他单位代销商品，商品一经发出作为销售实现，确认收入

5.审查营业收入计算的准确性，应采取的方法有（　　）。

A.详查法

B.时间抽查法

C.根据结算方式不同选用不同方法与有关账户核对

D.审查销售数量与发货数量的一致性

E.审查销售定价是否符合规定

6.询证应收账款时，积极式询证函经二次发出仍不回复，有可能是（　　）。

A.账款已还，不愿再回复

B.根本不存在该客户

C.客户发生重大财务困难或已破产

D.被审计单位提供地址错误

E.询证函邮寄丢失

7.审计某企业应收账款，发现一笔款项230万元，账龄已超过2年，审计人员对此项应收账款采取的进一步审查措施是（　　）。

A.向欠款单位发函询证　　B.认定为坏账

C.查阅销售合同　　D.审查发货凭证

E.审查账表一致性

8.以下关于坏账或坏账准备的账务处理，错误的有（　　）。

A.计提坏账准备时，借记“管理费用”，贷记“坏账损失”

B.发生坏账时，借记“坏账损失”，贷记“应收账款”

C.不计提坏账准备的企业发生坏账准备时，借记“管理费用”，贷记“应收账款”

D.不计提坏账准备的企业已核销坏账又收回时，借记“银行存款”，贷记“本年利润”

E.计提坏账准备的企业已核销坏账又收回时，借记“银行存款”，贷记“管理费用”

9.以下属于应收账款实质性审查内容的是（　　）。

A.取得或编制应收账款账龄分析表　　B.发函询证应收账款

C.检查应收账款不相容职责的划分　　D.审查坏账准备的计提

E.审查销售折扣与收款合理性

10.采取询证方法审查某企业应收账款，对其中C公司所欠20万元账款进行询证，若收到对方询证回函称所购货物从未收到，审计应采取的措施是（　　）。

A.认定为虚假交易

B.审查发货文件查明货物是否确已发出

C.查明货物确已运出时，应将发运文件复印并交顾客证实

D.查明尚未发货时，则要求被审计单位调整会计记录

E.不必再予以核实

三、判断题

1.赊销就是销售的一种类型，因此没有必要分离。（　　）

2.销售发票是营业收入的主要凭证，因此在审计时，对其采用详查法进行审查。（　　）

3.如果发货运单显示货物是在本报告期发运的，而相应的收入是在下一报告期计入的，则属于少计收入。（　　）

4.分析性复核方法是判断营业收入变动合理性的重要方法。（　　）

5.证实应收账款的存在性，主要检查其有无漏列应收账款。（　　）

6.应收账款审查时，首先将应收账款明细表与总账、报表进行核对。（　　）

7.有关内部控制有效，预计差错率较低，可采用积极式函证。（　　）

8.询证回函认可金额大于询证金额，可能是被审计单位高估应收账款。（　　）

9.审查营业收入截止认定，要注意关键日期。发票开具日期、记账日期、发货日期这三个日期在同一会计期间表明了记录是正确的。（　　）

10.应收账款的询证函应由被审计单位签章和寄发。（　　）

四、简答题

1.销售与收款循环的主要业务活动是什么？

2.被审计单位在销售交易中的哪些环节可能出现错报？

3.在审计过程中，注册会计师应该怎样对主营业务收入实施实质性分析程序？

4.主营业务收入审计中需要注意的问题有哪些？

5.请指出应收账款函证和应付账款函证的区别。

五、分析题

1.A公司2020年12月10日向甲公司出售一批商品，开出的增值税专用发票上注明价款120万元，增值税为15.6万元，该批商品成本为90万元，当日发出商品，并在当天收到全部价税款。但是，双方签署的协议上约定甲公司在2021年2月1日前有权退回全部商品。A公司由于无法合理估计该批商品的退货率，于是在2020年发生业务时，该

公司会计处理如下：

借：银行存款　　1 356 000

　贷：主营业务收入　　1 200 000

　　应交税费——增值税（销项税额）　　156 000

借：主营业务成本　　900 000

　贷：库存商品　　900 000

要求：假设你是负责A公司2020年度财务报表审计的注册会计师，你是否同意A公司的做法，请说明理由。

2.注册会计师小刘对A公司2020年度的销售收入进行分析性复核时，发现本年度的销售收入比上年明显减少，对照在前期调查了解到A公司本年度生产销售情况是历史上最好的实际情况，小刘感到销售收入的真实性值得怀疑。于是，他抽查了9月份和12月份相关的会计凭证，发现其原始凭证中有销货发票的记账联，而记账凭证中反映的是“应付账款”，共计130万元。针对这种情况，小刘询问了有关的当事人，并向应付账款的对方企业函证，结果发现A公司是将企业正常的销售收入反映在“应付账款”中，作为其他企业的暂存款处理。

要求：假设你作为一名注册会计师遇到这种情况，该如何处理？请写出必要的处理程序。

3.假设ABC公司2020年年末资产负债表上显示应收账款项目金额为2 100万元（尚未开始计提坏账准备），应收账款各明细账情况如下（单位：万元）：

A公司　　1 200

B公司　　700

C公司　　1 000

D公司　　-800

请问：被审计单位这样列报对吗？该如何调整？

项目十　采购与付款循环审计

人物谱

娄尔行教授（1915—2000）于1987年受国家审计署委托，总结了几十年来审计学的研究成果，主编出版了《审计学概论》。该书被众多高等院校采用，并获得了财政部、国家教委等有关部门的多项荣誉。1987年，他与美国学者合作出版了用英文撰写的《中华人民共和国会计与审计》，该学术著作系统阐述了中国会计和审计的历史、现状及制度，成为国际会计界了解中国会计的一个窗口。

采购与付款循环是指企业从外部采购商品、获得劳务或其他资产并支付款项的过程。本项目将首先介绍采购与付款循环中共性的内部控制；然后以共性的内部控制为依托，分析该循环中存在的风险、控制测试的程序；最后介绍应付账款、固定资产及其他相关账户的审计目标和实质性程序，编制采购与付款循环审计工作底稿。

【知识目标】

1.了解采购与付款循环中的主要经济业务活动。

2.明确采购与付款交易的内部控制。

3.掌握采购与付款交易的测试方法。

【能力目标】

1.会执行采购与付款交易的控制测试。

2.会对固定资产和应付账款实施实质性测试。

3.会根据相关的测试资料编制审计工作底稿。

案例导引

注册会计师雷刚在审计大华公司2020年度会计报表时，大华公司财务主管提出不必抽查2020年付款凭证来证实2020年度的会计记录，其理由是：2020年度有些发票因收到太迟，不能计入12月份的付款记账凭证，公司已经全部用转账分录入账；2021年年初，公司内部审计人员已经进行了抽查；公司愿意提供无漏记债务的说明书。

请分析：雷刚在执行抽查未入账债务程序时，能否因为客户已利用转账分录将2020年迟收发票入账的事实而改变原定的审计程序？能否因为公司内部审计人员的工作而取消或减少审计程序？

分析提示：委托人对迟收账单以转账方式入账，简化了注册会计师对未入账债务的抽查，也减少了进一步调整的可能性，但这并不影响注册会计师抽查2020年度的付款记账凭证。客户提供无漏记债务的说明书不能作为正当审计程序，仅提供给注册会计师额外的保证，其证明力较弱，故无法减轻注册会计师应抽查的责任。

任务一　采购与付款循环控制测试

任务描述

A公司是一家制造企业，其材料采购需经授权批准后方可进行，采购部根据经批准的请购单编制、发出订购单，订购单没有编号。货物运达后，由隶属于采购部门的验收人员根据订购单的要求验收货物，并编制一式多联的未连续编号的验收单。仓库根据验收单验收货物，在验收单上签字后，将货物移送仓库加以保管。验收单上有数量、品名、单价等内容。验收单一联交采购部门登记采购明细账和编制付款凭单，付款凭单经批准后，月末交会计部门；一联交会计部门登记材料明细账。会计部门根据只附有验收单的付款凭单登记有关账簿。注册会计师于2021年10月对A公司采购与付款交易的内部控制进行了解和测试。

资料来源　胡中艾．审计［M］．5版．大连：东北财经大学出版社，2017.

如果你是审计人员，请指出A公司采购与付款交易内部控制方面存在的缺陷，并提出相应的改进建议。

相关知识

一、采购与付款循环涉及的主要凭证和会计记录

（1）请购单。请购单是由产品制造、产品设计、资产使用等部门的有关人员填写的，送交采购部门，申请购买商品、劳务或其他资产的书面凭证。

（2）订购单（合同）。订购单是采购部门填写的，向另一企业购买指定商品、劳务或其他资产的书面凭证，便于供需双方发货和验收。签订订购单是为了在供需双方产生

分歧时获得法律保障。

（3）验收单。验收单是收到商品、资产时所编写的凭证，列示从供应商处收到的商品、资产的种类、型号、品质和数量等内容。

（4）发票。发票是由税务部门统一监制印刷并由供应商开具的，交给买方以载明发运的货物或提供的劳务，并载明应付款金额和付款条件等事项的凭证。

（5）付款凭单。付款凭单是企业的付款凭单部门编制的，载明已收到的商品或接受劳务的供应商、应付款金额和付款日期，是企业内部记录和支付负债的授权证明文件。

（6）付款凭证。付款凭证是记录库存现金和银行存款等货币资金支出业务的记账凭证。

（7）转账凭证。转账凭证是根据有关转账业务的原始凭证编制的、记录转账交易的记账凭证。

（8）应付账款明细账及总账。

（9）库存现金、银行存款日记账及总账。

（10）供应商对账单。供应商对账单是由供应商按月编制的，标明期初余额、本期购买、本期支付给供应商的款项和期末余额的凭证。如果不考虑时间差异，其期末余额通常应与采购方相应的应付账款期末余额一致。

二、采购与付款循环的内部控制

（一）适当的职责分离

采购与付款业务不相容岗位至少包括：请购与审批；供应商的选择与审批；采购合同的拟定、审核与审批；采购与验收；采购、验收与相关会计记录；付款的审批与执行。

【练一练10-1】

判断：固定资产采购、付款、保管、记账应由不同人员分别负责，实行必要的职责分离。（　　）

（二）正确的授权审批

采购循环有4个关键环节需要经适当的授权：请购、采购合同的订立、采购和付款。

（三）会计记录控制

（1）采购业务应具备请购单、订购单、验收单、入库单和购货发票等，作为付款凭单的附件，订购单、验收单、入库单、支票等凭证应预先编号，并由经办人签章；及时填制、审核和传递原始凭证。

（2）设计和使用适当的记账凭证，凭证格式简明合理，及时编制和审核记账凭证，证证核对。

（3）建立健全存货、应付账款等账簿记录。

（4）如果会计系统应用信息技术，还要检查数据计算的准确性，审核账户和试算平衡表，设置对输入数据和数字序号的自动检查，以及对例外报告进行人工干预等。

（四）内部核查控制

企业应当建立对采购与付款交易内部控制的监督检查制度。

（1）由内部审计人员（或其他独立人员）核对购货发票的内容与相关的验收单、入库单、订购单是否相符。

（2）独立检查付款凭单的计算是否正确。

（3）独立检查已签发支票的总额与所处理的付款凭单的总额的一致性。

（4）独立检查银行存款日记账和应付账款明细账的金额的一致性，以及与支票等汇总记录的一致性。

（5）相关岗位及人员的设置情况，重点检查是否存在不相容职务混岗的现象。

（五）定期与供应商核对有关记录

为避免和及时纠正差错，应定期与供应商核对有关记录是否相符。

三、采购与付款循环的风险识别与评估

（一）确定可能发生错报的环节

注册会计师需要确认和了解采购与付款循环的错报在什么环节容易发生，即确定被审计单位应在哪些环节设置控制点，以防止或发现并纠正各重要交易流程可能发生的错报。不相容职能未分离、职能单位履行不当、截止不当、重复付款、高层操控等都可能导致错报风险。在采购与付款交易中可能发生错报的环节举例见表10-1。

表10-1 采购与付款交易中可能发生错报的环节

交易流程	可能的错报
请购商品或劳务	可能请购过多的商品或劳务
编制订购单	可能有未授权的采购
验收商品	1.可能收到未订购的商品； 2.收到商品的品种、数量、质量可能不符合要求
储存已验收的商品	商品可能被盗走、毁损
编制付款凭单	可能对未订购的商品或未收到的商品编制付款凭单
记录购货与负债	1.付款凭单可能未入账； 2.未及时入账或未计入恰当账户； 3.将资产负债表日后发生的业务提前至资产负债表日入账
支付负债	1.可能对一张付款凭单重复付款； 2.支票金额可能开错
记录支出	1.支票可能未入账； 2.记录支票时可能出错

（二）了解相关控制，进行风险评估

注册会计师应当了解采购与付款循环相关内部控制，了解可能发生错报环节的关键控制的状况，并以文字表述、调查表、流程图的方式（或几种方式相结合）进行记录。

注册会计师通过了解采购与付款循环的内部控制，对相关控制的设计和其是否得到

执行进行评价，选择一笔或几笔采购与付款交易进行穿行测试。例如：针对采购交易，追踪从请购单的处理、编制订购单、验收商品并储存、编制付款凭单、记录购货与负债、生成记账凭证，到过账至应付账款明细账和总账的整个交易流程，考虑之前对交易流程和相关控制的了解是否正确和完整，并确定相关控制是否得到执行。同时结合对被审计单位其他方面的了解，评估重大错报风险，以确定进一步审计程序的性质、时间和范围。

四、采购与付款循环的控制测试

采购与付款循环控制测试主要围绕三个方面：采购活动——关注授权；商品入库——关注保管；会计处理——关注记录。

采购与付款循环控制测试一览表见表10-2。

表10-2　采购与付款循环控制测试一览表

控制目标	内部控制	常用控制测试
1.所记录的采购都确已收到物品或已接受劳务，并符合采购方的最大利益（存在）	1.请购单、订购单、验收单和购货发票一应俱全，并附在付款凭单后； 2.采购按正确的级别批准； 3.注销付款凭单以防止重复使用； 4.对购货发票、验收单、订购单和请购单作内部核查	1.查验付款凭单后是否附有单据； 2.检查批准采购的标记； 3.检查注销凭证的标记； 4.检查内部核查的标记
2.已发生的采购交易均已记录（完整性）	1.订购单均经预先编号并已登记入账； 2.验收单均经预先编号并已登记入账	1.检查订购单连续编号的完整性； 2.检查验收单连续编号的完整性
3.所记录的采购交易估价正确（准确性、计价和分摊）	1.计价和金额的独立检查； 2.采购价格和折扣的批准	1.检查独立检查的标记； 2.审核批准采购价格和折扣的标记
4.采购交易的分类正确（分类）	1.采用适当的会计科目表； 2.内部核查分类情况	1.检查工作手册和会计科目表； 2.检查有关凭证上内部核查的标记
5.采购交易按正确的日期记录（截止）	1.要求收到商品或接受劳务后及时记录采购交易； 2.独立检查	将验收单和卖方发票上的日期与采购明细账中的日期进行比较
6.采购交易被正确计入应付账款和存货等明细账中，并被正确汇总（准确性、计价和分摊）	应付账款和存货明细账内容的内部核查	检查内部核查的标记

任务实施

根据采购与付款循环相关内部控制，以及根据可能发生错报的环节的关键控制状况可以看出，A公司采购与付款循环内部控制存在严重缺陷，设计不合理，执行效果较差，容易出现错误和舞弊，具体来说：

（1）订购单没有编号，验收单未连续编号，不能保证所有的购货业务都已被记录或不被重复记录。

（2）验收人员隶属于采购部门，不能保证验收货物的数量和质量，影响其独立行使职责。

（3）只附有验收单的付款凭单作为支付凭据，因缺少订购单和发票附件，会计部门无法核实采购事项的真实性，登记账簿在数量和金额上容易出现偏差。

◆ 注意事项

本任务要求熟悉采购与付款循环所涉及的主要凭证和会计记录及其内部控制，掌握采购与付款循环常用的控制测试，重点关注主要凭证的使用和不相容的职责是否分离。

任务二　应付账款审计

任务描述

信达会计师事务所2021年3月7日受黄河公司董事会委托，对黄河公司2020年度会计报表进行审计。黄河公司为生产、加工、销售电机设备的企业。在编制审计计划时，分配至应付账款项目的重要性水平是5万元。

阅读以上资料，请协助注册会计师小陈进行黄河公司应付账款审计，并完成相关审计工作底稿的填写。

相关知识

应付账款是企业在正常经营过程中，因购买材料、商品和接受劳务供应等经营活动而应付给供应单位的款项。

一、应付账款的审计目标

（1）确定财务报表中记录的应付账款是否存在。

（2）确定所有应当记录的应付账款是否均已存在。

（3）确定资产负债表中记录的应付账款是否为被审计单位应当履行的现时义务。

（4）确定应付账款是否以恰当的金额包括在财务报表中，与之相关的计价调整是否已恰当记录。

（5）确定应付账款在财务报表中的列报是否恰当。

二、应付账款的实质性程序

（一）获取或编制应付账款明细表

审计人员先应获取或编制应付账款明细表，复核加计是否正确，并与报表数、总账余额和明细账余额合计数核对。如果不符，应查明原因并进行相应的调整。应付账款明细表见表10-3。

表10-3　　应付账款明细表　　单位：

被审计单位：	索引号：
项　　目：	截止日：
编　　制：	复　核：
日　　期：	日　期：

明细账户	期初余额		本期发生额		期末余额	
	借方	贷方	借方	贷方	借方	贷方
合　计						

审计说明：

（二）执行分析程序

（1）将期末应付账款余额与期初余额进行比较，分析其波动原因。

（2）分析长期挂账的应付账款，要求被审计单位作出解释，判断被审计单位是否缺乏偿债能力或利用应付账款隐瞒利润，并注意其是否可能无须支付，对确实无须支付的应付账款的会计处理是否正确、依据是否充分。关注账龄超过3年的大额应付账款在资产负债表日后是否偿还，检查偿还记录、单据及披露情况。

（3）检查应付账款是否存在借方余额，如有，应查明原因，必要时建议作重分类调整。

（4）分析存货和营业成本等项目的增减变动，判断应付账款增减变动的合理性。

（三）函证应付账款

函证的目的是验证应付账款的完整性或存在。

（1）函证的情形。其主要包括以下几种情形：控制风险较高；应付账款明细账户余额较大，或在资产负债表日金额不大，甚至为零，但为企业的重要供货人；被审计单位处于财务困难阶段。

（2）函证的对象。函证的对象包括较大金额的债权人以及那些在资产负债表日金额不大，甚至为零，但为企业重要供货人的债权人。

（3）函证方式。函证最好采用积极式函证方式，并具体说明应付金额。同应收账款的函证一样，注册会计师必须对函证的过程进行控制，要求债权人直接回函，并根据回函情况编制与分析函证结果汇总表，对未回函的，应考虑是否再次函证。

【练一练10-2】

审计人员应进行应付账款函证的情况不包括（　　）。

A.控制风险较高

B.应付账款明细账户金额较大

C.被审计单位处于财务困难阶段

D.应付账款在全部负债中所占比重较大

【练一练10-3】

对应付账款进行函证时，审计人员最好应（　　）。

A.采用消极式函证，并不具体说明应付金额

B.采用积极式函证，并具体说明应付金额

C.采用消极式函证，并具体说明应付金额

D.采用积极式函证，并不具体说明应付金额

（4）函证的替代审计程序。一般采用的替代审计程序为：抽查应付账款余额形成的相关凭证，核对购货合同、购货发票、入库凭证、付款记录等原始资料，核实交易事项的真实性；抽查决算日后应付账款明细账及库存现金、银行存款日记账，核实其是否已支付货款并转销。

【实例10-1】注册会计师对开宇公司进行审计时，决定对其下列四个明细账户中的两个进行函证，有关资料见表10-4。

表10-4　**应付账款项目审计**　单位：元

明细账户	应付账款年末余额	本年度供货总额
A公司	42 650	66 100
B公司	0	2 880 000
C公司	85 000	95 000
D公司	289 000	3 032 000

要求：请选择其中两家公司进行函证，并说明理由。

分析：函证应付账款的目的是寻找未入账的负债；余额的大小不是函证选择的标准，而应当是当年供货总额的大小，故应选择B、D两个公司进行函证。

三、检查是否存在未入账的应付账款

（1）检查债务形成的相关原始凭证，确定应付账款期末余额的完整性。

（2）检查资产负债表日后应付账款明细账贷方发生额的相应凭证，关注其购货发票的日期，确认其入账时间是否合理。

（3）获取被审计单位与其供应商之间的对账单，并将对账单和被审计单位财务记录之间的差异进行调节，查找有无未入账的应付账款，确定应付账款金额的真实性。

（4）针对资产负债表日后付款项目，检查银行对账单及有关付款凭证，询问被审计单位内部或外部的知情人员，查找有无未及时入账的应付账款。

（5）结合存货监盘程序，检查被审计单位在资产负债表日前后的存货入库资料（验收报告或入库单），检查是否有大额料到单未到的情况，确认相关负债是否计入了正确的会计期间；如果注册会计师通过这些程序发现某些未入账的应付账款，应将有关情况详细记入工作底稿，然后根据其重要性确定是否需建议被审计单位进行相应的调整。

【实例10-2】审计人员小李在审计D公司年度财务报表时，注意到采购与付款循环相关的内部控制存在缺陷，没有及时记录发生的应付账款。他认为D公司在资产负债表日故意推迟记录发生的应付账款，于是决定实施审计程序进一步查找未入账的应付账款。

要求：请指出查找未入账的应付账款的审计程序。

分析：查找未入账的应付账款的审计程序如下：

（1）检查D公司在资产负债表日未处理的有材料入库凭证但未收到购货发票的经济业务。

（2）检查D公司在资产负债表日后收到的购货发票，确认其入账时间是否正确。

（3）检查D公司在资产负债表日后应付账款贷方发生额的相应凭证，确认其入账时间是否正确。

四、检查已偿付的应付账款的真实性

可以追查至银行对账单、银行付款单据和其他原始凭证。

【实例10-3】审计人员小李于2021年1月25日审查D公司应付账款明细账时，发现2020年12月份应付账款中有一笔贷方记录应付甲公司工程款100 000元。

要求：请指出小李应如何查明此笔业务的真实性。

分析：首先，小李抽取了这笔业务的记账凭证，编号为40，记录内容为：

借：制造费用　　100 000

　贷：应付账款——甲公司　　100 000

然后，小李查看了所附的原始凭证——一张自制的接受甲公司劳务的费用单据，经与甲公司联系，发现其为伪造。经询问相关财务人员得知，原来D公司当年经济效益较好，为了给今后留有余地，年终以生产车间修理的名义虚列提供劳务的单位，虚列开支100 000元，作为应付账款处理，致使当年12月份的产品成本增加了100 000元。

由于该批产品全部完工入库，尚未销售，故编制调整分录如下：

借：应付账款——甲公司　　100 000

　贷：库存商品　　100 000

五、分析异常或大额交易及重大调整事项的真实性、合理性

例如，当发现有大额的购货折扣或退回、会计处理异常、未经授权的交易、缺乏支持性凭证等情况时，应引起足够重视，检查相关原始凭证和会计记录。

六、检查应付账款是否在财务报表中恰当列报

一般来说，应付账款项目应根据“应付账款”和“预付账款”所属明细科目的期末贷方余额的合计数填列。

任务实施

小陈在对应付账款进行实质性测试过程中实施了下列审计程序：

1. 从被审计单位获取应付账款明细表（见表10-5）

表10-5　应付账款明细表　单位：元

被审计单位：	黄河公司	索引号：	
项　　目：	应付账款明细表	截止日：	
编　　制：		复　　核：	
日　　期：		日　　期：	

明细账户	期初余额		本期发生额		期末余额	
	借方	贷方	借方	贷方	借方	贷方
东方公司	—	260 000	650 000	870 200	—	480 200
明远公司	—	82 600	20 600	550 000	—	612 000
天宏公司	—	68 000	125 200	129 900	—	72 700
爱家公司	—	50 500	116 800	120 100	—	53 800
华伟公司	—	60 000	1 590 000	2 600 000	—	1 070 000
信义公司	—	249 000	1 000 000	852 000	—	101 000
东阳公司	—	—	188 000	735 200	—	547 200
华美公司	—	200 900	500 000	390 100	—	91 000
祥翔商厦	—	200 500	220 000	195 500	—	176 000
合力公司	—	87 000	—	—	—	87 000
永松公司	—	76 800	445 000	358 200	10 000	—
一平公司	—	7 000	7 000	1 000	—	1 000
合　计	—	1 342 300	4 862 600	6 802 200	10 000	3 291 900

审计说明： 续表

（1）核对各明细账户期初余额与上期期末明细账户审定数，证明无误。 （2）对应付账款各明细账户的期初余额、本期发生额和期末余额进行了计算和复核，结果准确无误。 （3）各明细账户期初余额、本期发生额和期末余额的各合计数与应付账款总账核对，证明无误。 （4）鉴于本期应付账款期末较期初增幅较大，拟选取重要或异常的供应商执行函证程序，以证实各明细账户余额的真实性和准确性。

小陈对表中所列的应付账款各明细账户的期初余额、本期发生额和期末余额进行了计算和复核，结果准确无误；各明细账户期初余额、本期发生额和期末余额的各合计数与应付账款总账进行核对，结果核对相符。

小陈填写了上述“应付账款明细表”工作底稿的审计说明栏。

2.函证应付账款

小陈对被审计单位年度内有大额购货交易的应付账款，以及对未寄对账单的供应商，异常交易账户、母子公司和用资产担保负债的债权人、期末账面余额为零的重要供应商等11家客户进行了函证（明细表中除了一平公司以外的所有客户），以确定其是否存在未入账的应付账款。发函后，在规定的时间内收到其中10家的回函，未收到合力公司的回函。在回函的10家单位中，其中9家的回函与被审计单位应付账款明细账上的余额完全相符，而东阳公司的则不符。

应付账款询证函

索引号：×××

编　号：×××

东阳公司：

本公司聘请的信达会计师事务所正在对本公司2020年度财务报表进行审计，按照中国注册会计师审计准则的要求，应当询证本公司与贵公司的往来账项等事项。下列信息出自本公司账簿记录，如与贵公司记录相符，请在本函下端“信息证明无误”处签章证明；如有不符，请在“信息不符”处列明不符项目。如存在与本公司有关的未列入本函的其他项目，也请在“信息不符”处列出这些项目的金额及详细资料。回函请直接寄至信达会计师事务所。

回函地址：杭州市西湖区文二路205号　　　　邮编：430012

电话：0571-××××××××　　　　联系人：小陈

1.本公司与贵公司的往来账项

单位：元

截止日期	贵公司欠	欠贵公司	备注
2020-12-31		547 200	

2.其他事项

本函仅为复核账目之用，并非催款结算。若款项在上述日期之后已经付清，仍请及时函复为盼。

黄河公司（被审计单位盖章）

2021年3月10日

结论：

1.信息证明无误

（公司盖章）

年　月　日

经办人：

2.信息不符，请列明不符项目及具体内容

本公司记录表明：黄河公司截至2020年12月31日止欠本公司647 200元，明细数字详见下表。

黄河公司欠款明细表

日　期	发票号	金额（元）
2020-09-20	159126	78 000
2020-10-10	160121	100 000
2020-11-15	165715	427 200
2020-12-06	169023	42 000
合　计		647 200

总会计师　汪芳（签字）

2021年3月13日（东阳公司盖章）

（1）小陈查阅了回函不符的东阳公司应付账款的明细账与相关凭证，发现黄河公司于2020年12月29日以委托银行付款结算方式支付了东阳公司2020年10月10日发生的应付账款100 000元，而东阳公司至2020年12月31日尚未收到银行的收账通知单，故未记账。

（2）小陈对未收到回函的合力公司执行了替代程序，即详细审阅了其应付账款和银行存款明细账，并大范围地抽查了有关会计凭证，对所购入的物资进行了检查，询问了被审计单位有关会计人员，最后证实合力公司应付账款记录无误，但合力公司已破产。

结合以上情况，小陈填写了“应付账款函证汇总表”工作底稿（见表10-6）。

表 10-6　　应付账款函证结果汇总表　　单位：元

被审计单位：黄河公司　　编制人：　　日期：　　索引号：

截止日期：2020-12-31　　复核人：　　日期：　　页次：

发函询证纪要				是否收到回函	收到回函					未收到回函			审计意见
序号	选取样本记录	单位名称	期末余额		可以确认金额		难以确认金额		回函索引号	通过替代审计可确认金额	未核实金额	替代索引号	
					回函直接确认	调节后可以确认	争议未决金额	其他					
1	大额	东方公司	480 200	是	480 200								确认
2	大额	明远公司	612 000	是	612 000								确认
3	大额	天宏公司	72 700	是	72 700								确认
4	大额	爱家公司	53 800	是	53 800								确认
5	大额	华伟公司	1070000	是	1 070 000								确认
6	大额	信义公司	101 000	是	101 000								确认
7	大额	东阳公司	547 200	是		547 200							确认
8	大额	华美公司	91 000	是	91 000								确认
9	大额	祥翔商厦	176 000	是	176 000								确认
10	大额	合力公司	87 000	否						87 000			确认
11	大额	永松公司	-10 000		-10 000								确认
合计			3 280 900		2 646 700	547 200	0	0	0	87 000			

抽取应付账款样本户数11户 期末应付账款客户总数12户 抽取样本占客户总数的比例91.67%	抽取样本的总金额3 280 900元　收到回函的样本10户 回函可以确认的金额2 646 700元 期末应付账款总金额3 281 900元　收到回函的样本金额3 193 900元 通过替代审计可确认金额87 000元

审核员：　　日期：　　复核员：　　日期：

注：1.选取样本依据：A.大额 B.异常 C.账龄 D.随机

2.采用随机抽样的，应说明随机抽样的办法

3.查找未入账的应付账款

对于未入账的应付账款，小陈执行了以下审计程序：

（1）结合存货监盘，抽查了被审计单位在决算日前后10天的验收入库单，发现2020年年末从东阳公司购入的货物已到，由于未收到发票，期末未办理入账手续，该批货物的金额为100 000元。

（2）检查决算日后应付账款明细账的贷方发生额的相应凭证，核对了购货发票的日期，未发现异常。

小陈认为上述情况属于采购与付款循环中的“货到单未到”的情况，并且根据发票

日期证明企业不是有意地低估，被审计单位进行暂估处理并无不妥。

3.填写“应付账款审定表”（见表10-7）

表10-7　　应付账款审定表　　单位：元

被审计单位：	黄河公司	索引号：	
项　　目：	应付账款审定表	截止日：	2020-12-31
编　　制：	小陈	复　　核：	
日　　期：		日　　期：	

项目名称	期末未审数	账项调整		重分类调整		期末审定数	上期末审定数	索引号
		借方	贷方	借方	贷方			
东方公司	480 200					480 200	260 000	
明远公司	612 000					612 000	82 600	
天宏公司	72 700					72 700	68 000	
爱家公司	53 800					53 800	50 500	
华伟公司	1 070 000					1 070 000	60 000	
信义公司	101 000					101 000	249 000	
东阳公司	547 200					547 200	—	
华美公司	91 000					91 000	200 900	
祥翔商厦	176 000					176 000	200 500	
合力公司	87 000					87 000	87 000	
永松公司	-10 000					-10 000	76 800	
平公司	1 000					1 000	7 000	
东阳公司			100 000			100 000		
合计	3 281 900		100 000			3 381 900	1 342 300	

审计结论：

（1）通过执行函证程序，应付账款各明细账户金额无异常。

（2）结合存货监盘，发现东阳公司有100 000元属于货到单未到的情形，建议按暂估调整处理。经过调整，年末应付账款余额可以确认。

◆ 注意事项

本任务要求根据应付账款的审计目标实施实质性程序。一般情况下，应付账款不需要函证，但如果控制风险较高，或被审计单位处于财务困难阶段，则应进行函证。发票未及时开过来的原因往往是交易价格未完全确定，无法开发票进行结算，暂估应付账款是正常的会计业务。

任务三　固定资产审计

任务描述

信达会计师事务所2021年3月7日接受黄河公司董事会委托，对黄河公司2020年度财务报表进行审计。黄河公司为生产、加工、销售电机设备的企业。在审计计划中，确定的固定资产项目的重要性水平为50万元。注册会计师小雷负责对黄河公司固定资产、累计折旧进行审计。小雷在对固定资产、累计折旧进行实质性测试过程中按照审计程序实施了审计。

阅读以上资料，请你作为审计人员进行黄河公司固定资产审计，并完成审计工作底稿"固定资产增加检查表""固定资产减少检查表""固定资产审定表"的填写。

相关知识

固定资产是指企业为生产产品、提供劳务、出租或经营管理而持有的，使用年限超过一年以及单位价值较高的有形资产。

一、固定资产的审计目标

（1）确定资产负债表中记录的固定资产是否存在。

（2）确定所有应当记录的固定资产是否均已记录。

（3）确定资产负债表中记录的固定资产是否为被审计单位所拥有和控制。

（4）确定固定资产是否以恰当的金额包括在财务报表中，与之相关的计价调整是否已恰当记录。

（5）确定固定资产在财务报表中的列报是否恰当。

【练一练10-4】

固定资产的审计目标一般包括（　　）。

A.确定固定资产是否归被审计单位所有

B.确定固定资产的计价和折旧

C.确定固定资产的期末余额是否正确

D.确定固定资产及其累计折旧增减变动的记录是否完整

二、固定资产——账面余额实质性程序

（一）获取或编制固定资产和累计折旧分类汇总表

检查固定资产的分类是否正确，并与总账数和明细账合计数核对是否相符，结合累计折旧、减值准备科目与报表数核对是否相符，其格式见表10-8。

表 10-8　**固定资产、累计折旧及减值准备明细表**　单位：

被审计单位：	索引号：
项　　目：固定资产、累计折旧及减值准备明细表	截止日：
编　　制：	复　核：
日　　期：	日　期：

项目名称	期初余额	本期增加	本期减少	期末余额	备注
一、固定资产原价合计					
其中：房屋、建筑物					
机器设备					
运输工具					
⋮					
二、累计折旧合计					
其中：房屋、建筑物					
机器设备					
运输工具					
⋮					
三、减值准备合计					
其中：房屋、建筑物					
机器设备					
运输工具					
⋮					
四、账面价值合计					
其中：房屋、建筑物					
机器设备					
运输工具					
⋮					

编制说明：备注栏可填列固定资产的折旧方法、使用年限、剩余使用年限、残值率和年折旧率等情况。

审计说明：

（二）执行分析程序

（1）基于对被审计单位及其环境的了解，通过进行以下比较，并考虑有关数据之间关系的影响，建立有关数据的期望值。

①分类计算本期计提折旧额与固定资产原值的比率，并与上期比较。

②计算固定资产修理及维护费用占固定资产原值的比例，并进行本期各月、本期与以前各期的比较。

（2）确定可接受的差异额。

（3）将实际情况与期望值相比较，识别需要进一步调查的差异。

（4）如果其差额超过可接受的差异额，调查并获取充分的解释和恰当的佐证（如通过检查相关的凭证）。

（5）评估分析程序的测试结果。

（三）实地检查重要固定资产

以固定资产明细分类账为起点，进行实地追查，以证明会计记录中所列固定资产确实存在，并了解其目前的使用状况；也可以以实地为起点，追查至固定资产明细分类账，以获取实际存在的固定资产均已入账的证据。

【练一练10-5】

审计人员为了获取实际存在的固定资产均已入账的证据，应当采用的最佳程序是（　　）。

A.以固定资产明细账为起点，进行实地追查

B.先从实地追查至明细账，再从明细账追查至实地

C.以实地为起点，追查至固定资产明细账

D.先从明细账追查至实地，再从实地追查至明细账

（四）检查固定资产的所有权或控制权

对于各类固定资产，注册会计师应收集不同的证据以确定其是否确归被审计单位所有；对于外购的机器设备等固定资产，通常经审核采购发票、采购合同等予以确定；对于房地产类固定资产，尚需查阅有关的合同、产权证明、财产税单、抵押借款的还款凭据、保险单等书面文件；对于汽车等运输设备，应验证有关运营证件等；对于受留置权限制的固定资产，通常还应审核被审计单位的有关负债项目等予以证实。

（五）检查本期固定资产的增加

（1）询问管理层当年固定资产的增加情况，并与获取或编制的固定资产明细表进行核对。

（2）重点检查本年度增加固定资产的计价是否正确，有关发票及原始凭证手续是否齐备，会计处理是否正确。

【实例10-4】注册会计师青松在2020年2月10日审查黄山公司2019年固定资产增加业务过程中，审阅“固定资产”账簿记录时发现2019年11月份有一笔固定资产购进业务，金额是95 720元。抽调相应凭证，进行账证核对。购入该甲设备的原始凭证是一

张金额为90 400元的转账支票存根和一张增值税专用发票；安装调试的原始凭证是一张金额为4 000元的原材料领料单和一张支付其他费用的金额为1 320元的转账支票存根。其账务处理如下：

借：在建工程 90 400

　贷：银行存款 90 400

借：在建工程 5 320

　贷：原材料 4 000

　　　银行存款 1 320

借：固定资产——甲设备 95 720

　贷：在建工程 95 720

由于未发现购进固定资产运杂费的处理，于是他就此事项向会计主管进行了面询，得知该笔5 000元的费用（其中运费4 000元，其他杂费1 000元）被计入2019年11月份的管理费用。其分录如下：

借：管理费用 5 000

　贷：银行存款 5 000

要求：请分析以上账务处理是否正确（不考虑运费的增值税），并提出审计处理意见。

分析：外购固定资产的运杂费合计5 000元应计入固定资产的成本，而不应计入管理费用；生产用机器设备购进时发生的增值税进项税额可以抵扣。审计调整分录为：

借：固定资产——甲设备 5 000

　贷：管理费用 5 000

借：应交税费——应交增值税（进项税额） 10 400

　贷：固定资产——甲设备 10 400

（六）检查本期固定资产的减少

（1）结合固定资产清理科目，抽查固定资产账面转销额是否正确。

（2）检查出售、盘亏、转让、报废或毁损的固定资产是否经授权批准，会计处理是否正确。

（3）检查因修理、更新改造而停止使用的固定资产的会计处理是否正确。

（4）检查投资转出固定资产的会计处理是否正确。

（5）检查债务重组或非货币性资产交换转出固定资产的会计处理是否正确。

（6）检查转出的投资性房地产账面价值及会计处理是否正确。

（7）检查其他减少固定资产的会计处理是否正确。

【实例10-5】注册会计师李虹在审阅宏达公司2020年度“固定资产”账簿记录过程中，发现6月12日一项业务贷方发生额为10 000元，摘要为“报废固定资产”，对应科目是“累计折旧”和“营业外支出”。从不正确的对应关系中可初步判断此业务有问题，于是调出相关凭证，其会计分录如下：

借：营业外支出——非常损失 8 000

借：累计折旧　　2 000

　　贷：固定资产　　10 000

从凭证记录中可以看出，该项固定资产的成新率高达80%，却提前报废。经了解，公司在此期间没有发生过火灾等意外事故。随后，李虹又调阅了该项固定资产卡片，发现该项固定资产仅使用了两年，且无大修的记录，说明它性状良好。经反复与公司主管及该固定资产的保管人员交谈得知，该项业务是经领导批准，将该项固定资产按账面净值进行了转让，所获款项被有关人员私分。

要求：请分析以上账务处理存在的问题，并作出相关的调整分录 。

分析：根据企业会计准则的规定，企业因出售、报废和毁损等原因减少的固定资产，应通过"固定资产清理"科目核算。"固定资产清理"科目的借方归集固定资产的账面净值和清理过程中发生的费用及税金；贷方归集收回出售固定资产的价款、残料价值和变价收入等。因此，该项业务属于虚报固定资产毁损。

审计结论：

鉴于该固定资产已被变卖，建议做如下调整分录：

借：其他应收款　　8 000

　　贷：营业外支出——非常损失　　8 000

对于变卖所收款应该追回。

（七）检查固定资产的后续支出

确定固定资产有关的后续支出是否满足资产确认条件；如不满足，该支出是否在后续支出发生时计入当期损益。

在具体实务中，对于固定资产发生的下列各项后续支出，通常的处理方法如下：

（1）固定资产修理费用，应当直接计入当期费用。

（2）固定资产改良支出，应当计入固定资产账面价值，其增计后的金额不应超过该固定资产的可收回金额。

（3）固定资产装修费用符合上述原则可以资本化的，在两次装修期间与固定资产尚可使用年限两者中较短的期间内，采用合理的方法单独计提折旧。如果在下次装修时该固定资产相关的固定资产装修项目仍有余额，应将该余额一次全部计入当期营业外支出。

（八）检查固定资产的租赁

承租人对所有租赁（选择简化处理的短期租赁和低价值资产租赁除外）确认使用权资产和租赁负债，并分别确认折旧和利息费用。承租人对于短期租赁和低价值资产租赁，可以选择不确认使用权资产和租赁负债，而采用与原租赁准则中经营租赁相似的方式进行会计处理。

对于承租人，除豁免（短期租赁和低价值资产租赁）外，所有租赁业务确认的使用权资产和租赁负债都将被纳入承租人的资产负债表。

（九）检查暂时闲置和已提足折旧仍继续使用的固定资产

获取暂时闲置固定资产的相关证明文件，并观察其实际状况，检查是否已按规定计提折旧，相关的会计处理是否正确。获取已提足折旧仍继续使用固定资产的相关证明文件，并作相应记录。

（十）检查待售固定资产

获取持有待售固定资产的相关证明文件，检查其预计净残值调整是否正确，会计处理是否正确。

（十一）检查固定资产的抵押、担保情况

结合对银行借款等的检查，了解固定资产是否存在重大的抵押、担保情况。如存在，应取证并作相应的记录，同时提请被审计单位作恰当披露。

（十二）检查固定资产是否已在财务报表中作出恰当列报

根据实际情况，检查固定资产在财务报表中的列报是否恰当。

【练一练10-6】

对于被审计单位经营租入的固定资产，审计人员不应专门审查的有（　　）。

A. 固定资产的租赁合同、协议

B. 固定资产账户的核算情况

C. 租入固定资产提取的折旧额是否正确

D. 租入固定资产有无变相馈赠情况

三、固定资产——累计折旧的实质性程序

（1）获取或编制累计折旧分类汇总表，复核加计是否正确，并与总账数和明细账合计数核对是否相符。

（2）检查折旧政策和方法是否符合相关会计准则的规定，确定其所采用的折旧方法能否在固定资产预计使用寿命内合理分摊其成本，以及前后期是否一致，预计使用寿命和预计净残值是否合理。

【实例10-6】注册会计师在审查华润股份有限公司2020年度固定资产折旧时，发现2019年度12月份新增已投入生产使用的机床一台，原价为1 000 000元，预计净残值为100 000元，预计使用年限为5年。该公司使用年数总和法对该项固定资产计提折旧，其余各类固定资产用直线法计提折旧，且该公司对这一事项在财务报表附注中未进行披露。

要求：根据上述情况，简述注册会计师应确定的这一事项对被审计单位资产负债表和利润表的影响，并提请被审计单位在财务报表附注中进行的充分披露。

分析：注册会计师认为：该公司的固定资产折旧方法不一致，且未充分揭示，这是违反现行企业会计准则的。该事项对资产负债表和利润表的影响如下：

用年数总和法计算的机床年折旧额=（1 000 000−100 000）×5÷15=300 000（元）

用直线法计算的机床年折旧额=（1 000 000−100 000）÷5=180 000（元）

所以，由于折旧方法的改变，使本年度多提折旧额120 000元（300 000−180 000），致使资产负债表中的“累计折旧”项目增加120 000元，利润表中的“利润总额”项目减少了120 000元。

对此，注册会计师要求被审计单位在财务报表附注中这样披露："本公司由于对原值为1 000 000元、预计净残值为100 000元、预计使用年限为5年的机床采用年数总和法计提折旧，与采用直线法相比，年度的折旧额增加120 000元，利润总额减少120 000元，特予以揭示。"

（3）复核本期折旧费用的计提和分配。

（4）将"累计折旧"账户贷方的本期计提折旧额与相应的成本费用明细账户折旧费用项目的借方相比较，检查本期所计提的折旧金额是否已全部摊入本期产品成本或费用。若存在差异，应追查原因，并考虑是否建议适当调整。

（5）检查累计折旧的减少是否合理、会计处理是否正确。

（6）检查累计折旧的披露是否恰当。

四、固定资产——减值准备的实质性程序

（1）获取或编制固定资产减值准备明细表，复核加计是否正确，并与总账数和明细账合计数核对是否相符。

（2）检查被审计单位计提固定资产减值准备的依据是否充分，会计处理是否正确。

（3）检查资产组的认定是否恰当，计提固定资产减值准备的依据是否充分，会计处理是否正确。

（4）计算本期期末固定资产减值准备占期末固定资产原值的比率，并与期初该比率比较，分析固定资产的质量状况。

（5）检查被审计单位处置固定资产时原计提的减值准备是否同时结转，会计处理是否正确。

（6）检查是否存在转回固定资产减值准备的情况，确定减值准备在以后会计期间没有转回。

（7）检查固定资产减值准备的披露是否恰当。

任务实施

具体审计程序如下：

1.获取并核对固定资产、累计折旧及减值准备明细表

审计人员索取固定资产、累计折旧及减值准备明细表，复核加计是否正确，并与总账和明细账合计数核对。审计人员还应将期初余额与上年底稿中的审定数予以核对，证实公司已按上年审计要求予以调整，年初数核对一致。在此基础上，审计人员将明细表内容记入表10-9。

表 10-9　**固定资产、累计折旧及减值准备明细表**　单位：元

被审计单位：	黄河公司	索引号：	
项　　目：	固定资产、累计折旧及减值准备明细表	截止日：	2020-12-31
编　　制：	小雷	复　核：	
日　　期：		日　期：	

项目名称	期初余额	本期增加	本期减少	期末余额	备注
一、固定资产原价合计	342 345 850	4 782 900	180 000	346 948 750	
其中：房屋、建筑物	329 982 600	3 180 000	—	333 162 600	
办公设备	4 089 950	549 900	40 000	4 599 850	
其他设备	8 273 300	1 053 000	140 000	9 186 300	
二、累计折旧合计	7 418 320	102 475	128 000	7 392 795	
其中：房屋、建筑物	6 234 630	88 500	—	6 323 130	
办公设备	870 200	2275	8 000	864 475	
其他设备	313 490	11 700	120 000	205 190	
三、减值准备合计	—	—	—	—	
其中：房屋、建筑物	—	—	—	—	
办公设备	—	—	—	—	
其他设备	—	—	—	—	
四、账面价值合计	334 927 530	4 680 425	52 000	339 555 955	
其中：房屋、建筑物	323 747 970	3 091 500	0	326 839 470	
办公设备	3 219 750	547 625	32 000	3 735 375	
其他设备	7 959 810	1 041 300	20 000	8 981 110	

编制说明：备注栏可填列固定资产的折旧方法、使用年限、剩余使用年限、残值率和年折旧率等情况。

审计说明：

（1）审计人员取得了全部固定资产的明细表，并对其进行了复核，经查与明细账、总账核对一致。

（2）审计人员还将期初余额与上年底稿中的审定数予以核对，证实公司已按上年审计要求予以调整，年初数核对一致。

（3）已执行分析程序，未见重大异常。

2.检查本期固定资产的增加

通过审查，小雷发现下列固定资产增加业务：

①2020年3月8日转字10号记账凭证标明自建办公用房一栋，办理竣工决算，达到了预定可使用状态，工程成本1 000 000元；

②2020年6月5日转字32号记账凭证标明自建营业用房一栋，办理竣工决算，达到了预定可使用状态，结转固定资产，工程成本800 000元；

③2020年6月18日转字150号记账凭证标明自建生产车间，办理竣工决算，达到了预定可使用状态，工程成本780 000元；

④2020年7月1日银付10号记账凭证及相关原始凭证标明外购办公设备空调20台，每台原值3 500元，增值税455元；

⑤2020年10月16日银付113号记账凭证及相关原始凭证标明购入卡车3辆，每辆300 000元，增值税39 000元；

⑥2020年9月9日转字180号记账凭证标明改建工程完工，办理竣工决算，达到了预定可使用状态，工程成本600 000元；

⑦2020年12月30日银付202号凭证及相关原始凭证标明外购轿车2辆，每辆200 000元，增值税26 000元。

小雷将企业增加的固定资产填入“固定资产增加检查表”工作底稿（见表10-10）。

表10-10　　固定资产增加检查表　　金额单位：元

被审计单位：	黄河公司	索引号：	
项　　目：	固定资产增加检查表	截止日：	2020-12-31
编　　制：	小雷	复　核：	
日　　期：		日　期：	

固定资产名称	取得日期	取得方式	固定资产类别	增加情况		核对内容（用“√”“×”表示）						
				数量	原价	1	2	3	4	5	6	7
办公用房	2020-03-08	自建	房屋、建筑物	1	1 000 000	√	√	√	√	√	√	√
营业用房	2020-06-05	自建	房屋、建筑物	1	800 000	√	√	√	√	√	√	√
营业用房	2020-06-18	自建	房屋、建筑物	1	780 000	√	√	√	√	√	√	√
空调	2020-07-01	购置	办公设备	20	70 000	√	√	√	√	√	√	√
卡车	2020-10-16	购置	其他设备	3	900 000	√	√	√	√	√	√	√
工程	2020-09-09	自建	房屋、建筑物	1	600 000	√	√	√	√	√	√	×
轿车	2020-12-30	购置	其他设备	2	400 000	√	√	√	√	√	√	√

核对内容说明：1.与发票是否一致；2.与付款单据是否一致；3.与购买/建造合同是否一致；4.与验收报告或评估报告等是否一致；5.审批手续是否齐全；6.与在建工程转出数核对是否一致；7.会计处理是否正确（入账日期和入账金额）。

审计说明：

（1）审计人员检查了固定资产的主要增加项目，并进行核对。 （2）2020年9月9日转字180号记账凭证标明改建工程完工，装潢属于办公楼正常使用必要的投入，且受益期间超过一年，符合固定资产确认条件，折旧年限正确，但需要建议企业单独进行资本化处理（办公楼装潢）。 （3）未办理竣工决算手续、现行暂估的固定资产价值为1 500万元，低估了固定资产暂估价值，应该补充计入暂估固定资产650万元，并补提折旧，见相关调整分录（索引号）。 （4）2020年度的借款利息应确认的资本化金额为20万元，在建工程资本化利息只计12.5万元，应该补计7.5万元，见相关调整分录（索引号）。 （5）以出售方式清理完成后的净损失，属于生产经营期间正常的处理损失，应借记"营业外支出——处置非流动资产损失"，已经与企业沟通。

小雷对上述增加的固定资产按表中1～7项内容进行了检查、核对，发现了以下问题：①本年度新增的固定资产中，2020年9月9日转字180号记账凭证标明改建工程完工，实属管理用办公楼装修的费用支出结转，计入了固定资产的价值（装修的间隔期为3年，当时确认的固定资产的折旧年限为3年）；②未办理竣工决算手续、现行暂估的固定资产价值为15 000 000元，低于原概算价值的25%（原概算价值为20 000 000元）。审计师现场观察和了解施工的结算情况，预计实际支出为21 500 000元（假如测算2020年少提折旧125 000元）；③自建工程办公用房所需工程款为专门借款，小雷检查了相关的借款合同，该笔借款于2020年1月1日借入，金额为500万元，利率为6%，借款期限为2年，到期还本付息。公司于2020年1月1日开始建造办公楼（预计工期一年半），当日以100万元预付了工程款。在检查相关凭证时发现，该工程资本化利息共计12.5万元（已知该笔借款2020年度的借款利息为300 000元，该笔借款自2020年1月1日至年末未用借款部分发生的存款利息为10万元）。

注册会计师小雷应做如下处理：

（1）2020年9月9日转字180号记账凭证标明改建工程完工，实属管理用办公楼装修的费用支出结转，按照准则的规定，属于与固定资产有关的后续支出。办公楼装潢属于办公楼正常使用必要的投入，符合固定资产确认条件，应进行资本化处理。

（2）未办理竣工决算手续、现行暂估的固定资产价值为15 000 000元，低于原概算价值的25%，预计实际支出为21 500 000元（假如测算2020年少提折旧125 000元），根据准则的规定，应该补充暂估计入固定资产，并补提折旧，相关调整分录如下：

借：固定资产	6 500 000	
贷：应付账款——暂估		6 500 000
借：管理费用	125 000	
贷：累计折旧		125 000

（3）为购建或者生产符合资本化条件的资产而借入专门借款的，应当以专门借款当

期实际发生的利息费用，减去将尚未动用的借款资金存入银行取得的利息收入或进行暂时性投资取得的投资收益后的金额确定。该借款2020年度的借款利息为30万元，该笔借款自2020年1月1日至年末未用借款部分发生的存款利息为10万元，应确认的资本化金额为20万元，在建工程资本化利息计了12.5万元，应该补计7.5万元，相关调整分录如下：

借：固定资产　　75 000

　贷：财务费用　　75 000

3.检查本期固定资产的减少

在审查减少的固定资产时，小雷首先审查了固定资产减少的相关批准文件，并核对了合同、收款单据等相关凭证。此外，小雷还结合“固定资产清理”和“待处理财产损溢”科目查验了固定资产账面转销情况。被审计单位本期减少固定资产2项：

①报废运输卡车1辆，原值140 000元，累计折旧120 000元，公司对于这一报废卡车的处理为：

借：固定资产清理　　20 000

　　累计折旧　　120 000

　贷：固定资产　　140 000

借：营业外支出　　20 000

　贷：固定资产清理　　20 000

②报废办公设备一台，原值为40 000元，累计折旧为8 000元，公司对于这一办公设备报废的处理为：

借：固定资产清理　　32 000

　　累计折旧　　8 000

　贷：固定资产　　40 000

借：营业外支出——非常损失　　32 000

　贷：固定资产清理　　32 000

接着，小雷调阅了被审计单位上述固定资产的卡片，发现该设备才使用了两年，且无任何大修记录，同时询问了相关资产管理人员和财会人员，方知该设备并未报废，实为出售，但账上并无出售收入的处理。

针对上述固定资产减少业务存在的问题进行如下处理：

（1）办公设备处置的会计处理存在如下错误：以出售方式处理，实际收到的出售价款以及残料变价收入未记入“固定资产清理”的贷方，发生的有关费用以及应支付的相关税费，也未记入“固定资产清理”的借方，因此多计了清理损失。

以出售方式清理完成后的净损失，属于生产经营期间正常的处理损失，应借记“资产处置损益”科目；属于已丧失使用功能正常报废所产生的损失，借记“营业外支出——非流动资产报废”科目；属于生产经营期间由于自然灾害等非正常原因造成的损失，借记“营业外支出——非常损失”科目。

（2）审计人员应编制调整分录，按照确定的处置收款金额记入“固定资产清理”的贷方，并建议补计“应交税费——应交增值税（销项税额）”（报废汽车并不属于已使用过的固定资产）。办公设备按简易办法依4%的征收率减半征收增值税，应开具普通发票。

对于减少的固定资产的审查，最后应编制“固定资产减少检查表”工作底稿（见表10-11）。

表10-11　　固定资产减少检查表　　单位：元

被审计单位：黄河公司	索引号：
项　　目：固定资产减少检查表	截止日：2020-12-31
编　　制：	复　核：
日　　期：	日　期：

固定资产名称	取得日期	处置方式	处置日期	固定资产原价	累计折旧	减值准备	账面价值	处置收入	净损益	索引号	核对内容（用“√”“×”表示）				
											1	2	3	4	5
运输卡车		报废		140 000	120 000		20 000		-20 000		√	√	√	√	
办公设备		报废		40 000	8 000		32 000		-32 000		√	√	√	×	

核对内容说明：1.与收款单据是否一致；2.与合同是否一致；3.审批手续是否完整；4.会计处理是否正确；5.……

审计说明：

（1）审计人员检查了固定资产的主要减少项目并进行了核对。

（2）办公设备停用期间应计提折旧，对少提折旧部分进行补提，见相关调整分录（索引号）。

（3）已经提足折旧继续使用的固定资产，不应该计提折旧，对多计提的折旧部分调整冲回，见相关调整分录（索引号）。

4.检查固定资产的所有权或控制权

小雷审阅了被审计单位的产权证书、财产保险单、抵押贷款的相关合同等合法文件，对于新增的固定资产，小雷索取了产权证书的副本，同时进一步审阅了相关合同、发票、付款凭证等。小雷在审计过程中未发现异常。

5.固定资产折旧审计

在核对固定资产明细表后，小雷先对折旧计提的总体合理性进行了复核。然后，他计算了本期计提折旧额占固定资产原值的比率，并与上期进行比较，分析了本期折旧计提额的合理性和准确性。此外，他还计算了累计折旧占固定资产原值的比率，评估了固定资产老化率，并估计因闲置、报废等原因可能发生的固定资产损失。在进行分析性复核后，小雷审查了折旧的计提和分配，并将“累计折旧”账户贷方的本期计提额与相应的成本费用明细账户中的折旧费用项目的借方相比较，以查明计提的折旧额是否全部摊入了本期的成本或费用。

小雷对某些折旧的计算过程追查至固定资产卡片，特别注意有无已经提足折旧而继续使用超额提折旧的情况和在用固定资产不提折旧或少提折旧的情况。在上述审计过程中，小雷发现以下问题：①办公设备5—9月份的折旧额明显高于其他月份，原因是公司所有的夏季使用的空调设备只按实际使用月份（5—9月份）提取折旧，其他月份未提，因此少提了7个月的折旧，少提折旧额为140 000元；②该公司按固定资产类别分类计提折旧，但未从其中扣除“已提足折旧继续使用固定资产”的价值，已提足折旧继续使用的办公设备的本期折旧额为210 000元（假如已提足折旧继续使用的固定资产为销售部门使用）。

对于上述问题，注册会计师小雷进行了如下处理：

企业应当对所有固定资产计提折旧。但是，已提足折旧仍继续使用的固定资产和单独计价入账的土地除外。

（1）办公设备停用期间应计提折旧，对少提折旧部分进行补提：

借：管理费用　　140 000

　贷：累计折旧　　140 000

（2）已经提足折旧继续使用的固定资产，不应该计提折旧，对多计提的折旧部分调整冲回：

借：累计折旧　　210 000

　贷：销售费用　　210 000

6.重点观察固定资产

一般来说，观察固定资产的实际存在主要是实地检查被审计单位年度内增加的主要固定资产，并不一定全面观察所有固定资产。观察范围的确定需要依赖于被审计单位内部控制的强弱、固定资产的重要性水平和注册会计师的经验。通过分析，小雷决定对期初存在的固定资产中的30%抽盘，而对当期新增的固定资产进行100%盘点。

小雷以经过核对相符的固定资产明细账为起点，进行了实地追查，以证实会计记录中所列固定资产确实存在，了解其目前的使用状况，并注意观察固定资产的保养和使用情况。

在抽盘过程中，小雷发现被审计单位接受某公司捐赠的货车2辆（未超过重要性水平），未进行处理。

注册会计师小雷对接受捐赠取得的固定资产，按确定的价值（公允价值），借记“固定资产”科目，贷记“营业外收入——捐赠利得”科目。

7. 根据审计结果完成"固定资产审定表"（见表10-12）

表10-12　　固定资产审定表　　单位：元

被审计单位：	黄河公司	索引号：	
项　　目：	固定资产审定表	截止日：	2020-12-31
编　　制：		复　　核：	
日　　期：		日　　期：	

项目名称	期末未审数	账项调整		重分类调整		期末审定数	上期审定数
		借方	贷方	借方	贷方		
一、固定资产原价合计	346 948 750	6 575 000	—	—	—	353 523 750	—
其中：房屋、建筑物	333 162 600	6 575 000	—	—	—	339 737 600	—
办公设备	4 599 850	—	—	—	—	4 599 850	—
其他设备	9 186 300	—	—	—	—	9 186 300	—
二、累计折旧合计	7 392 795	—	55 000	—	—	7 447 795	—
其中：房屋、建筑物	6 323 130	—	125 000	—	—	6 448 130	—
办公设备	864 475	70 000	—	—	—	794 475	—
其他设备	205 190	—	—	—	—	205 190	—
三、减值准备合计	—	—	—	—	—	—	—
其中：房屋、建筑物	—	—	—	—	—	—	—
办公设备	—	—	—	—	—	—	—
其他设备	—	—	—	—	—	—	—
四、账面价值合计	339 555 955	6 520 000	—	—	—	346 075 955	—
其中：房屋、建筑物	326 839 470	6 450 000	—	—	—	333 289 470	—
办公设备	3 735 375	70 000	—	—	—	3 805 375	—
其他设备	8 981 110	—	—	—	—	8 981 110	—

审计结论：

（1）建议调整的项目，企业均大部分接受；未接受的审计调账，少于本项目的重要性水平50万元。

（2）经审计调整后，本项目可以确认。

◆ 注意事项

固定资产涉及的范围很广，如果企业有租赁的固定资产，需要注意按照新租赁准则进行会计核算和信息披露。

能力拓展

2021年1月，审计人员审查了某企业2020年12月基本生产车间设备计提折旧的情况。在审计固定资产明细账和制造费用明细账时，发现如下记录：

（1）11月末，该车间设备计提折旧额12 000元，年折旧率为6%。

（2）11月份，购入设备一台，原值20 000元，已安装完工交付使用。

（3）11月份，将原来未使用的一台设备投入车间使用，原值10 000元。

（4）11月份，交外单位大修设备一台，原值50 000元。

（5）11月份，进行技术改造设备一台，当月交付使用，该设备原值为200 000元。技术改造支出50 000元，变价收入20 000元。

（6）12月份，该车间设备计提折旧21 000元。

要求：假定该企业2020年11月末计提折旧数正确，验证该企业该年12月份计提折旧数是否正确。

拓展阅读

1.“庄家”与“资本运作”

这个案例，是国内个别庄家们常使用的“财技”。

假设某国内上市公司，总股本1亿股，业绩较差，正常情况下可以取得每股利润0.1元，此时的每股股价5元，则市盈率为50倍（5÷0.1）。此时来了一个庄家，相中了这家上市公司，并经过一段时间，购买了其40%的股票，即4 000万股，每股5元，庄家总共投入2亿元（4 000×5÷10 000）。

接着，上市公司将一批分文不值的劣质资产高价卖掉，假设劣质资产多卖了1亿元。暂时充当“冤大头”的买家往往就是庄家自己，则这笔买卖让庄家损失了1亿元，但让上市公司增加了1亿元利润，即每股利润提升1元，使每股利润达到1.1元（0.1+1）。如果上市公司的市盈率还保持50倍不变，则股价为55元（50×1.1）。此时庄家持有的股票市值为22亿元（4 000×55÷10 000）。如果庄家能在这个价位卖掉股票，减去当初投入的2亿元和买劣质资产损失的1亿元，庄家最终获利19亿元，投资回报率633%（19÷3×100%）。

以上过程就是一个典型的做庄过程。当初庄家吃的亏越多，为劣质资产付出的越多，就能为上市公司创造更多的利润，从而庄家最终的收益就越大。实战中，过程会比较复杂，但本质上还是“空手套白狼”，也有人美其名曰为“资本运作”。但无一例外，庄家都是巧妙利用了收入、利润、市盈率等概念和企业会计准则的灰色地带，将缺乏财务知识的投资者骗入局中，达到轻松获利的目的。

中国的股票市场上难免有一批这样的公司，搞不清它们的主营业务是什么，成天买这卖那地搞“重组”，吃小亏、占大便宜地搞“资本运作”，形成了这个“系”那个“系”。而被重组的公司，去年还是ST，或者市盈率几百倍，今年每股利润就可以达到1元多，市盈率只有十来倍，把普通投资者给绕得晕头转向，不知所措。你说，这种重组，到底将什么进行了重组？

2.一个经典审计案例

详见http：//www.360doc.com/content/16/0216/09/30420161_534939821.shtml。

技能训练

一、单项选择题

项目十

技能训练
客观题

1.注册会计师在对ABC公司2020年度财务报表中的应付账款项目检查时，应核实其是否按照（　　）所属明细科目的期末贷方余额的合计数填列。

A.预付账款　　B.应收账款

C.应付账款　　D.预收账款

2.一般而言，对凭证进行连续编号是被审计单位购货业务的一项重要的内部控制措施。但对于部门较多的被审计单位，一般并不对（　　）进行连续编号。

A.请购单　　B.订购单　　C.验收单　　D.付款单

3.下列程序中，属于测试采购与付款循环中内部控制“发生”认定的常用控制测试程序是（　　）。

A.检查企业验收单是否有缺号

B.检查有无未记录的卖方发票存在

C.检查付款凭单是否附有卖方发票

D.审核批准采购价格和折扣的标志

4.对于应付账款项目，注册会计师常常将检查有无未入账的业务作为重要的审计目标。在下列程序中，难以达到这一目标的程序是（　　）。

A.结合存货监盘，检查在资产负债表日是否存在有材料入库凭证，但未收到购货发票的经济业务

B.检查资产负债表日后收到的购货发票，关注发票的日期

C.检查资产负债表日后应付账款贷方发生额的相应凭证

D.检查资产负债表日前应付账款明细账及库存现金、银行存款日记账

5.下列审计程序中，注册会计师最有可能证实已记录应付账款存在的是（　　）。

A.从应付账款明细账追查至购货合同、购货发票和入库凭单等凭证

B.检查采购文件以确定是否采用预先编号的采购单

C.抽取购货合同、购货发票和入库单等凭证，追查至应付账款明细账

D.向供应商函证零余额的应付账款

6.审查应付账款时，注册会计师往往要结合被审计单位的实际情况，选择适当的方法对应付账款进行实质性分析。一般来说，实质性分析的内容不包括（　　）。

A.将本期期末应付账款余额与上期期末进行比较，分析波动的原因

B.将本期各月应付账款余额进行比较，分析变动的趋势是否正常

C.计算应付账款对存货以及对流动负债的比率，并与以前期间对比分析

D.根据存货、主营业务收入、主营业务成本的增减变动幅度，判断应付账款增减变动的合理性

7.在审查是否存在未入账的应付账款时，下列程序中审计效果最佳的是（　　）。

A.向结余金额较大的债权人函证

B.审查每月应付账款余额和已入账进货之间有无非正常的比例关系

C.审查资产负债表日前开出的所有销售发票，确定其是否已入账

D.审查资产负债表日后应付账款明细账贷方发生额的有关凭证

8.审计人员在进行预付账款审计时发现，预付ABC公司的款项长期挂账，审计人员证实，ABC公司于2014年7月就已破产。审计人员应提出的正确建议是（　　）。

A.将预付账款调整为应收账款

B.将预付账款调整为其他应收账款

C.将预付账款调整为营业外支出

D.全额计提坏账准备

9.在被审计单位因预付货款导致应付账款借方余额过大时，注册会计师应（　　）。

A.提请被审计单位编制重分类的分录，并将其借方余额在资产负债表中列为资产

B.提请被审计单位在财务情况说明书中说明

C.提请被审计单位将其借方余额冲抵应付账款，并在资产负债表附注中说明

D.在工作底稿中建议编制调整分录，以便将其借方余额在资产负债表中列为资产

10.为证实会计记录中所列的固定资产是否存在，了解其目前的使用状况，注册会计师应当（　　）。

A.对固定资产实地观察

B.以固定资产明细分类账为起点，进行实地追查

C.检查固定资产的所有权归属

D.以实地为起点，追查至固定资产的明细分类账

11.在对固定资产入账价值进行审核时，注册会计师发现L公司存在下列处理情况，其中不正确的是（　　）。

A.购置的不需要经过建造过程即可使用的固定资产，按实际支付的买价、包装费、运输费、安装成本、缴纳的有关税金等作为入账价值

B.盘盈的甲固定资产，安装前期产生的会计差错经处理，记入“以前年度损益调整”，调整的是前期的营业外收入

C.投资者投入的丙固定资产，按投资方原账面价值作为入账价值

D.接受捐赠的丁固定资产，以有关凭据上的金额加上相关税费作为入账价值

12.在查找已提前报废但尚未作出会计处理的固定资产时，在下列审计程序中，注册会计师最有可能实施的是（　　）。

A.以检查固定资产实物为起点，检查固定资产的明细账和投保情况

B.以检查固定资产明细账为起点，检查固定资产实物和投保情况

C.以分析折旧费用为起点，检查固定资产实物

D.以检查固定资产实物为起点，分析固定资产维修和保养费用

13.下列有关固定资产减值准备审计的说法中，不正确的是（　　）。

A.企业应当在期末或至少在年度末对固定资产逐件进行检查，以判定是否需要计提减值准备

B.可以使用的固定资产不得全额计提减值准备

C.已全额计提减值准备的固定资产，不应再计提折旧

D.固定资产减值准备应按单项资产计提

14.下列各项测试中，（　　）测试无助于注册会计师对本期折旧费用计提情况的审查。

A.检查折旧费用的分配是否合理

B.检查未使用和不需要的固定资产是否继续计提折旧

C.检查固定资产的预计使用年限是否合理

D.检查已全额计提减值准备的固定资产是否不提折旧

15.检查ABC公司制造费用项目时，发现ABC公司2020年度制造费用中包含对下列各种固定资产计提的折旧。其中，注册会计师应当认可的是（　　）。

A.已全额计提减值准备的机器设备

B.因大修理而停止使用的生产流水线

C.因更新改造而停止使用的厂房

D.因转产而无法使用的原专用设备

16.下列审计程序中，不属于固定资产减少的审计程序是（　　）。

A.审查出售固定资产的净收益

B.分析“营业外支出”账户

C.追查停产产品的专用设备的处理

D.审核固定资产的验收报告

17.在对被审计单位无形资产进行审计时，下列有关无形资产的处理中，注册会计师不能认同的有（　　）。

A.将合并时产生的商誉确认为无形资产

B.将转让使用权的无形资产的净损失计入营业外支出

C.使用寿命不确定的无形资产不摊销，只在期末进行减值测试，计提减值准备

D.将预期不能为企业带来经济利益的无形资产的账面价值转销

二、多项选择题

1.适当的职责分离有助于防止各种有意的或无意的错误。下列项目中，采购与付款业务不相容的岗位包括（　　）。

A.询价与确定供应商　　B.采购与验收

C.付款审批与付款执行　　D.采购合同的订立与审批

2.发生采购业务时，一般情况下，企业采购部门应将定购单的副联送交（　　）。

A.供应商的销售部门　　B.本企业的验收部门

C.本企业的应付凭单部门　　D.本企业编制请购单的部门

3.注册会计师对固定资产取得和处置实施控制测试的重点包括（　　）。

A.审查固定资产的取得是否与预算相符，有无重大差异

B.审查固定资产的取得和处置是否经过授权批准

C.审查是否正确划分资本性支出和收益性支出

D.审查与固定资产取得和处置相关的项目，如应付账款、银行存款、固定资产清理和营业外收支等会计记录的适当性

4.下列程序中，(　　)属于测试采购与付款循环中内部控制“完整性”目标的常用控制测试程序。

A.检查企业验收单是否缺号

B.检查订货单是否事先编号并登记入账

C.检查付款凭单是否附有卖方发票

D.审核标准采购价格和折扣的标志

5.为确认XYZ公司应付账款的发生和偿还记录是否完整，应实施适当的审计程序，以查找未入账的应付账款。下列各项审计程序中，可以实现上述审计目标的有(　　)。

A.结合存货监盘，检查公司的资产负债表日是否存在有材料入库凭证但未收到采购发票的业务

B.抽查XYZ公司本期应付账款明细账贷方发生额，核对相关的采购发票和验收单据，确认其入账时间是否正确

C.检查XYZ公司资产负债表日后收到的大额采购发票，确认其入账时间是否正确

D.检查XYZ公司资产负债表日后应付账款明细账贷方发生额的相应凭证，确认其入账时间是否正确

6.检查XYZ公司2020年度应付账款项目时，注册会计师在外勤审计工作结束前，发现XYZ公司于2021年3月20日支付了其控股股东ABC公司账龄长达4年的应付账款1 000万元。对此，应认可XYZ公司在其2020年12月31日的资产负债表中进行反映的有(　　)。

A.作为期后事项，调整XYZ公司应付账款项目

B.在附注中说明未偿还此笔款项的原因

C.在附注中说明此笔款项已于资产负债表日后偿还

D.在附注中说明欠有ABC公司的款项

7.注册会计师对被审计单位应付账款是否真实存在，可通过(　　)程序测试。

A.将应付账款清单加总

B.从应付账款清单追查卖方发票和卖方对账单

C.函证应付款，重点是大额、异常项目

D.对未列入本期的负债进行测试

8.根据被审计单位实际情况，选择(　　)对应付账款执行实质性分析程序。

A.将期末应付账款余额与期初余额进行比较，分析波动原因

B.分析长期挂账的应付账款，要求被审计单位作出解释，判断被审计单位是否缺乏偿债能力或利用应付账款隐瞒利润；注意其是否可能无须支付，对确定无须支付的应付账款的会计处理是否正确，依据是否充分

C.计算应付账款与存货的比率、应付账款与流动负债的比率，并与以前年度相关比率对比分析，评价应付账款整体的合理性

D.分析存货和营业成本等项目的增减变动，判断应付账款增减变动的合理性

9.审查被审计单位是否存在高估固定资产数额时，注册会计师可采取(　　)程序加以验证。

A.以新增固定资产替换已报废固定资产后，报废资产是否已作减少记录

B.分析营业外收支账户

C.向固定资产管理部门查询本年投资转出的固定资产是否均已记录

D.复核固定资产保险

10.下列各项中，表明所购建固定资产达到预定可使用状态的有（　　）。

A.与固定资产构建有关的支出不再发生

B.固定资产的实体建造工作已经全部完成

C.固定资产与设计要求或者合同要求相符

D.试生产结果表明固定资产能够正常产出合格产品

11.对累计折旧实施分析程序时，下列叙述中，正确的是（　　）。

A.将应计提折旧的固定资产乘以本期的折旧率，旨在分析折旧计提的总体合理性

B.将本年计提的折旧额除以固定资产原值，并与前期比较，旨在分析计提折旧额的合理性和准确性

C.将累计折旧除以固定资产原值，旨在评价固定资产老化率，并估计因闲置、报废等可能发生的损失

D.比较本期与以前各期的累计折旧的增加或减少，旨在发现新增或减少的固定资产

三、判断题

1.注册会计师在了解ABC公司采购与付款循环内部控制后，亲自对ABC公司采购业务进行了检查订货单、验收单和卖方发票连续编号的完整性测试，从而得出ABC公司能确保所记录的采购业务计价正确的结论。（　　）

2.应付账款不需要函证，这是因为函证难以查出未记录的应付账款；如果函证，最好采用消极式函证。（　　）

3.企业的董事会等高级管理机构应负责批准资本性预算，管理层应对固定资产的取得和处置进行书面确认。（　　）

4.ABC公司内部规定：为加强在建工程项目的管理，要求审批人员根据工程项目相关业务授权批准制度的规定，在授权范围内进行审批，不得超越审批权限，经办人在职责范围内，按照审批人的审批意见办理工程项目业务。对于审批人员超越授权范围审批的工程项目业务，经办人虽无权拒绝办理，但在办理后，应及时向审批人的上级授权部门报告。（　　）

5.如果审计人员对被审计单位固定资产累计折旧的总体合理性感到满意，且认为被审计单位具有健全而有效的累计折旧内控制度，则可适当减少对固定资产其他方面的实质性测试。（　　）

6.注册会计师甲和注册会计师乙在审计ABC公司年度财务报表时，注意到与采购和付款循环相关的内部控制存在缺陷。他们认为，ABC公司管理层在资产负债表日故意推迟记录发生的应付账款，于是决定实施审计程序进一步查找未入账的应付账款。（　　）

7.为了防止企业低估负债，注册会计师应检查被审计单位有无漏计应付账款的行

为。比如注册会计师可通过检查资产负债表日后应付账款贷方发生额来证实有无未入账的应付账款。 （ ）

8.实施实地检查审计程序时，注册会计师可以以固定资产明细分类账为起点，进行实地追查，以证明会计记录中所列固定资产确实存在，并了解其目前的使用状况；也可以以实地为起点，追查至固定资产明细分类账，以获取实际存在的固定资产均已入账的证据。 （ ）

9.注册会计师对固定资产进行实地观察时，可以以固定资产明细分类账为起点，重点观察本期新增加的重要固定资产。 （ ）

10.如果注册会计师计算的累计折旧与被审计单位计算的折旧总额相近，且固定资产及累计折旧的内部控制较为健全，则可适当减少累计折旧和折旧费用的其他实质性程序的工作量。 （ ）

四、简答题

1.如何查找未入账的应付账款？

2.应收账款函证和应付账款函证有何异同？

3.在什么情况下采用函证方式查证未入账的应付账款最有效？

4.为了核实被审计单位有无某特定客户的未入账应付账款，注册会计师收集了四种证据：A.应付账款账簿记录；B.卖方发票；C.应付账款函证回函；D.年末卖方对账单。请综合分析这四种证据的证明力，并指出证明力最强的证据。

五、分析题

1.审计人员认真查阅了ABC公司2020年10—12月的“应付账款”明细账，并分别对3家债务上升幅度比较大的客户的有关记录进行了详细审查，发现以下账务处理：

借：银行存款 2 900 000

　贷：应付账款——A公司 1 800 000

　　　　　　——B公司 600 000

　　　　　　——C公司 500 000

所附的原始凭证均为银行进账单，以及分别向三家公司开具的购货发票。

要求：分析该笔业务可能存在的问题，并提出处理意见（不需作调整分录）。

2.在初次审计A公司的财务报表时，你决定函证部分应付账款。表10-13列示的是你正考虑函证的应付账款明细账户。

表10-13 应付账款明细账 单位：万元

供货商	年末应付账款	全年购货金额
甲	0	100
乙	3	6
丙	9	11
丁	20	220

要求：你认为在这些供货商中，哪两家最需要函证？为什么？

3.审计人员在对2020年度丙公司的财务报表进行审计时，发现该公司的固定资产存在下列问题：

（1）在建工程成本中包含与工程建造无关的行政管理人员工资200 000元。

（2）2020年2月，公司更换了行政办公楼的电梯，共发生相关支出8 000 000元，全部计入当期管理费用。该电梯的预计使用寿命为6年，预计净残值率为10%。公司一般采用直线法计提折旧。

（3）在审计折旧费用的合理性时，注册会计师发现，由于财务人员工作疏忽，2020年度对2台已过预计使用年限且折旧计提完毕但仍在继续使用的生产设备计提了折旧，涉及金额300 000元。

要求：指出上述会计处理存在哪些问题？应当如何调整？

项目十一　生产与存货循环审计

人物谱

杨纪琬(1917—1999)，审计学家、会计理论家、会计教育家，“管理活动论”的主要创始人。其曾任中国会计学会副会长，中国注册会计师协会首任会长。其任职期间，主持起草了新中国第一部《会计法》，发起重建和恢复注册会计师制度。他推动和引领了中国会计制度和会计准则建设，为会计理论、会计教育和注册会计师事业的发展奉献了毕生精力，被公认为“新中国会计界的一代名师”。

生产与存货循环主要包括存货的管理、生产活动及生产成本的计算等。首先，本项目将介绍生产与存货循环中共性的内部控制；然后，以共性的内部控制为依托，分析控制测试的程序；最后，介绍存货账户的审计目标和实质性程序，编制相关审计工作底稿。

【知识目标】

1. 了解生产与存货循环中的主要经济业务活动。
2. 明确生产与存货循环中的内部控制。
3. 掌握生产与存货循环中的测试方法。

【能力目标】

1. 会执行生产与存货循环中的控制测试。
2. 会对存货实施实质性测试。
3. 会根据相关的测试资料编制审计工作底稿。

案例导引

ST圣方（000620）的主营业务为石油化工产品。2005年3月初，刘某在对该单位审计时发现两项重大问题：其一，公司提供的下属企业牡丹江石油化工厂的财务账上显示公司库存较上一年度大幅度增加，原油出库价低，这意味着成本可能被虚减，利润由此虚增2 900万元；其二，公司收到的委托经营收益2 300万元没有委托合同，该委托经营收益被记在"其他业务收入"科目中。

就在刘某即将结束对ST圣方审计的前一天晚上，ST圣方的常务副总裁来到了刘某的房间，他说："现在厂里比较困难，效益不好，要想得到银行贷款一定要年报盈利才行，希望你能帮助我们。"临走时，他递给刘某一个信封，里面是15 000元人民币。

之后的事情变得容易起来：刘某"适当调整"了ST圣方结转成本的数额，体现出"盈利点"；不再索取与牡丹江热电厂签订的委托经营合同的原件；无保留意见审计报告顺利出炉。

ST圣方2005年4月16日公布2004年年报，宣布扭亏为盈。4月26日，公司公告称：我公司部分高管人员、董事、监事因涉嫌提供虚假财务报告及其他犯罪行为被立案侦查。负责年报审计的刘某也因涉嫌提供虚假证明文件被刑事拘留。

资料来源　张连起．不争与不幸：ST圣方审计案的检讨［J］．财务与会计，2005（7）．

请分析：存货审计的重要性。

分析提示：存货项目由于其自身的复杂性早已成为舞弊者关注的重点对象，存货的重大错报对于流动资产、总资产、销售成本、净利润、利润分配和所得税都会产生影响。注册会计师只要努力完善审计技术，切实提高查处舞弊的能力，就必定能将存货审计失败的风险降至最低。

任务一　生产与存货循环控制测试

任务描述

A公司是一家外资企业。2010—2015年，企业每年的出口创汇额都位居全市第三，年销售额达4 300万元左右。2016年以后，该企业的业绩逐渐下滑，亏损严重，2019年破产倒闭。从鼎盛到衰败，探究其原因，不排除市场同类产品的价格下降，原材料价格上涨等客观环境变化的影响，但内部管理的混乱才是其经营失败的根本原因。税务部门在检查时，发现存在这样的现象：

（1）董事长常年在国外，材料的采购是由董事长个人掌握，材料到达入库后，仓库的保管员按实际收到的材料数量和品种入库，实际的采购数量和品种保管员无法掌握，也没有合同等相关的资料。财务入账不及时，会计自己估价入账，发票需要几个月以后甚至更长的时间才能回来，发票的数量和实际入库的数量不一致，也不进行核对，造成材料的成本不准确，忽高忽低。

（2）期末时由仓库的保管员自己盘点，盘点的结果与财务核对不一致的，不去查找原因，也不进行处理，使盘点流于形式。

（3）材料的领用没有建立规范的领用制度，车间在生产过程中随用随领，没有计划，多领也不办理退库手续。生产中的残次料随处可见，浪费现象严重。

阅读以上资料，请你对A公司生产与存货循环中的内部控制进行评价，指出内部控制方面存在的缺陷，并提出相应的改进建议。

相关知识

一、生产与存货循环涉及的主要凭证和会计记录

生产与存货循环交易流程是生产计划部门根据订单或对销售预测和存货需求的分析来安排生产，发出原材料，生产产品，核算产品成本，产品完工后转至产成品仓库储存，最后根据发运通知单发出产成品。

生产与存货循环涉及的主要凭证和会计记录如下：

（1）生产任务通知单。生产任务通知单是企业下达制造产品等生产任务的书面文件，用以通知生产车间组织产品制造，供应部门组织材料发放，会计部门组织成本计算。

（2）领发料凭证。领发料凭证是企业为控制材料发出所采用的各种凭证，如材料发出汇总表、领料单、领料登记簿、限额领料单、退料单等。

（3）产量和工时记录。产量和工时记录是登记工人或生产班组出勤，完成产品数量、质量和生产这些产品所耗费工时数量的原始记录。常见的产量和工时记录主要有工作通知单、工序进程单、工作班产量报告、产量通知单、产量明细表、废品通知单等。

（4）薪酬结算汇总表及薪酬费用分配表。薪酬结算汇总表是为了反映企业全部工薪的情况，并据以进行总分类核算及汇总整个工薪费用而编制的。薪酬费用分配表反映了生产车间各产品应负担的生产工人工资及福利费。

（5）材料费用分配表。

（6）制造费用分配表。

（7）产品入库单及成本计算单。

（8）相关转账凭证和付款凭证。

（9）存货明细账及总账。

（10）应付职工薪酬明细账及总账。

（11）主营业务成本明细账及总账。

二、生产与存货循环的内部控制

（1）适当的职责分离。职责分离包括：存货、生产计划的编制与审批，存货验收与存货保管，发出的申请、处置、审批与相关记录。

（2）正确的授权审批。生产指令的下发，领料、职工薪酬、成本费用分配和存货计价方法的采用和变更，以及存货处置等均须经授权审批。

（3）会计记录控制。会计记录控制主要包括原始凭证的审核和记账凭证的填制等环节。

①成本核算要以经过审核的生产任务通知单、领发料凭证、产量和工时记录、薪酬和材料费用及制造费用分配表等为依据，及时填制、审核和传递原始凭证。

②设计和使用格式简明合理的记账凭证，及时编制和审核记账凭证，证证核对。

③建立健全存货、应付职工薪酬等账簿记录。

④如果会计系统应用信息技术，还要检查数据计算的准确性，审核账户和试算平衡表，设置对输入数据和数字序号的自动检查，以及对例外报告进行人工干预等。

（4）内部核查控制。由内部审计人员（或其他独立人员）审查成本的计算是否正确，前后期方法是否保持一致。

（5）实物控制。实物控制的要求是：建立存货保管和移交制度，仓储管理必须配合各期的销售及生产计划，既能保持安全存量，又能随时供应生产；各种存货均应编号，以便于存取；定期进行存货盘点。

三、生产与存货循环的风险识别与评估

（一）确定可能发生错报的环节

注册会计师需要确认和了解生产与存货循环的错报在什么环节容易发生，即确定被审计单位应在哪些环节设置控制点，以防止或发现并纠正各重要交易流程可能发生的错报。不相容职能未分离、职能单位履行不当、截止不当、高层操控等都可能导致错报风险。生产与存货循环中可能发生错报的环节举例见表11-1。

表11-1　生产与存货循环可能发生错报的环节

交易流程	可能的错报
计划和安排生产	1.生产没有计划； 2.产品没有按照客户要求的规格生产
发出材料	1.未经授权发出原材料； 2.发出的原材料可能不正确； 3.发出的原材料可能未分配或未正确分配到生产任务中
生产产品	生产时可能未被记录或者未被分配至正确的生产任务
完工产品入库	1.产成品仓库人员可能未记录接收的已完工产品； 2.接收了生产中的残次品
存货分类	1.以次等品冒充优等品； 2.以廉价物品冒充贵重物品； 3.混淆不同批号、不同产地、不同价格的物资
存货成本计价	1.随意变更存货计价方法； 2.存货成本项目的不合理分摊； 3.虚计在产品完工程度
存货储存	存货保护措施不力

（二）了解相关控制，进行风险评估

注册会计师应当了解生产与存货循环的相关内部控制、关注可能发生错误的环节的关键控制点状况，选择一笔或几笔生产与存货交易进行穿行测试。追踪整个交易流程，考虑之前对交易流程和相关控制的了解是否正确和完整，并确定相关控制是否得到执行。对相关控制的设计和是否得到执行进行评价，同时结合对被审计单位其他方面的了解，评估重大错报风险，以确定下一步审计程序的性质、时间和范围。

四、生产与存货循环的控制测试

注册会计师在了解成本内部控制的基础上，应对内部控制进行初步评价，并初步估计其控制风险水平，决定下一步审计程序的性质、时间和范围。成本会计制度控制测试一览表见表11-2。

表11-2 成本会计制度控制测试一览表

控制目标（相关认定）	内部控制	常用的控制测试
1.生产业务是根据管理层一般或特定的授权进行的（发生）	对以下3个关键点，应履行恰当手续，经过特别审批或一般授权： 1.生产指令的授权批准； 2.领料单的授权批准； 3.工薪的授权批准	检查凭证中是否包括这3个关键点的恰当审批
2.记录的成本为实际发生的而非虚构的（发生）	成本的核算是以经过审核的生产通知单、领发料凭证、产量和工时记录、工薪费用分配表、材料费用分配表、制造费用分配表为依据的	检查有关成本的记账凭证是否附有生产通知单、领发料凭证、产量和工时记录、工薪费用分配表、制造费用分配表等，原始凭证的顺序编号是否完整
3.所有耗费和物化劳动均已反映在成本中（完整性）	生产通知单、领发料凭证、产量和工时记录、工薪费用分配表、材料费用分配表、制造费用分配表等均事先编号并已经登记入账	检查生产通知单、领发料凭证、产量和工时记录、工薪费用分配表、材料费用分配表、制造费用分配表等编号是否完整
4.成本以正确的金额，在恰当的会计期间及时记录于适当的账户（发生、完整性、准确性、计价和分摊）	1.采用适当的成本核算方法，并且前后各期一致； 2.采用适当的费用分配方法，并且前后各期一致； 3.采用适当的成本核算流程； 4内部核查	1.选取样本测试各种费用的归集、分配以及成本的计算； 2.测试是否按照规定的成本核算流程和账务处理流程进行核算和账务处理
5.对存货实施保护措施，保管人员与记录、批准人员相互独立（完整性）	存货保管人员与记录、批准人员职务相分离	询问和观察存货与记录的接触控制以及相应的批准程序
6.账面存货与实际存货定期核对相符（存在、完整性、计价和分摊）	定期进行存货盘点	询问和观察存货盘点程序

在表11-2中，以内部控制目标和相关认定为起点，列示了相应的关键内部控制常用的控制测试程序，下面主要介绍实施生产与存货循环的控制测试中应当注意的问题。

（1）直接材料成本控制测试。对于采用标准成本法的企业，可获取样本的生产指令或产量统计记录、直接材料单位标准用量、直接材料标准单价及发出材料汇总表或领料单，检查下列事项：根据生产量、直接材料单位标准用量和标准单价计算的标准成本与成本计算单中的直接材料成本核对是否相符；直接材料成本差异的计算与财务处理是否正确，并注意直接材料的标准成本在当年内有无重大变更。

（2）直接人工成本控制测试。对于采用标准成本法的企业，获取样本的生产指令或产量统计报告、工时统计报告和经批准的单位标准工时、标准工时工资率、直接人工的工薪汇总表等资料，检查下列事项：根据产量和单位标准工时计算的标准工时总量与标准工时工资率之积同成本计算单中直接人工成本核对是否相符；直接人工成本差异的计算与账务处理是否正确，并注意直接人工的标准成本在当年内有无重大变更。

（3）制造费用控制测试。获取样本的制造费用分配汇总表，按项目分列的制造费用明细账、与制造费用分配有关的统计报告及相关原始记录，做如下检查：样本分担的制造费用与成本计算单中的制造费用核对是否相符；制造费用分配汇总表中选择的分配标准（机器工时数、直接人工工资、直接人工工时数、产量等）与相关的统计报告或原始记录核对是否相符，并对费用分配标准的合理性作出评估。

（4）生产成本在当期完工产品和在产品之间分配的控制测试。检查成本计算单中在产品数量与生产统计报告或在产品盘存表中的数量是否一致，检查在产品约当产量计算或其他分配标准是否合理，计算复核样本的总成本和单位成本，最终对当年采用的成本会计制度作出评估。

任务实施

根据生产与存货循环的相关内部控制、可能发生错误的环节的关键控制的状况可以看出，公司生产与存货内部控制存在缺陷，设计不合理，执行效果较差，容易出现错误和舞弊，具体来说：

（1）该企业基本没有内控制度，更谈不上机构设置和人员配备合理性问题。因此，非常有必要对单位法定代表人、高管人员的授权批准制度作出相互制约的规范。

（2）企业没有对入库存货的数量、质量进行检查与验收，不了解采购及存货的要求。没有建立存货保管制度，仓储部门对存货的盘点流于形式。在规范的内部控制制度下，采购人员应将采购材料的基本资料及时提供给仓储部门，仓储部门在收到材料后按实际收到的数量填写收料单，登记存货保管账，并随时关注材料发票的到达情况。

（3）没有规范的材料领用和盘点制度，也没有生产定额的管理制度，材料的消耗完全凭生产工人的自觉性。我们知道，单位实物资产的取得、使用是多个部门共同完成的。采购部门负责购置，验收部门负责验收，会计部门负责核算，使用部门负责运行和日常维护。可以说，实物资产的进、出、存等环节由多个部门参与，出现问题的原因不是控制流程不完备就是控制方法没发挥作用。

（4）存货的确认、计量没有标准，完全凭会计人员的经验，直接导致企业的成本费用不实。

◆ 注意事项

本任务要求熟悉生产与存货循环所涉及的主要凭证和会计记录及其内部控制，掌握生产与存货循环常用的控制测试,重点关注主要凭证的使用和不相容的职责是否分离。

任务二 存货审计

任务描述

注册会计师对ABC公司2019年存货进行审计，ABC公司的存货主要有煤炭、烧碱和玻璃。据了解，该公司少量玻璃存放于外地公用仓库；另有丁公司的部分水泥存放于本公司仓库。ABC公司拟于2019年12月29日—31日盘点存货。以下是注册会计师撰写的监盘计划中的部分内容：

存货监盘计划

一、存货监盘目标

检查2019年12月31日存货数量是否真实完整。

二、存货监盘范围

2019年12月31日所有存货，包括煤炭、烧碱、玻璃和水泥。

三、监盘时间

存货的观察与检查时间均为12月31日。

四、监盘程序

1.与管理层讨论监盘计划；

2.观察公司盘点人员是否按照盘点计划盘点；

3.检查相关凭证，以证实盘点截止日前所有已确认为销售但尚未装运出库的存货均已纳入盘点范围；

4.对于存放在外地公用仓库的玻璃，主要实施检查装运文件、出库记录等替代程序；

……

请指出上述监盘目标、范围和时间所存在的问题，并简要说出理由。上述监盘计划中列示的主要程序是否恰当？若不恰当，请予以修改。

相关知识

一、存货审计目标

存货审计目标主要有：确定存货是否已存在；存货是否归属于被审计单位；存货的记录是否完整；跌价准备计提是否合理；计价方法是否恰当；期末存货余额是否正确；

列报是否恰当。

二、存货的实质性程序

（一）获取或编制存货项目明细表

注册会计师应先获取或编制存货及跌价准备明细表，复核加计是否正确，并与报表数、总账数、明细账余额合计数核对是否相符。如果不相符，应查明原因，并作出记录和相应调整。存货项目明细表见表11-3。

表11-3　存货项目明细表　单位：

被审计单位：　索引号：

项　　目：　截止日：

编　　制：　复　核：

日　　期：　日　期：

类别	名称及规格	计量单位	数量	单价	金额	备注

编制说明：本表是对审定表中“期末未审数”栏按数量金额格式的进一步列示。

审计说明：

（二）存货监盘

对期末存货数量的确定，是存货审计中的重要内容。

1.存货监盘的定义

存货监盘是指注册会计师现场观察被审计单位存货的盘点，并对已盘点的存货进行适当的检查。可见，存货监盘有两层含义：一是注册会计师应亲临现场观察被审计单位存货的盘点；二是在此基础上，注册会计师应根据需要适当抽查已盘点的存货。

对存货进行监盘是存货审计必不可少的一项审计程序。存货监盘针对的主要是存货的存在认定、完整性认定以及权利和义务的认定。注册会计师监盘存货的目的在于获取有关存货数量和状况的审计证据，以确定被审计单位记录的所有存货确实存在并属于被审计单位的合法财产。

2.存货监盘程序

（1）制订盘点计划。审计人员在进行监盘之前，应根据被审计存货的特点、盘存制度和存货内部控制的有效性等情况，在评价被审计单位存货盘点计划的基础上，编制存货监盘计划，对存货监盘作出合理的安排。在编制存货监盘计划时，注册会计师应实施下列审计程序：了解存货的内容、性质、各存货项目的重要程度及存放场所；了解与存货相关的内部控制；评估与存货相关的重大错报风险和重要性；查阅以前年度的存货监盘工作底稿；考虑实地察看存货的存放场所，特别是金额较大或性质特殊的存货；考虑是否需要利用专家的工作或其他注册会计师的工作；复核或与管理层讨论其存货盘点计划。

存货监盘计划应包括的内容如下：

①存货监盘的目标、范围及时间安排。存货监盘的目标是获取被审计单位资产负债表日有关存货数量和状况的审计证据，检查存货的数量是否真实完整，是否属于被审计单位，存货有无毁损、陈旧、过时、短缺等状况。

存货监盘范围的大小取决于存货的内容、性质，以及与存货相关的内部控制的完善程度和重大错报风险的评估结果。对存放于外单位的存货，应当考虑实施适当的替代程序，以获取充分、适当的审计证据。

存货监盘的时间，包括实地查看盘点现场的时间、观察存货盘点的时间和对已盘点存货实施检查的时间等，应当与被审计单位实施存货盘点的时间协调。

②存货盘点的要点以及关注的事项。存货盘点的要点主要包括注册会计师实施存货监盘程序的方法、步骤，各个环节应注意的问题及所要解决的问题。注册会计师需要重点关注的事项包括盘点期间的存货移动、存货的状况、存货的截止确认、存货的各个存放地点及金额等。

③参加存货监盘人员的分工。注册会计师应当根据被审计单位参加存货盘点人员分工、分组情况，存货监盘工作量的大小和人员素质等情况，确定参加存货监盘的人员组成，以及各组成人员的职责和具体分工，并加强监督。

④抽查的范围。根据被审计单位存货盘点和对被审计单位内部控制的评价结果，注册会计师确定抽查存货的范围。在实施观察程序后，如果认为被审计单位内部控制设计良好且得到有效实施，存货盘点组织良好，注册会计师可以相应缩小抽查程序的范围。

（2）盘点问卷调查。审计人员在实施监盘前，应对企业的盘点组织及其参与人员的准备工作情况进行调查，以确定企业是否按照盘点计划的要求进行盘点准备工作。若认为企业的盘点准备工作达不到事前规划的要求，审计人员可以拒绝实施监盘，并要求企业另定时间、重新准备。存货盘点计划问卷的内容见表11-4。

表 11-4

存货盘点计划问卷

被审计单位：______	索引号：______
项　　目：______	截止日：______
编　　制：______	复　核：______
日　　期：______	日　期：______

1.存货盘点的范围、盘点的场所以及盘点时间是如何确定的？填列以下表格。

地点	存货类型	占存货总额的大致比例	盘点时间

2.盘点人员是如何组织分工的？是否具有胜任能力？填列以下表格。

人员	地点	职责	胜任能力	电话

3.盘点过程是否有专家参加？是否对专家参与盘点作出了适当的安排？

4.盘点前是否召开会议并布置任务？

5.在盘点过程中，存货是怎样整理和排列的？

6.是否存在代销存货等所有权不属于被审计单位的存货？如有，情况如何？

7.有哪些毁损、陈旧、过时、残次的存货？它们是如何区分和存放的？

8.半成品、原材料和产成品如何分开？

9.对于成堆堆放或分散在仓库中的存货，是否设置了专门的盘点程序或数量转换计算的方法？

10.分散在不同地方的相同存货项目如何汇总？（这对于与后续盘点汇总保持一致很重要）

11.存货盘点采用什么计量工具和计量方法？

12.在产品的完工程度如何确认？原材料、直接人工、制造费用等如何在产成品和在产品之间分配？

13.是否有存放在外单位的存货？如何进行盘点？

续表

14.放在距离较远的地方的存货如何盘点？
15.对存货收发截止是如何进行控制的？
16.对盘点期间存货移动是如何进行控制的？盘点期间是否需要停止生产？
17.盘点表是如何设计、使用与控制的？使用什么形式的文件来记录盘点？盘点表是否预先编号？
18.是否所有的盘点都被独立检查以确保它们的准确性？若使用永续盘存制，如果实际数量与记录存在差异，是否有进行独立再盘点的措施？是否要求监督者对盘点执行的检查作出记录？
19.盘点结果是如何汇总的？
20.如何对盘盈或盘亏进行分析、调查与处理？
21.是否存在其他在盘点中需要注意的事项？
22.对被审计单位存货盘点计划能否合理地确定存货的数量和状况作出总体评价： （1）被审计单位存货盘点计划是否适当？ （2）盘点计划是否存在缺陷？如是，应建议被审计单位调整。

注：本调查问卷旨在帮助审计人员了解和评价被审计单位存货盘点计划。如果被审计单位有盘点的书面说明，本调查问卷也可作为有益的补充。需要说明的是，审计人员应当根据被审计单位所处行业的特点、内部控制和会计核算制度等具体情况，对本调查问卷进行修改。

（3）实地观察盘点。审计人员应到盘点现场观察和监督盘点的全过程。审计人员主要观察和监督以下内容：盘点现场的存货是否摆放有序并停止流动；盘点程序是否符合盘点计划和指令的基本要求；对存货点数、计量所采用的方法是否适当，有无重计或者漏计的错误；盘点标签及盘点汇总表是否按要求完整填制；存货中有无混进废品与毁损物品等。在监盘过程中如果发现问题，审计人员应及时指出，并要求被审计单位纠正。如果认为盘点程序不当或记录有错误，导致盘点结果严重失实，应要求盘点人员重新进行盘点，以保证登记汇总存货数量的正确性。

【实例 11-1】审计人员在审查某企业在产品盘存表时，发现各月的盘存表中都有一项在产品损毁，损毁的在产品金额是按照损毁的在产品数量乘以在产品的定额成本计算的。如何对毁损额进行账务处理？若损毁的在产品有残料，又是如何处理的？这一系列问题引起了审计人员的怀疑。

鉴于上述情况，审计人员到生产车间进行查询，了解到该企业在产品损毁有残料，有关人员将收集的残料按废品每月处理一次。出纳人员称，这些收入不列入账内，作为小金库的资金单独保管。

审计人员随即向该企业负责人指出了这些问题。该企业财务负责人称，企业按照规定计提的业务招待费用不够用，损毁的在产品残料收入不入账单独管理，可用来弥补业务招待费的不足。

审计人员通过审查证实，该企业2019年度出售在产品残料收入共计62 000元。

要求：针对上述查实的问题，提出处理意见。

分析：审计人员应责成出纳人员将"小金库"的资金全部入账。会计分录如下：

借：库存现金　62 000

　贷：利润分配——未分配利润　62 000

增加的利润按25%上缴所得税，会计分录如下：

借：利润分配——未分配利润　15 500

　贷：应交税费——应交所得税　15 500

（4）复盘抽点。抽点是指被审计单位盘点人员盘点后，审计人员应根据观察的情况，在盘点标签尚未取下之前，选择部分存货项目进行复盘抽点。抽点的范围取决于具体存货项目的性质、控制状况及特定的环境条件。通常情况下，审计人员应将存货进行区分，将价值较高的存货全部盘点，对其他项目则选取样本进行抽点。抽点的样本一般应达到存货总价值的10%以上。审计人员应将抽点结果与盘点标签及盘点汇总表上的记录进行比较。抽点在产品时，还应关注其完工程度是否恰当。如果抽点发现差异，除要求被审计单位进行更正外，还应扩大抽点范围；如果发现差错过大，则应要求被审计单位重新盘点。审计人员进行抽点时，应在工作底稿上记录其抽点结果。

抽点结束后，应将全部盘点标签及盘点汇总表按编号顺序归总，并据以登记盘点表。所有的盘点标签、盘点汇总表均应由参与盘点人员和监盘审计人员签名，并复印两份，被审计单位与会计师事务所各留一份。同时，审计人员还应向被审计单位索取存货盘点前的最后一张验收凭证和发货凭证，以便审计时做截止测试之用。

（5）编制审计工作底稿。盘点工作结束后，审计人员应根据盘点的情况，撰写包括盘点程序、盘点中的重大问题及处理、盘点结果等内容的盘点备忘录，并连同被审计单位的盘点计划、盘点汇总表、问卷调查表等资料以及取得的其他资料一起整理成审计工作底稿。

（6）特殊情况的处理。如果由于被审计单位存货的性质或位置等原因导致无法实施存货的盘点，注册会计师应当考虑能否实施替代审计程序，获取有关期末存货数量的充分、适当的审计证据。注册会计师实施的替代审计程序主要包括：检查进货交易凭证或生产记录及其相关资料；检查资产负债表日后发生的销货凭证；向顾客或供应商函证。

①由于存货的性质或者位置而无法实施存货监盘程序。在这种情况下，通常需要参考内部控制。注册会计师应当复核采购、生产和销售记录，以获取必要的审计证据。此外，还可以向能够接触到相关存货项目的第三方人员询证。当然，注册会计师也可以实施其他有效的替代审计程序。

②因不可预见的因素导致无法在预定日期实施存货监盘或接受委托时被审计单位的期末存货盘点已经完成。在这种情况下，注册会计师应采用一些替代审计程序，如利用被审计单位的存货盘点资料，抽查盘点部分存货，审查自结账日以来的存货收发记录，

倒推出结账日的存货数量。如果仍无法实施替代程序，则表示存货项目的审计证据不足，应在审计报告中予以说明。

③委托其他单位保管或已抵押的存货。对被审计单位委托其他单位保管的或已抵押的存货，注册会计师应向保管人或债权人函证。如果此类存货的金额占流动资产或总资产的比例较大，注册会计师还应当考虑实施存货监盘或利用其他注册会计师的工作。

④首次接受委托的情况。当首次接受委托未能对上期期末存货实施监盘，且该存货对本期财务报表存在重大影响时，如果已获取有关本期期末存货的充分、适当的审计证据，注册会计师应当实施下列一项或者多项审计程序，以获取有关本期期初存货余额的充分、适当的审计证据：查阅前任注册会计师工作底稿；复核上期存货盘点记录及文件；检查上期存货交易记录，运用毛利百分比法进行分析。

【练一练 11-1】

存货监盘程序所得到的是（　　）。

A. 书面证据

B. 口头证据

C. 环境证据

D. 实物证据

3. 实施存货的计价测试

监盘程序主要是对存货的结存数量加以确认。为了验证资产负债表上存货余额的真实性，还必须进行存货的计价测试，确定存货实物数量和永续盘存记录中的数量记录是否经过正确的计价和汇总。存货计价审计表见表 11-5。

表 11-5　**存货计价审计表**

日期	品名及规格	本期增加			本期减少			本期结存		
		数量	单价	金额	数量	单价	金额	数量	单价	金额
1. 计价方法说明										
2. 情况说明及审计结论										

（1）样本的选择。计价审计的样本，应从存货数量已经盘点、单价和总金额已经计入存货汇总表的结存存货中选择。

（2）计价基础和方法的确认。存货可按不同的计价基础和方法确定其价值，但必须符合企业会计准则及企业会计制度的规定。存货的计价基础主要有历史成本基础、成本与可变现净值孰低基础等。存货计价方法主要包括实际成本计价和计划成本计价两大类，而实际成本计价又有先进先出法、加权平均法、个别计价法等。企业可结合国家法规要求选择符合自身特点的存货计价基础与方法。如果被审计单位采用的存货计价基础与方法不符合规定，必须加以调整和揭示。此外，如果没有足够的理由，存货计价方法在同一会计期间不得变动。如果计价方法发生变动，审计人员要检查变动的理由、性质是否恰当，分析对当期损益的影响程度，并确定所需揭示的有关资料信息。

（3）计价测试。进行计价测试时，注册会计师首先应对存货价格的组成内容予以审核，然后按照了解的计价方法对所选择的存货样本进行计价测试。测试时，应尽量排除被审计单位已有计算程序和结果的影响，并进行独立测试。测试结果出来后，应与被审计单位账面记录对比，编制对比分析表，分析形成差异的原因。如果差异过大，应扩大测试范围，并根据审计结果考虑是否应提出审计调整建议。存货计价审计中，由于被审计单位对期末存货采用成本与可变现净值孰低的方法计价，所以注册会计师应充分关注其对存货可变现净值的确定及存货跌价准备的计提。

4.实施存货的截止测试

（1）所谓存货截止测试，就是检查截止到当年12月31日，所购入的存货或已销售的存货是否与其对应的会计科目一并计入同一会计期间。正确确定存货购入与销售的截止日期，是正确、完整地记录企业年末存货的前提。如果被审计单位于当年12月31日购入货物，并已包括在当年12月31日的实物盘点范围内，而当年12月份账上并无进货和对应的负债记录，这就少记了账面存货和应付账款，此时若将盘盈的存货冲减有关的费用或增加有关收入，就虚增了本年利润。相反，如果在当年12月31日收到一张购货发票，并计入当年12月份账内，而这张发票所对应的存货实物却于次年1月3日收到，不包括在当年年度的盘点范围内，若此时根据盘亏结果增加费用或损失，就会虚减本年的存货和利润。

（2）存货截止的测试方法可采用检查存货盘点日前后的购货（销售）发票与验收报告、入库单（出库单）和查阅验收部门的业务记录两种方式。

①检查存货盘点日前后的购货（销售）发票与验收报告、入库单（出库单）。在一般情况下，每张发票均附有验收报告与入库单（出库单）。因此，测试购销业务年末截止情况的主要方法是检查存货盘点日前后的购货（销售）发票与验收报告、入库单（出库单）。如果12月底入账的发票附有12月31日或之前日期的验收报告与入库单，则货物肯定已经入库，并包括在本年的实地盘点存货范围内；如果有验收报告与入库单而没有购货发票，则应认真审核每一验收报告单上是否加盖暂估入账印章，并以暂估价计入当年存货账内，待次年年初以红字冲销。

②查阅验收部门和发货部门的业务记录。存货截止测试的另一审核方法就是查阅验

收部门和发货部门的业务记录，凡是接近年底（包括次年年初）购入或者销售的货物，均必须查明其相应的购货或者销售发票是否在同期入账。对于未收到购货发票的入库存货，应查明是否将入库单分开存放并暂估入账，对已填制出库单而未发出的商品，应查明是否将其单独保管。对于测试完成后发现的截止期处理不当的情况，审计人员应提请被审计单位做必要的会计账务调整。

【练一练11-2】

下列关于存货截止测试的说法中，正确的有（　　）。

A.12月底入账的发票如果附有12月31日或之前的验收报告，则货物肯定已入库，并包括在本年的实地盘点范围内

B.如果验收报告日期为次年1月份的日期，则货物一般不会列入年底实地盘点范围内

C.如果12月31日购入货物，并已包括在当年实物盘点范围内，而购货发票次年1月份才收到，可计入次年1月份账内

D.如果12月31日收到购货发票，而货物次年1月才收到，可计入当年12月份账内，货物不列入盘点范围

5.审查存货跌价准备

按照企业会计准则的要求，企业的存货应当在期末按成本与可变现净值孰低计量。企业期末对存货进行盘点后，若可变现净值低于成本，应计提存货跌价准备。存货跌价准备的提取和转销通过“存货跌价准备”账户进行核算。存货跌价准备审计程序如下：

（1）获取或编制存货跌价准备的明细表，复核加计是否正确，并与总账数、明细账合计数核对是否相符。

（2）检查分析存货是否存在减值迹象，判断被审计单位计提存货跌价准备的合理性。

（3）检查计提存货跌价准备的依据、方法是否前后一致。

（4）根据成本与可变现净值孰低的计价方法，评价存货跌价准备所依据的资料、假设及计提方法，考虑是否以确凿证据为基础计算确定存货的可变现净值，并检查其合理性。

（5）考虑不同存货的可变现净值的确定原则，复核其可变现净值计算的正确性（即充足但不过度）。对用于生产而持有的原材料，检查是否以所生产的产成品的估计售价减去至完工时估计将要发生的成本、估计的销售费用和相关税费后的金额作为其可变现净值的确定基础。对库存商品和用于出售而持有的原材料等直接用于出售的存货，检查是否以该存货的估计售价减去估计的销售费用和相关税费后的金额作为其可变现净值的确定基础。

（6）抽查计提存货跌价准备的项目，其期后售价是否低于原始成本。

（7）检查存货跌价准备的计算和会计处理是否正确，本期计提或转销是否与有关损益科目金额核对一致。

（8）对从合并范围内部购入存货计提的跌价准备，关注其在合并时是否已冲抵。

（9）检查债务重组、非货币性资产交换和企业合并等涉及存货跌价准备的会计处理是否正确。

（10）根据评估的舞弊风险等因素，增加审计程序并检查存货跌价准备是否已按照企业会计准则的规则在财务报表中恰当列报。

任务实施

（1）存货监盘的目标、范围和时间均存在问题。

第一，存货监盘的目标不正确。存货监盘的目标应该是获取ABC公司2019年12月31日有关存货数量和状况的审计证据，检查存货的数量是否真实完整，是否属于被审计单位，存货有无毁损、陈旧、残次和短缺等状况。

第二，存货监盘的范围不正确。存货监盘的范围应该是2019年12月31日库存的玻璃、煤炭和烧碱，并不应该包括其他公司存放在本公司的水泥。

第三，存货监盘的时间不正确。存货监盘的时间应该包括实地察看盘点现场的时间、观察存货盘点的时间和对已盘点存货实施检查的时间等，应当与被审计单位实施存货盘点的时间相协调，所以应该是2019年12月29日至12月31日。

（2）对于计划实施的监盘程序的评价如下：

第一，“与管理层讨论存货监盘计划”是不恰当的，应该与被审计单位管理层复核或讨论其存货盘点计划。

第二，“观察公司盘点人员是否按照盘点计划盘点”是恰当的。

第三，“检查相关凭证，以证实盘点截止日前所有已确认为销售但尚未装运出库的存货均已纳入盘点范围”是不恰当的，应该检查所有在截止日前已确认为销售但尚未装运出库的存货均未纳入盘点范围。

第四，“对于存放在外地公用仓库的玻璃，主要实施检查装运文件、出库记录等替代程序”是不恰当的，应该主要通过函证或利用其他注册会计师工作等替代程序来进行查验。

◆ 注意事项

定期盘点存货，合理确定存货的数量和状况是被审计单位管理层的职责；实施存货监盘，获取有关期末存货数量和状况的充分、适当的证据是审计人员的责任。存货监盘程序具有局限性，注册会计师无法通过盘点解决所有问题。

任务三　其他相关项目审计

任务描述

注册会计师张三负责对甲公司2019年的主营业务成本进行审计，通过审查该公司的主营业务成本明细表，并与有关明细账、总账进行核对，发现账表之间数字完全相符

（见表11-6）。

表11-6 甲公司账表数字

单位：元

项　目	金　额	项　目	金　额
材料期初余额	80 000	本期购进材料	150 000
材料期末余额	60 000	本期销售材料	10 000
直接人工成本	15 000	制造费用	42 000
在产品期初余额	23 000	在产品期末余额	30 000
产成品期初余额	40 000	产成品期末余额	50 000

该注册会计师通过对有关记账凭证和原始凭证的审计，发现以下问题：

（1）本期已入库，但尚未收到结算凭证的材料价值5 000元，未进行暂估处理。

（2）已领取未用的材料价值1 000元，未进行退料处理。

（3）为在建工程发生的工人工资计入生产成本2 000元。

（4）本期发生的大修理费用6 000元全部计入当期制造费用（按规定应分三期摊销）。

（5）经对期末在产品的盘点，在产品的实际金额为38 000元。

请根据以上资料，编制生产成本与主营业务成本倒轧表，计算结果并得出审计结论。

相关知识

一、营业成本的审计目标

（1）确定利润表中记录的营业成本是否已发生，且与被审计单位有关。

（2）确定所有应当记录的营业成本是否均已记录。

（3）确定与营业成本有关的金额及其他数据是否已恰当记录。

（4）确定营业成本是否已记录于正确的会计期间。

（5）确定营业成本是否已记录于恰当的账户。

（6）确定营业成本在财务报表中的列报是否恰当。

二、生产成本审计的实质性程序

1.直接材料成本的审计

直接材料成本的审计一般应从审阅材料和生产成本明细账入手，抽查有关的费用凭证，验证企业产品耗用直接材料的数量、计价和材料费用分配是否真实、合理。

（1）审查直接材料耗用量的真实性。该项审查的具体内容包括：

①审查材料用途。抽查领料凭证，并与发料凭证汇总表核对是否相符，审查材料是否按用途分配。检查有无将在建工程、福利部门支出、捐赠支出等领用的材料计入直接材料费用。

②注意已领未用材料是否办理了假退料手续；废料、边角料是否办理了退库或变价处理，并冲减了本期耗用量。

（2）审查直接材料计价的正确性。该项审查的具体内容包括：

①直接材料按实际成本计价的，应审查其计价方法前后期是否一致，有关计算是否正确。

②直接材料按计划成本计价的，重点审查材料成本差异的形成和分配。检查材料成本差异的发生额是否正确，有无将不应计入材料采购成本的费用计入材料采购成本；抽查若干月发出材料汇总表，检查材料成本差异是否按月分摊，使用的差异率是否为当月实际差异率，检查差异率的计算是否正确，差异的分配是否正确，分配方法前后期是否一致。

（3）审查直接材料费用分配的正确性。审查发料凭证汇总表、成本计算单、生产成本明细账，检查直接材料成本的计算、分配标准、分配方法、分配结果及有关账务处理的正确性，直接材料费用是否与材料费用分配表中该产品分摊的直接费用相符，并注意分配标准是否合理和前后一致。

（4）执行分析程序。将同一产品本年度的直接材料成本与上一年度比较，或将本年度若干期的直接材料成本进行对比分析，检查有无异常波动。

【实例 11-2】 审计人员受托对某企业在产品成本进行审查。该企业按约当产量法计算在产品成本，审计人员审阅基本生产成本明细账时发现：月初在产品成本为 239 040 元。其中，直接材料 144 000 元，直接工资 36 000 元，其他直接支出 5 040 元，制造费用 54 000 元。本月发生费用 999 000 元。其中，直接材料 662 400 元，直接工资 90 000 元，其他直接支出 12 600 元，制造费用 234 000 元。本月完工产品 480 台，月末在产品 240 台，在产品投料率为 80%，完工率为 50%。经查实，本月账面在产品实际成本为 479 880 元。其中，直接材料 350 400 元，直接工资 42 000 元，其他直接支出 5 880 元，制造费用 81 600 元，本月完工产品成本已经结转。

要求：

（1）说明审计人员应采用的审计方法。

（2）指出该企业在产品成本计算上存在的问题。

（3）提出处理意见。

分析：（1）审计方法：审阅基本生产成本明细账，抽查有关会计凭证，核对账证数额，盘点在产品实物数量，验证在产品投料率和完工率。根据成本计算单，验证在产品成本如下：

直接材料=（144 000+662 400）÷（480+240×80%）×240×80%=230 400（元）

直接工资=（36 000+90 000）÷（480+240×50%）×240×50%=25 200（元）

其他直接支出=（5 040+12 600）÷（480+240×50%）×240×50%=3 528（元）

制造费用=（54 000+234 000）÷（480+240×50%）×240×50%=57 600（元）

在产品成本合计=230 400+25 200+3 528+57 600=316 728（元）

在产品多留材料费=350 400−230 400=120 000（元）

在产品多留工资费=42 000−25 200=16 800（元）

在产品多留其他直接支出=5 880−3 528=2 352（元）

在产品多留制造费用=81 600−57 600=24 000（元）

在产品多留成本合计=120 000+16 800+2 352+24 000=163 152（元）

（2）存在的问题：验算结果表明，该企业成本计算失误，多留在产品成本，少转完工产品成本163 152元。

（3）建议将少转的完工产品成本予以补转，调整会计分录如下：

借：库存商品　　163 152

　贷：生产成本——基本生产成本　　163 152

2.直接薪酬费用的审计

获取劳动人事资料、薪酬结算汇总表、薪酬费用分配表、成本计算单、生产成本明细账、产量或工时记录、考勤记录等，检查并计算。

（1）检查有无将非产品生产人员的薪酬计入直接薪酬费用。

（2）结合应付职工薪酬的审查，检查薪酬的计算及汇总是否正确。

（3）检查直接薪酬费用的分配标准与计算方法的合理性，分配率和分配结果计算的正确性。注意是否与薪酬费用分配表相符。

（4）审查直接薪酬费用账务处理的正确性。

（5）执行分析程序。将同一产品本年度的直接薪酬费用与上一年度比较，将本年度若干期的直接薪酬费用进行对比分析，检查有无重大变动。

3.制造费用的审计

（1）获取或编制制造费用汇总表，并与明细账、总账核对是否相符。

①审查制造费用的组成项目是否合规，有无将非本部门的制造费用和不应列入成本费用的支出计入制造费用。

②抽查制造费用中的大额项目、升降幅度大的项目，注意是否存在异常会计事项。

③检查企业有无故意多提或少提制造费用以调节成本的现象。

④必要时，对制造费用实施截止测试，确定有无跨期入账的情况。

（2）审查制造费用分配的正确性。

①审查制造费用分配方法是否适合企业自身的生产特点，是否体现受益原则，前后各期是否一致。

②审查分配率和分配额的计算是否正确。

（3）执行分析程序。将本年度的制造费用及其构成项目与上一年度比较，将本年度各期的制造费用以及各组成项目所占比例进行对比分析，检查有无重大变动。

4.生产费用在完工产品和月末在产品之间分配的审计

（1）审查完工产品入库数量的真实性。检查产品入库凭证与完工记录是否相符，仓库的记录与财务部门的记录在品种、数量上是否相符，查明其数量的真实性。检查产品入库凭证是否附有产品检验合格证明，有无将未经检验产品或不合格产品充当合格产品入库的现象。

（2）审查月末在产品数量的真实性。检查主要产品的在产品台账，计算、核算月末在产品的数量，并注意审查在产品的加工投料程度及耗用工时记录，以查明其数量的真实性。

（3）审查生产费用在完工产品与月末在产品之间分配的合理性。审查产品成本计算单、在产品台账和生产成本明细账，核对成本计算单中完工产品的品种数量，核对在产品的品种数量、加工程度和投料程度是否和产品入库凭证、在产品台账记录相符，审查成本计算方法的合理性、一致性，验证成本计算数据的正确性，检查产成品入库的实际成本是否与“生产成本”科目的结转额相等。审查有无高估或低估在产品数量、在产品的加工程度以调节成本的现象。

三、营业成本的实质性程序

（1）获取或编制主营业务成本明细表，复核加计是否正确，并与总账数和明细账合计数核对是否相符，结合其他业务成本科目与营业成本报表数核对是否相符。主营业务成本明细表（见表11-7）。

（2）编制主营业务成本倒轧表（见表11-8），并与总账核对是否相符。

（3）检查主营业务成本的内容和计算方法是否符合有关规定，前后是否一致，尤其应注意发出商品的计价方法是否恰当，有无随意变更。

（4）对主营业务成本执行实质性分析程序，检查本期内各月间及前期同一产品的单位成本是否存在异常波动，是否存在调节成本的现象。

（5）抽取若干月份的主营业务成本结转明细清单，结合生产成本的审计，检查销售成本结转数额的正确性，比较计入主营业务成本的商品品种、规格、数量与计入主营业务收入的口径是否一致。

表11-7　　主营业务成本明细表　　单位：

被审计单位：	索引号：
项　　目：主营业务成本明细表	截止日：
编　　制：	复　核：
日　　期：	日　期：

月份	主营业务成本明细项目					
	合计					
1						
2						
3						
4						
5						
6						
7						
8						
9						
10						
11						
12						
合计						
上期数						
变动额						

审计说明：

续表

表 11-8

主营业务成本倒轧表

单位：

被审计单位：		索引号：	
项　　目：	主营业务成本倒轧表	截止日：	
编　　制：		复　　核：	
日　　期：		日　　期：	

存货种类	未审数	审定数	索引号
期初原材料余额			
加：本期购货净额			
减：期末原材料余额			
其他原材料发出额			
直接材料成本			
加：直接人工成本			
制造费用			
在产品生产成本			
加：在产品期初余额			
减：在产品期末余额			
其他在产品发出额			
库存商品成本			
加：库存商品期初余额			
减：库存商品期末余额			
其他库存商品发出额			
主营业务成本			

审计说明：

（6）检查主营业务成本中重大调整事项（如销售退回）的会计处理是否正确。

（7）在采用计划成本、定额成本、标准成本核算存货的情况下，检查产品成本差异的计算、分配和会计处理是否正确。

（8）结合期间费用的审计，判断有无通过将应计入生产成本的支出计入期间费用，或将应计入期间费用的支出计入生产成本等手段调节生产成本，从而调节主营业务成本的现象。

（9）检查主营业务成本在财务报表中的列报是否恰当。

【实例 11-3】 ABC 公司 2019 年 12 月甲产品生产成本明细账有借方红字发生额 265 000元，其记账凭证摘要为“调整成本差错”：

借：生产成本——甲产品　　265 000

　贷：生产成本——乙产品　　265 000

经了解，甲产品畅销，当年产品全部完工并售出，乙产品滞销，当年产品全部完工但未售出。

要求：请你作出相关的调整分录。

分析：分析公司提供的调账的成本构成明细资料及物耗品种的详细资料发现，材料实为甲产品的消耗。同时，盘点甲产品与乙产品的消耗材料，与调账明细资料核对发现，该公司在畅销产品与滞销产品之间调剂成本，从而调节利润265 000元。

因此，审计调整分录如下：

借：营业成本（主营业务成本——甲产品）　　265 000

　贷：存货（库存商品——乙产品）　　265 000

任务实施

编制主营业务成本倒轧表（见表11-9）。

表11-9　**主营业务成本倒轧表**　单位：元

被审计单位：		索引号：	
项　　目：	主营业务成本倒轧表	截止日：	
编　　制：		复　　核：	
日　　期：		日　　期：	

项　目	未审数	调整或重分类金额借（贷）	审定数
原材料期初余额	80 000		80 000
加：本期购货净额	150 000	借5 000	155 000
减：期末原材料余额	60 000	借1 000	61 000
其他原材料发出额	10 000		
直接材料成本	160 000	借4 000	164 000
加：直接人工成本	15 000	贷2 000	13 000
制造费用	42 000	贷4 000	38 000
生产成本	217 000	贷2 000	215 000
加：在产品期初余额	23 000		23 000
减：在产品期末余额	30 000	借8 000	38 000
库存商品成本	210 000	贷10 000	200 000
加：库存商品期初余额	40 000		40 000
减：库存商品期末余额	50 000		50 000
主营业务成本	200 000	贷10 000	190 000
结论：由于多计产品生产成本10 000元，导致多计主营业务成本10 000元，将使营业利润少计10 000元。			

◆ 注意事项

本任务要求熟悉营业成本的计算和分配方法，获取成本明细汇总表并复核其正确性，同时避免企业任意在不同期间、不同产品之间调剂成本。

能力拓展

审计人员审查某企业材料采购业务时，发现本年内一笔业务的处理如下：从外地购进原材料一批，共8 500千克，价款293 250元，运杂费1 500元。财会部门将原材料价款计入原材料成本，运杂费计入管理费用。材料入库后，仓库转来材料入库验收单，发现材料短缺80千克，查明60千克是运输部门责任引起的短缺，20千克是运输途中的合理损耗，材料买价为每千克34.5元。

要求：根据上述资料，指出企业在材料采购管理工作中存在的问题，指出会计处理中存在的错误并提出改进建议。

拓展阅读

1.“大树林”的背后

2017年下半年，湖北襄阳市审计局在开展Y市W建设项目审计中，通过计算机审计与内查外调相结合的方法，查出Y市F县弄虚作假套取征收补偿资金77万元的违纪事实。

分析比对显疑点

2012年3月，Y市启动了W建设项目征收补偿工作，由该市五部门组成联合专办对F县征迁范围内的房屋和附属物进行入户勘测统计，逐一绘制房屋征收及附属物统计表。且聘请了专业的评估公司，出具每一户的评估报告，作为实际支付征收补偿款的依据。

审计组运用计算机分析手段，将评估公司评估被征收户的房屋和附属物的补偿价值与指挥部实际发放补偿款的电子数据进行比对。在比对分析结果时注意到L村的Z某实际收到的补偿款比评估结果要少50多万元。审计人员决定把Z某的征收补偿资金列入重点核查范围。

核查资料露马脚

审计人员立即调出了Z某签订的征收补偿协议和评估报告。协议反映，房屋和附属物实际补偿104万元，扣除安置房和储藏室价款后实际支付补偿款77万元。仔细查看补偿明细后发现两个疑点：一是协议补偿款并未按评估结果来补偿。协议上的补偿明细是按评估报告结果列明的，合计159万元，但实际只补偿了104万元，少了55万元。二是附属物中风景树数量过大，且都是整数。其中大风景树10 000棵，中风景树5 000棵，小风景树1 680棵，合计16 680棵，仅评估树木移植的费用就高达133万元。

一连串疑问让审计人员认为里面大有文章。对Z某的勘察记录很详细，但表上的记录让审计人员大吃一惊，除了有鱼屋、鸭棚，还有楠木苗3亩，上面并没有万余棵风景树。为什么小树苗就变成了大树林？

调查问询现真相

一直到2015年，县指挥部也没有与Z某就征收补偿问题达成一致意见。2015年8月，县指挥部制作了一张有万余棵风景树的附属物统计表让村委会签字盖章后，通知施工方代表签字，并要求把签字时间提前到施工挖掉树苗修便道时的2012年11月，给人以风景树林有施工方证明其真实存在的假象。评估公司在评估过程中，虽然感觉统计表中风景树数量太大、不正常，但按照委托方的要求出具了评估报告。县指挥部在与Z某签订补偿协议时，又认为按评估结果补偿金额太高，就直接将159万元的补偿款减为104万元。由此可见，经县指挥部、村委会等相关人员运作后，Z某被征收已挖掉的3亩树苗，“3年后”就按照万余棵风景树林进行了补偿。

2.承诺期满便巨亏4亿，对赌协议大起底

详见http：//news.sina.com.cn/c/2018-04-22/doc-ifznefkh5024841.shtml。

技能训练

一、单项选择题

项目十一

技能训练
客观题

1.注册会计师在对Y公司的内部控制进行调查并记录相关审计工作底稿时，注意到以下情况（假定以下情况互不相关），其中存货相关内部控制可能不存在缺陷的是（　　）。

A.Y公司在审计年度内未对存货实施盘点，但有完整的存货会计记录和仓库记录

B.采用预先编号，采购价格已确定，并按获得批准的购货订单进行购货，且定期清点存货

C.Y公司生产产品所需的Z材料由XYZ公司代管，Y公司对Z材料的变动暂不进行会计记录。另外，Y公司财务部门会计记录和仓库明细账均反映了代XYZ公司保管的E材料

D.Y公司每年12月25日后发生的存货在仓库的明细账上记录，不在财务部门的会计账上反映

2.注册会计师在了解被审计单位成本费用内部控制的职责分工情况时，得知财务人员甲负责成本费用预算的审批和成本支出的审批工作。如果进一步了解得知甲担任该公司的（　　）工作，不应认为该公司成本费用的内部控制存在重大缺陷。

A.成本费用预算的编制　　B.成本费用支出的执行

C.成本费用支出的会计记录　　D.成本费用支出的稽核

3.一般来说，（　　）仅和生产与存货循环有关，而与其他任何循环无关。

A.采购材料和储存材料　　B.购置加工设备和维护加工设备

C.预付保险费和理赔　　D.加工产品和储存完工产品

4.注册会计师对ABC公司的生产成本项目设定下列项目目标。通过实施检查领发料凭证、产量和工时记录、人工费用分配表、材料费用、制造费用分配表等原始凭证的顺序编号是否有重号或缺号的情况，可以证实（　　）目标。

A.生产业务是根据管理层一般或特定的授权进行的

B.记录的成本为实际发生的

C.成本以正确的金额在恰当的期间及时记录于适当的账户

D.对存货实施保护措施，保管人员与批准、记录的人员相互独立

5.下列各项中，被审计单位不应计入存货实际成本中的是（ ）。

A.发出委托加工的物资的运输费用

B.外购材料发生的运输费

C.用于直接对外销售的委托加工应税消费品所支付的消费税

D.用于继续生产应税消费品的委托加工应税消费品所支付的消费税

6.下列各项中，属于成本审计实质性程序的是（ ）。

A.对成本进行分析性复核

B.审查有关凭证是否进行适当审批

C.审查有关记账凭证是否附有原始凭证，以及原始凭证的顺序编号是否完整

D.询问和观察存货的盘点及接触审批程序

7.注册会计师对制造费用进行实质性测试时，（ ）程序并非必须实施的。

A.查明制造费用的分配方法是否符合企业自身的生产技术条件和受益原则

B.对按预定分配率分配费用的企业，应查明计划与实际的差异是否及时调整

C.审阅制造费用明细账，检查制造费用的核算内容及范围是否正确

D.对制造费用进行截止测试，确定有无跨期入账的现象

8.注册会计师在对被审计单位的存货跌价准备进行审计时，下列各项中对存货跌价准备直接构成影响的有（ ）。

A.受托代管的材料市价严重下跌

B.当期购入的存货因意外完全毁损

C.为获得银行贷款，已作抵押的存货

D.委托其他单位代管的存货市价下跌

9.有关存货审计的下列表述中，正确的是（ ）。

A.对存货进行监盘是证实存货“完整性”和“权利”认定的重要程序

B.对难以盘点的存货，应根据企业存货收发制度确认存货数量

C.存货计价的样本应着重选择余额较小且价格变动不大的存货项目

D.存货截止测试的主要方法是抽取存货盘点日前后的购货发票与验收报告（或入库单），确定每张发票均附有验收报告（或入库单）

10.注册会计师在监盘存货前应当确定存货盘点的范围，以下有关存货盘点范围的确定不正确的是（ ）。

A.在被审计单位盘点存货前，注册会计师应当观察盘点现场，确定应纳入盘点范围的存货是否已经适当整理和排列，并附有盘点标志，防止遗漏或重复盘点。对未纳入盘点范围的存货，注册会计师应当查明未纳入的原因

B.对于被审计单位持有的受托代存存货，应纳入盘点范围

C.对所有权不属于被审计单位的存货，注册会计师应当取得其规格、数量等有关资料，确定是否已分别存放、标明，且未被纳入盘点范围

D.对于被审计单位委托代销的存货，注册会计师应纳入盘点范围，并向委托代销单位获取委托代管的书面确认函

11.注册会计师在对ABC公司存货实施监盘程序的过程中，应当采取观察和抽查两种方法。在现场观察时，注册会计师应当（　　）。

A.确定应纳入盘点范围的存货是否已适当整理和排列

B.跟随存货盘点人员，观察盘点计划的执行情况

C.向所有权人函证被审计单位受托代存存货的所有权

D.查明存货应纳入而实际未纳入盘点范围的原因

12.如果通过监盘发现被审计单位存货账面记录与经监盘确认的存货有重大差异，注册会计师采用的程序可能无效的是（　　）。

A.对存货进行分析程序，确认差异的真实性

B.提请被审计单位对已确认的差异进行调整

C.进一步执行审计程序，查明差异原因

D.如果被审计单位不采纳注册会计师的调整意见，应根据其重要程度确定是否在审计报告中予以反映

13.在对ABC公司期末存货实施监盘的过程中，审计小组成员获取了ABC公司2019年12月30日前后存货收发及移动的凭证，并相应检查了库存记录与期末会计记录。在实施监盘过程中，监盘小组成员应核实ABC公司是否按要求将（　　）存货纳入盘点范围内并反映在账簿记录中。

A.2020年1月5日入库的生产用原材料

B.2020年1月2日出库的Y产成品

C.2019年12月28日出库的半成品

D.2019年12月30日入库的代加工材料

14.应付职工薪酬的审计目标不应包括（　　）。

A.确定应付职工薪酬是否实际发放

B.确定应付职工薪酬的披露是否恰当

C.确定应付职工薪酬的期末余额是否正确

D.确定应付职工薪酬计提和支出的记录是否完整，计提依据是否合理

二、多项选择题

1.在生产循环中，管理层关于成本会计方面的授权批准控制的关键点一般应包括（　　）。

A.生产指令的授权批准　　B.领料单的授权批准

C.工资的授权批准　　D.工资结算表的授权批准

2.通常情况下，对直接材料费用，注册会计师需要检查（　　）。

A.领、退料单　　B.材料费用分配表

C.材料成本差异分配表　　D.采购合同和购货发票

3.下列项目中，应计入职工薪酬的有（　　）。

A.工资　　B.奖金　　C.福利费　　D.社会保险费

4.在ABC公司对存货的内部控制的规定中，应当由存货管理部门承担的是（　　）。

A.对会计期末货物已到、发票未到的收货，应暂估入账

B.对代管、代销、暂存受托加工的存货应单独记录，避免与本单位存货混淆

C.设立实物明细账，详细登记经验收合格入库的存货，定期与会计部门核对

D.记载生产中废弃的存货

5.注册会计师在对被审计单位应付职工薪酬进行实质性测试时，发现下列账务处理。其中，注册会计师应认可的是（　　）。

A.将职工社会保险费计入了应付职工薪酬

B.将职工住房公积金计入了应付职工薪酬

C.将职工工会经费计入了应付职工薪酬

D.将解除职工劳动关系费用计入了应付职工薪酬

6.下列项目中，属于存货项目的有（　　）。

A.产成品　　B.半成品　　C.原材料　　D.厂房

7.下列项目中，属于存货成本审计的有（　　）。

A.直接材料成本的审计　　B.直接人工成本的审计

C.制造费用的审计　　D.管理费用的审计

8.注册会计师对制造费用进行实质性测试时，应实施的程序有（　　）。

A.抽查制造费用中的重大数额项目及例外项目是否合理

B.审阅制造费用明细账，检查制造费用的核算内容及范围是否正确

C.对按预定分配率分配费用的企业，应查明计划与实际的差异是否及时调整

D.查明制造费用的分配方法是否符合企业自身的生产技术条件和受益原则

9.注册会计师在审计时，下列项目中，构成存货成本的有（　　）。

A.购买材料运输过程中发生的合理损耗

B.购买材料的运杂费

C.小规模纳税企业购进材料支付的增值税

D.存货生产期间发生的符合资本化条件的借款费用

10.下列各项中，属于存货审计实质性程序的有（　　）。

A.计算被审计单位期末对存货计提的存货跌价准备金额是否正确

B.检查企业是否建立存货定期盘点制度

C.进行购货业务年底截止测试

D.核对各存货项目明细账与总账的余额是否相符

11.注册会计师对被审计单位直接材料成本实施的实质性测试程序包括（　　）。

A.获取或编制直接材料成本项目明细表，复核加计是否正确，与报表数、总账数、明细账数核对是否相符

B.检查直接材料耗用数量的真实性，是否将非生产用材料计入直接材料费用

C.分析比较同一产品前后各年的直接材料成本，如有重大波动应查明原因

D.选择重要供应商，函证直接材料成本的金额是否正确，相关的材料款是否及时

付清

12.在对存货进行计价测试时，注册会计师对测试样本的选择应做到（　　）。

A.从数量经盘点、单价和总金额已计入存货汇总表的结存存货中选择样本

B.运用分层抽样方法选取样本，抽样规模应足以推断总体的情况

C.从结存余额较大、价格变化比较频繁的项目中选择样本

D.应掌握企业所采用的计价方法，关注其合理性和一贯性

13.存货监盘计划主要包括的内容有（　　）。

A.存货监盘的目标、范围及时间安排

B.存货监盘的要点及有关事项

C.参加存货监盘人员的分工

D.检查存货的范围

14.在编制存货监盘计划时，注册会计师通常应审阅以前年度的工作底稿，主要是为了（　　）。

A.了解被审计单位的存货情况

B.了解存货盘点程序

C.考虑是否利用内部审计人员的工作

D.以前年度存货审计中遇到的重大问题

15.注册会计师在实施存货监盘过程中，应跟随被审计单位安排的盘点人员，以实施监盘程序的有（　　）。

A.观察盘点计划是否得以贯彻执行

B.查明某些存货未纳入监盘范围的具体原因

C.是否准确无误地记录了存货的数量和状况

D.确定应纳入盘点范围的存货是否附有盘点标志

16.注册会计师对于企业存放或寄销在外地的存货，应采取（　　）程序测试。

A.向寄存、寄销单位发询证函

B.检查出库单或发运凭证

C.询问仓储部门有关人员

D.委托存放地的会计师事务所负责监盘

17.注册会计师对ABC公司2020年度会计报表进行审计，在审计过程中发现资产负债表中有较大金额已作质押的存货，下列做法中，正确的有（　　）。

A.注册会计师应当向债权人进行函证，以确定该批存货是否存在

B.注册会计师应当到债权人所在地对存货进行监盘

C.注册会计师应当委托债权人所在地其他注册会计师代为监盘

D.由于存货已作质押，注册会计师无须对该项存货采取任何审计程序以确定其是否存在

三、判断题

1.为了提高工作效率，存货的验收、保管、清查及处置最好由一人执行。（　　）

2.在存货中，对于种类繁多、数量较大、金额不大的存货，也应由注册会计师亲自

盘点。 ( )

3.被审计单位财务负责人认为本公司存货采用永续盘存制，因此可不必对实际存货进行实地盘点。注册会计师应接受这种意见。 ( )

4.证实产品成本计算的正确性，应首先分析其选择成本计算方法的合理性。 ( )

5.产品成本审查的重点之一是直接材料费用的审查。 ( )

6.被审计单位有责任确定适当程序，进行准确的盘点并正确记录盘点数。 ( )

7.如果由于被审计单位存货的性质或位置等原因导致无法实施存货监盘，注册会计师应当直接发表保留意见或无法表示意见。 ( )

8.主营业务成本数额真实性的审计，应结合生产成本的审计进行。 ( )

9.发出存货采用不同计价方法计算出来的本期主营业务成本应该是相同的。 ( )

10.直接材料分配方法审查的核心是分配方法的合理性。 ( )

四、简答题

1.试述存货监盘的要点。

2.存货截止测试的含义是什么？注册会计师应怎样进行存货截止测试？

3.存货监盘的替代审计程序有哪些？

五、分析题

1.注册会计师李新在对ABC公司存货项目的相关内部控制制度进行评价研究后，发现ABC公司存在以下5种可能导致错误的情况：

（1）所有存货都未经认真盘点。

（2）接近资产负债表日前入库的产成品可能已计入存货项目，但可能未进行相关的会计记录。

（3）由XYZ公司代管的A材料可能并不存在。

（4）XYZ公司存放在ABC公司仓库的B材料可能已计入ABC公司的存货项目。

（5）存货方法已作变更。

要求：请填写表11-10中的空白内容。

表11-10 ABC公司存货审计

序号	审计程序	主要实现的审计具体目标	审计证据种类
（1）			
（2）			
（3）			
（4）			
（5）			

2.ABC公司的会计政策规定，入库产成品按实际生产成本入账，发出产成品采用先进先出法核算。2020年12月31日，ABC公司甲产品期末结存数量为1 200件，期末余额为5 210万元。ABC公司2020年度甲产品的相关明细资料见表11-11（假定期初余额

和所有的数量、入库单价均无误）。

表 11-11　　ABC公司2020年度甲产品的相关明细资料　　金额单位：万元

数量单位：件

日期	摘要	入库			发出			结存		
		数量	单价	金额	数量	单价	金额	数量	单价	金额
2020-01-01	期初余额							500		2 500
2020-03-01	入库	400	5.1	2 040				900		4 540
2020-04-01	销售				800	5.2	4 160	100		380
2020-08-01	入库	1 600	4.6	7 360				1 700		7 740
2020-10-03	销售				400	4.6	1 840	1 300		5 900
2020-12-01	入库	700	4.5	3 150				2 000		9 050
2020-12-31	销售				800	4.8	3 840	1 200		5 210
2020-12-31	期末余额							1 200		5 210

在进行相关测试后，注册会计师应提出的审计调整建议是（　　）。

A.调增主营业务成本190万元　　B.调减主营业务成本190万元

C.调增主营业务成本240万元　　D.调减主营业务成本240万元

3.注册会计师青松在对ABC公司审计时发现，该公司在年初与XYZ公司签订了一项经营租赁合同。ABC公司租用XYZ公司两台生产设备，租期三年，每月租金15 000元。第一年给予试用优惠，免收当年租金。ABC公司因此认为因第一年免交租金，所以本年度本公司无相关的租赁费用。

请分析：

（1）ABC公司这样进行会计处理正确吗？注册会计师会认同吗？

（2）如果不认同，请编制调整分录。

4.注册会计师在审查A商场12月份的“库存商品——甲商品”明细账时，发现摘要中注明领用商品50 000元，怀疑有私分商品或其他违纪行为，为此调阅了有关记账凭证，其记录如下：

借：销售费用　　50 000

　贷：库存商品　　50 000

所附原始凭证为一张企业内部商品报销单。经查，商场领导承认将这些商品作为福利发给了职工。

要求：指出该商场存在的问题，并提出调整建议。

5.某企业材料采用计划成本核算，注册会计师在审阅基本生产车间“生产成本”、“原材料”和“材料成本差异”等明细账时，发现甲材料12月初“材料成本差异”账户为借方余额8 340元，库存原材料计划成本为320 000元。另外，12月份购入甲材料实际成本为2 455 000元，计划成本为2 500 000元；12月份发出甲材料的计划成本为960 000元，其中生产车间生产产品领用920 000元，生产车间一般耗用领用12 000元，行政管理部门领用8 000元，销售部门领用20 000元；结转耗用材料的实际成本为931 960元。12月份产品全部完工并售出。

要求：

（1）说明运用的审计程序。

（2）指出企业存在的问题。

（3）提出审计调整建议。

项目十二　货币资金审计

人物谱

威廉E.佩里，国际内部控制协会会长、美国马尔科姆·鲍德里奇国家质量奖评审员，其于1980年创办美国质量保证协会（Quality Assurance Institute，简称QAI），并担任美国质量保证协会首席执行官长达25年时间。

在货币资金审计中，注册会计师的工作主要有：了解货币资金与交易循环的关系；确定库存现金和银行存款的审计目标；对库存现金、银行存款实施实质性程序；编制货币资金审计工作底稿。

【知识目标】

1.了解货币资金与交易循环的关系。

2.掌握库存现金的审计目标及实质性测试程序。

3.掌握银行存款的审计目标及实质性测试程序。

【能力目标】

1.会编制库存现金盘点表及库存现金审计的其他工作底稿。

2.会编制银行存款审计的工作底稿。

案例导引

会计师事务所的小李负责对A公司的2020年财务报表进行审计。在对银行存款进行审计时，小李进行了主要包括以下4个审计程序的实质性测试：编制了银行存款明细表，并与总账、明细账核对相符；获取了银行对账单，其余额与明细账调节相符；摘录了30笔会计分录，没有发现重大问题；复印了两张会计凭证及原始凭证，没有发现重大问题。事后却发现，被审计单位的出纳通过伪造银行对账单等手段贪污公款80万元。

请分析：审计失败的原因是什么？

分析提示：无论什么项目的审计，现代审计准则都要求进行风险评估、控制测试与实质性测试。其中，控制测试在很多情况下是可以选择的，但风险评估与实质性测试是必须执行的审计程序。在本案例中，注册会计师只对银行存款进行了实质性测试，而没有对其进行风险评估与控制测试。另外，对银行存款而言，只核对其内部凭证而不进行函证，容易导致案例中的审计失败。

任务一　货币资金与交易循环

任务描述

审计人员在审计某事业单位会计报表时，发现报表本身平衡，但账表不符。账面“事业支出”数比报表上多1元，结余数比报表上少1元。

审计步骤：

（1）核对各总账与明细账余额，发现银行存款总账比银行存款日记账多记1元。怀疑可能是由于收支科目差1元转化为银行存款差1元。

（2）逐月核对，发现5月份银行存款总账比日记账多1元。

（3）重点查5月份的收款、付款凭证。发现第68号记账凭证摘要为“支付邮寄费”，会计分录为：

借：事业支出　　1 893

　　贷：银行存款　　1 892

（4）审计原始凭证，发现邮费的发票金额为1 893元，现金支票的存根金额为1 892元，但要素填写不清。但银行存款日记账与对账单上该笔业务的金额均为1 893元。

（5）进一步判断银行存款可能减少两次。一次为日记账上反映的1 893元，同邮费金额相同，但无银行原始凭证；另一次为支票存根反映的1 892元，同银行总账记录金额一致，但银行对账单上无记录。这样，在银行账面上减少两次，但会计账面上只反映一次的事实渐露端倪。

（6）经深入调查，发现该单位有一个内设机构，因此要求其提供相关账簿。在会计人员提供的另一本银行存款日记账中，发现5月15日提现1 892元的记录，恰好与前面的金额相符。

(7) 审计人员要求提供“提现1 892元”的支票存根对应的发票，却因其已入了“大账”而无法提供。但1 893元的支票存根在哪？经再三追问，单位只好又提供了些未装订的单据，审计人员从中找到了一张金额为1 893元的支票存根。

(8) 会计人员只好承认，由于两张支票存根放在一起，一不留神，将其“串了门”。会计人员在填表时发现账户不平，原因又找不出来，就随意将事业支出减少了1元，这样报表看似平了，但没有想到1元钱的差错，竟然牵扯出了一个“小金库”。

作为审计人员，应从本案例中得到什么启发？

相关知识

一、货币资金的特点

货币资金是企业资产的重要组成部分，包括库存现金、银行存款和其他货币资金。在企业日常经营活动中，货币资金是流动性最强的资产，可以作为流通手段和支付手段，容易导致贪污、挪用、盗窃等行为的发生。虽然货币资金数额在财务报表上占的比重不大，但与其他交易或业务活动均有密切的联系，几乎各项资产、负债、所有者权益的增减变动和收入、费用的形成，最终都要反映为货币资金的收支，因而容易出现记账差错。对货币资金的检查是财务报表审计中很重要的一个方面。

二、货币资金与交易循环的关系

货币资金与前述各种交易循环直接相关。下面选取各交易循环中具有代表性的账户，列示它们与货币资金之间的关系，如图12-1所示。由图可见，各种交易循环的测试都与货币资金的审计具有密切关系，而通过对货币资金进行审计，又有助于注册会计师进一步了解各种交易循环。

三、货币资金的主要凭证和账户

货币资金审计涉及的主要凭证和账户一般包括：

(1) 现金盘点表。它是指列示收款机内的现金和支票的明细表，或是企业某一日的现金盘点记录。

(2) 银行对账单。它是指银行每月寄送给存款企业对账用的结单。

(3) 银行存款余额调节表。它是指用来调整银行存款账面余额与银行对账单余额之间的差异的调节表。

(4) 收款凭证和付款凭证。

(5) 库存现金、银行存款、其他货币资金总账以及库存现金日记账、银行存款日记账等。

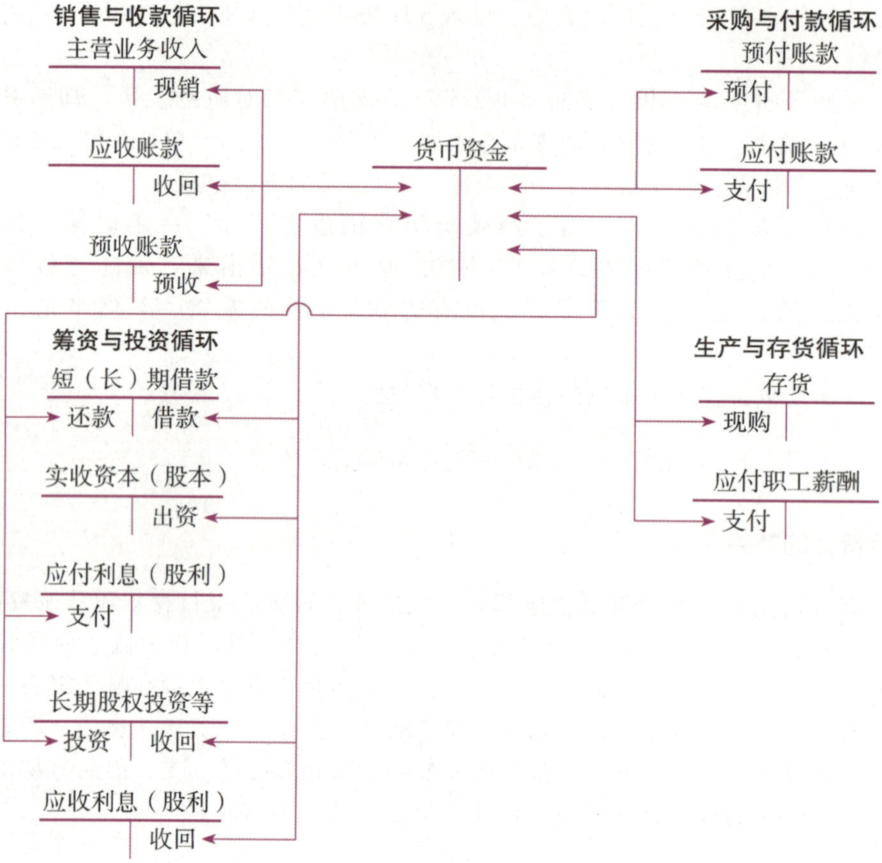

图12-1 货币资金与交易循环的关系

任务实施

作为审计人员，从本案例中进一步体会到“货币资金是流动性最强的资产，可以作为流通手段和支付手段，容易导致贪污、挪用、盗窃等行为”这句话的真实内涵。同时，根据“几乎各项资产、负债、所有者权益的增减变动和收入、费用的形成，最终都要反映为货币资金的收支”这句话，可以得出要达到对货币资金的交易过程中“有没有违规违纪”这一审计目的，也可以通过审计资产、负债、所有者权益、收入及费用等类的会计科目来实现。

◆ **注意事项**

货币资金既是资本运动循环周转的起点，又是资本运动循环周转的终点。从企业的整个生产周期来看，自企业开业到清算的整个存续过程中，货币资金与各个业务循环存在着广泛紧密的联系。因此，货币资金业务循环审计是各业务循环审计的基础。

任务二　库存现金审计

任务描述

2021年2月11日下午5时30分，审计人员小王参加对光华公司库存现金的监盘工作，被审计单位的出纳是小明，财务负责人为张华。监盘结果如下：

（1）实点库存现金（人民币）结存数：100元币120张，50元币87张，10元币220张，5元币84张，1元币225枚，5角币50枚。

（2）查明库存现金日记账，报表日（2020年12月31日）库存现金账面数12 162.4元，报表日至2021年2月10日的现金收入386 872.88元，报表日至2021年2月10日的现金支出377 356.04元，2021年2月10日的库存现金账面余额为21 678元。

（3）查出已经办理收款手续尚未入账的收款凭证（191号至202号）金额合计为4 372元。

（4）查出已经办理付款手续尚未入账的付款凭证（203号至211号）金额合计为4 126元。

（5）发现库存现金日记账中夹有下列借据，共计2 560元：职工刘红借学费250元；职工王敏借学费110元；职工许要华借药费1 000元；职工万广华借药费1 200元。

（6）发现保险柜中有2月1日收到销售产品的转账支票1张，价款7 500元。

（7）发现保险柜中有待领工资215元，单独封装。

（8）银行核定库存现金限额10 000元。

假设你是审计人员，请根据清查结果，编制库存现金盘点表，指出该企业现金管理中存在的主要问题，并提出审计意见。

相关知识

库存现金包括企业人民币现金和外币现金。库存现金是企业流动性最强的资产，尽管其占企业资产总额的比重不会很大，但企业发生的舞弊大都与库存现金有关。因此，注册会计师应重视库存现金的审计。

一、对库存现金内部控制制度进行符合性测试

（一）库存现金内部控制的特点

由于现金是企业流动性最强的资产，加强现金管理对于保护企业资产安全完整、维护社会经济秩序具有重要的意义。在良好的现金内部控制下：企业的现金收支记录应及时、准确、完整；全部现金支出均按经批准的用途进行；现金得以安全保管。

一般而言，良好的现金内部控制应该达到以下几点：

（1）现金收支与记账的岗位分离。

（2）现金收支要有合理、合法的凭据。

（3）全部收入及时准确入账，全部支出要有核准手续。

(4) 控制现金坐支，当日收入现金应及时送存银行。

(5) 按月盘点现金，以做到账实相符。

(6) 加强对现金收支业务的内部审计。

(二) 库存现金内部控制的测试

(1) 了解现金内部控制。通常通过现金内部控制流程图来了解现金内部控制。编制现金内部控制流程图是现金控制测试的重要步骤。注册会计师在编制之前应通过询问、观察等调查手段收集必要的资料，然后根据所了解的情况编制流程图。对中小企业，也可采用编写现金内部控制说明的方法。若以前年度审计时已经编制了现金内部控制流程图，注册会计师可根据调查结果加以修正，以供本年度审计之用。一般情况下，了解现金内部控制时，注册会计师应当注意检查库存现金内部控制的建立和执行情况，重点包括：

①库存现金的收支是否按规定的程序和权限办理。

②是否存在与被审计单位经营无关的款项收支情况。

③出纳与会计的职责是否严格分离。

④库存现金是否妥善保管，是否定期盘点、核对。

(2) 抽取并检查收款凭证。如果现金收款内部控制不强，很可能会发生贪污舞弊或挪用等情况。例如，在一个小企业中，出纳员同时负责登记应收账款明细账，很可能发生循环挪用货款的情况。为测试现金收款的内部控制，注册会计师应按现金的收款凭证分类，选取适当的样本量，做如下检查：

①核对库存现金日记账的收入金额是否正确。

②核对现金收款凭证与应收账款明细账的有关记录是否相符。

③核对实收金额与销货发票是否一致。

(3) 抽取并检查付款凭证。为测试现金付款内部控制，注册会计师应按照现金付款凭证分类，选取适当的样本量，做如下检查：

①检查付款的授权批准手续是否符合规定。

②核对库存现金日记账的付出金额是否正确。

③核对现金付款凭证与应付账款明细账的记录是否一致。

④核对实付金额与购货发票是否相符。

(4) 抽取一定期间的库存现金日记账与总账核对。注册会计师应抽取一定期间的库存现金日记账，检查其加总是否正确无误，库存现金日记账是否与总账核对相符。

(5) 检查外币现金的折算方法是否符合有关规定，是否与上年度一致。对于有外币现金的被审计单位，注册会计师应检查的事项有：外币库存现金日记账及"财务费用""在建工程"等账户的记录，确定企业有关外币现金的增减变动是否采用交易发生日的即期汇率将外币金额折算为记账本位币金额，或者采用按照系统合理的方法确定的、与交易发生日即期汇率近似的汇率折算为记账本位币，选择所采用汇率的方法前后各期是否一致；检查企业的外币现金的期末余额是否采用期末即期汇率折算为记账本位币金额；折算差额的会计处理是否正确。

(6) 评价库存现金的内部控制。注册会计师在完成上述程序之后，即可对库存现金的内部控制进行评价。评价时，注册会计师应首先确定库存现金内部控制可信赖的程度以及存在的薄弱环节和缺点，然后据以确定在库存现金实质性程序中对哪些环节可以适当减少审计程序，对哪些环节应增加审计程序并作重点检查，以减少审计风险。

二、库存现金审计

（一）库存现金的审计目标

（1）存在性。确定被审计单位资产负债表的货币资金项目中的库存现金在资产负债表日是否确实存在。

（2）完整性。确定被审计单位在特定期间内发生的现金收支业务是否均记录完毕，有无遗漏。

（3）权利和义务。确定记录的库存现金是否为被审计单位所拥有或控制。

（4）计价和分摊。确定库存现金是否以恰当的金额包括在财务报表的货币资金项目中，与之相关的计价调整是否已恰当记录。

（5）列报。确定库存现金是否已按照企业会计准则的规定在财务报表中作出恰当列报。

（二）库存现金的实质性程序

库存现金的实质性程序一般包括以下内容：

（1）核对库存现金日记账与总账的余额是否相符。注册会计师测试库存现金余额的起点是核对库存现金日记账与总账的余额是否相符。如果不相符，应查明原因，并作出适当调整。

（2）监盘库存现金。监盘库存现金是证实资产负债表所列现金是否存在的一项重要程序。通过监盘，可以查明被审计单位是否严格执行了现金管理制度，有无以白条抵库、私人借款、挪用公款、私设小金库以及贪污等舞弊问题。

企业盘点库存现金的范围通常包括已收到但尚未存入银行的现金、零用金和找换金等。盘点库存现金的时间和人员应视被审计单位的具体情况而定，但必须有被审计单位的出纳员和会计主管人员参加，并由注册会计师进行监盘。盘点和监盘库存现金的步骤和方法如下：

①制定库存现金盘点程序，并实施突击性的检查。盘点时间最好选择在上午上班前或下午下班时进行。盘点的范围一般包括企业各部门保管的现金。在盘点前，先由出纳员将全部现金集中起来存入保险柜，必要时可加以封存，然后再由出纳员把已办妥现金收付手续的收付款凭证登入库存现金日记账。如果库存现金存放部门有两处或两处以上的，应同时进行盘点。

②审阅库存现金日记账并与现金收付凭证相核对。一方面，检查日记账的记录与凭证的内容和金额是否相符；另一方面，了解凭证日期与日记账日期是否相符或接近。

③由出纳员根据库存现金日记账加计累计数额，结出现金结余额。

④盘点保险柜的现金实存数，同时编制“库存现金盘点表”，分币种、面值列示盘点金额。

⑤若在资产负债表日后进行盘点，则应将实际盘点数调整至资产负债表日的金额。

⑥将盘点金额与库存现金日记账余额进行核对，如有差异，应查明原因，并记录或适当调整。

⑦若有抵充库存现金的借条、未提现支票或未做报销的原始凭证，应在“库存现金盘点表”（见表12-1）中注明或进行必要的调整。

表12-1　　　　**库存现金盘点表**　　　　单位：元

被审计单位名称：　　编制人：　　日期：　　索引号：

截止日：　　复核人：　　日期：　　页次：

清点实有现金				核对及追溯记录	
货币面值	张数	原币金额	本位币金额	项　目	金额
				1.报表日库存现金账面余额	
				加：报表日至盘点日的上一日累计收入数	
				减：报表日至盘点日的上一日累计支出数	
				2.盘点日的上一日库存现金账面余额	
				加：收入凭证未记账数	
				减：支出凭证未记账数	
				加：未作记账凭证的收入数	
				减：未作记账凭证的支出数	
				3.盘点日库存现金应有数额	
				4.盘点日库存现金实有数额	
				5.差额	
				长款	
				短款	
合计					
企业会计主管人员：			出纳：		
监盘人：			盘点日期：		
审计说明：					

（3）分析库存现金余额是否合理，主要应关注是否存在大额未缴存库存现金。

（4）抽查大额现金收支。注册会计师应抽查大额现金收支的原始凭证的内容是否完整，金额计算是否正确，有无授权批准，并核对相关账户的进账情况。

(5) 检查现金收支的正确截止日期。资产负债表的货币资金项目中的库存现金数额，应以结账日实有数额为准。因此，注册会计师必须进行现金截止测试，即验证现金收支的截止日期是否正确。通常，可考虑对结账日前后一段时期内现金收支凭证进行检查，以确定是否存在跨期事项。

(6) 检查外币现金的折算方法是否符合规定，是否与上一年度一致。

(7) 确定库存现金的披露是否恰当。

根据有关规定，库存现金在资产负债表的“货币资金”项目中反映。所以，注册会计师应在实施上述审计程序后，确定库存现金账户的期末余额是否恰当，进而确定库存现金是否在资产负债表上恰当披露。

【练一练 12-1】

2020年3月8日，A注册会计师对M公司全部现金进行监盘后，确认实有现金数金额为1 000元，M公司3月8日的账面库存现金余额为2 000元，3月8日发生的现金收支全部未登记入账，其中收入金额为3 000元，支出金额为4 000元。2020年1月1日至3月7日现金收入总额为165 200元，现金支出总额为165 500元，则推断2019年12月31日库存现金余额应为（　　）元。

A.2 300　　B.1 300　　C.700　　D.2 700

【练一练 12-2】

在对库存现金进行盘点时，参与盘点的人员必须包括（　　）。

A.审计人员

B.被审计单位出纳人员

C.被审计单位会计主管人员

D.被审计单位管理当局

【练一练 12-3】

下列说法中，符合现金盘点要求的有（　　）。

A.盘点对象通常包括已经收到但未存入银行的现金

B.盘点之前必须将已办理现金收付手续的收付凭证登入库存现金日记账

C.不同存放地点的现金同时进行盘点

D.应在现金收付业务进行时采取突击盘点

任务实施

1.编制库存现金盘点表（见表12-2）

2.现金管理中存在的主要问题

(1) 白条借据抵库。出纳员擅自以白条方式借给4名职工现金，共计2 560元，至今抵充库存现金入账。

(2) 账款不符。盘点日止账面应存额为21 924元，而实际盘存库存现金仅为19 220元，其中除出纳员擅自以白条借据2 560元抵充库存外，尚短缺144元，出纳员无法提供理由。

表12-2　　库存现金盘点表　　单位：元

被审计单位名称：光华公司　　编制人：小王　　日期：2021-2-11　　索引号：

截止日：2020-12-31　　复核人：　　日期：　　页次：

清点实有现金				核对及追溯记录	
货币面值	张数	原币金额	本位币金额	项　目	金额
100.00	120		12 000	1.报表日库存现金账面余额	12 162.40
50.00	87		4 350	加：报表日至盘点日的上一日累计收入数	386 872.88
10.00	220		2 200	减：报表日至盘点日的上一日累计支出数	377 356.04
5.00	84		420	2.盘点日的上一日库存现金账面余额	21 678
1.00	225		225	加：收入凭证未记账数	4 372
0.50	50		25	减：支出凭证未记账数	4 126
				加：未作记账凭证的收入数	
				减：未作记账凭证的支出数	
				3.盘点日库存现金应有数额	21 924
				4.盘点日库存现金实有数额	19 220
				5.差额	2 704
				长款	
				短款	144
				白条抵库	2 560
合计			19 220		
企业会计主管人员：张华				出纳：小明	
监盘人：小王				盘点日期：2021-02-11	
审计说明：见第3条					

（3）银行核定该公司库存现金限额为10 000元，而实际库存超过限额9 220元。

（4）记账不及时。出纳员未及时登记库存现金日记账。

（5）收入销货款的转账支票未及时送存银行，已超过支票有效期，该笔货款将被对方开户银行拒付。

3.针对上述问题，提出审计意见

（1）白条抵库的现金2 560元，如经有关人员正式审批，应作其他应收款入账处理，或限期归还或督促报销。

（2）出纳员短缺现金144元，应在进一步查明原因后，按有关规定追究其责任，作出处理。

（3）今后应坚持按银行核定限额存放库存现金。

（4）出纳员今后应坚持做到及时登账，日清日结。

（5）应及时收回7 500元销货款。

◆ 注意事项

在监盘现金时，要注意：

1. 若有充抵库存现金的借条、代保管的工资、未提现支票、未作报销的原始凭证，应在“库存现金盘点表”中注明或作出必要的调整。

2. 对未能在资产负债表日进行盘点的，则需在审计日确定盘点余额，然后倒推计算、调整至资产负债表日的金额。

任务三　银行存款审计

任务描述

注册会计师江明在对建华公司银行存款进行审计时，发现7月31日银行存款日记账账面余额是133 750元，开户银行送来的对账单中银行存款余额是127 000元，经核对有以下几笔未达账项：

（1）7月28日，委托银行收款12 500元，银行已入账，收款通知尚未送达企业。

（2）7月31日，该企业开出现金支票一张，金额400元，企业已减少存款数，银行尚未入账。

（3）7月31日，银行已付企业电费250元，银行已入账，企业尚未收到付款通知。

（4）7月31日，企业收到外单位转账支票一张，金额16 000元，企业已入账，银行尚未入账。

若你是审计人员，请根据上述未达账项，编制银行存款余额调节表，并假定银行对账单列示的企业银行存款余额正确无误，试问在编制银行存款余额调节表时发现的错误数额是多少？属于什么性质？7月31日企业银行存款日记账的正确余额是多少？

相关知识

银行存款是指企业存放在银行或其他金融机构的各种款项。按照国家有关规定，凡是独立核算的企业都必须在当地银行开设账户。企业在银行开设账户以后，除按核定的限额保留库存现金外，超过限额的现金都必须存入银行；除了在规定的范围内可以使用现金支付款项外，在经营过程中所发生的一切货币收支业务都必须通过银行存款账户进行结算。因为银行存款的流动性仅次于现金，因此企业发生的舞弊与银行存款一般都有直接关系。因此，注册会计师也应重视银行存款的审计。

一、对银行存款内部控制制度进行符合性测试

（一）银行存款内部控制概述

一般而言，良好的银行存款内部控制同现金的内部控制一样，也应达到以下几点：

（1）银行存款收支与记账的岗位分离。

（2）银行存款收支要有合理、合法的凭据。

（3）全部收支及时准确入账，并且支出要有核准手续。

（4）按月编制银行存款余额调节表，以做到账实相符。

（5）加强对银行存款收支业务的内部审计。

（二）银行存款的控制测试

（1）了解银行存款内部控制。注册会计师对银行存款内部控制的了解一般与了解现金的内部控制同时进行。注册会计师应当注意的内容包括：

①银行存款的收支是否按规定的程序和权限办理。

②银行存款账户是否存在与被审计单位经营无关的款项收支情况。

③是否存在出租、出借银行账户的情况。

④出纳与会计的职责是否严格分离。

⑤是否定期取得银行对账单并编制银行存款余额调节表等。

（2）抽取并检查收款凭证。如果银行存款内部控制不强，很可能会发生贪污舞弊或挪用等情况。为测试银行存款收款的内部控制，注册会计师应按银行存款的收款凭证分类，选取适当的样本量，做如下检查：

①核对银行存款收款凭证与存入银行账户的日期和金额是否相符。

②核对银行存款日记账的收入金额是否正确。

③核对银行存款收款凭证与银行对账单是否相符。

④核对银行存款收款凭证与应收账款明细账的有关记录是否相符。

⑤核对实收金额与销货发票是否一致等。

（3）抽取并检查付款凭证。为测试银行存款付款内部控制，注册会计师应按照银行存款付款凭证分类，选取适当的样本量，作如下检查：

①检查付款的授权批准手续是否符合规定。

②核对银行存款日记账的付出金额是否正确。

③核对银行存款付款凭证与银行对账单是否相符。

④核对银行存款付款凭证与应付账款明细账的记录是否一致。

⑤核对实付金额与购货发票是否相符等。

（4）抽取一定期间的银行存款日记账与总账核对。注册会计师应抽取一定期间的银行存款日记账，检查其加总是否正确无误，银行存款日记账是否与总账核对相符。

（5）抽取一定期间的银行存款余额调节表，查验其是否正确编制并经复核。为证实银行存款记录的正确性，注册会计师必须抽取一定期间的银行存款余额调节表，将其同银行对账单、银行存款日记账及总账核对，确定被审计单位是否按月正确编制并复核银行存款余额调节表。

（6）检查外币银行存款的折算方法是否符合有关规定，是否与上一年度一致。对于有外币银行存款的被审计单位，注册会计师应检查外币银行存款日记账及“财务费用”“在建工程”等账户的记录，确定企业有关外币银行存款的增减变动是否采用交易发生日的即期汇率将外币金额折算为记账本位币金额，或者采用按照系统合理的方法确定的、与交易发生日即期汇率近似的汇率折算为记账本位币，选择所采用汇率的方法前后各期是否一致；检查企业的外币银行存款的期末余额是否采用期末即期汇率折算为记账本位币金额；折算差额的会计处理是否正确。

（7）评价银行存款的内部控制。注册会计师在完成上述程序之后，即可对银行存款的内部控制进行评价。评价时，注册会计师应首先确定银行存款内部控制可信赖的程度以及存在的薄弱环节和缺点，然后据以确定在银行存款实质性程序中对哪些环节可以适当减少审计程序，对哪些环节应增加审计程序并作重点检查，以减少审计风险。

二、银行存款的审计目标

（1）存在。确定记录的银行存款在资产负债表日是确实存在的。

（2）完整性。确定所有应当记录的银行存款均已记录。

（3）权利和义务。确定记录的银行存款由被审计单位拥有或控制。

（4）计价和分摊。确定银行存款以恰当的金额包括在财务报表中，与之相关的计价或分摊调整已恰当记录。

（5）列报。确定银行存款已按照企业会计准则的规定在财务报表中作出适当分类、描述和披露。

三、银行存款的实质性程序

银行存款的实质性程序一般包括以下内容：

（1）核对银行存款日记账与总账的余额是否相符。注册会计师测试银行存款余额的起点是核对银行存款日记账与总账的余额是否相符。如果不相符，应查明原因，并考虑是否应建议作出适当调整。

（2）实施实质性分析程序。计算定期存款占银行存款的比例，了解被审计单位是否存在高息资金拆借。如存在高息资金拆借，应进一步分析拆出资金的安全性，检查高额利差的入账情况；计算存放于非银行金融机构的存款占银行存款的比例，分析这些资金的安全性。

（3）检查银行存单。编制银行存单检查表，检查是否与账面记录金额一致，是否被质押或限制使用，存单是否为被审计单位所拥有。

①对已质押的定期存款，应检查定期存单，并与相应的质押合同核对，同时关注定期存单对应的质押借款有无入账。

②对未质押的定期存款，应检查开户证书原件。

③对审计外勤工作结束日前已提取的定期存款，应核对相应的兑付凭证、银行对账单和定期存款复印件。

（4）取得并检查银行对账单和银行存款余额调节表。检查银行对账单和银行存款余额调节表是证实资产负债表中所列银行存款是否存在的重要程序。取得银行存款余额调节表后，注册会计师应检查调节表中未达账项的真实性以及资产负债表日后的进账情况，如果存在应于资产负债表日之前进账的，应进行调整。其测试程序包括：

①将被审计单位资产负债表日的银行对账单与银行询证函回函核对，确认是否一致，抽样核对账面记录的已付票据金额及存款金额是否与对账单记录一致。

②检查资产负债表日的银行存款余额调节表中加计数是否正确，调节后银行存款日记账余额与银行对账单余额是否一致（调节表中的计算）。

③检查调整事项的性质和范围是否合理（调节表中的调整事项）。其具体又包括：

a.检查是否存在跨期收支和跨行转账的调整事项。编制跨行转账业务明细表，检查跨行转账业务是否同时对应转入和转出，未在同一期间完成的转账业务是否反映在银行存款余额调节表的调整事项中。

b.检查大额在途存款的日期，查明发生在途存款的具体原因，追查期后银行对账单存款记录日期，确定被审计单位与银行记账时间的差异是否合理，确定在资产负债表日是否需提请被审计单位进行适当调整。

c.检查被审计单位的未付票据明细清单，查明被审计单位未及时入账的原因，确定账簿记录时间晚于银行对账单的日期是否合理。

d.检查被审计单位未付票据明细清单中有记录，但截止至资产负债表日银行对账单无记录且金额较大的未付票据，获取票据领取人的书面说明，确认资产负债表日是否需要进行调整。

e.检查资产负债表日后银行对账单是否完整地记录了调整事项中银行未付票据金额。

④检查是否存在未入账的利息收入和利息支出。

⑤检查是否存在其他跨期收支事项。

⑥如果被审计单位未经授权或授权不清支付货币资金的现象比较突出，检查银行存款余额调节表中支付异常的领款（包括没有载明收款人）、签字不全、收款地址不清、金额较大票据的调整事项，确认是否存在舞弊。

（5）函证银行存款余额，编制银行函证结果汇总表，检查银行回函。应注意：

①向被审计单位在本期存过款的银行发函，包括零余额账户和本期内注销的账户。

②确定被审计单位账面余额与银行函证结果的差异，对不符事项作出适当处理。

银行存款询证函格式如下：

银行存款询证函

编号：

致____________________（以下简称贵行）：

本公司聘请的×××会计师事务所正在对本公司×××年度账务报表进行审计，按照中国注册会计师审计准则的要求，应当询证本公司与贵行的存款、借款往来等事项。下列数据出自本公司账簿记录，如与贵行记录相符，请在本函下端“信息证明无误”处签章证明；如有不符，请在“信息不符”处列明不符项目。如存在与本公司有关的未列入本函的其他项目，也请在“信息不符”处列出这些项目的金额及详细资料。有关询证费用可直接从本公司存款账户中收取。回函请直接寄至×××会计师事务所。

回函地址：　　　　　　　　　　　　邮编：

电话：　　　　　　　　　　　　　　传真：

联系人：审计________部________　　　　项目组项目负责人：

截至____年____月____日，本公司银行存款、借款账户余额（按公司账面余额）等列示如下：

1.银行存款

账户名称	银行账号	币种	金额	年利率	备注

2.银行借款

银行账号	币种	金额	借款日	约定还款日	年利率	欠付利息	借款条件

结论：

1.信息证明无误。

（银行盖章）

年　　月　　日

经办人：

2.信息不符，请列明不符项目及具体内容。

（银行盖章）

年　　月　　日

经办人：

（6）检查银行存款账户存款人是否为被审计单位，若存款人非被审计单位，应获取该账户户主和被审计单位的书面声明，确认资产负债表日是否需要提请被审计单位进行调整。

（7）关注是否存在质押、冻结等对变现有限制或存在境外的款项。如果存在，是否已提请被审计单位进行必要的调整和披露。

（8）对不符合现金及现金等价物条件的银行存款，应在审计工作底稿中予以列明，以考虑对现金流量表的影响。

（9）抽查大额银行存款收支的原始凭证，检查原始凭证是否齐全，记账凭证与原始凭证是否相符，账务处理是否正确、是否记录于恰当的会计期间等项内容。检查是否存在非营业项目的大额货币资金转移，并核对相关账户的进账情况。如有与被审计单位生产经营无关的收支事项，应查明原因并作相应的记录。

（10）检查银行存款收支的截止是否正确。选取资产负债表日前后若干张、一定金额以上的凭证实施截止测试，关注业务内容及对应项目，如有跨期收支事项，应考虑是否提请被审计单位进行调整。

（11）检查银行存款是否在财务报表中恰当列报。

【练一练12-4】

M公司编制的2019年12月末银行存款余额调节表显示存在12万元未达账项，其中包括A公司已支付而银行未付的材料采购款10万元。下列审计程序中，可能为未达账项真实性提供证据的有（　　）。

A.检查2020年1月的银行对账单

B.检查相关的采购合同、供应商销售发票和付款审批手续

C.就2019年12月末银行存款余额向银行寄发银行询证函

D.向相关的原材料供应商寄发询证函

任务实施

（1）编制银行存款余额调节表（见表12-3）。

表12-3　银行存款余额调节表

单位：元

项　目	金　额	项　目	金　额
银行存款日记账余额	133 750	银行对账单余额	127 000
加：银行已收，企业未收	12 500	加：企业已收，银行未收	16 000
减：银行已付，企业未付	250	减：企业已付，银行未付	400
调节后余额	146 000	调节后余额	142 600

（2）编制银行存款余额调节表时发现的错误金额3 400元（127 000+16 000−400=142 600元，与146 000元的差异为3 400元），属于企业漏记银行存款减少错误。

（3）7月31日企业银行存款账户正确余额是130 350元（133 750−3 400）。

◆ 注意事项

对银行存款的审计，应注意以下可能存在的舞弊现象：

1.设立隐蔽账号、黑号。

2.对账单上的等额收支、出借账号、转移公款。

3.贪污、转移公款。

4.涂改、变造银行对账单。

能力拓展

2020年1月20日，审计人员王英、李强在对某企业2019年12月31日资产负债表的审计中查得“货币资金”项目中的库存现金为1 062.10元。1月21日上午8时，王英、李强对该企业出纳员张华所经管的现金进行了清点。该企业1月20日库存现金日记账余额是832.10元，清点结果如下：

（1）现金实有数627元。

（2）在保险柜中有下列已收付单据但未入账。

①职工张怡5月4日预借差旅费200元，已经领导批准。

②职工刘东借据一张，金额140元，未经批准，也没有说明用途。

③在保险柜中，有已收款但未记账的凭证共4张，金额135.24元。

（3）银行核定该企业库存现金限额为800元。

（4）经核对1月1日至20日的收付款凭证和库存现金日记账，核实1月1日至20日收入现金数为2 350元、支出现金数为2 580元正确无误。

要求：根据以上资料，编制库存现金盘点表（见表12-4），核实库存现金实有数；核实2019年12月31日资产负债表所列数字是否正确；对现金收支、留存管理的合法性提出审计意见。

表12-4　　库存现金盘点表　　金额单位：元

被审计单位名称：××企业　　编制：王英　　日期：2020-01-20　　索引号：

币别：人民币　　复核：李强　　日期：2020-01-22　　页次：

清点实有现金				核对及追溯记录	
货币面值	张数	原币金额	本位币金额	项　目	金额
				1.报表日库存现金账面余额	
				加：报表日至盘点日的上一日累计收入数	
				减：报表日至盘点日的上一日累计支出数	
				2.盘点日的上一日库存现金账面余额	
				加：收入凭证未记账数	
				减：支出凭证未记账数	
				加：未作记账凭证的收入数	
				减：未作记账凭证的支出数	
				3.盘点日库存现金应有数额	
				4.盘点日库存现金实有数额	
				5.差额	
				长款	
				短款	
合计					
企业会计主管人员：			出纳：		
监盘人：			盘点日期：		
审计说明：					

拓展阅读

1.发现小金库时的审计思路

某审计公司在审阅某单位库存现金和银行存款明细账时发现，该单位几位职工经常挂支现金（通过银行打到个人卡也算挂支现金），比如，账挂其他应收款科目，挂支1—3个月后或者年内返回全部现金或者部分现金加费用发票平账。这时候，审计人员需要询问出纳挂支的用途（注意：最好不要询问会计主管人员，那些人有可能会与你兜圈子，说是什么核算方法的问题）。如果经过询问后疑点并没有被解除，你就必须面对具体的挂支人了。你可以询问挂支人的工作范围、具体职责等方面的问题，如果他回答得不流利，挂支的用途和自己的工作内容、职责相互矛盾，那么，审计人员应该如何做呢？这时，需要记录下挂支人所说的话，对于有矛盾的地方，让他解释。另外，需要挂支人签字确认我们记录的内容；如果挂支人不签字，要讲明利害关系以及让他再次确认我们的记录是否属实，并让其签字确认我们记录的内容，之后将审计询问记录交给高一级别的审计人员（如审计组长）来处理。职工挂支现金的事项在经审计组长沟通后查明，该厂销售了某企业的挡板座等商品，审计年度内共取得现金收入222万元，但没有开具销售发票入账核算，上述截留的销售收入主要用于装车费、搬运费、倒车费、空车配货运费、招待费、职工福利等方面，并有书面记录。

审计底稿如实地披露了上述情况。那么，该厂为何这么核算呢？原来，有的时候厂里面的小金库的钱不够用了，就只好使用正规账上的钱，等下次截留收入后反挂支平账。对于上述会计部门的这种低级错误，审计部门是必须披露的。

2.抽丝剥茧安邦真实资本，最后接盘的会是BATJ？

详见http：//www.jiemian.com/article/2040366.html。

技能训练

一、单项选择题

项目十二

技能训练
客观题

1.下列项目中，不属于货币资金控制测试内容的是（　　）。

A.抽取并检查收款凭证和付款凭证

B.检查货币资金收支的正确截止

C.编制货币资金内部控制流程图

D.抽取一定期间的库存现金、银行存款日记账与总账核对

2.注册会计师在监盘库存现金时，如发现有抵充库存现金的借条或未提现支票，应当（　　）。

A.通知被审计单位及时入账

B.将其作为审计差异并记录于“审计差异调整表”

C.在“库存现金盘点表”中注明或作出必要的调整

D.要求被审计单位在资产负债表的附注中列示

3.对银行存款进行截止测试的关键是（　　）。

A.检查当年各月的银行存款余额调节表

B.确定被审计单位当年记录的最后一笔银行存款业务

C.检查当年各月的银行存款对账单

D.抽查资产负债表日前后若干天的银行存款收支凭证

4.对于被审计单位动用银行存款支付造假的、并未收到的原材料款，注册会计师可以采取（　　）程序予以发现。

A.向银行函证

B.从银行存款日记账追查至卖方发票

C.调节银行对账单

D.从卖方发票追查至银行存款日记账

5.注册会计师A于2020年3月5日下午下班时对甲公司现金进行监盘，确认实有现金数额为1 000元。甲公司3月4日账面库存现金余额为2 000元，3月5日发生的现金收支全部未登记入账，其中收入金额为3 000元、支出金额为4 000元，2020年1月1日至3月4日现金收入总额为165 200元、支出为165 500元，则推断2019年12月31日库存现金余额应为（　　）元。

A.2 500　　B.1 000

C.2 300　　D.1 300

6.注册会计师在资产负债表日后对库存现金进行监盘，应当根据盘点数、资产负债表日至（　　）的现金收支数，倒推计算资产负债表上所包含的库存现金数是否正确。

A.盘点日　　B.审计报告报出日　　C.审计报告日　　D.审计工作完成日

二、多项选择题

1.在测试货币资金收款的内部控制时，注册会计师抽取收款凭证并进行检查的内容包括（　　）。

A.核对收款凭证与存入银行账户的日期和金额是否相符

B.核对收款凭证与银行对账单是否相符

C.核对收款凭证与应收账款明细账的有关记录是否相符

D.核对实收金额与销货发票等相关凭据是否一致

2.注册会计师在取得由被审计单位编制的银行存款余额调节表后，应实施的检查包括（　　）。

A.验证调节表的数字计算是否正确

B.追查截止日期银行对账单上的在途存款

C.追查截止日期银行对账单上银行已收、企业未收的款项性质及来源

D.函证各银行存款账户余额

3.盘点和监盘库存现金的要点包括（　　）。

A.制定库存现金盘点程序，并实施突击性的检查

B.若在资产负债表日后进行盘点，应将实际盘点数调整至资产负债表日的金额

C.将盘点金额与库存现金日记账余额进行核对

D.盘点保险柜的现金实存数，同时编制“库存现金盘点表”

4.注册会计师函证银行存款的目的包括（　　）。

A.证实被审计单位银行存款余额是否真实存在

B.了解被审计单位的所有债务

C.了解被审计单位所欠银行的债务

D.发现被审计单位未入账的银行借款

5.监盘库存现金，可以实现的审计目标有（　　）。

A.计价和分摊　　B.完整性

C.在财务报表中恰当披露　　D.权利和义务

6.下面关于对审计人员制定的库存现金盘点计划表的处理方法中，不恰当的有（　　）。

A.审计人员要亲自盘点

B.库存现金盘点表只能由出纳人员签字，以明确责任

C.盘点前就盘点时间与被审计单位会计主管沟通，要求其配合

D.盘点时应有被审计单位出纳和会计主管在场

三、判断题

1.注册会计师测试库存现金余额的起点是盘点库存现金。（　　）

2.库存现金的盘点范围一般包括已收到但尚未存入银行的现金、零用金和找换金等。（　　）

3.注册会计师应对被审计单位在本年存过款的所有银行，包括企业存款账户已注销的银行进行函证。（　　）

4.货币资金的支出要有合理合法的凭据，并要有核准手续。（　　）

5.被审计单位资产负债表上的银行存款数额，应以编制或取得银行存款余额调节表日银行存款账户数额为准。（　　）

6.如果企业的其他货币资金业务较少，审计人员可直接执行其他货币资金的实质性程序。（　　）

7.库存现金的盘点一般不能在资产负债表日后进行，因为盘点的目的是证实资产负债表日库存现金的实际库存数。（　　）

8.被审计企业的一年以上的定期存款或限定用途的存款不属于流动资产，应列示于其他资产项下。（　　）

9.被审计企业资产负债表上的银行存款余额，应以编制的银行存款余额调节表调整后的数额为准。（　　）

10.对于货币资金票据，应在购买、保管、领用、注销等环节，加强授权批准和职责分工等控制程序，明确责任权限。（　　）

四、分析题

2019年1月，审计署驻沈阳特派办对A出入境检验检疫局（以下简称A局）的财务收支审计中，查出了该局所属事业单位技术服务中心弄虚作假，采取“大头小尾”方式开具发票，隐瞒截留收入160.82万元私设“小金库”，套取现金发放劳务费的严重违纪问题，相关责任人已移交有关部门调查处理，个别责任人也上缴了其非法收入。那么，这个情节恶劣的百万元“小金库”是如何暴露的呢？

1.一张临时工工资发放明细表引出了审计线索

审计组在对A局技术服务中心下属的企业综合技术开发有限公司（以下简称开发公司）延伸审计时发现，该公司注册资金全部由A局借入，职工工资也全部由该局发放。但2018年12月，开发公司却在费用中列支临时工工资8.70万元。公司出纳解释说："这8.70万元是提出了现金发给A局全体职工，自查报告中已进行了说明，没必要再查了。"审计人员认为，发给全局职工应有发放明细表或者上交A局财务的收据，请对方提供，但公司出纳却借机离开。审计人员打电话追问此事，身兼技术服务中心和开发公司法定代表人的刘某一方面答应第二天提供发放明细表，另一方面又说了许多客套话。既然自查了，发放明细表为什么迟迟不提供？刘某为什么这么客气？一连串疑问和异常现象引起了审计人员的警觉，其中必定存在问题，这张临时工工资发放明细表就是审计的线索。

2.一本打单费收据牵出160.82万元"小金库"

技术服务中心和开发公司以发放明细表丢失为由拒不提供相关原始凭证，这更引起了审计组的怀疑。审计组决定，集中人力对技术服务中心账证深入检查，但审计结果却一无所获。该中心账目非常清楚，收支也很规范。为找到突破口，审计组采取最费力的检查办法——核对原始发票和开出的三联专用收据。在检查中，终于有一本发票存根引起了审计人员的注意，其他发票都是各种业务收费混开的，而这本发票50张所开具的收费内容全是打单费，且每张票面金额都是20元，总计1 000元。职业的敏感使审计人员对这本打单费发票产生了怀疑。为什么打单费都在一本发票上且每笔都是等额的呢？审计组向会计人员索要打单业务记录，并要求业务部门提供工作量记录，有关人员却支支吾吾拿不出来。审计人员于是找会计人员单独谈话，让他放下包袱配合审计工作。在审计人员做了大量说服工作后，技术服务中心的会计人员终于松口了：开出的打单费存根联和记账联金额是假的，给企业开的发票联金额远远超出存根联金额，账外收支都记在两本笔记本上。审计组立即找法人刘某谈话。刘某知道审计组掌握了证据，无法再隐瞒，于是讲出了实情。原来，开发公司和技术服务中心账外收支都记在一起，审计组索要开发公司发放明细表时，想拖两天改改账，将技术服务中心的"小金库"剔除出去，可审计组追查得太紧，又抓住了发票问题，事情也就全"露馅"了。

3.一个法律意识淡薄的法人导演出这幕拙劣把戏

审计组按照刘某的交代以及笔记本的收支记录，先后到有关四家支付检验服务费的单位延伸取证，终于将这一严重违纪问题彻底查清。技术服务中心法人刘某对有关财务会计法规缺少基本常识，在A局要求该中心每年上交100余万元资金福利费的压力下，擅自指使会计和收费人员于2015年3月至2018年3月期间，将收取的国内原油品质鉴定、油仓空距检验等收入，采用一本发票按"大头小尾"的方式，将第一联存根和第三联记账联开出每份20元的打单费50张，共1 000元计入营业收入，将给企业的发票联按实际金额开具了1 608 203元。同时，为了能将付费企业的转账支票提现用于发放职工奖金，刘某又擅自做主，许以提现额2%作为提现的个人报酬。于是，开发公司出纳周某开始了其非法套现的行动。他先是通过A局的关系，要求各付款单位不按支票管理办法，开具未填写收款单位名称、只有实际付款金额的转账支票给技术服务中心，然后，他填上自己个人的名字，再通过他在银行工作的同学以及熟人等关系，先后在该市商业银行某支行和建行某支行分别违规开设个人账户，通过关系将160.82万元一笔笔提取现金交给技术服务中心，因此，他个人领到了兑现奖金32 164元。另外，存款期间利息也未上缴技术服务中心财务。A局收到技术服务中心上缴的100余万元资金和福利款后，也未问其来源就用于全局职工奖金发放以及搞福利招待了。法律意识淡薄的法人刘某一手导演的这出把戏终于真相大白了。

4.一系列的管理漏洞是“小金库”能够存在的土壤

A局技术服务中心之所以能通过“大头小尾”方式开具发票、截留收入，并非法套现私设“小金库”，固然有其法人刘某法律意识淡薄、胆大妄为的原因，但有关部门存在的一系列管理漏洞也在客观上促成了这一违纪问题的产生。如果向技术服务中心付费的单位开具转账支票时都能按支票管理规定填好收款单位的名称，开发公司出纳周某如何能填上自己个人的名字呢？如果金融机构能严格按开户规定办事，出纳又如何能在银行开设个人可转账账户？如果大额提现审批不流于形式，巨额资金又如何由转账变提现？如果A局的财务部门进行认真监督，技术服务中心敢不说实话？只要有一个环节严格按规定去执行，这一“小金库”问题就不会产生。所以，只有所有的单位都能自觉按章办事，对发生的问题认真处理，才是杜绝“小金库”产生的最好方法，正所谓“亡羊补牢，为时未晚”。

分析：对上述审计发现的小金库该怎么处理呢？请从财务、税务的角度谈谈你的看法。

第四部分

终结审计

项目十三　完成审计工作

人物谱

伦纳德·斯帕切克（Leonard PaulSpacek，1907—1983）是美国会计实业界的一位知名领袖，他在1947年至1963年任安达信的首席执行官，是会计原则委员会（Accounting Principles Board，简称APB）的创始成员之一，也是成本会计准则理事会的支持者。在其职业生涯中，他推动了会计准则的标准化，从而使不同公司的财务报表可以相互比较，而且致力于加强审计程序。他为曾是五大会计事务所之一的安达信创立了“诚信高于利润”的优良传统。由于他在会计理论以及公共会计实务方面的杰出成就，其1975年被选入俄亥俄州立大学（Ohio State Universit）为美国著名会计学家设立的专门纪念厅——会计名人堂（AccountingHall of Fame）。

完成审计工作是指审计人员在审计终结阶段，汇总审计证据、分析评价审计结果、得出审计结论、撰写审计报告的一系列工作过程。首先，本项目将介绍如何编制审计差异调整表，获取管理层声明书，执行分析程序，编写审计总结以及评价审计结果；然后，介绍如何撰写审计报告；最后，介绍审计档案的保管工作。

【知识目标】

1.了解审计完成阶段的工作内容和审计报告的作用。

2.明确审计报告的种类、基本结构和主要内容。

3.掌握各种类型审计报告的适用条件和表达术语。

【能力目标】

1.会编制审计差异调整表和试算平衡表。

2.会根据审计证据得出相应的审计结论。

3.会撰写审计报告。

案例导引

在对五环股份有限公司2019年度账务报表审计将近结束时，按照审计准则的规定，注册会计师陈小平就有关会计报表的分歧、重大审计调整事项、会计信息披露中存在的可能导致修改审计报告的重大问题，与五环股份有限公司管理层进行了沟通。根据对未调整审计差异汇总表和重要性水平的比较，陈小平拟出具保留意见的审计报告。当把审计意见的类型及审计报告的措辞再次与五环股份有限公司商讨和沟通时，五环股份有限公司不同意出具保留意见的审计报告，并通知如果不更改意见，则会变更会计师事务所。由于初次作为项目经理进行审计工作，面对五环股份有限公司的强硬态度，陈小平陷入了沉思。

请分析： 审计沟通有几个层面？在本案例中，哪几个层面的沟通会更加需要技巧？面对我国当前资本市场的现状，如何才能提高注册会计师的审计沟通技巧？本案例中，陈小平在哪些环节的工作方式是值得商榷的？

分析提示： 如果注册会计师迫于被审计单位变更会计师事务所的压力，随意更改审计意见，显然是不正确的，既丧失了独立性，也很难保证审计工作的质量。需要明确的是，完成阶段的沟通仅仅是向管理当局告知和解释审计意见的类型及审计报告的措辞，并非商讨。

任务一　审计报告编制前的工作

任务描述

在审计终结阶段，审计人员应对审计实施阶段收集的相应审计证据进行汇总、分析、复核和评价，并与被审计单位沟通审计结果的情况，为编写审计报告做准备。因此，审计报告编制前的工作应包括审计调整、获取声明书、审计意见的形成、与管理当局沟通等内容。

阅读相关资料，请你作为审计人员来完成审计差异调整表的填写，并获取管理层声明书。

相关知识

一、审计调整

注册会计师发现的被审计单位财务报表整体反映或个别项目在余额、分类、表达、披露等方面与企业会计准则不一致，就是审计差异。审计差异内容按是否需要调整账户记录，可分为核算错误和重分类错误。核算错误是因企业对经济业务进行了不正确的会计核算而引起的错误，用审计重要性原则来衡量每一项核算错误，又可把这些核算错误区分为建议调整的不符事项和不建议调整的不符事项（即未调整不符事项）。

无论是建议调整的不符事项和重分类错误，还是未调整不符事项，在审计工作底稿中通常都是以会计分录的形式反映的。对于需要调整的审计差异可以采用不同的方法进行调整。例如，核算错误时的正误对照分析法，先检查企业原账面记录（错误分录），然后根据会计准则的规定做出正确的分录，再将错误和正确的分录进行比较，分析哪些项目多计或少计而编制相应的调整分录。

【练一练13-1】

注册会计师对ABC公司2019年的财务报表审计时发现，ABC公司将该年度的出租固定资产收入100 000元，挂在其他应付款中未作处理。请问：注册会计师该如何调整？

【练一练13-2】

在资产负债表试算平衡表中，左方“账项调整”栏中（　　）的金额应等于右边“账项调整”栏中贷方合计数减去借方合计数的金额。

A.借方合计数减去贷方合计数

B.贷方合计数

C.借方合计数加上贷方合计数

D.借方合计数

二、获取书面声明

书面声明，是指管理层向注册会计师提供的书面陈述，用以确认某些事项或支持其他审计证据。书面声明不包括财务报表及其认定，以及支持性账簿和相关记录。

尽管书面声明提供必要的审计证据，但其本身并不为所涉及的任何事项提供充分、适当的审计证据。而且，管理层已提供可靠书面声明的事实，并不影响注册会计师就管理层责任履行情况或具体认定获取的其他审计证据的性质和范围。

（一）针对管理层责任的书面声明

针对财务报表的编制，注册会计师应当要求管理层提供书面声明，确认其根据审计业务约定条款，履行了按照适用的财务报告编制基础编制财务报表并使其实现公允反映（如适用）的责任。

针对提供的信息和交易的完整性，注册会计师应当要求管理层就下列事项提供书面声明：

（1）按照审计业务约定条款，已向注册会计师提供所有相关信息，并允许注册会计师不受限制地接触所有相关信息以及被审计单位内部人员和其他相关人员。

（2）所有交易均已记录并反映在财务报表中。注册会计师可能还要求管理层在书面声明中再次确认其对自身责任的认可与理解。

（二）其他书面声明

除《中国注册会计师审计准则第1341号——书面声明》和其他审计准则要求的书

面声明外，如果注册会计师认为有必要获取一项或多项其他书面声明，以支持与财务报表或者一项或多项具体认定相关的其他审计证据，注册会计师应当要求管理层提供这些书面声明。

1.关于财务报表的额外书面声明

其他书面声明可能包括针对下列事项作出的声明：

（1）会计政策的选择和运用是否适当。

（2）是否按照适用的财务报告编制基础对下列事项（如相关）进行了确认、计量、列报或披露：

①可能影响资产和负债账面价值或分类的计划或意图。

②负债（包括实际负债和或有负债）。

③资产的所有权或控制权，资产的留置权或其他物权，用于担保的抵押资产。

④可能影响财务报表的法律法规及合同（包括违反法律法规及合同的行为）。

2.与向注册会计师提供信息有关的额外书面声明

除了针对管理层提供的信息和交易的完整性的书面声明外，注册会计师可能认为有必要要求管理层提供书面声明，确认其已将注意到的所有内部控制缺陷向注册会计师通报。

3.关于特定认定的书面声明

在获取有关管理层的判断和意图的证据时，或在对判断和意图进行评价时，注册会计师可能考虑下列一项或多项事项：

（1）被审计单位以前对声明的意图的实际实施情况。

（2）被审计单位选取特定措施的理由。

（3）被审计单位实施特定措施的能力。

（4）是否存在审计过程中已获取的、可能与管理层判断或意图不一致的任何其他信息。

（三）书面声明的日期和涵盖的期间

书面声明的日期应当尽量接近对财务报表出具审计报告的日期，但不得在审计报告日后。书面声明应当涵盖审计报告针对的所有财务报表和期间。

（四）书面声明的形式

书面声明应当以声明书的形式致送注册会计师，参考格式如下：

××会计师事务所并××注册会计师：

本声明书是针对你们审计ABC公司截至20×1年12月31日的年度财务报表而提供的。审计的目的是对财务报表发表意见，以确定财务报表是否在所有重大方面已按照企业会计准则的规定编制，并实现公允反映。尽我们所知，并在作出了必要的查询和了解后，我们确认：

一、财务报表

1.我们已履行所签署的审计业务约定书中提及的责任，即根据企业会计准则的规定编制财务报表，并对财务报表进行公允反映。

2.在作出会计估计时使用的重大假设（包括与公允价值计量相关的假设）是合

理的。

3.已按照企业会计准则的规定对关联方关系及其交易作出了恰当的会计处理和披露。

4.根据企业会计准则的规定，所有需要调整或披露的资产负债表日后事项都已得到调整或披露。

5.未更正错报，无论是单独还是汇总起来，对财务报表整体的影响均不重大。未更正错报汇总表附在本声明书后。

二、提供的信息

1.我们已向你们提供下列工作条件：

（1）允许接触我们注意到的、与财务报表编制相关的所有信息（如记录、文件和其他事项）。

（2）提供你们基于审计目的要求我们提供的其他信息。

（3）允许在获取审计证据时不受限制地接触你们认为必要的本公司内部人员和其他相关人员。

2.所有交易均已记录并反映在财务报表中。

3.我们已向你们披露了由于舞弊可能导致的财务报表重大错报风险的评估结果。

4.我们已向你们披露了我们注意到的、可能影响本公司的与舞弊或舞弊嫌疑相关的所有信息，这些信息涉及本公司的：

（1）管理层。

（2）在内部控制中承担重要职责的员工。

（3）其他人员（在舞弊行为导致财务报表重大错报的情况下）。

5.我们已向你们披露了从现任和前任员工、分析师、监管机构等方面获知的、影响财务报表的舞弊指控或舞弊嫌疑的所有信息。

6.我们已向你们披露了所有已知的、在编制财务报表时应当考虑其影响的违反或涉嫌违反法律法规的行为。

7.我们已向你们披露了我们注意到的关联方的名称和特征、所有关联方关系及其交易。

ABC公司（盖章）
ABC公司管理层
中国××市
（签名并盖章）
二〇×二年×月×日

三、执行分析程序

分析程序不仅被广泛应用于计划审计阶段和财务报表项目的实质性程序阶段，也被应用于审计报告阶段对财务报表进行总体复核，以帮助注册会计师评价审计过程中形成审计结论的恰当性和财务报表整体反映的公允性。

在对财务报表进行总体性分析时，注册会计师首先应当全面审阅财务报表及其附注，考虑针对实质性程序中发现的异常差异或未预期差异所获取的证据是否充分、恰当，以及这些异常差异或未预期差异与计划审计阶段的预计之间的关系。然后，审计人员应将分析程序运用于财务报表上，以确定是否还可能存在其他的异常或未预期关系。如果识别出以前未识别的重大错报风险，注册会计师应当重新考虑对于全部或部分各类交易、账户余额、列报评估的风险，并且在此基础上重新评价之前计划的审计程序。

审计人员在对财务报表实施整体分析程序时，可以运用比率法以及其他比较技术。但由于这一审计程序的实施有一定难度，需要比较丰富的审计经验，因而，这一审计程序应由全面了解被审计单位及其环境的审计项目经理、部门经理甚至主任会计师来进行。而且，这种分析程序的对象应集中在注册会计师认定的重大错报风险审计领域和考虑了所有建议调整的不符事项和重分类误差后的财务报表方面。比较的一方是被审计单位的资料，比较的另一方则是预期的被审计单位的结果、可获得的行业资料，或者与产量、销售量和员工人数等相关的一些非财务资料。

四、复核审计工作底稿

编制审计报告前，注册会计师需要复核审计工作底稿。首先，应对财务报表进行总体性复核，分析其是否还可能存在其他异常情况，以确定是否追加实施额外的审计程序。然后，对具体的审计工作底稿进行复核。

会计师事务所应当建立和实行审计工作底稿三级复核制度。第一级复核是由审计项目负责人在审计过程中对助理人员编写的审计工作底稿进行详细复核，主要是评价已完成的审计工作、所收集的证据及初步形成的结论。第二级复核是在外勤工作结束时，由审计部门经理对审计工作底稿进行重点复核。第三级复核是在完成审计工作、签发审计报告前由会计师事务所的主任会计师对整套审计工作底稿进行最终复核。最终复核是对审计工作质量的最后把关。通过最终复核，可以了解审计过程中是否存在遗漏重大审计问题或对具体审计工作理解不透彻的情况，是否存在没有严格执行工作标准而发生疏忽的情况，是否存在分析和判断不够客观的情况等，其最终目的是为发表恰当的审计意见提供一个合理的基础。

五、评价审计结果

评价审计结果的目的主要是确定将要发表的审计意见的类型以及在整个审计工作中是否遵循了独立审计准则。这一过程的主要工作是对重要性和审计风险的最终评价。对重要性和审计风险的最终评价，就是确定和汇总可能的审计差异，并分析审计差异汇总数对会计报表的影响程度，进而评价审计风险。

（一）按会计报表项目确定可能的审计差异

可能的审计差异即会计报表项目可能的错报金额，它由四部分组成：

（1）通过交易和会计报表项目的实质性程序所确认的未更正错报，即“已知错报”。这部分“已知错报”既包含注册会计师考虑报表项目层次重要性水平而未建议被审计单位予以调整的未调整不符事项，也包括被审计单位拒绝按注册会计师的建议进行调整而形成的未调整不符事项。

（2）通过运用审计抽样技术所估计的未更正预计错报。

（3）通过运用分析性复核程序发现和运用其他审计程序所量化的其他估计错报。

（4）上一期间未更正的对本期会计报表产生影响的错报。

（二）分析各会计报表项目审计差异汇总数的影响

这里指的是分析审计差异汇总数对会计报表层次重要性水平和其他与这些错报有关的会计报表总额（比如流动资产或流动负债）的影响程度。一方面，将审计差异与会计报表层次的重要性水平比较，确定是否可以接受审计差异汇总数；另一方面，通过计算某类会计项目的审计差异占该类会计项目总额的比例（如流动资产差异数占流动资产总额的比例），确定该会计项目内的审计差异数是否可以接受。应当注意的是，这里所用的会计报表层次的重要性水平，是指在审计的实施阶段修正后的会计报表层次重要性水平。

（三）评价根据审计证据得出的审计结论

注册会计师应当评价根据审计证据得出的结论，以作为对财务报表形成审计意见的基础。在对财务报表形成审计意见时，注册会计师应当根据已获取的审计证据，评价是否已对财务报表整体不存在重大错报获取合理保证。

审计证据是指注册会计师为了得出审计结论、形成审计意见而使用的所有信息，包括财务报表依据的会计记录中含有的信息和其他信息。因此，注册会计师应当获取充分、适当的审计证据，以得出合理的审计结论，作为形成审计意见的基础。

注册会计师对审计结论的评价贯穿于审计的全过程。例如：

（1）注册会计师应当根据实施的审计程序和获取的审计证据，评价对认定层次重大错报风险的评估是否仍然适当。

（2）财务报表审计是一个不断累积和修正信息的过程。随着计划的审计程序的实施，如果获取的信息与风险评估时依据的信息有重大差异，注册会计师应当考虑修正风险评估结果，并据以修改原计划的其他审计程序的性质、时间和范围。

（3）在实施控制测试时，如果发现被审计单位控制运行出现偏差，注册会计师应当了解这些偏差及其潜在后果，并确定已实施的控制测试是否为信赖控制提供了充分、适当的审计证据，是否需要实施进一步的控制测试，或实施实质性程序以应对潜在的错报风险。

（4）注册会计师不应将审计中发现的舞弊或错误视为孤立发生的事项，而应当考虑其对评估的重大错报风险的影响。在完成审计工作前，注册会计师应当评价是否已将审计风险降至可接受的低水平，是否需要重新考虑已实施审计程序的性质、时间和范围。

（5）在形成审计意见时，注册会计师应当从总体上评价是否已经获取充分、适当的审计证据，以将审计风险降至可接受的低水平。注册会计师应当考虑所有相关的审计证据，包括能够印证财务报表认定的审计证据和与财务报表认定相矛盾的审计证据。

（四）评价财务报表的合法性

在评价财务报表是否按照适用的会计准则和相关会计制度的规定编制时，注册会计师应当考虑下列内容：

（1）选择和运用的会计政策是否符合适用的会计准则和相关会计制度，并适合于被审计单位的具体情况。

（2）管理层作出的会计估计是否合理，确定会计估计的重大错报风险是不是特别风险，是否采取了有效的措施予以应对。

（3）财务报表反映的信息是否具有相关性、可靠性、可比性和可理解性，是否符合信息质量特征。

（4）财务报表是否作出充分披露，使财务报表使用者能够理解重大交易和事项对被审计单位财务状况、经营成果和现金流量的影响。

（五）评价财务报表的公允性

在评价财务报表是否作出公允反映时，注册会计师应当考虑下列内容：

（1）经管理层调整后的财务报表，是否与注册会计师对被审计单位及其环境的了解一致。在完成审计工作后，如果财务报表存在重大错报，注册会计师应当要求管理层进行调整。管理层作出调整或拒绝调整后，注册会计师可以确定已审计财务报表是否还存在重大错报，并形成恰当的审计意见。

（2）财务报表的列报、结构和内容是否合理。

（3）财务报表是否真实地反映了交易和事项的经济实质。

（六）评价审计风险

注册会计师在审计计划阶段已确定了审计风险的可接受水平。随着可能错报总和的增加，财务报表可能被严重错报的风险也会增加。如果注册会计师得出结论，审计风险处在一个可接受的水平，那么他可以直接提出审计结果所支持的意见；如果注册会计师认为审计风险不能接受，那么他应追加实施进一步审计程序或者说服被审计单位做必要调整，以便使重要错报的风险被降低到一个可接受的水平。否则，注册会计师应慎重考虑该审计风险对审计报告的影响。

注册会计师应当评价根据审计证据得出的结论，以作为对财务报表形成审计意见的基础。注册会计师应当根据已获取的审计证据，评价是否已对财务报表整体不存在重大错报获取合理保证，以发表适当的审计意见，并草拟审计报告。

六、与被审计单位治理层沟通

在财务报表审计中，注册会计师应注意与治理层和管理层的沟通，尤其是在审计终结阶段。具体来说，治理层主要包括董事会（执行董事、独立董事）和监事会（监事）、股东会（股东大会）的人员或组织，其履行对财务报告过程进行监督的职责。管理层则主要包括经理（即总经理）、副经理以及相当于副经理职位的财务总监、总会计师等其他高级管理人员，其承担编制财务报表的责任，并接受治理层的监督。注册会计师应当就与财务报表审计相关，且根据职业判断认为与治理层、管理层责任相关的重大事项，以适当的方式及时与其沟通。

（一）沟通的目的与形式

1.沟通的目的

与治理层、管理层沟通是财务报表审计工作中不可缺少的部分，是贯穿于整个审计过程的一项重要工作。实际上，从接受审计委托至出具审计报告的整个过程，在审计计划、审计实施和审计报告的各个阶段都要不断与治理层、管理层进行沟通。沟通的目的在于：

（1）就审计范围和时间以及注册会计师、治理层、管理层各方在财务报表审计和沟通中的责任，取得相互了解。

（2）共享有助于注册会计师获取审计证据和治理层履行责任的其他信息。

2.沟通的形式

注册会计师应当根据审计准则、有关法规和审计业务约定书的要求，合理运用专业判断，确定与治理层、管理层沟通的形式。有效的沟通形式可以是正式声明、书面报告，也可以是口头形式。对于在审计工作中发现的重大问题、涉及注册会计师的独立性等问题，如果根据职业判断认为采用口头形式沟通不适当，应当采用书面形式。对于一般事项可以采用口头形式，这样可以沟通更多内容而且做到及时沟通。

（二）沟通的内容

注册会计师与治理层、管理层沟通的事项可以包括以下六大方面：一是注册会计师的责任；二是计划的审计范围和时间；三是审计工作中发现的问题；四是值得关注的内部控制缺陷；五是注册会计师的独立性；六是补充事项。

注册会计师应当就其责任直接与治理层沟通。具体来说，注册会计师通常考虑将有关沟通事项包含在审计业务约定书中，并向治理层、管理层说明，注册会计师的责任是按照审计准则的规定执行审计业务，对管理层在治理层监督下编制的财务报表发表审计意见，对财务报表的审计并不能减轻管理层和治理层的责任。

注册会计师应当就计划的审计范围和时间直接与治理层作简要沟通，包括识别的特别风险。

在审计计划阶段，注册会计师应当就如何应对由于舞弊或错误导致的重大错报风险、内部控制测试方案、审计重要性的概念等事项，与治理层、管理层进行沟通。与治理层、管理层的沟通有助于注册会计师计划审计范围和时间，但并不会改变注册会计师独自承担制定总体审计策略和具体审计计划的责任。

注册会计师应当就审计工作中发现的问题与治理层直接沟通。在审计实施阶段，注册会计师应当将对被审计单位会计处理质量的看法；在审计工作中遇到的重大困难；已与管理层讨论或需要书面沟通的审计中出现的重大事项，以及注册会计师要求提供的书面声明（除非治理层全部成员参与管理被审计单位）；影响审计报告形式和内容的情形；审计中出现的、根据职业判断认为对监督财务报告过程重大的其他事项等与治理层、管理层进行适当的沟通。

注册会计师应当根据已执行的审计工作中识别出的值得关注的内部控制缺陷与治理层沟通。所谓值得关注的内部控制缺陷，是指注册会计师根据职业判断，认为足够重要从而值得治理层关注的内部控制的一个缺陷或多个缺陷的组合。注册会计师应当以书面形式及时与治理层进行沟通。

注册会计师还应与治理层就注册会计师的独立性进行沟通。例如，应对审计人员按照法律法规和职业道德规范的规定保持了独立性作出声明；为消除对独立性的威胁或将其降至可接受的水平，已经采取的相关防护措施。如果出现了违反与注册会计师独立性有关的职业道德规范的情形，注册会计师应当尽早就该情形及已经或拟采取的补救措施与治理层直接沟通。

注册会计师可能注意到一些补充事项应当与治理层进行沟通，虽然这些事项不一定与监督财务报告流程有关，但对治理层监督被审计单位的战略方向或与被审计单位受托责任相关的义务很可能是重要的。在形成正式的审计意见之前，会计师事务所通常要与被审计单位召开沟通会。在会上，注册会计师可口头报告本次审计所发现的问题，并说明建议被审计单位做必要调整或表外披露的理由。当然，管理当局也可以在会上申辩其立场。最后，通常会对需要被审计单位作出的改变达成协议。如双方达成协议，注册会计师即可签发标准审计报告。否则，注册会计师则可能不得不出具其他类型的审计意见。

任务实施

编制审计差异调整表是对现场工作的一个汇总，本次审计工作的重点关注领域都体现在表中，获取管理层声明书是对审计双方责任的一个界定。

◆ 注意事项

本任务要求了解审计差异调整表填写的格式与程序，熟悉管理层声明书的核心内容，明确分析程序与复核工作底稿的步骤。

任务二 编制审计报告

任务描述

恒达会计师事务所在2018年3月7日接受五环股份有限公司董事会委托，对五环股份有限公司2017年度会计报表进行审计。五环股份有限公司为生产、加工、销售电机设备的企业。在审计计划中确定的会计报表层次重要性水平为50万元。注册会计师陈小平发现，该公司的异地存货200万元近两年都未进行盘点，该存货金额占存货总额的30%，并且无法对其实施有效的替代审计程序。

请你作为注册会计师来撰写针对该公司的审计报告。

相关知识

一、审计报告的含义及特征

审计报告是指注册会计师根据中国注册会计师审计准则的规定，在执行审计工作的基础上对被审计单位财务报表发表审计意见的书面文件。

审计报告是注册会计师在完成审计工作后向委托人提交的最终产品，具有以下特征：

1.注册会计师应当按照中国注册会计师审计准则的规定执行审计工作

审计准则是用以规范注册会计师执行审计业务的标准，包括一般原则与责任、风险评估与应对、审计证据、利用其他主体的工作、审计结论与报告以及特殊领域审计等六个方面的内容，涵盖了注册会计师执行审计业务的整个过程和各个环节。

2.注册会计师在执行审计工作的基础上才能出具审计报告

注册会计师应当实施风险评估程序，以此作为评估财务报表层次和认定层次重大错报风险的基础。风险评估程序本身并不足以为发表审计意见提供充分、适当的审计证据，注册会计师还应当实施进一步审计程序，包括实施控制测试（必要时或决定测试时）和实质性程序。注册会计师通过实施上述审计程序，获取充分、适当的审计证据，得出合理的审计结论，作为形成审计意见的基础。

3.注册会计师通过对财务报表发表意见，履行业务约定书约定的责任

财务报表审计的目标是注册会计师通过执行审计工作，对财务报表的合法性和公允性发表审计意见。因此，在实施审计工作的基础上，注册会计师需要对财务报表形成审计意见，并向委托人提交审计报告。

4.注册会计师应当以书面形式出具审计报告

审计报告具有特定的要素和格式，注册会计师只有以书面形式出具报告，才能清楚表达对财务报表发表的审计意见。

注册会计师应当根据由审计证据得出的结论，清楚表达对财务报表的意见。财务报表是指对企业财务状况、经营成果和现金流量的结构化表述，至少应当包括资产负债表、利润表、所有者（股东）权益变动表、现金流量表和附注。无论是出具标准审计报告，还是非标准审计报告，注册会计师一旦在审计报告上签名并盖章，就表明对其出具的审计报告负责。

注册会计师应当将已审计的财务报表附于审计报告后。审计报告是注册会计师对财务报表合法性和公允性发表审计意见的书面文件，因此，注册会计师应当将已审计的财务报表附于审计报告之后，以便于财务报表使用者正确理解和使用审计报告，并防止被审计单位替换、更改已审计的财务报表。

二、审计报告的作用

审计报告是审计工作的最终成果，具有法定证明效力。注册会计师签发的审计报告，主要具有鉴证、保护和证明三方面的作用。

（一）鉴证作用

注册会计师签发的审计报告，是以超然独立的第三者身份，对被审计单位财务报表合法性、公允性及会计处理方法的一贯性发表意见。这种意见，具有鉴证作用，得到了政府及其各部门和社会各界的普遍认可。财务报表是否合法、公允，主要依据注册会计师的审计报告作出判断。上市公司的股东以及潜在的投资者，主要依据注册会计师的审

计报告来判断上市公司的财务报表是否公允地反映了财务状况和经营成果，以进行投资决策等。

（二）保护作用

注册会计师通过审计，可以对被审计单位出具不同类型审计意见的审计报告，以提高或降低财务报表信息使用者对财务报表的依赖程度，能够在一定程度上对被审计单位的财产、债权人和股东的权益及公司利害关系人的利益起到保护作用。在进行投资之前，投资者必须要查阅投资公司的财务报表和注册会计师的审计报告，了解上市公司的经营情况和财务状况。

（三）证明作用

审计报告是对注册会计师任务完成情况及其结果所做的总结，它可以表明审计工作的质量并明确注册会计师的审计责任。因此，审计报告可以对审计工作质量和注册会计师的审计责任起证明作用。注册会计师的审计责任，是指注册会计师应对其出具的审计报告的真实性、合法性负责。通过审计报告，可以证明注册会计师在审计过程中是否实施了必要的审计程序，是否以审计工作底稿为依据发表审计意见，发表的审计意见是否与被审计单位的实际情况相一致，审计工作质量是否符合要求。通过审计报告还可以证明注册会计师审计责任的履行情况。

三、审计报告的基本内容

审计报告应当包括下列基本要素：

（一）标题

注册会计师出具的审计报告的标题应当统一规范为“审计报告”。

（二）收件人

审计报告的收件人是指注册会计师按照业务约定书的要求致送审计报告的对象，一般是指审计业务的委托人。审计报告应当载明收件人的全称。

（三）审计意见

该部分由两部分构成。第一部分指出已审计财务报表，它应当包括下列内容：

（1）指出被审计单位的名称。

（2）说明财务报表已经过审计。

（3）指出构成整套财务报表的每张财务报表的名称。

（4）提及财务报表附注。

（5）指明财务报表的日期和涵盖的期间。

第二部分应当说明注册会计师发表的审计意见。如果对财务报表发表无保留意见，除非法律法规另有规定，审计意见应当使用“我们认为，财务报表在所有重大方面按照[适用的财务报告编制基础（如企业会计准则等）]编制，公允反映了[…]”的措辞。审计意见说明财务报表在所有重大方面按照适用的财务报告编制基础编制，公允反映了财务报表旨在反映的事项。

（四）形成审计意见的基础

该部分应当紧接在审计意见之后，并包括下列方面：

（1）说明注册会计师按照审计准则的规定执行了审计工作。

（2）提及审计报告中用于描述审计准则规定的注册会计师责任的部分的声明。

（3）声明注册会计师按照与审计相关的职业道德要求独立于被审计单位，并按照这些要求履行了职业道德方面的其他责任。

（4）说明注册会计师是否相信获取的审计证据是充分、适当的，为发表审计意见提供了基础。

（五）管理层对财务报表的责任

管理层对财务报表的责任应当说明，按照适用的会计准则和相关会计制度的规定，编制财务报表是管理层的责任，这种责任包括：

（1）按照适用的财务报告编制基础编制财务报表，并使其实现公允反映。

（2）设计、实施和维护与财务报表编制相关的内部控制，以使财务报表不存在由于舞弊或错误而导致的重大错报。

在审计报告中指明管理层的责任，有利于区分管理层和注册会计师的责任，降低财务报表使用者误解注册会计师责任的可能性。

（六）注册会计师对财务报表审计的责任

“注册会计师对财务报表审计的责任”部分应当说明下列内容：

（1）说明注册会计师的目标是对财务报表整体是否不存在由于舞弊或错误导致的重大错报获取合理保证，并出具包含审计意见的审计报告。

（2）说明合理保证是高水平的保证，但并不能保证按照审计准则执行的审计在某一重大错报存在时总能发现。

（3）说明错报可能由于舞弊或错误导致。在说明错报可能由于舞弊或错误导致时，注册会计师应当从下列两种做法中选取一种：

第一，描述如果合理预期错报单独或汇总起来可能影响财务报表使用者依据财务报表作出的经济决策，则通常认为错报是重大的；

第二，根据适用的财务报告编制基础，提供关于重要性的定义或描述。

（4）注册会计师的责任是在实施审计工作的基础上对财务报表发表审计意见。

（5）注册会计师按照中国注册会计师审计准则的规定执行了审计工作。中国注册会计师审计准则要求注册会计师遵守职业道德守则，计划和执行审计工作以对财务报表是否不存在重大错报获取合理保证。

（6）审计工作涉及实施审计程序，以获取有关财务报表金额和披露的审计证据。选择的审计程序取决于注册会计师的判断，包括对由于舞弊或错误导致的财务报表重大错报风险的评估。在进行风险评估时，注册会计师考虑与财务报表编制相关的内部控制，以设计恰当的审计程序，但目的并非对内部控制的有效性发表意见。审计工作还包括评价管理层选用会计政策的恰当性和做出会计估计的合理性，以及评价财务报表的总体列报。

（7）注册会计师相信已获取的审计证据是充分、适当的，为其发表审计意见提供了基础。

（七）按照相关法律法规的要求报告的事项（如适用）

除审计准则规定的注册会计师对财务报表出具审计报告的责任外，相关法律法规可能对注册会计师设定了其他报告责任。例如，如果注册会计师在财务报表审计中注意到某些事项，可能被要求对这些事项予以报告。此外，注册会计师可能被要求实施额外的规定的程序并予以报告，或对特定事项（如会计账簿和记录的适当性）发表意见。

在某些情况下，相关法律法规可能要求或允许注册会计师将对这些其他责任的报告作为对财务报表出具的审计报告的一部分。在另外一些情况下，相关法律法规可能要求或允许注册会计师在单独出具的报告中进行报告。

这些责任是注册会计师按照审计准则对财务报表出具报告的责任的补充。例如，如果注册会计师在财务报表审计中注意到某些事项，可能被要求对这些事项予以报告。此外，注册会计师可能被要求实施额外规定的程序并予以报告，或对特定事项（如会计账簿和记录的适当性）发表意见。

（八）注册会计师的签名和盖章

审计报告应当由项目合伙人和另一名负责该项目的注册会计师签名和盖章。在审计报告中指明项目合伙人有助于进一步增强对审计报告使用者的透明度，有利于增强项目合伙人的个人责任感。

（九）会计师事务所的名称、地址及盖章

审计报告应当载明会计师事务所的名称和地址，并加盖会计师事务所公章。

（十）报告日期

审计报告应当注明报告日期。审计报告的日期不应早于注册会计师获取充分、适当的审计证据（包括管理层认可对财务报表的责任且已批准财务报表的证据），并在此基础上对财务报表形成审计意见的日期。

根据《中国注册会计师审计准则第1504号——在审计报告中沟通关键审计事项》，注册会计师在对上市实体整套通用目的财务报表进行审计时，需要在审计报告中沟通关键审计事项，此外还存在其他情形导致注册会计师决定在审计报告中沟通关键审计事项。不过，在注册会计师对财务报表发表无法表示意见时，不得沟通关键审计事项，除非法律法规要求沟通。

关键审计事项是指注册会计师根据职业判断认为对本期财务报表审计最为重要的事项。

四、审计意见的类型

注册会计师的目标是在评价根据审计证据得出的结论的基础上，对财务报表形成审计意见，并通过书面报告的形式清楚地表达审计意见。

如果认为财务报表在所有重大方面按照适用的财务报告编制基础编制并实现公允反映，注册会计师应当发表无保留意见。如果财务报表没有实现公允反映，注册会计师应当就该事项与管理层讨论，并根据适用的财务报告编制基础的规定和该事项得到解决的情况，决定是否有必要按照《中国注册会计师审计准则第1502号——在审计报告中发表非无保留意见》的规定在审计报告中发表非无保留意见。非无保留意见，是指对财务报表发表的保留意见、否定意见或无法表示意见。

（一）无保留意见审计报告

无保留意见是指当注册会计师认为财务报表在所有重大方面按照适用的财务报告编制基础编制并实现公允反映时发表的审计意见。包含其他报告责任段，但不含有强调事项段或其他事项段的无保留意见的审计报告也被视为标准审计报告。

其他事项段是指审计报告中含有的一个段落，该段落提及未在财务报表中列报或披露的事项，根据注册会计师的职业判断，该事项与财务报表使用者理解审计工作、注册会计师的责任或审计报告相关。

对上市实体财务报表出具的审计报告实例如下：

审计报告

ABC股份有限公司全体股东：

一、对财务报表出具的审计报告①

（一）审计意见

我们审计了ABC股份有限公司（以下简称ABC公司）财务报表，包括20×7年12月31日的资产负债表，20×7年度的利润表、股东权益变动表和现金流量表以及财务报表附注。

我们认为，ABC公司财务报表在所有重大方面按照企业会计准则的规定编制，公允反映了ABC公司20×7年12月31日的财务状况以及20×7年度的经营成果和现金流量。

（二）形成审计意见的基础

我们按照中国注册会计师审计准则的规定执行了审计工作。审计报告的“注册会计师对财务报表审计的责任”部分进一步阐述了我们在这些准则下的责任。按照中国注册会计师职业道德守则，我们独立于公司，并履行了职业道德方面的其他责任。我们相信获取的审计证据是充分、适当的，为发表审计意见提供了基础。

（三）关键审计事项

关键审计事项是我们根据职业判断，认为对本期财务报表审计最为重要的事项。这些事项是在对财务报表整体进行审计并形成意见的背景下进行处理的，我们不对这些事项提供单独的意见。

（四）管理层对财务报表的责任

管理层负责按照企业会计准则的规定编制财务报表，使其实现公允反映，并设计、执行和维护必要的内部控制，以使财务报表不存在由于舞弊或错误导致的重大错报。

在编制财务报表时，管理层负责评估公司的持续经营能力，披露与持续经营相关的事项（如适用），并运用持续经营假设，除非管理层计划清算公司、停止营运或别无其他现实的选择。

治理层负责监督公司的财务报告过程。

（五）注册会计师对财务报表审计的责任

我们的目标是对财务报表整体是否不存在由于舞弊或错误导致的重大错报获取合理

① 如果审计报告中不包含“按照相关法律法规的要求报告的事项”的部分，则不需要加入此标题。

保证，并出具包含审计意见的审计报告。合理保证是高水平的保证，但并不能保证按照审计准则执行的审计在某一重大错报存在时总能发现。错报可能由舞弊或错误所导致，如果合理预期错报单独或汇总起来可能影响财务报表使用者依据财务报表作出的经济决策，则错报是重大的。

在按照审计准则执行审计的过程中，我们运用了职业判断，保持了职业怀疑。我们同时：

1.识别和评估由于舞弊或错误导致的财务报表重大错报风险；对这些风险有针对性地设计和实施审计程序；获取充分、适当的审计证据，作为发表审计意见的基础。由于舞弊可能涉及串通、伪造、故意遗漏、虚假陈述或凌驾于内部控制之上，未能发现由于舞弊导致的重大错报的风险高于未能发现由于错误导致的重大错报的风险。

2.了解与审计相关的内部控制，以设计恰当的审计程序，但目的并非对内部控制的有效性发表意见。

3.评价管理层选用会计政策的恰当性和作出会计估计及相关披露的合理性。

4.对管理层使用持续经营假设的恰当性得出结论。同时，基于所获取的审计证据，对是否存在与事项或情况相关的重大不确定性，从而可能导致对公司的持续经营能力产生重大疑虑得出结论。如果我们得出结论认为存在重大不确定性，审计准则要求我们在审计报告中提请报告使用者注意财务报表中的相关披露；如果披露不充分，我们应当发表非无保留意见。我们的结论基于审计报告日可获得的信息。然而，未来的事项或情况可能导致公司不能持续经营。

5.评价财务报表的总体列报、结构和内容（包括披露），并评价财务报表是否公允反映交易和事项。

我们与治理层就计划的审计范围、时间安排和重大审计发现（包括我们在审计中识别的值得关注的内部控制缺陷）进行沟通。

我们还就遵守关于独立性的相关职业道德要求向治理层提供声明，并就可能被合理认为影响我们独立性的所有关系和其他事项，以及相关的防范措施（如适用）与治理层进行沟通。

从与治理层沟通的事项中，我们确定哪些事项对当期财务报表审计最为重要，因而构成关键审计事项。我们在审计报告中描述这些事项，除非法律法规不允许公开披露这些事项，或在极其罕见的情形下，如果合理预期在审计报告中沟通某事项造成的负面后果超过产生的公众利益方面的益处，我们确定不应在审计报告中沟通该事项。

二、按照相关法律法规的要求报告的事项

[本部分的格式和内容，取决于法律法规对其他报告责任的性质的规定。法律法规规范的事项（其他报告责任）应当在本部分处理，除非那些其他报告责任与审计准则所要求的报告责任涉及相同的主题。如果涉及相同的主题，其他报告责任可以在审计准则所要求的同一报告要素部分中列示。当其他报告责任和审计准则规定的报告责任涉及同一主题，并且审计报告中的措辞能够将其他报告责任与审计准则规定的责任予以清楚地区分（如差异存在）时，允许将两者合并列示（即包含在对财务报表审计的报告部分

中，并使用适当的副标题）］

××会计师事务所　　　　　　　　中国注册会计师：×××（项目合伙人）
（盖章）　　　　　　　　　　　　（签名并盖章）
　　　　　　　　　　　　　　　中国注册会计师：×××
　　　　　　　　　　　　　　　（签名并盖章）
中国××市　　　　　　　　　　　二〇×八年×月×日

（二）非无保留意见审计报告

非无保留意见是指保留意见、否定意见或无法表示意见。非无保留意见审计报告主要有：

1.保留意见的审计报告

当存在下列情形之一时，注册会计师应当出具保留意见的审计报告：

（1）在获取充分、适当的审计证据后，注册会计师认为错报单独或汇总起来对财务报表影响重大，但不具有广泛性。

（2）注册会计师无法获取充分、适当的审计证据以作为形成审计意见的基础，但认为未发现的错报（如存在）对财务报表可能产生的影响重大，但不具有广泛性。

由于财务报表存在重大错报而发表保留意见的审计报告实例如下：

审计报告

ABC股份有限公司全体股东：

一、对财务报表出具的审计报告

（一）保留意见

我们审计了ABC股份有限公司及其子公司（以下简称集团）合并财务报表，包括20×7年12月31日的合并资产负债表，20×7年度的合并利润表、合并现金流量表、合并所有者权益变动表以及合并财务报表附注。

我们认为，除“形成保留意见的基础”部分所述事项可能产生的影响外，后附的集团合并财务报表在所有重大方面按照企业会计准则的规定编制，公允反映了公司20×7年12月31日的合并财务状况以及20×7年度的合并经营成果和合并现金流量。

（二）形成保留意见的基础

如财务报表附注×所述，集团于20×7年取得了境外XYZ公司30%的股权，因能够对XYZ公司施加重大影响，故采用权益法核算该项股权投资，于20×7年度确认对XYZ公司的投资收益×元，截至20×7年12月31日合并资产负债表上反映的该项股权投资为X元。由于我们未被允许接触XYZ公司的财务信息、管理层和执行XYZ公司审计的注册会计师，我们无法就该项股权投资账面价值以及集团确认的20×7年度对XYZ公司的投资收益获取充分适当的审计证据，也就无法确定是否有必要对这些金额进行调整。

我们按照中国注册会计师审计准则的规定执行了审计工作。审计报告的“注册会计师对财务报表审计的责任”部分进一步阐述了我们在这些准则下的责任。按照中国注册会计师职业道德守则，我们独立于公司，并履行了职业道德方面的其他责任。我们相信，我们获取的审计证据是充分、适当的，为发表保留意见提供了基础。

（三）关键审计事项

关键审计事项是根据我们的职业判断，认为对本期财务报表审计最为重要的事项。这些事项是在对财务报表整体进行审计并形成意见的背景下进行处理的，我们不对这些事项提供单独的意见。除“形成保留意见的基础”部分所述事项外，我们确定下列事项是需要在审计报告中沟通的关键审计事项。

[按照《中国注册会计师审计准则第1504号——在审计报告中沟通关键审计事项》的规定描述每一关键审计事项]

（四）管理层和治理层对财务报表的责任

管理层负责按照企业会计准则的规定编制财务报表，使其实现公允反映，并设计、执行和维护必要的内部控制，以使财务报表不存在由于舞弊或错误导致的重大错报。

在编制财务报表时，管理层负责评估公司的持续经营能力，披露与持续经营相关的事项（如适用），并运用持续经营假设，除非管理层计划清算公司、停止营运或别无其他现实的选择。

治理层负责监督公司的财务报告过程。

（五）注册会计师对财务报表审计的责任

我们的目标是对财务报表整体是否不存在由于舞弊或错误导致的重大错报获取合理保证，并出具包含审计意见的审计报告。合理保证是高水平的保证，但并不能保证按照审计准则执行的审计在某一重大错报存在时总能发现。错报可能由舞弊或错误所导致，如果合理预期错报单独或汇总起来可能影响财务报表使用者依据财务报表作出的经济决策，则错报是重大的。

在按照审计准则执行审计的过程中，我们运用了职业判断，保持了职业怀疑。我们同时：

①识别和评估由于舞弊或错误导致的财务报表重大错报风险；对这些风险有针对性地设计和实施审计程序；获取充分、适当的审计证据，作为发表审计意见的基础。由于舞弊可能涉及串通、伪造、故意遗漏、虚假陈述或凌驾于内部控制之上，未能发现由于舞弊导致的重大错报的风险高于未能发现由于错误导致的重大错报的风险。

②了解与审计相关的内部控制，以设计恰当的审计程序，但目的并非对内部控制的有效性发表意见。

③评价管理层选用会计政策的恰当性和作出会计估计及相关披露的合理性。

④对管理层使用持续经营假设的恰当性得出结论。同时，基于所获取的审计证据，对是否存在与事项或情况相关的重大不确定性，从而可能导致对公司的持续经营能力产生重大疑虑得出结论。如果我们得出结论认为存在重大不确定性，审计准则要求我们在审计报告中提请报告使用者注意财务报表中的相关披露；如果披露不充分，我们应当发表非无保留意见。我们的结论基于审计报告日可获得的信息。然而，未来的事项或情况可能导致公司不能持续经营。

⑤评价财务报表的总体列报、结构和内容（包括披露），并评价财务报表是否公允反映交易和事项。

我们还就遵守关于独立性的相关职业道德要求向治理层提供声明，并就可能被合理认为影响我们独立性的所有关系和其他事项，以及相关的防范措施（如适用）与治理层进行沟通。

从与治理层沟通的事项中，我们确定哪些事项对当期财务报表审计最为重要，因而构成关键审计事项。我们在审计报告中描述这些事项，除非法律法规不允许公开披露这些事项，或在极其罕见的情形下，如果合理预期在审计报告中沟通某事项造成的负面后果超过产生的公众利益方面的益处，我们确定不应在审计报告中沟通该事项。

二、按照相关法律法规的要求报告的事项

［本部分的格式和内容，取决于法律法规对其他报告责任的性质的规定。法律法规规范的事项（其他报告责任）应当在本部分处理，除非那些其他报告责任与审计准则所要求的报告责任涉及相同的主题。如果涉及相同的主题，其他报告责任可以在审计准则所要求的同一报告要素部分中列示。当其他报告责任和审计准则规定的报告责任涉及同一主题，并且审计报告中的措辞能够将其他报告责任与审计准则规定的责任予以清楚地区分（如差异存在）时，允许将两者合并列示（即包含在对财务报表审计的报告部分中，并使用适当的副标题）］

××会计师事务所　　　　　　中国注册会计师：×××（项目合伙人）
（盖章）　　　　　　　　　　　　（签名并盖章）
　　　　　　　　　　　　　　中国注册会计师：×××
　　　　　　　　　　　　　　　　（签名并盖章）
中国××市　　　　　　　　　　　二〇×八年×月×日

2. 否定意见的审计报告

在获取充分、适当的审计证据后，如果认为错报单独或汇总起来对财务报表的影响重大且具有广泛性，注册会计师应出具否定意见的审计报告。在注册会计师出具的审计报告中，发表否定意见的审计报告不常遇到。无论是注册会计师还是被审计单位，都不希望发表此类意见的审计报告。

由于财务报表存在重大错报而发表否定意见的审计报告实例如下：

审计报告

ABC股份有限公司全体股东：

一、对财务报表出具的审计报告

（一）否定意见

我们审计了ABC股份有限公司（以下简称“ABC公司”）及其子公司（以下简称集团）合并财务报表，包括20×7年12月31日的合并资产负债表，20×7年度的合并利润表、合并现金流量表、合并所有者权益变动表以及合并财务报表附注。

我们认为，由于“形成否定意见的基础”部分所述事项的重要性，集团的合并财务报表没有在所有重大方面按照企业会计准则的规定编制，未能公允反映集团20×7年12月31日的合并财务状况以及20×7年度的合并经营成果和合并现金流量。

（二）形成否定意见的基础

如财务报表附注×所述，20×7年集团通过非同一控制下的企业合并获得对XYZ公司的控制权，因未能取得购买日XYZ公司某些主要资产和负债的公允价值，故未将XYZ公司纳入合并财务报表的范围，按照企业会计准则的规定，该集团应将这一子公司纳入合并范围，并以暂估金额为基础核算该项收购。如果将XYZ公司纳入合并范围，后附的集团合并财务报表的多个报表项目将受到重大影响，但我们无法确定未将XYZ公司纳入合并范围对合并财务报表产生的影响。

我们按照中国注册会计师审计准则的规定执行了审计工作。审计报告的“注册会计师对财务报表审计的责任”部分进一步阐述了我们在这些准则下的责任。按照中国注册会计师职业道德守则，我们独立于公司，并履行了职业道德方面的其他责任。我们相信，我们获取的审计证据是充分、适当的，为发表否定意见提供了基础。

（三）关键审计事项

关键审计事项是根据我们的职业判断，认为对本期财务报表审计最为重要的事项。这些事项是在对财务报表整体进行审计并形成意见的背景下进行处理的，我们不对这些事项提供单独的意见。除“形成否定意见的基础”部分所述事项外，我们确定下列事项是需要在审计报告中沟通的关键审计事项。

[按照《中国注册会计师审计准则第1504号——在审计报告中沟通关键审计事项》的规定描述每一关键审计事项]

（四）管理层和治理层对财务报表的责任

管理层负责按照企业会计准则的规定编制财务报表，使其实现公允反映，并设计、执行和维护必要的内部控制，以使财务报表不存在由于舞弊或错误导致的重大错报。

在编制财务报表时，管理层负责评估公司的持续经营能力，披露与持续经营相关的事项（如适用），并运用持续经营假设，除非管理层计划清算公司、停止营运或别无其他现实的选择。

治理层负责监督公司的财务报告过程。

（五）注册会计师对财务报表审计的责任

我们的目标是对财务报表整体是否不存在由于舞弊或错误导致的重大错报获取合理保证，并出具包含审计意见的审计报告。合理保证是高水平的保证，但并不能保证按照审计准则执行的审计在某一重大错报存在时总能发现。错报可能由舞弊或错误所导致，如果合理预期错报单独或汇总起来可能影响财务报表使用者依据财务报表作出的经济决策，则错报是重大的。

在按照审计准则执行审计的过程中，我们运用了职业判断，保持了职业怀疑。我们同时：

①识别和评估由于舞弊或错误导致的财务报表重大错报风险；对这些风险有针对性地设计和实施审计程序；获取充分、适当的审计证据，作为发表审计意见的基础。由于舞弊可能涉及串通、伪造、故意遗漏、虚假陈述或凌驾于内部控制之上，未能发现由于舞弊导致的重大错报的风险高于未能发现由于错误导致的重大错报的风险。

②了解与审计相关的内部控制，以设计恰当的审计程序，但目的并非对内部控制的有效性发表意见。

③评价管理层选用会计政策的恰当性和作出会计估计及相关披露的合理性。

④对管理层使用持续经营假设的恰当性得出结论。同时，基于所获取的审计证据，对是否存在与事项或情况相关的重大不确定性，从而可能导致对公司的持续经营能力产生重大疑虑得出结论。如果我们得出结论认为存在重大不确定性，审计准则要求我们在审计报告中提请报告使用者注意财务报表中的相关披露；如果披露不充分，我们应当发表非无保留意见。我们的结论基于审计报告日可获得的信息。然而，未来的事项或情况可能导致公司不能持续经营。

⑤评价财务报表的总体列报、结构和内容（包括披露），并评价财务报表是否公允反映交易和事项。

除其他事项外，我们与治理层就计划的审计范围、时间安排和重大审计发现（包括我们在审计中识别的值得关注的内部控制缺陷）进行沟通。

我们还就遵守关于独立性的相关职业道德要求向治理层提供声明，并就可能被合理认为影响我们独立性的所有关系和其他事项，以及相关的防范措施（如适用）与治理层进行沟通。

从与治理层沟通的事项中，我们确定哪些事项对当期财务报表审计最为重要，因而构成关键审计事项。我们在审计报告中描述这些事项，除非法律法规不允许公开披露这些事项，或在极其罕见的情形下，如果合理预期在审计报告中沟通某事项造成的负面后果超过产生的公众利益方面的益处，我们确定不应在审计报告中沟通该事项。

二、按照相关法律法规的要求报告的事项

［本部分的格式和内容，取决于法律法规对其他报告责任的性质的规定。法律法规规范的事项（其他报告责任）应当在本部分处理，除非那些其他报告责任与审计准则所要求的报告责任涉及相同的主题。如果涉及相同的主题，其他报告责任可以在审计准则所要求的同一报告要素部分中列示。当其他报告责任和审计准则规定的报告责任涉及同一主题，并且审计报告中的措辞能够将其他报告责任与审计准则规定的责任予以清楚地区分（如差异存在）时，允许将两者合并列示（即包含在对财务报表审计的报告部分中，并使用适当的副标题）］

××会计师事务所　　　　　　中国注册会计师：×××（项目合伙人）
（盖章）　　　　　　　　　　（签名并盖章）
　　　　　　　　　　　　　　中国注册会计师：×××
　　　　　　　　　　　　　　（签名并盖章）
中国××市　　　　　　　　　二〇×八年×月×日

【实例 13-1】 重庆渝港钛白粉股份有限公司（以下简称渝钛白公司）是以吸收合并方式合并重庆化工厂后于 1992 年 9 月 11 日宣告成立的，是以社会募集方式设立的公众股份有限公司。1993 年 7 月 12 日，“渝钛白 A”在深圳证券交易所上市交易。公司上市之后，最初经营业绩还算可以，但从 1996 年开始出现亏损，1996 年亏损 1 318 万元，公司未进行利润分配。为了扭转亏损局面，1998 年伊始，重庆市委、市政府有关领导及银行的有关负责同志到渝钛白公司现场办公。从资金、管理、市场等方面给予继续支持。重庆市化工局在1998年的工作安排中，力求把渝钛白公司抓紧抓好，“使其成为今年的新的增长点”。特别是在高档钛白粉（特别是金红石型钛白粉）仍然主要靠进口的情况下，公司生产的金红石型钛白粉产品不仅可以替代进口，而且还可以出口创汇，其市场前景是光明和广阔的。然而，公司的年报却迟迟未公布，到了1998年4月29日，渝钛白公司不得不公布附有否定意见审计报告的会计年报。

原来，经过注册会计师的审查，发现渝钛白公司1997年度的亏损总额为3 136万元，而1997年一笔应付债券利息总额为8 064万元，该笔利息予以资本化了。渝钛白公司的总会计师认为，钛白粉项目交付使用进入投资回报期、产生效益前，还有一个过渡期，即整改和试生产期间，这仍属于工程在建期。也就是说，公司在1997年度年报中，将8 064万元的项目建设期应付债券利息计入工程成本是有依据的。注册会计师认为，根据《企业会计准则》的规定，一旦固定资产购建完毕并投入使用，为购建固定资产而发生的借款利息就应计入期间费用，予以费用化。双方各执一词，渝钛白公司为了证实总会计师的说法，还以重庆市有关部门的批复文件为依据，坚持认为该工程为在建项目，而非完工项目。

还有一个重要事项是，截至1997年年末，渝钛白公司欠付银行的借款利息89.8万美元（折合人民币743万元）是否应计提入账?公司管理当局的解释为：这是1987年12月原重庆化工厂为上PVC彩色地板生产线，向中国银行重庆分行借入的60万美元贷款造成的，该项目建成后，一直未正常批量生产。1992年公司改制时，已部分作为未使用资产处理，但改制前，重庆化工厂已偿还了部分利息和本金。数年之后，即1997年，中国银行重庆分行通知公司欠付利息89.8万美元。1997年决算期间，公司未能与银行认真核对所欠本息数额，故未予转账。公司打算在1998年度核对清楚后再据实转账。会计师事务所则坚持认为，这笔利息已经发生，应予以确认并计提入账，依据是确认费用应遵循权责发生制原则。

会计师事务所对渝钛白公司于1998年3月8日签发了颇有争议的否定意见审计报告：“1997年度应计入财务费用的借款即应付债券利息8 064万元，贵公司将其资本化计入了钛白粉工程成本；欠付中国银行重庆分行的美元借款利息89.8万元（折合人民币743万元），贵公司未计提入账，两项共影响利润8 807万元。”“我们认为，由于本报告第二段所述事项的重大影响，贵公司1997年12月31日的资产负债表、1997年度利润及利润分配表、财务状况变动表未能公允地反映贵公司1997年12月31日的财务状况和1997年度经营成果及资金变动情况。”

1998年4月29日，渝钛白公司公布了附有否定意见审计报告的1997年度财务报表，公司被监管部门确认为连续两个会计年度的净资产均为负值，且其股东权益低于公司的注册资本，按照深圳证券交易所《股票上市规则》的有关规定，公司股票于1998年4月30日开始被实行特别处理。

这份不同凡响的审计报告，对我国证券市场以及相关的会计、审计行业都有着巨大的理论与现实意义。我国的证券市场和审计行业都是在改革开放以后根据市场经济的要求发展起来的，但是，由于国内注册会计师在发展初期对其应担负的社会责任缺乏足够的认识，迁就支付审计费用的上市公司的管理部门，以至于签发的是无保留意见审计报告。渝钛白公司审计案是我国证券市场上第一份否定意见审计报告，它表明注册会计师敢说“不”了，标志着我国注册会计师开始走向成熟。

3.无法表示意见的审计报告

如果无法获取充分、适当的审计证据作为形成审计意见的基础，但认为未发现的错报（如存在）对财务报表可能产生的影响重大且具有广泛性，注册会计师应出具无法表示意见的审计报告。无法表示意见是指注册会计师说明其对被审计单位的财务报表不能发表意见，即注册会计师对被审计单位的财务报表不发表包括肯定、否定和保留的审计意见。

由于注册会计师无法针对财务报表多个要素获取充分、适当的审计证据而发表无法表示意见的审计报告实例如下：

审计报告

ABC股份有限公司全体股东：

一、对财务报表出具的审计报告

（一）无法表示意见

我们接受委托，审计ABC股份有限公司（以下简称“ABC公司”）财务报表，包括20×7年12月31日的资产负债表，20×7年度的利润表、现金流量表、所有者权益变动表以及财务报表附注。

我们不对后附的公司财务报表发表审计意见。由于“形成无法表示意见的基础”部分所述事项的重要性，我们无法获取充分、适当的审计证据以作为发表审计意见的基础。

（二）形成无法表示意见的基础

我们于20×8年×月接受公司的审计委托，因而未能对公司20×7年年初金额为×元的存货和年末金额为×元的存货实施监盘程序。我们也无法实施替代审计程序获得充分、适当的审计证据。并且，公司于20×7年9月采用新的应收账款电算化系统，由于存在系统缺陷导致应收账款出现大量错误。截至报告日，管理层仍在纠正系统缺陷并更正错误，我们也无法实施替代审计程序，以对截至20×7年12月31日的应收账款总额×元获取充分、适当的审计证据。因此，我们无法确定是否有必要对存货、应收账款以及财务报表其他项目做出调整，也无法确定应调整的金额。

（三）管理层和治理层对财务报表的责任

管理层负责按照企业会计准则的规定编制财务报表，使其实现公允反映，并设计、执行和维护必要的内部控制，以使财务报表不存在由于舞弊或错误导致的重大错报。

在编制财务报表时，管理层负责评估公司的持续经营能力，披露与持续经营相关的事项（如适用），并运用持续经营假设，除非管理层计划清算公司、停止营运或别无其他现实的选择。

治理层负责监督公司的财务报告过程。

（四）注册会计师对财务报表审计的责任

我们的责任是按照中国注册会计师审计准则的规定，对ABC公司的财务报表执行审计工作，以出具审计报告，但由于“形成无法表示意见的基础”部分所述的事项，我们无法获取充分、适当的审计证据以作为发表审计意见的基础。

按照中国注册会计师职业道德守则，我们独立于公司，并履行了职业道德方面的其他责任。

二、按照相关法律法规的要求报告的事项

[本部分的格式和内容，取决于法律法规对其他报告责任的性质的规定。法律法规规范的事项（其他报告责任）应当在本部分处理，除非那些其他报告责任与审计准则所要求的报告责任涉及相同的主题。如果涉及相同的主题，其他报告责任可以在审计准则所要求的同一报告要素部分中列示。当其他报告责任和审计准则规定的报告责任涉及同一主题，并且审计报告中的措辞能够将其他报告责任与审计准则规定的责任予以清楚地区分（如差异存在）时，允许将两者合并列示（即包含在对财务报表审计的报告部分中，并使用适当的副标题）]

××会计师事务所　　　　　　　　中国注册会计师：×××（项目合伙人）
（盖章）　　　　　　　　　　　　　　　　（签名并盖章）
　　　　　　　　　　　　　　　　中国注册会计师：×××
　　　　　　　　　　　　　　　　　　　　（签名并盖章）

中国××市　　　　　　　　　　　　　　二〇×八年×月×日

【练一练 13-3】

如果在实施有关实质性测试后，审计人员仍然认为与某一重要账户或交易类别的认定有关的检查风险不能降低至可接受水平，那么，应当发表（　　）的审计报告。

A.无保留意见

B.保留意见或否定意见

C.保留意见

D.无法表示意见

五、在审计报告中增加强调事项段

1.强调事项段的含义

审计报告的强调事项段是指审计报告中含有的一个段落，该段落提及已在财务报表中恰当列报或披露的事项，根据注册会计师的职业判断，该事项对财务报表使用者理解财务报表至关重要。

2.增加强调事项段的情形

如果认为有必要提醒使用者关注已在财务报表中列报或披露，且根据判断对使用者理解财务报表至关重要的事项应增加强调事项段，包括：

（1）法律法规规定的财务报告编制基础是不可接受的，但其是基于法律法规作出的规定；

（2）提醒财务报表使用者关注财务报表按照特殊目的编制基础编制。

由于偏离适用的财务报告编制基础的规定导致的带强调事项段的保留意见审计报告实例如下：

审计报告

ABC股份有限公司全体股东：

一、对财务报表出具的审计报告

（一）保留意见

我们审计了ABC股份有限公司（以下简称ABC公司）财务报表，包括20×7年12月31日的资产负债表，20×7年度的利润表、现金流量表、股东权益变动表以及相关财务报表附注。

我们认为，除"形成保留意见的基础"部分所述事项可能产生的影响外，后附的财务报表在所有重大方面按照企业会计准则的规定编制，公允反映了公司20×7年12月31日的财务状况以及20×7年度的经营成果和现金流量。

（二）形成保留意见的基础

ABC公司20×7年12月31日资产负债表列示的以公允价值计量且其变动计入当期损益的金融资产的列示金额为×元。

……

六、审计报告的编制程序

编制审计报告是一项严格而细致的工作，为确保审计报告的质量，审计人员应掌握编制审计报告的步骤和要求，认真做好审计报告的编制与复核工作。

（一）整理和分析审计工作底稿

在编制审计报告时，审计人员必须对审计工作底稿进行整理和分析，以便对审计证据的证明力进行评估。审计人员及其助理人员都应整理好自己的工作底稿，检查是否有遗漏的环节，着重分析审计中发现的问题；审计项目负责人应对全部审计工作底稿进行综合分析，并对审计人员在审计过程中是否遵循了执业准则的要求进行检查，对审计工作底稿作出综合结论，形成书面记录。

（二）确定审计中发现的重要事项

在复核和分析审计工作底稿的基础上，应根据审计的重要性原则，列明审计中查证的主要问题，应调整财务报表的事项及其他需要充分揭示的重要事项，为发表审计意见提供依据。

（三）与被审计单位管理当局沟通

审计人员在整理和分析审计工作底稿的基础上，应当向被审计单位通报审计情况、应调整财务报表的事项和初步审计结论，提请被审计单位加以调整。对于被审计单位会计记录或会计处理方法上的错误，审计人员应提请被审计单位改正，并相应调整财务报表的有关项目。审计人员对于被审计单位的会计处理不当、期后事项和或有负债，根据情况提请被审计单位或者调整财务报表，或者在财务报表附注中加以披露，或者在审计报告中予以说明。如审计报告用于对外公布目的，除被审计单位财务报表不需调整者外，审计人员应同时附送被审计单位调整后的财务报表。

（四）确定审计意见的类型和措辞

审计项目负责人应当根据审计证据的情况，并根据被审计单位接受审计调整或披露意见的情况，依照有关规定确定审计意见的类型和措辞。如果被审计单位财务报表已根据审计意见进行了调整或披露，对其合法性、公允性予以确认之后，除专门要求说明者外，审计报告不必将被审计单位已调整或披露的事项再加说明。如果被审计单位不接受审计调整或披露建议，审计人员应当根据需要调整或披露事项的性质及其重要程度，确定审计意见的类型和措辞。

对于被审计单位资产负债表日与审计报告日之间发生的期后事项，审计人员应当根据其性质和重要程度，确定审计意见的类型和措辞；对于被审计单位截至报告日仍然存在的未确定事项，审计人员应当根据其性质、重要程度和可预知的结果对会计报表的影响程度，确定审计意见的类型和措辞。所委托的审计项目中，如果委托人已聘请其他会计师事务所对其中一部分或某项内容进行了审计，确定审计意见时应注意划清与其他会计师事务所及其注册会计师之间的责任，不应对委托项目的全部内容发表审计意见，并在审计报告中予以说明。

（五）编制和出具审计报告

确定审计意见类型之后，审计项目负责人应拟定审计报告提纲，概括和汇总审计工作底稿所提供的资料。标准审计报告可以只拟定简单的提纲，根据提纲进行文字加工，编制审计报告。标准审计报告应按前述规定的审计意见类型、措辞和结构来表述，以便于各使用单位的理解。审计报告完稿后，应经审计机构的业务负责人进行复核并提出修改意见。如审计证据不足以发表审计意见，则应要求审计人员追加审计程序，以确保审计证据的充分性与适当性。

任务实施

根据资料所提供的情况，五环股份有限公司的存货管理存在严重缺陷，存货的实际状况无法具体核实且存在重大隐患，具体来说：

（1）本次审计的总体重要性水平确定为50万元，而存货一项无法确认的金额就达到200万元，超出标准很多。

（2）审计人员的审计范围受到限制，无法对存货实施审计程序。

（3）被审计单位存货内部控制存在严重缺陷，每年都应进行的存货盘点没有实施，对存货的管理完全失去控制。

建议出具非无保留意见审计报告。

◆ 注意事项

本任务要求了解审计意见的类型，熟悉审计报告的相关核心内容，掌握出具不同类型审计报告时的要求。

任务三　审计工作档案的保管

任务描述

恒达会计师事务所出具了对五环股份有限公司的2017年度审计报告。2018年3月，在接受中国证监会调查时，恒达会计师事务所被要求查阅工作底稿。恒达会计师事务所以当年工作底稿没有及时归档，且已经过去了一年，至今有部分底稿已经无法查找为由进行推脱。

请根据相应知识点，指出恒达会计师事务所的不当之处。

相关知识

一、审计工作底稿的归档

审计单位应当制定政策和程序，以使项目组在出具业务报告后及时将工作底稿归整为最终业务档案，同时应根据业务的具体情况，确定适当的业务工作底稿归档期限。审计工作底稿的归档期限为审计报告日后60天内。如果审计人员未能完成审计业务，审计工作底稿的归档期限为审计业务中止后的60天内。

二、审计工作底稿的保管

对每项具体审计业务，审计人员应当将审计工作底稿归整为审计档案。审计档案可以分为永久性档案和当期档案。永久性档案是指记录内容相对稳定，具有长期使用价值，并对以后的审计工作具有重要影响和直接作用的审计工作底稿，如被审计单位的组织结构、批准证书、营业执照、章程、重要资产的所有权或使用权的证明文件等。若永久性档案中的某些内容已发生变化，应及时更新，被替换下的资料一般也需保存。当期档案是指记录内容经常发生变化，主要供当期和下期审计使用的审计档案，如总体审计策略和具体审计计划。

在完成最终审计档案的归整工作后，审计人员不得在规定的保存期届满前删除或废弃审计工作底稿。会计师事务所应当自审计报告日起，对审计工作底稿至少保存10年。如果审计人员未能完成审计业务，会计师事务所应当自审计业务中止日起，对审计工作底稿至少保存10年。

审计工作底稿的所有权属于会计师事务所，会计师事务所可自主决定允许客户获取审计工作底稿部分内容，或摘录部分工作底稿，但披露这些信息不得损害会计师事务所执行业务的有效性。而且，对于鉴证业务，不得损害会计师事务所及其人员的独立性。

任务实施

从会计师事务所对工作底稿的保管要求来看，恒达会计师事务所所给出的理由不充分，工作档案的管理存在严重缺陷，具体来说：

（1）审计工作底稿在审计报告日后60天内就应该归档。

（2）审计工作底稿的保管期限最少应达到10年。案例中，审计工作终结至今只有不到1年的时间，工作底稿就无法找到，违反了最基本的档案保管要求。

◆ 注意事项

本任务要求了解审计工作底稿的归档和保管要求，熟悉工作底稿归档和保管的时间期限。

能力拓展

A企业2020年财务报表于2021年3月31日由甲会计师事务所出具了审计报告，4月1日双方约定从下年起不再合作。

请确认A企业的永久性档案应该保存至什么时候。

拓展阅读

1.重要性对审计意见确定的影响

诚信会计师事务所的注册会计师对华强股份有限公司2017年度的财务报表进行审计，确定的财务报表层次重要性水平为60万元。华强股份有限公司2017年度审计前财务报表反映的资产总额为9 000万元，股东权益总额为3 400万元，利润总额为600万元。注册会计师经审计发现：2017年10月公司购买了1台生产用设备，价格为240万元，当月已入账并启用，但当年未计提折旧。公司采用平均年限法核算固定资产折旧，该类固定资产预计使用年限为10年，预计净残值率为5%，注册会计师提请华强股份有限公司补提折旧，但该公司拒绝调整。假定该企业为低风险企业，注册会计师在审计过程中实施了所有认为必要的审计程序，推断的误差是20万元，审计范围没有受到任何限制。

要求：请判断能否出具无保留意见审计报告。

分析提示：根据《中国注册会计师审计准则第1221号——计划和执行审计工作时的重要性》，注册会计师在确定审计报告类型时，需要判断错报或审计范围受到的限制是否具有重大影响，此时往往离不开重要性水平。重要性水平构成了注册会计师考虑审计报告类型的重要依据。

如果财务报表存在的错报（含推断误差）或审计范围受到的限制超过实际执行的重要性水平，将影响财务报表使用人的判断或决策，这样的错报或审计范围限制就是重要的；否则就是不重要的。当财务报表存在的错报或审计范围受到限制的金额较大，高于实际执行的重要性水平但不至于导致多数财务报表使用人作出错误的决策，注册会计师应当出具保留意见的审计报告。

本案例中华强股份有限公司拒绝调整固定资产折旧，导致该公司本年度少提折旧3.8万元（240×95%÷10×2÷12），该事项连同推断误差影响利润总额23.8万元（20+3.8），小于实际执行的重要性水平45万元（60×0.75），并对600万元利润总额影响不大，因此注册会计师可以出具无保留意见审计报告。

（注意：审计实务中，确定了财务报表整体重要性水平后，以75%作为实际执行的重要性水平，是基于谨慎性的考虑）

2.“邮寄”福利露馅了

详见http：//www.audit.gov.cn/n815/c119332/content.html。

技能训练

一、单项选择题

项目十三
技能训练
客观题

1.注册会计师在对光华公司2019年度财务报表进行审计时，下列情况中，注册会计师应出具带强调事项段无保留意见审计报告的是（　　）。

A.资产负债表日的一项未决诉讼，律师认为胜负难料，一旦败诉对企业将产生重大影响，被审计单位拒绝在财务报表附注中进行披露

B.资产负债表日的一项未决诉讼，律师认为胜负难料，一旦败诉对企业将产生重大影响，被审计单位已在财务报表附注中进行披露

C.2019年10月份，转入不需用设备一台，未计提折旧金额为2万元（假定重要性水平为10万元），光华公司未调整

D.光华公司对于一项以公允价值计量的投资性房地产计提了500万元的折旧（假定重要性水平为10万元，不考虑其他因素）

2.强调事项段是在（　　）之后增加的对重大事项予以强调的段落。

A.引言段　　B.管理层对财务报表的责任段

C.注册会计师的责任段　　D.审计意见段

3.如果被审计单位财务报表就其整体而言是公允的，但因审计范围受到重要的局部限制，无法按照审计准则的要求取得应有的审计证据时，注册会计师应发表（　　）。

A.带强调事项段的无保留意见　　B.保留意见

C.无法表示意见　　D.否定意见

4.管理层对财务报表的责任段应当说明，按照适用的会计准则和相关会计制度的规定编制财务报表是管理层的责任，下列说法中，不属于管理层责任的是（　　）。

A.作出合理的会计估计

B.监督被审计单位建立和维护内部控制

C.设计、实施和维护与财务报表编制相关的内部控制，以使财务报表不存在由于舞弊或错误而导致的重大错报

D.选择和运用恰当的会计政策

5.审计报告的收件人应该是（　　）。

A.审计业务的委托人　　B.社会公众

C.被审计单位的治理层　　D.被审计单位管理层

6.下列关于审计报告的叙述中，正确的是（　　）。

A.审计报告应该由两位注册会计师签名盖章

B.注册会计师如果出具非无保留意见的审计报告，应在意见段之前增加说明段

C.审计报告的日期是指编写完审计报告的日期

D.审计报告的收件人是指被审计单位

7.注册会计师在确定审计报告日期时，下列不属于确认审计报告日条件的是（ ）。

A.应当提请被审计单位调整的事项已经提出，被审计单位已经作出调整或拒绝作出调整

B.管理层已经正式签署财务报表

C.应当提请被审计单位调整的事项已经提出，但被审计单位还未进行调整

D.应当实施的审计程序已经完成

8.如果被审计单位限制注册会计师监盘构成总资产50%的存货，尽管对财务报表的其他项目都取得了满意的证据，但是无法对存货运用替代程序，则审计人员应出具（ ）审计报告。

A.无保留意见　　B.带强调事项段的无保留意见

C.保留意见　　D.无法表示意见

9.审计报告的日期可能为（ ）。

A.已经审计的财务报表的截止日　　B.董事会正式批准财务报表日

C.审计业务约定书签订日　　D.审计报告完稿日

二、多项选择题

1.下列情况中，注册会计师应当发表保留意见或无法表示意见的有（ ）。

A.因审计范围受到被审计单位限制，注册会计师无法就可能存在的对财务报表产生重大影响的错误与舞弊，获取充分、适当的审计证据

B.因审计范围受到被审计单位限制，注册会计师无法就对财务报表可能产生重大影响的违反或可能违反法规行为，获取充分、适当的审计证据

C.注册会计师无法确定已发现的错误与舞弊对财务报表的影响程度

D.被审计单位管理层拒绝就对财务报表具有重大影响的事项，提供必要的书面声明，或拒绝就重要的口头声明予以书面确认

2.下列情况中，注册会计师应在审计报告的意见段之后增加强调事项段的有（ ）。

A.资产负债表日后被审计单位发生火灾，损失重大，已在财务报表中进行了适当的披露

B.可能无法偿还将要到期的重大债务，已有相应的措施，且已在财务报表中进行了适当的披露

C.可能无法偿还将要到期的重大债务，已有相应的措施，但未在财务报表中进行适当的披露

D.涉及其他注册会计师的工作，但无法复核

3.注册会计师应针对下列事项出具带强调事项段审计报告的有（ ）。

A.可能导致对持续经营能力产生重大疑虑的事项或情况、但不影响已发表的审计意见

B.以前针对上期财务报表出具的审计报告为非无保留意见的审计报告时，如果导致非无保留意见的事项虽已解决，但对本期仍很重要

C.由于董事会未能达成一致，难以确定未来的经营方向和战略

D.需要修改其他信息（重大不一致），而被审计单位拒绝修改

4.同时符合下列（　　）条件时，注册会计师应当出具无保留意见的审计报告。

A.注册会计师已经按照中国注册会计师审计准则的规定计划和实施审计工作，在审计过程中未受到限制

B.财务报表已经按照适用的会计准则和相关会计制度的规定编制，在所有方面公允反映了被审计单位期末的财务状况、经营成果和现金流量

C.注册会计师已经按照中国注册会计师独立审计准则的要求计划和实施审计工作，在审计过程中未受到限制

D.财务报表已经按照适用的会计准则和相关会计制度的规定编制，在所有重大方面公允反映了被审计单位的财务状况、经营成果和现金流量

5.遇到下列（　　）情况时，注册会计师可能对A公司的财务报表出具无法表示意见的审计报告。

A.在存在疑虑的情况下，注册会计师不能就A公司持续经营假设的合理性获取必要的审计证据

B.未能就影响A公司财务报表公允反映的重大关联方交易事项获取充分、适当的审计证据

C.A公司财务报表整体上没有按照企业会计准则进行编制

D.A公司管理层拒绝向注册会计师出具管理层声明书

6.下列各项中，属于标准无保留意见的审计报告应该包括的基本内容有（　　）。

A.财务报表批准报出日

B.注册会计师的责任段

C.注册会计师的签名和盖章

D.强调事项段

7.在审计报告中，下列属于管理层对财务报表的责任段的内容有（　　）。

A.在实施审计工作的基础上对财务报表发表审计意见

B.已获取的审计证据是充分、适当的，为其发表审计意见提供了基础

C.设计、实施和维护与财务报表编制相关的内部控制，以使财务报表不存在由于舞弊或错误而导致的重大错报

D.作出合理的会计估计

8.注册会计师在评价财务报表是否按照适用的会计准则和相关会计制度的规定编制时，应考虑的内容有（　　）。

A.选择和运用的会计政策是否符合适用的会计准则和相关会计制度，并适合于被审计单位的具体情况

B.财务报表反映的信息是否具有相关性、可靠性、可比性和可理解性

C.管理层作出的会计估计是否合理

D.财务报表是否作出充分披露，使财务报表使用者能够理解重大交易和事项对被审计单位财务状况、经营成果和现金流量的影响

9.审计报告分为标准审计报告和非标准审计报告。非无保留意见审计报告包括（　　）。

A.否定意见的审计报告

B.带强调事项段的无保留意见审计报告

C.无法表示意见的审计报告

D.带强调事项段的保留意见审计报告

10.需要在意见段后增加说明段，以说明所持意见理由的审计报告有（　　）。

A.无保留意见审计报告

B.否定意见审计报告

C.保留意见审计报告

D.无法表示意见审计报告

四、判断题

1.对被审计单位持续经营的假设存有疑虑，但该假设整体上还是合理的，被审计单位已经在报表中进行了披露，注册会计师应出具无保留意见的审计报告。（　　）

2.被审计单位有一诉讼事项应该进行披露而未进行披露，或应该确认为预计负债而未确认为预计负债，且对财务报表的影响程度尚未达到出具否定意见的审计报告，则此时应出具保留意见的审计报告。（　　）

3.注册会计师无法搜集证据证明被审计单位的持续经营假设是合理的，则应发表无法表示意见的审计报告。（　　）

4.强调事项段并不影响已发表的审计意见。（　　）

5.将财务报表与审计报告一同提交给财务报表使用者，可以减少被审计单位管理层对财务报表的真实性、合法性所负的责任。（　　）

五、简答题

1.审计报告有何作用?

2.在什么情况下出具带有强调事项段的审计报告?

3.审计报告的基本内容有哪些?

六、分析题

注册会计师小吴作为安信会计师事务所审计项目负责人，在审计以下单位2019年度财务报表时分别遇到以下情况：

（1）甲公司拥有一项长期股权投资，账面价值1 000万元，持股比例为40%。2019年12月31日，甲公司与K公司签署投资转让协议，拟以800万元的价格转让该项长期股权投资，已收到价款700万元，但尚未办理产权过户手续，甲公司以该项长期股权投资正在转让之中为由，不再计提减值准备。

（2）乙公司于2019年5月为L公司1年期银行借款2 000万元提供担保，因L公司不能及时偿还，银行于2019年11月向法院提起诉讼，要求乙公司承担连带清偿责任。2019年12月31日，乙公司在咨询律师后，根据L公司的财务状况，计提了1 000万元的预计负债。对上述预计负债，乙公司已在财务报表附注中进行了适当披露。截至审计工作完成日，法院未对该项诉讼作出判决。

（3）丙公司于2019年11月20日发现，2018年漏记固定资产折旧费用200万元。丙公司在编制2019年度财务报表时，对此项会计差错予以更正，追溯重述了相关财务报表项目，并在财务报表附注中进行了适当披露。

（4）丁公司于2019年年末更换了大股东，并成立了新的董事会，继任法定代表人以刚上任不了解以前年度情况为由，拒绝签署2019年度已审计财务报表和管理层声明书。原法定代表人以不再继续履行职责为由，也拒绝签署2019年度已审计财务报表和管理层声明书。

要求：假定上述情况对各被审计单位2019年度财务报表的影响都是重要的，且各被审计单位均拒绝接受注册会计师小吴提出的审计处理建议（如有）。在不考虑其他因素影响的前提下，请分别针对上述情况，判断注册会计师小吴应对2019年度财务报表出具何种类型的审计报告，并简要说明理由。

主要参考文献

[1] 蒲萍，程亚兰. 审计学 [M]. 北京：高等教育出版社，2017.

[2] 陈伟. 大数据审计理论、方法 [M]. 北京：科学出版社，2020.

[3] 秦荣生，卢春泉. 审计学 [M]. 9版. 北京：中国人民大学出版社，2019.

[4] 中国注册会计师协会. 审计 [M]. 北京：中国财政经济出版社，2021.

[5] 杜海霞. 审计实务 [M]. 2版. 北京：机械工业出版社，2018.

[6] 戚少丽，曲云翚. 审计基础与实务 [M]. 2版. 北京：中国市场出版社，2021.

[7] 王顺金. 审计实务 [M]. 北京：北京理工大学出版社，2015.